普通高等教育省级规划教材

证券投资学

第 4 版

谭中明　董连胜　张　静　袁仕陈　等　编著

中国科学技术大学出版社

内容简介

本书在第 3 版的基础上作了进一步修订，较为系统地介绍了证券投资的基本原理与实务。全书除导论外共 14 章，分为 4 篇。导论主要讨论证券投资的基本问题及证券投资学的性质与研究对象；工具篇共 4 章，主要介绍股票、债券、基金和衍生证券等投资工具；市场篇共 4 章，主要阐述证券市场的结构、运行规律、投资机制和市场监管；分析篇共 3 章，主要介绍投资工具的价值分析、技术分析及投资策略技巧；理论篇共 3 章，主要考察证券投资的风险与收益、投资组合选择理论及资本资产定价理论与套利定价理论等。本书结构严谨，内容新颖翔实，叙述深入浅出，理论联系实际，简明实用。

本书不仅是高等学校财经类、管理类专业学生的教材，也可作为证券从业人员和投资者学习证券知识的参考书，还可作为经济类、管理类研究生的参考用书。

图书在版编目(CIP)数据

证券投资学 / 谭中明等编著. -- 4 版. -- 合肥：中国科学技术大学出版社, 2025.1. -- ISBN 978-7-312-06179-0

Ⅰ.F830.91

中国国家版本馆 CIP 数据核字第 2024K50B44 号

证券投资学

ZHENGQUAN TOUZIXUE

出版	中国科学技术大学出版社 安徽省合肥市金寨路 96 号,230026 http://press.ustc.edu.cn http://shop109383220.taobao.com
印刷	安徽省瑞隆印务有限公司
发行	中国科学技术大学出版社
开本	710 mm×1000 mm　1/16
印张	25.5
字数	515 千
版次	2004 年 9 月第 1 版　2025 年 1 月第 4 版
印次	2025 年 1 月第 7 次印刷
定价	58.00 元

第4版前言

本书第3版出版发行以来,在我国经济金融体制高水平改革开放的大背景下,证券市场持续深化改革,科创板开板,北京证券交易所开市,股票发行注册制改革全面推进,一系列相关法规发布或重新修订,多层次资本市场体系基本建立。截至2024年7月,上海、深圳、北京三家证券交易所上市公司超4 000家,总市值超73万亿元,特别是2023年10月底召开的中央金融工作会议首次提出加快建设金融强国战略目标,强调更好发挥资本市场枢纽功能,培育一流投资银行和投资机构,为证券市场高质量发展指明了方向。尽管近年来我国股票市场的表现不尽如人意,但随着全面深化改革的推进,中国经济一定会回升向好,证券市场一定会迎来灿烂的明天。对于投资者和经管类学生而言,不仅要不断学习证券投资的理论知识和方法策略,还要了解中国的宏观经济和证券市场改革发展状况。就教材而言,更应与时俱进,将证券市场的最新改革发展成果和前沿理论充分吸收进来,以使读者能及时熟悉证券投资的新知识、新市场、新工具、新方法和新理论。

本版书的编写、修订在维持教材第3版内容体系和编排结构的同时,既充分吸收了广大师生对本教材第3版使用的反馈意见和建议,又立足于我国证券市场,充分融入近几年我国证券市场改革、发展实践和理论研究前沿成果,对各章节的内容编排结构作了不同程度的调整、充实和修改润色,以期将一部逻辑思路清晰、体系结构合理、内容简明实用、表述专业严谨的全新版本图书呈现给读者。

本版书的编写、修订工作由谭中明、董连胜、张静、袁仕陈、肖志勇、杨雪荣、冯雪阳负责完成。具体分工是(以章次为序):谭中明负责导论、第四章、第七章、第十章,董连胜负责第一章、第十一章、第十三章、第十四章,杨雪荣负责第二章,张静负责第三章、第六章、第十二章,冯雪阳负责第五章,肖志勇负责第八章,袁仕陈负责第九章。董连胜、张静拟订了本版修订方案,并负责校阅书稿。谭中明教授审定修订方案,并负责统稿审定。

  在本书的编写、修订过程中,我们得到了中国科学技术大学出版社的大力支持,在此表示衷心感谢。由于编者水平所限,书中疏漏在所难免,恳请读者给予指正,以便我们今后重印或重版本书时修正。

谭中明
2024 年 10 月

前　言

　　证券投资学是研究证券投资活动及其规律的综合性应用经济学科。它是随着证券投资实践活动的产生、发展而逐渐发展起来的。从全球视角来看,证券投资实践活动起源于股份制和股票交易,至今已有四百多年的历史。早在1613年,荷兰的阿姆斯特丹就已经出现了证券交易所的雏形,一些商人在此买卖海外公司的股票;1773年,伦敦证券交易所成立,成为世界上第一家股票交易所;1817年,纽约证券交易所成立(1863年改为纽约股票交易所);1878年,东京股票交易所正式创立,它是东京证券交易所的前身;1891年,香港成立了香港股票经纪协会(后发展为香港证券交易所)。但是直到19世纪末,在西方国家的金融体系中,间接融资却一直占主导地位,以证券投资为核心内容的直接融资规模尚小,不足以达到影响一个国家或地区经济运行的程度,人们对证券交易活动未给予足够的关注,因而用以指导证券投资实践活动的主要是一些经验法则,并没有系统的证券投资理论。20世纪初至50年代,西方国家的证券市场经历了一个膨胀、崩溃、再恢复到再繁荣的过程,尤其是在经济大危机阶段,证券行市的涨跌对西方国家的经济造成了致命性打击,政府开始意识到规范证券市场秩序的重要性,为此出台了一系列相关法律法规。例如,美国于1933年和1934年先后颁布了《证券法》和《证券交易法》。与此同时,证券投资理论开始从传统的经济学中独立出来,形成自己的独立研究对象和研究体系,奠定了"基本分析法"和"技术分析法"的基础。尤其是这一时期创立的道·琼斯30种工业股平均指数,至今仍是世界著名的股价指数之一。但是,这时的证券投资理论只是初步的和粗略的,经验的痕迹还比较深,缺乏坚实的理论和实证支撑。现代投资理论始于20世纪50年代,其标志是哈里·马可维茨于1952年提出的投资组合选择理论,以此为起点,越来越多的经济学家从证券市场的层面研究证券投资问题,借助现代信息技术,运用数学模型分析方法,探究投资者行为以及证券市场规律和市场效率,不仅完善和发展了投资组合选择理论,而且还创立了一大批具有深远影响的新理论,最具代表性的有夏普的单因素模型、夏普-林特纳-默森资本资产定价模型、罗斯的套利定价理论、法玛的有效市场理论、米勒-莫迪格利安尼股利分析模型、布莱克-斯科尔斯期权定价理论等。几乎在哈里·马可维茨提出投资组合选择理论的同时,另一批经济学家运用实验分析方法,从心理学角度对证券市场的非理性行为进行研究和解释,创立了行为金融学,受到经济学界的广泛关注。总之,经过几代经济学家的不懈努力,西方投资学理论已经成为一门独立的学科,在现代金融理论中占有十分重要的地位,并正在以其旺盛的生命力不断地向前发展。

由于历史和制度的原因,我国的证券市场及其理论研究起步很晚。如果以1990年12月成立的上海证券交易所算起,那么证券市场至今不足14年的时间,如果从许可国库券转让和开始发行企业债券的1986年算起,也只有不到20年的历史。在这短短的十多年中,我国证券市场从无到有,从小到大,获得了长足的发展,取得了显著的成绩,目前已建立了主板和二板两个市场,上市公司1 300余家,投资者规模达7 000万,股票市价总值占国内生产总值(GDP)的比重接近40%。但是与西方成熟的证券市场相比,我国证券市场还有很大差距,存在许多亟待解决的问题和种种不规范,例如,上市公司披露虚假信息坑害投资者,大股东掏空上市公司资产,机构大户操纵股价,内部人员通过内幕交易谋取不法利润,市场投机猖獗,等等。要解决这些问题,有许多工作要做,其中,重要的任务之一是要加强适合我国国情的证券投资理论的研究以及证券投资知识的学习,不断探索我国证券市场的发展规律,防范投资风险,促进其健康、规范发展——这是我们金融教育工作者和研究者义不容辞的责任。

沪、深两个证券交易所成立不久,我们就尝试在经济和管理类本、专科学生中开设了股份经济与证券投资课程,经过这些年来的教学与科研积累,我们于1997年组织编写了《证券投资学》教材,在此之后的7年多时间里,我们根据国内外证券市场发展状况和证券投资理论研究前沿成果,不断改革和调整本课程教学内容和教学方法,修改、充实讲义内容,取得了良好的教学效果。在此基础上,根据教学过程中获得的反馈信息,我们重新编撰了这本教材,以满足本课程教学以及投资者学习证券投资知识的需要。

证券投资学涉及的内容十分繁杂,我们编写本书时立足于介绍证券投资的基本知识、基本分析方法、技术分析技巧以及证券投资组合理论,因而对某些内容作了适当的取舍,力求以比较简洁的语言和清晰的框架体系将比较实用的证券投资学的全貌呈献给读者。本书分5个部分,15章:导论为独立的一个部分,主要介绍证券投资若干基本问题和证券投资学的性质与研究对象;第一篇为工具篇,4章,主要介绍基本投资工具和衍生证券;第二篇为市场篇,3章,主要介绍证券市场的结构、运行规律和投资机制以及市场监管;第三篇为分析篇,4章,主要介绍证券投资工具的价值分析、证券投资的基本分析、技术分析指标与分析技巧;第四篇为理论篇,3章,主要介绍证券投资的风险与收益、投资组合选择理论以及资本资产定价理论与套利定价理论等。本书由谭中明负责全书的统稿、修改,侯青协助书稿的组织工作,并提出写作大纲初稿,本书全体编写人员参与了大纲的讨论。参编人员的具体分工如下:前言,导论第一、二、三节,第三章,第九章由谭中明撰写;第十章,第十一章,第十三章,第十四章由侯青撰写;导论第四、五节,第四章,第十二章由黄正清撰写;第八章由刘明显撰写;第一章,第二章,第七章由文学舟撰写;第五章,第六章由张静撰写。肖志勇参与了部分章节的文字校对工作。

本书在编写过程中参考了大量中外文献,在此谨向这些文献的作者表示诚挚的谢意。

本书不仅是普通高等学校财经类、管理类学生的教材,也可作为证券从业人员业务进修和普通投资者学习证券知识的参考书,还可作为经济类、管理类研究生的教学参考书。

限于我们的学识水平和经验,书中存在缺点和错漏在所难免,希望同行专家和广大读者批评指正。

作 者

2004 年 8 月

目 录

第4版前言	(ⅰ)
前言	(ⅲ)
导论	(1)
第一节　投资及其分类	(1)
第二节　证券与证券投资	(5)
第三节　证券投资的条件和要素	(7)
第四节　证券投资过程	(14)
第五节　证券投资学的性质和研究对象	(16)
延伸阅读	(18)
重要概念	(19)
思考题	(20)
第一章　股票	(21)
第一节　股票概述	(21)
第二节　股票的种类	(24)
第三节　股票的价格	(31)
第四节　股票价格指数	(40)
延伸阅读	(48)
重要概念	(49)
思考题	(50)
第二章　债券	(51)
第一节　债券概述	(51)
第二节　债券的种类	(55)
第三节　债券的信用评级	(62)
延伸阅读(一)	(66)
延伸阅读(二)	(68)
重要概念	(70)

思考题 …………………………………………………………………………（70）

第三章　证券投资基金 …………………………………………………（71）
　第一节　投资基金概述 …………………………………………………（71）
　第二节　投资基金的种类 ………………………………………………（76）
　第三节　投资基金的运作与管理 ………………………………………（81）
　第四节　我国投资基金的发展 …………………………………………（89）
　延伸阅读 …………………………………………………………………（92）
　重要概念 …………………………………………………………………（93）
　思考题 ……………………………………………………………………（93）

第四章　衍生投资工具 …………………………………………………（94）
　第一节　基本衍生投资工具 ……………………………………………（94）
　第二节　其他衍生投资工具 ……………………………………………（103）
　延伸阅读 …………………………………………………………………（111）
　重要概念 …………………………………………………………………（114）
　思考题 ……………………………………………………………………（114）

第五章　证券发行市场 …………………………………………………（115）
　第一节　证券发行市场概述 ……………………………………………（115）
　第二节　股票发行市场 …………………………………………………（121）
　第三节　债券发行市场 …………………………………………………（136）
　延伸阅读 …………………………………………………………………（142）
　重要概念 …………………………………………………………………（143）
　思考题 ……………………………………………………………………（143）

第六章　证券流通市场 …………………………………………………（144）
　第一节　证券交易所市场 ………………………………………………（144）
　第二节　场外交易市场 …………………………………………………（154）
　第三节　证券交易流程 …………………………………………………（157）
　延伸阅读 …………………………………………………………………（166）
　重要概念 …………………………………………………………………（167）
　思考题 ……………………………………………………………………（167）

第七章　证券市场交易制度、方式与规则 ……………………………（168）
　第一节　证券上市、退市制度 …………………………………………（168）
　第二节　委托经纪制度与做市商制度 …………………………………（173）
　第三节　证券交易方式与交易规则 ……………………………………（177）

延伸阅读 …………………………………………………………………… (194)
　　重要概念 …………………………………………………………………… (195)
　　思考题 ……………………………………………………………………… (195)

第八章　证券市场监管 ……………………………………………………… (196)
　　第一节　证券市场监管理论和原则 ……………………………………… (196)
　　第二节　证券市场的监管模式 …………………………………………… (200)
　　第三节　证券市场监管的主要内容 ……………………………………… (204)
　　延伸阅读（一） …………………………………………………………… (208)
　　延伸阅读（二） …………………………………………………………… (209)
　　重要概念 …………………………………………………………………… (211)
　　思考题 ……………………………………………………………………… (211)

第九章　证券投资的价值分析 ……………………………………………… (212)
　　第一节　债券价值分析 …………………………………………………… (212)
　　第二节　普通股价值分析 ………………………………………………… (216)
　　第三节　投资基金价值分析 ……………………………………………… (228)
　　第四节　可转换证券与认股权证价值分析 ……………………………… (232)
　　延伸阅读 …………………………………………………………………… (239)
　　重要概念 …………………………………………………………………… (240)
　　思考题 ……………………………………………………………………… (240)

第十章　证券投资基本分析 ………………………………………………… (241)
　　第一节　证券投资的宏观经济分析 ……………………………………… (241)
　　第二节　证券投资的行业分析 …………………………………………… (248)
　　第三节　证券投资的公司分析 …………………………………………… (255)
　　延伸阅读 …………………………………………………………………… (266)
　　重要概念 …………………………………………………………………… (268)
　　思考题 ……………………………………………………………………… (268)

第十一章　证券投资技术分析 ……………………………………………… (269)
　　第一节　技术分析的基本问题 …………………………………………… (269)
　　第二节　技术分析理论 …………………………………………………… (275)
　　第三节　技术分析指标 …………………………………………………… (305)
　　延伸阅读 …………………………………………………………………… (328)
　　重要概念 …………………………………………………………………… (328)
　　思考题 ……………………………………………………………………… (329)

第十二章　证券投资的收益和风险 …………………………………………… (330)
- 第一节　证券投资的收益 ……………………………………………… (330)
- 第二节　证券投资的风险 ……………………………………………… (338)
- 第三节　证券风险的衡量 ……………………………………………… (344)
- 延伸阅读 ………………………………………………………………… (348)
- 重要概念 ………………………………………………………………… (350)
- 思考题 …………………………………………………………………… (350)

第十三章　投资组合选择 …………………………………………………… (351)
- 第一节　证券组合的收益与风险 ……………………………………… (351)
- 第二节　证券投资组合与无差异曲线 ………………………………… (361)
- 第三节　有效组合与最优多样化 ……………………………………… (367)
- 第四节　无风险借入和贷出 …………………………………………… (369)
- 延伸阅读 ………………………………………………………………… (373)
- 重要概念 ………………………………………………………………… (374)
- 思考题 …………………………………………………………………… (374)

第十四章　资本资产定价模型和套利定价理论 …………………………… (375)
- 第一节　市场组合与市场均衡 ………………………………………… (375)
- 第二节　资本市场线 …………………………………………………… (377)
- 第三节　证券市场线 …………………………………………………… (379)
- 第四节　套利定价理论 ………………………………………………… (382)
- 延伸阅读 ………………………………………………………………… (391)
- 重要概念 ………………………………………………………………… (393)
- 思考题 …………………………………………………………………… (393)

参考文献 ……………………………………………………………………… (394)

导 论

第一节 投资及其分类

一、投资的含义

在市场经济条件下,投资活动作为一种重要的经济活动,已为越来越多的人所熟悉。在我国,随着经济的发展和人们收入水平的提高,投资需求日益旺盛,投资形式和投资现象日益丰富,除了建造厂房、购买设备、修建道路桥梁等传统投资形式外,居民购买住房、小汽车、债券和股票等新兴投资形式已成为人们日常经济生活的重要组成部分。人们之所以要从事投资活动,是由于投资可以改变一段时期的可得收入用于消费的数量和模式。人们牺牲今天的消费或支出现时的价值,是期望未来能够得到更多的物品和服务消费或获得更多的收益。因此,美国著名投资学家威廉·夏普(William F. Sharpe)认为:投资就是为了获得可能的和不确定的未来值而作出的现在值的牺牲。夏普对投资的这一定义强调了投资的时间要素和不确定性。就时间而言,任何投资活动都存在着时间间隔,即在现在投入,在将来收获。然而,现在的投资价值是确定的,而将来预期获得的投资价值是不确定的,有遭受损失的可能,而且投资的时间越长,投资价值的不确定性就越大。例如,如果某个投资者今天购买 10 000 元的债券,希望一年后能够得到 11 000 元用以消费,他就减少了现期消费 10 000 元,而未来一年预期消费增加到了 11 000 元,其中,1 000 元便是投资者现在投资 10 000 元债券所获得的。这说明投资活动改变了投资者现在和将来的消费。有收益必然有风险,如果他投资的是国债,就要承担通货膨胀的风险;如果是公司债券,则还要承担债券发行人的违约风险。事实上,投资者进行投资的过程就是对不同资产的收益和风险之间进行选择的过程。从广义上讲,资产就是交换中具有价值的任何财产,包括金融资产和实物资产。所以,按照上述思路,可以将投资的含义理解为:投资者通过持有金融资产或实物资产,获得该资产在未来所产生的与所承担的风险成比例的预期收益的过程。

从上述定义可以看出，投资的内涵十分丰富，外延也十分宽泛，实质上是包括实物资产投资和金融资产投资两个口径的经济范畴，前者是投资经济学研究的主要内容，后者则是金融投资学研究的领域。严格地讲，证券投资学这门课程与金融投资学也是有区别的，因为证券投资从属于金融资产投资范畴，因而证券投资学的外延比金融投资学应更小一些。因此，本书所指的投资(investment)概念特指金融有价证券投资，即指从事各种金融工具交易的经济活动。更准确地说，本书所指的投资是指充分考虑了金融工具的风险、收益之后，运用资金进行的一种以盈利或避险为目的的金融活动。它既不包括许多以盈利为目的的金融活动，比如银行储蓄、购买金币以图利的行为，也不包括商品证券的交易行为。但也不能将投资理解为只是买卖股票。除股票之外，还包括货币市场工具、固定收益工具、各种衍生工具等金融工具的买卖。总之，所有在金融市场上有活跃交易的金融工具的买卖都是投资。这些金融工具尽管形式千差万别，但有一个共同点，即都能带来收益，又都有程度不同的风险。而了解每一种金融工具的风险，在此基础上确定其合理价格即是本书的基本任务。当然，为了避免可能出现的股价变化的风险、利率变化的风险和汇率变化的风险，在金融市场中通过衍生工具的运用，对上述风险进行套期保值(hedging)也是投资；将个人、企业的资金集合在一起，以社保基金、共同基金、养老基金、保险基金等形式出现在金融市场中，购买一组风险、收益各不相同的证券，以达到分散持有降险增效的行为更是投资。

二、投资的分类

前面我们对实物资产投资、金融资产投资、证券投资作了简单的区分，事实上，根据不同的划分标准，投资有许多种分类，为了进一步增加对这个重要经济概念的深入理解，下面我们对投资的一些主要分类进行介绍。

1. 广义投资和狭义投资

这是根据投资概念来划分的。广义投资是指为了获取未来预期收益或权利而垫付一定资金的经济行为，无论是投资于实物资产或是购买有价证券等。而狭义投资主要是指购买金融资产的投资行为，最主要的是指证券投资，这也是本书将要研究的主要内容。

2. 直接投资和间接投资

这是根据投资者能否直接控制其投资资金的运用来划分的。直接投资是指投资者将资金直接用于开办企业、进行项目建设或购置设备、并购其他企业的经济行为。其基本特征是投资者能有效地控制投资资金的使用，并能对其进行全过程的管理。直接投资的内容包括现金、厂房、机械设备、交通运输工具、通信、土地或土地使用权、并购企业等各种有形资产投资和商标、专利、专有技术、咨询服务等无形资产投资。从国民收入、国民生产总值分析,直接投资扩大了生产经营能力,使实物资产存量增加,能为生产产品和提供劳务创造物质基础,是经济增长的重要条件,是投资的主要形式。

间接投资是指投资者通过购买金融资产,以获取一定预期收益的经济行为。其特点是投资者可以根据金融市场行情灵活地买卖金融工具,以规避风险、获取收益,但投资者难以有效控制资金运用状况。间接投资是现代市场经济所不可缺少的,对社会经济的发展起着巨大的推动作用。间接投资按照持有金融资产的方式不同,又可进一步分为直接金融投资与间接金融投资。直接金融投资是指投资者自己直接到市场上购买并持有证券;间接金融投资是指投资者购买间接证券,把资金交给间接金融机构,由他们代为运用资金。在美国,人们倾向于以间接方式持有金融资产,只有四分之一的投资者直接持有股份,绝大多数投资者对公司财产的要求权都是通过代表他们利益的金融机构(机构投资者)持有股权间接实现的。典型的机构投资者有投资银行、养老基金、保险公司、共同基金、对冲基金等。在美国,有一半的公司权益是由机构投资者持有的。在我国,规范的机构投资者主要有证券投资基金、社保基金、保险公司和证券公司等。

3. 实物资产投资与金融资产投资

这是根据投资对象的性质和形式不同来划分的。实物资产投资是指投资者直接拥有土地、建筑物、知识、机器设备以及人力资本等实物资本的投资行为。实物资本一旦被投资者拥有,它必须能够提供预期的服务流或现金流,从而影响人们的未来消费机会。购买实物资产可以包含投资和现时消费两方面的内容。投资者的投资目的不同,对同一投资对象评价的角度也不同,因而对投资对象的价值、功能等的要求也有差异。一般而言,实物资产的生产能力越强,其产生的现金流或收入就越大,其价值也就越高。例如,人力资本就属于一种最典型的实物资产,对学费、书籍以及时间的投资,导致受教育者获得各种技能,从而影响他们的未来收入获取能力以及他们的人力资本价值。实物资产决定了一个社会成员提供产品与服务的能力,从而决定了社会物质财富的数量。

金融资产投资是对实物资本的间接持有。由于金融资产是脱离了实际生产过程的虚拟资本,因而证券的持有者不必自己去购买机床、人力资本和其他生产要素,而是通过购买公司的普通股票,间接地投资于这些生产要素。这些设备的生产能力将决定证券的价值和这些投资者的投资收益是否增加,以及增加数量的多少。证券发行者利用实物资产创造的收入,依据投资者持有的证券资产的份额将收入分配给他。金融资产(证券)的性质不同,其收益分配的形式也不一样,从而相应产生了各种各样的金融工具。其详细内容将在本导论第三节介绍。

4. 国内投资和国际投资

这是根据投资地域的不同划分的。国内投资是指各类投资主体在本国国内的各种投资。国际投资是指各类投资主体跨越国家界限的相互投资,既包括外国资本在本国的投资,也包括本国资本在外国的投资。由于我国实行"一国两制"的政策,来自和投向我国台湾省、香港和澳门特别行政区的投资,也纳入国际投资范畴。

5. 短期投资和长期投资

这是根据资产提供的现金流期限的长短划分的。在金融资产中,有的到期还本的期限较长,甚至长达数十年之久,如债券;有的则根本没有到期的时间,如普通股股票;有的偿还期限却很短,不会超过一年,如短期国债、商业票据等。期限的长短划分一般以一年为界,现金流期限在一年以上的投资称为长期投资,一年以内的称为短期投资。

三、投资与投机

所谓投机是指某些资金操作者在商业或金融交易业务中,不是以获取长远资本收益为目的,而是以获取短期差价为目标,甘冒特殊的交易风险以图获取短期差额利润的行为。投机的显著特征是期望通过市场价格波动来获利,这在商品、证券、外汇或期货等交易中都普遍存在,除了那些正常经营业务必须要持有外汇和商品之外,市场上其他的交易行为都带有一定的投机性。

根据经济学关于人的基本经济行为假设,可以认为投资者的所有经济行为可能都带有一定的投机目的。因为盈利是投资的根本动因,如能在不受外界约束的前提下,在最短的时间内,运用最经济的手段,去获得最大限度财富的收益,这或许是所有投资者的共同愿望。可以这样认为,成功的投机必然也是一项成功的投资,只是在一定程度上投机要比投资承担更大的风险。

进一步的合理理解是,投机是市场经济的常态,是理性的经济人寻求其利益最大化的行为过程,并在不同的制度背景和组织环境下具有不同的表现形式。现实中,投资和投机之间的界限很难划清,在许多情况下二者可能会相互转化,比如,购买证券,本来准备长期投资的,但由于行情的急剧变化而马上脱手;相反,本来准备转手牟利,但可能行情不利或预期公司有更大的盈利水平而长期持有,等等。但如果把投资与投机对立起来加以考虑时,可能就蕴含了一种价值判断的观念,例如,认为投资是"好的"或认为投机是"不好的",等等。这样的理解当然带有较大的主观成分。

但是在证券投资中,人们可能依然会根据一定的判断标准将投资与投机相区分。例如,投机承受的风险要比投资大,所以投机也称为高风险投资。又如投机者热衷于交易的快速周转,不愿意长期持有某种证券,而真正的投资者却相反。所以证券业会以换手率的高低来判断市场的投机强度。另外从入市的动机也可以将两者进行区分。上述各项划分标准都取决于人们的主观判断,具有一定的随意性。但应该清醒地认识到,如果社会上存在大量的、极度的投机,就会引起泡沫经济现象的发生,并对社会经济的发展造成极大的危害。投机者一旦被非理性的狂热的投机动机所支配,就会受各种期望、谣言甚至是恐惧所迷惑,使投机失控,并最终引起经济动荡乃至社会政治动荡。这在许多国家是有前车之鉴的,2008年爆发的美国次贷危机就证明了非理性投机行为的巨大危害性。

第二节 证券与证券投资

一、证券的概念

证券是各类财产所有权或债权凭证的通称,是用来证明证券持有人有权取得相应权益的凭证。如股票、债券、基金证券、票据、提单、保险单、存款单等都是证券。从本质上讲,证券是一种信用凭证,是商品经济和信用经济发展的产物。如债券作为一种信用凭证,无论是企业债券、金融债券还是国库券,都是发行人为筹措资金而向投资者出售的承诺到期还本付息的债权债务凭证。股票是股份有限公司发行的用以证明股东的身份和权益,并据以获得股息和红利的所有权凭证。基金证券则是同时具有股票和债券的某些特征的证券。投资基金本身就是资金集合的一种形式,是将分散的资金集中起来,委托专门的投资机构从事能保证投资者收益的组合投资,基金持有人则对基金拥有财产所有权、收益分配权和剩余财产分配权。这些作为资本信用手段的证券能定期领取利息或到期收回本金,并可以在证券市场上进行转让和流通。除此之外,还有货币证券、商品证券等。

二、证券的分类

1. 无价证券

无价证券又称凭证证券,是指认定持证人是某种合法权利者,证明对持证人所履行的义务是有效的凭证。如存款单、借据、收据及定期存款存折等就属于这一类。其特点是,虽然也是代表所有权的凭证,但是不能真正独立地作为所有权证书来行使权利。如存款单就是民法中的消费寄存凭证,属单纯的凭证证券,不是有价证券。当然,这也不是一成不变的。20世纪60年代,美国商业银行发行的大额可转让定期存单(CDs),尽管也是存款凭证,但由于它兼有流动性、收益性等特点,与一般的存款单有着明显的区别,可以视为金融证券,归入有价证券之中。目前我国也有一定规模的大额可转让定期存单。

2. 有价证券

有价证券是一种具有一定票面金额,证明持券人有权按期取得一定收入,并可以自由转让和买卖的所有权或债权凭证。有价证券是最常见的证券形式。从性质上讲,有价证券并非劳动产品,其自身并没有价值,只是它能为持有者带来一定的股息、红利或利息收入,因而可以在证券市场上自由买卖和流通。影响有价证券行市的因素很多,但主要因素是预期利息收入和市场利率。因此,有价证券价格实际上是资本化的收入,从这个角度讲,有价证券属于虚拟资本的范畴,是筹措资金的重要手段。

有价证券是市场经济和社会化大生产发展到一定阶段的产物。有价证券的使用和交易能起到自发地分配货币资金的作用,通过有价证券,可以吸收暂时闲置的社会资金并将其转化为国民经济各部门的长期资金,从而有助于推动国民经济的发展,优化资源配置。另一方面,在一定条件下,有价证券往往会产生某些消极的影响,这是由于有价证券的行市受多种因素的影响,其价格会经常出现暴涨暴跌、起伏不定的现象,由此引起的投机活动会造成资本市场的虚假供求和混乱局面,造成社会资源的巨大浪费。我们的目标是要充分发挥有价证券的积极作用,尽可能减少有价证券运行过程中产生的消极影响。

具体而言,有价证券可以归结为以下几种类型:

(1) 货币证券。货币证券指的是可以用来代替货币使用的有价证券,是商业信用工具。货币证券在范围和功能上与商业票据基本相同,主要包括汇票、支票、本票和期票等,其功能则主要是用于单位之间的商品交易、劳务报酬的支付以及债权债务的清算等经济往来。

(2) 商品证券。商品证券是对货物有提取权的凭证,证明证券持有人可以凭单提取单据上所列明的货物。商品证券主要包括运货单、提货单、栈单等。

(3) 资本证券。资本证券是有价证券的主要形式,是指把资本投入企业或把资本贷给企业和国家的一种合法有效凭证。分为所有权证券(股权证券)和债权证券两种。前者表现为股票,有时也包括认股权证;后者表现为各种债券。狭义的有价证券通常仅指资本证券。

资本证券的功能和作用与经济运行中的职能资本既有十分相似之处(都能给其所有者带来盈利),也有非常明显的差别。资本证券是脱离了实体经济活动过程的虚拟资本。它虽然也有价格,但是本身却没有价值,形成的价格只是资本化了的收入。资本证券作为独立于实际资本之外的一种资本存在形式,能够间接地反映实际资本的运动状况。

三、证券投资的含义

证券投资,简言之,是指有价证券的购买行为,这种行为会使投资者在证券持有期内获得与其所承担的风险相称的收益。如前所述,证券投资是从属于金融投资的信用活动范畴,它以有价证券的存在和流通为前提条件,与实物投资之间既有密切联系,又存在显著区别。作为现代投资系统的重要子系统,证券投资在现代市场经济社会中占有突出的地位,是一个国家基本的投资方式,是动员和再分配资金的重要渠道。证券投资可使社会闲散货币转化为投资资金,储蓄转化为投资,对促进社会资金合理流动、促进经济增长具有重要作用。

值得指出的是,作为投资系统的两个基本方面,证券投资和实物投资并不是互相排斥的,而是互补的。实物投资在其无法满足巨额资本的需求时,需要借助于证券投资。证券投资的资金来源主要是社会储蓄,这部分社会储蓄虽然没有直接投资于生产经营活动,而是通过证券市场间接投资于实物资产,但由于证券市场自身机制的作用,不但使资金在盈余单位和短缺单位之间重新配置,解决了资金不足的矛盾,而且还会促使社会资金流向经济效益好的部门和企业,提高资金利用效率和社会生产力水平。高度发达的证券投资使实物投资更为便捷,通过证券投资,实物投资筹集到所需资本。所以,证券投资和实物投资好比一条船上的双桨,共同推动着国民经济这艘大船不断向前发展。

第三节 证券投资的条件和要素

一、证券投资的条件

1. 市场经济环境

证券投资活动是一种典型的市场活动,它是建立在投资者完全自主决策的基础之上的。因此,成熟的市场经济环境和市场机制是证券投资的基本前提条件。缺乏这一条件,就不可能有正规的资本市场和货币市场,也就缺少可供人们投资选择的金融工具或有价证券,人们更难以根据金融工具的风险与收益状况作出投资决策。例如,20世纪90年代之前的以行政摊派方式销售国库券的行为,就不能算作是一种典型的证券投资活动,最多只能视为一种强制投资行为。所以,市场经济环境是证券投资的一个十分重要的条件。金融市场发展了,不仅有价证券的种类会日趋丰富和多样化,而且还会培养和增强人们的金融意识,从而使证券投资活动逐渐活跃起来。以我国股票市场的发展为例,就能很好地说明这一问题。20世纪90年代初,沪、深两家证券交易所成立时,全国只有3只股票,13家上市公司,三十多年来,我国证券市场在曲折中不断发展完善,到2023年7月,上市公司逾4 000家,股票总市值达73万亿元。此外,国库券、企业债券、金融债券、基金以及各种商业票据等都有了相当大的市场规模。

2. 居民收入状况

稳定的较高的居民收入水平也是证券投资的一个重要条件。因为居民收入状况直接决定着家庭剩余资金的多少。当家庭的平均收入很低时,绝大多数家庭并没有剩余,投资一定是极少数人的追求,即使有金融市场,投资也难以活跃。改革开放前的1978年,在计划经济体制和居民普遍低收入的双重约束下,我国居民几乎没有金融资产,能拥有的银行储蓄存款余额亦低得可怜,当时的国内生产总值为3 624.1亿元,人均只有378.60元,全国居民储蓄存款仅210.6亿元,人均只有22元。改革开放后,经过四十多年的建设和发展,国家的综合实力和居民家庭的收入水平发生了巨大的变化。2023年,我国GDP总量达到1 260 582亿元。2023年末,境内住户存款余额达137.86万亿元。2023年农村居民人均可支配收入21 691元,城镇居民人均可支配收入中位数47 182元。我国居民拥有的金融资产规模已达到一个相当高的水平。随着居民家庭收入水平的提高和家庭剩余资金的迅速增加,居民投资理财的意愿日益浓厚,投资已成为众多家庭,特别是城镇居民的迫切需求。

二、证券投资要素

(一) 投资场所

投资场所其实就是金融交易的场所,亦即金融市场。金融市场具有融通资金、定价、转移和分散风险以及提供流动性等多种功能。对投资者来说,金融市场是买卖股票、债券及其他有价证券的场所。随着现代信息、通信与电子技术的发展,许多市场已经电子化,不再是一个具体的场所,而成为一个网络,许多金融工具的交易也是在这样的网络中实现的。因此,我们所说的场所有时其实是一个"机制",一个实现定价和金融交易的机制。当我们将特定的交易形式定义为"市场"时,以后发展出来的其他形式就成为"场外市场"。比如股票交易的典型场所是证券交易所,交易所以外的股票交易场所或机制就被称作"场外交易市场"。

金融市场按不同的标准可以有不同的分类:

(1) 按偿还期的长短划分,分为交易短期金融工具的货币市场和交易中长期金融工具的资本市场。1年及1年以内的为短期,1年以上的为中长期。

(2) 按发行者是否向投资者偿还本金划分,分为债券市场和股票市场。债券一般均有期限,债券的利息可以在期限内定期支付,也可以到期时一次支付,债券本金通常是在到期时支付。股票的持有人只有按期获得红利或以优惠价购买新股的权利,如果不再愿意拥有股票,只能在股票市场上转手出让,换回的资金完全取决于该股票的市价,这个价格往往与它的票面值有很大的差别。

(3) 按市场层次划分,分为初级市场和二级市场。初级市场以投资银行、经纪人和证券商为经营者,承担政府或公司企业新发行的证券的承购和分销业务,二级市场主要由证券商和经纪人经营已上市流通的证券。

(4) 按交易机制划分,分为拍卖市场和场外交易市场。在拍卖市场上,买卖双方通过公开竞争叫价的方式来确定金融工具的成交价格,一般来说,出价最高的购买者和出价最低的出售者将在交易中取胜。场外交易也称为柜台交易,在场外交易市场中,证券的买卖双方要通过证券交易商进行交易,交易商对所经营的证券公布其买卖价格,证券的卖者只能按照交易商公布的买入价出售,其买者亦只能按照公布的卖出价购买。交易商一旦报价,就必须按此价格交易,如有风险,交易商自负。因此,在拍卖市场中,证券交易所或商品交易所起的只是中介人的作用,但在柜台市场中,交易商已是交易的直接参与者。这里需要指出的是,有的股票交易所是两种交易机制都有。

(5) 按照证券交易成交时约定的付款交货时间划分,分为即期市场和远期市场。即期市场是成交后立即交割的市场,远期市场包括远期、期货、期权、互换市场,这是一个成交后在约定的时间再交割的市场。

(二) 参与主体

证券投资的参与主体包括投资者、中介机构、自律性组织和监管机构等。

1. 投资者

投资者是指买入证券而进行投资活动的各类法人和自然人,是证券市场最重要的参与主体,按照类型划分,投资者分为个人投资者和机构投资者。

1) 个人投资者(投资散户)

个人投资者是以家庭资产进行投资的投资者,又叫散户,是投资活动的主体。因为从宏观看,家庭消费后的结余构成社会的储蓄,即家庭是社会的主要资金的提供者,因此,在金融市场上,个人或家庭的主要活动是投资。实际上,个人或家庭的储蓄能否顺利地转化为投资是衡量一国宏观经济是否健康的重要指标。表0.1是美国家庭与非金融企业的投资情况。

表0.1 美国家庭与非金融企业持有金融资产情况表　　单位:10亿美元

资　　产	家　庭	家庭的比重(%)	企　　业	企业的比重(%)
存款	4 499	12.64	365	5.19
人寿保险储备	792	2.23		
养老储备	10 396	29.15		
公司股权	8 267	23.29		
非公司商业权益	4 640	12.97		
共同基金	3 186	8.93	73(消费者信用)	1.03
个人信托	1 135	3.21	1 525(商业信用)	21.71
债务证券	1 964	5.58	413	5.88
其他	708	1.95	4 650	66.18
其他总金融资产	35 587	100	7 026	100

资料来源:朱宝宪.投资学[M].北京:清华大学出版社,2002:7.

从表0.1中可以看出,美国的家庭金融资产中储蓄存款比重很小(仅12.64%),绝大部分投资于金融工具(占70.16%),这包括投资于股票、基金、债券和养老基金等有价证券。这与我国居民金融资产的约70%是银行存款相比,差距很大。美国非金融企业的金融资产中,真正投资于金融市场的部分很低(仅5.88%),大部分为其他部分,占到了66.18%。还应注意到,美国的家庭在市场中的投资活动大部分是通过共同基金、养老基金、个人信托基金进行的,家庭以散户的身份直接在市场中交易的比重相对较小。

居民家庭的投资活动有两种形式,一是投资于各种基金,一是直接投资于市场中的各种金融工具。前者由投资专家管理,后者由投资者个人自己决策,风险也由自己承担。由于散户投资存在缺乏经验、资金额较小等问题,所以尽管在市场中花费了大量的精力搜集信息,学习各种投资技巧,但散户投资成效并不理想。要使投资成功,散户必须学习投资的理论和知识,了解收益与风险的基本关系,学会组合投资技术,最大限度控制风险。

2) 机构投资者

机构投资者类型较多,主要有以下几类:

(1) 政府机构。政府机构参与证券投资的目的主要是为了调剂资金余缺和进行宏观调控。各级政府及政府机构出现资金剩余时,可通过购买政府债券、金融债券投资于证券市场。中央银行以公开市场操作作为政策手段,通过买卖政府债券或金融债券影响货币供应量进行宏观调控。国有资产管理部门或其授权部门持有国有股,履行国有资产的保值增值和通过国家控股、参股来支配更多社会资源的职责。

（2）金融机构。参与证券投资的金融机构包括证券经营机构、银行业金融机构、保险经营机构以及其他金融机构等。① 证券经营机构是证券市场上最活跃的投资者，以其自有资本、营运资金和受托投资资金进行证券投资。我国证券经营机构主要是证券公司。按照《证券法》的规定，证券公司可以通过从事证券自营业务和证券资产管理业务，以自己的名义或代理客户进行证券投资。② 银行业金融机构包括商业银行、城市信用合作社、农村信用合作社等吸收公众存款的金融机构及政策性银行。③ 保险公司是全球重要的机构投资者之一，一度超过投资基金成为投资规模最大的机构投资者，除大量投资于政府债券、高等级公司债券外，还广泛涉足基金和股票投资。④ 合格境外投资者（QFII）。QFII制度是一国（地区）在货币没有实现完全可自由兑换、资本项目尚未完全开放的情况下，有限度地引进外资、开放资本市场的一项过渡性制度。这种制度要求外国投资者若要进入一国证券市场，必须符合一定条件，经该国有关部门审批通过后汇入一定额度的外汇资金，并转换为当地货币，通过严格监管的专门账户投资当地证券市场。⑤ 其他金融机构。其他金融机构包括信托投资公司、企业集团财务公司、金融租赁公司等。这些机构通常在自身章程和监管机构许可的范围内进行证券投资。此外，基于大量官方外汇储备的存在，为管理好这部分资金，成立了代表国家进行投资的主权财富基金。

（3）企业和事业法人。企业可以用自己的积累资金或闲置资金进行证券投资。企业可以通过股票投资实现对其他企业的控股或参股，也可以将暂时闲置的资金通过自营或委托专业机构进行证券投资以获取收益。

（4）各类基金。基金机构包括证券投资基金、社保基金、企业年金和社会公益基金等。

2. 中介机构

证券市场中介机构是指为证券的发行、交易提供服务的各类机构。在证券市场中起中介作用的是证券公司和其他证券服务机构。

1）证券公司

证券公司是指依照《公司法》规定设立的并经国务院证券监督管理机构审查批准而成立的专门经营证券业务，具有独立法人地位的金融机构。按照功能划分，证券公司可分为证券经纪商、证券自营商和证券承销商。

（1）证券经纪商。即证券经纪公司，是指代理买卖证券的证券机构，它们接受投资者委托、代为买卖证券，并收取一定手续费（佣金）。

（2）证券自营商。即综合型证券公司，是指除了拥有证券经纪公司的权限外，还可以自行买卖证券的证券机构。综合型证券机构资金雄厚，可直接进入交易所为自己买卖股票。

(3) 证券承销商。是指以包销或代销形式帮助发行人发售证券的机构。

实际上,许多证券公司都兼营这三种业务。

2) 证券服务机构

证券服务机构是指依法设立的从事证券服务业务的法人机构,主要包括证券投资咨询机构、证券登记结算机构(如我国的中国证券登记结算有限责任公司、中央国债登记结算有限责任公司)、财务顾问机构、资信评级机构、资产评估机构、会计师事务所、律师事务所等。

3. 自律性组织

证券市场的自律性组织主要包括证券交易所和证券行业协会。部分国家(地区)的证券登记结算机构也具有自律性质。在我国,按照《证券法》规定,证券自律管理机构是证券交易所和证券行业协会(证券业协会、中国国债协会、中国证券投资基金业协会等)。根据《证券登记结算管理办法》,我国的证券登记结算机构实行行业自律管理。

4. 证券监管机构

在我国,证券监管机构是中国证监会及其派出机构。中国证监会是国务院直属的证券监督管理机构,按照国务院授权和相关法律规定对证券市场进行集中、统一监管。其主要职责是:依法制定有关证券市场监督管理的规章、规则,负责监督有关法律法规的执行,负责保护投资者的合法权益,对全国的证券发行、证券交易、中介机构的行为等依法实施监管,维持公平而有序的证券市场。

(三) 投资对象

概而言之,投资对象是市场中的各种金融工具。金融资产是建立在所有权关系或债权债务关系基础上,对另一方要求在将来给予回报的所有权或索取权。银行储蓄、企业债券、公司股权、政府债券等都是金融资产。金融资产中由金融机构设计与开发的部分是金融产品,金融产品设计与开发的动力来自于市场需求,即投资者或融资者的需要。金融产品与金融资产不同,它通常是标准化的,具有较高信用、较大规模、标准面值与期限、统一的发行与偿还条件等特征。而那些能在金融市场上买卖,具有活跃的二级市场的金融产品称为金融工具。这就是说,金融工具是反映债权债务关系的合约证明文件,这类文件是标准化的,它的好处是容易获得市场普遍的接受,方便交易。金融工具与金融产品的区别主要在于金融工具具有流动性和可交易性。

金融工具的种类比较多,概括起来主要有四类:

(1) 货币市场工具。在货币市场比较发达的西方国家,货币市场交易的规模较大,主要的品种有短期国库券、商业票据、大额存单、银行承兑汇票、欧洲货币、回购协议等。货币市场工具的共同特点是风险小、期限短、流动性强、收益较好。

(2) 固定收益资本市场工具。这是指那些期限在1年以上的固定收益的证券。在发达国家,这类工具包括中长期国债、市政债券、公司债券和抵押债券等。它们的共同点为期限较长、收益固定、投资的风险较低,是一些追求长期、稳健收益的投资者或基金投资的主要投资对象。在美国,中期国债是指期限为2~10年的国债;长期国债是指期限为10~30年的国债。它们的最小面值是1 000美元,以面值出售,每半年支付一次利息。中长期国债基本没有信用风险,收益相对较高,因此,它是稳健投资者或稳健型资产组合的必不可少的组成部分。市政债券,即地方政府发行的债券,分为一般责任债券和收入债券两种。前者由地方政府的税收作还款保证,风险很小;而后者由发行债券筹集的资金建设的项目所产生的收入作为还款保证,风险较大。公司债券是企业发行的债券。抵押支持证券是建立在现金流收入基础上的资产证券化债券,它的最初形式是住宅抵押贷款的证券化债券,以后又发展出汽车等消费信贷的证券化债券、信用卡消费信贷的证券化债券、各种现金流收入证券化债券等。抵押支持证券的特点是将缺乏流动性的资产通过信用担保或信用升级的方式,变成可以交易和变现的资产。对于投资者来说,抵押支持证券是一种风险较低、收益可观的投资工具。它的发展是金融市场发展的一个重要趋势。在我国,固定收益证券的主要形式为中央政府发行的国库券和国家各部门发行的政府机构债券,企业债券规模较小,没有市政债券或抵押支持债券。

(3) 股权证券。主要指普通股股票和优先股股票。普通股股票代表着股份制公司中的所有权份额,所有者可以凭股票定期获得公司分配的收益。但是,如果股东不想持有股票,不能把股票赎回给公司,只能在股票市场上转让,转让价格由市场决定。优先股股票是一种既有股权性质又有债权性质的工具。它与债券的相同点是可以每年获得一笔固定水平的红利,而且优先股的持有者与债券持有者一样都无表决权。优先股股利通常具有累积性,即未付的红利可以累积起来,在可以支付红利时首先支付优先股的未付红利。优先股股票与债券在税收方面有区别,由于优先股的红利支付不能作为利息费用,因此不能进入公司的成本,从而要在纳税后才能支付红利。这与债券相比是不利的地方。我国目前没有优先股。股票是金融市场最重要、最具挑战性,也最受投资者青睐的证券投资工具。关于其更加详尽的知识,将在第一章进行介绍。

(4) 衍生证券。衍生证券又叫衍生工具,是20世纪70年代以来金融创新的产物。它是在基础金融工具的基础上派生出来的金融工具,其价值依赖于基础金融工具的价格。衍生工具主要包括远期、期货、期权、互换等,它们都有一个共同的特点,即都具有套期保值的功能。远期合约是交易双方在当前达成未来某一时间,以某种价格交换某一数量的某种资产的合约。利用远期合约可以控制成本、消除或降低风险,也可以套利。期货合约实质上是标准化的远期合约。由于期货合约是标准化的,因此可以大大降低交易成本,使运用期货投机成为可能。在期货交易中,一方的损失构成了另一方的盈利。期货合约主要有商品期货和金融期货。金融期货是在商品期货的基础上发展起来的,主要包括股票期货、股票指数期货、货币期货、利率期货等。期权合约是期货合约的一个发展。期权合约将买卖合约分开,一个买的合约称作看涨期权,一个卖的合约称作看跌期权。每一个合约也有交易的双方,即期权的买方和卖方。互换合约是直接在远期合约上的一个改进。通常是将本需多个远期合约才能完成的套期保值任务利用一个互换合约来涵盖,这既满足了客户特定的套期保值需求,又降低了交易的成本。互换合约有多种类型,主要包括为不同货币之间汇率波动进行套期保值的货币互换、为防止利率波动的利率互换以及为防止商品价格波动的商品互换。衍生工具的详细内容将在第四章介绍。

第四节 证券投资过程

一、筹措投资资金

进行证券投资的先决条件是筹措一笔投资资金,其数额的多少与如何进行投资以及如何选择投资对象有很大关系。

就个人投资者而言,应该根据自己及家庭收入情况,以剩余资金进行证券投资,避免借贷。

二、确定投资目标

确定投资目标是证券投资过程的重要环节,需要考虑收益和风险两方面的内容,由于风险和收益呈正比例关系,因而投资者把收益最大化作为投资的目标是不科学的,合理的目标应是在风险一定的情况下,实现收益的最大化;或是在收益一定的情况下,实现风险的最小化。

个人和机构投资者由于各自具体的目的和要求不同,其目标也不相同。个人投资者的目标受到收入状况、年龄、健康状况、家庭负担、受教育程度、对风险的偏好程度、投资知识和技能等诸多因素的影响。例如,一个高收入阶层的人,有宽裕的资金用以投资,且是风险偏好型投资者,那么他就可能把投资目标定在高收益、高风险证券上,如普通股票。相反,如果他是风险厌恶型投资者,那么他的投资目标就有可能定在现时收入稳定、本金安全的政府债券上。机构投资者与个人投资者相比,在资金来源、投资目标和投资政策上有很大的不同。例如,商业银行主要是经营资金存贷业务的机构,保证储户资金的安全是其首要责任,它的盈利资产必须具有高流动性和安全性,这就决定了它必须选择安全性和流动性强的政府债券作为投资对象。

三、了解金融工具的特性和金融市场结构

明确投资目标之后,投资者要广泛了解各种投资对象——金融工具的收益、风险情况。不同种类的金融工具,其性质、期限、担保情况、收益高低、支付情况、风险大小及包含内容各不相同,投资者应在全面了解后,才能正确选择。此外,证券交易大都通过证券经纪商进行,所以要进一步了解证券市场的组织和机制、经纪商的职能和作用、买卖证券的程序和手续、管理证券交易的法律条例、证券的交易方式和费用等,否则将无法进行交易或要蒙受不应有的损失。

四、进行投资分析

投资者在对证券本身及市场情况有了全面了解后,还要对可能选择的有价证券的真实价值、上市价格以及价格涨跌趋势进行深入分析,才能确定投资何种证券以及买卖的时机。证券的质量决定于其真实价值,价值表现为市场价格,但市场价格受多种因素影响,经常变动,并不完全反映其真实价值,因此,需要做深入细致的分析,才能作出正确选择。在进行投资分析时,必须充分利用有关信息,运用基本分析法、技术分析法和证券投资组合理论进行。基本分析法的重点在于分析证券,特别是股票的内在价值;技术分析主要是根据证券市场过去的统计资料来研究证券市场未来的变动;而证券投资组合理论则是利用数学公式或方法,计算证券之间的风险通过相关作用影响后的定值,来求出一个有效的组合。

五、构建投资组合

投资者要按照自己所拟定的投资目标,针对本身对收益和风险的态度,并考虑今后对现金的需要和用途及未来的经济环境和本身财务状况的变化等,作出判断和决策。投资组合的构建涉及投资对象以及投资比例,关键在于择券、择时和多元化。投资者应选择合适的证券,在价格相对低点买入,并决定各种证券占多大比重,同时,分散程度应限于多少证券数量的范围之内,才能构成最有效的搭配,使其在一定收益水平上风险最小,或风险一定收益最高。

组合构成后,还要定期进行业绩评估并加以严密管理。因证券市场变幻莫测,要针对市场变动情况,随时组合证券的种类和比例结构,以保持组合应有的功

效,使投资目标不致落空。投资组合的构筑和管理,对投资巨大的机构投资者更为重要。

六、评价投资绩效

评价投资绩效主要是评价投资组合的结果,并将该结果与基准水平相比较从而评价投资绩效的优劣。所谓基准是指为了便于绩效评价而事先设定的证券集合的绩效表现。基准通常是指市场上公认的股票价格综合指数,机构投资者亦可自己开发满足客户要求的基准。投资绩效应包含投资的收益和风险两个方面,投资绩效的评价就是将投资组合的收益和风险与基准的收益和风险比较,从而达到评价绩效、分析原因的目的。

第五节 证券投资学的性质和研究对象

一、证券投资学的性质

证券投资学是一门研究证券投资活动及其规律的年轻学科,其学科性质可以概括为以下几个方面:

1. 证券投资学是一门综合性科学

证券投资的综合科学性质主要反映在它以众多学科为基础和它涉及范围的广泛性上。首先,证券投资作为金融资产投资,是整个国民经济运行的重要组成部分,国民经济形势的好坏,对于证券市场的走势具有重要的决定意义,因此,一般的经济范畴,诸如资本、利润、利息等也是证券投资学研究问题所经常使用的基本范畴。其次,证券市场是金融市场的一个重要组成部分。证券投资学研究的一个重要内容是证券市场运行和证券投资者如何在证券市场进行运作,因此,必然涉及一些货币金融知识,需要研究货币供应、市场利率及其变化对证券市场价格以及证券投资者收益的影响。并且证券投资活动自始至终与银行等金融机构联系在一起,因此货币银行学理论是证券投资学必不可少的基础知识。再次,证券投资者进行投资总是要选择具体的企业。决定购买哪个企业的股票或债券时,总是要进行一番调查了解,掌握其经营状况及财务情况,再作出分析、判断,决定向哪个企业进行投资。在做这些基础分析时,必须掌握一定的会计学理论基础,能够利用各种会计信息作出科学判断,因此,会计学知识也是证券投资学所必需的基础知识。最后,证券投资学研究问题时,除了需要进行一些定性分析外,还需要大量地采用定量分析方法,证券投资的市场分析、价值分析、技术分析、组合分析等内容都是采用数学模型进行的,因此数学方法在证券投资学中是基本的研究问题的方法。

2. 证券投资学是一门应用性科学

证券投资学虽然也研究一些经济理论问题,但是从学科内容的主要组成部分来看,它属于应用性较强的一门学科。首先,证券投资学侧重于对经济事实、现象及经验进行分析和归纳,而不是注重概念、范畴、原理的抽象推理研究。其次,证券投资学所研究的主要内容是证券投资所需掌握的具体方法和技巧,而不是原则性的泛泛空谈。例如,如何选择证券投资工具,如何在证券市场上买卖证券,如何分析各种证券的投资价值,如何对上市公司进行财务分析,如何使用各种技术方法分析证券市场的发展变化,如何科学地进行证券投资组合等等,这些都涉及操作性很强的具体方法和基本技能。由此也可以看出,证券投资学是一门培养应用型专业人才的科学。

3. 证券投资学是一门以特殊方式研究经济关系的科学

正如前面所述,证券投资是属于金融投资范畴的,进行金融投资必须以各种有价证券的存在和流通为条件,因而证券投资学所研究的证券运动规律是建立在金融活动基础之上的。金融资产与实物资产不同,后者是现实中实际存在的资产,而前者是虚拟资产。金融资产的运动是一种虚拟资本的运动,而且这种运动有着其自身的相对独立性。首先,从量的角度看,金融资产规模的大小取决于证券发行量的大小和证券行市,而实物资产规模的大小则取决于社会物质财富的生产能力与价格。其次,从运动形态上来看,证券投资基本是见钱不见物的,而实物投资则是以物的形成为基本要求的。当然,这两种运动又有着紧密联系。实物资产是金融资产存在和发展的基础,金融资产的收益源于实物资产在社会再生产过程中的创造,因而金融资产的运动是以实物资产运动为基础的,由此决定了实际生产过程中所反映的一些生产关系必然反映在证券投资活动当中。就证券投资来看,证券发行所产生的债权债务关系、所有权关系、利益分配关系,证券交易过程中所形成的委托关系、购销关系、信用关系等等也都包含着较为复杂的社会经济关系。总之,证券投资学研究证券投资的运行,不可能离开研究现实社会形态中的种种社会关系。

二、证券投资学的研究对象与研究内容

证券投资学的研究对象是证券投资活动过程及其规律。具体而言,就是研究投资者如何正确地选择证券投资对象;如何参与证券市场运作;如何科学地进行证券投资决策;如何成功地运用证券投资方法与技巧;政府如何对证券投资活动进行有效监管,等等。

一门学科的研究对象决定该学科的研究内容。证券投资学的研究内容也是

由其研究对象所决定的。总括而言,证券投资学的研究内容包括证券投资的基本知识与基本理论、证券市场结构及证券投资的运行过程与机制、证券投资决策策略以及证券投资监管等。具体而言,其研究内容包括四个部分:

1. 证券投资工具

主要研究股票、债券、基金等基础投资工具和金融期货期权、认股权证、可转换债券等衍生投资工具的特点、功能及投资技巧等。

2. 证券市场

主要研究证券市场结构和证券市场监管,包括证券发行市场和证券流通市场的构成要素、特点、功能作用与运行机制,以及证券市场监管理论、模式、内容与方式等。

3. 证券投资分析

主要研究证券投资的策略以及各种投资技术分析方法,包括如何分析证券价格指标,如何进行证券投资价值分析,如何进行证券投资基础分析,如何进行证券投资技术分析,等等。该部分是证券投资学的核心部分,它提供证券投资决策分析的基本策略技巧和基本方法。

4. 证券投资组合理论

主要研究证券投资组合选择及其理论,包括证券投资的收益与风险分析、投资组合分析以及资本资产定价理论和套利定价理论等。

【延伸阅读】

QFII 和 QDII

QFII是英文"Qualified Foreign Institutional Investors"的缩写。它是一些国家或地区特别是新兴市场经济体的国家或地区所实施的一种资本管制措施。QFII制度允许符合一定条件并得到东道国有关政府部门审批通过的境外机构投资者,在批准的额度范围内汇入一定的外汇资金,转换为当地货币,并通过严格监管的特别账户投资当地资本市场。其资本所得(包括股息及买卖价差等)经审核后可转换为外汇汇出。

实施这种制度的主要是一些新兴市场经济体。这主要是由于新兴市场的国家或地区的经济体制尚不健全,资本项目尚未放开,货币也没有完全可自由兑换,如果贸然放松对国外资本的限制,可能会对本国或本地区的证券市场造成较大的冲击,从而给该国脆弱的经济环境带来不利影响。而这项制度的实施一方面可以有效地抑制境外投机性游资对本国经济的冲击,保护国内资本市场的健康发展,另一方面也可以有步骤地推动本国或本地区资本市场国际化,加强本国或本地区经济同国外经济的联系,从而有利于经济的长远发展。

QFII 制度于 1990 年发韧于我国台湾省。当时实行这一制度的目的在于解决资本项目管制条件下向外资开放本土证券市场的问题。这一制度在台湾地区收效良好,其后就成为许多新兴市场经济体所采取的一种重要制度。中国大陆的 QFII 制度始于 2002 年 11 月颁布的《合格境外机构投资者境内证券投资管理暂行办法》,其时,我国批准了包括瑞士银行有限公司、花旗环球金融公司、美林国际等在内的 45 家 QFII 资格,自此以后,我国 QFII 制度逐渐发展完善,成为资本市场中的一支重要力量。截至 2023 年 4 月,我国共有 780 家 QFII 机构,重仓持股 718 只,市值 1 659 亿元。QFII 制度的实施,对于我国证券市场的健康发展有着积极的意义,它在一定程度上活跃了中国的资本市场,刺激了中国股市的发展。同时也壮大了我国机构投资者的力量,对降低我国股市的投机气氛有一定的作用。另外,它也在某种程度上加强了中国股市与国外股市的经济联系,对于中国股市扩大世界影响具有重要的作用。

和 QFII 制度一样,QDII(Qualified Domestic Institutional Investors)制度也是在货币没有实现完全可自由兑换,资本项目尚未开放的情况下,有限度地允许境内投资者投资境外证券市场的一项过渡性的制度安排。QDII 制度是指在资本项目未完全开放的情况下,允许符合一定条件的境内机构投资者,经国内有关部门特别批准,通过开立收支范围严格限定的特别外汇账户,在一定额度范围内投资境外资本市场。

QDII 制度由我国香港特别行政区政府部门最早提出设立,我国内地于 2006 年 6 月 30 日首次批准 6 家中外资银行获得 QDII 资格,它们分别是中国工商银行、中国建设银行、中国银行、交通银行、汇丰银行和东亚银行的内地分行。我国各家银行开展的 QDII 产品主要是代客境外理财业务,即在境内发售外币理财产品,以客户自有外汇进行境外理财投资;或者在境内发售人民币理财产品,以人民币购汇办理代客境外理财业务。我国内地首只以外币认购的基金——华安国际配置基金于 2006 年 9 月 13 日正式发行,首次募集规模上限为 5 亿美元。2007 年 7 月 25 日颁布的《保险资金境外投资管理暂行办法》,允许保险机构运用自有外汇或购汇进行境外投资。

近二十年来,我国 QDII 稳步发展,截至 2024 年 6 月底,市场存续 250 只 QDII 基金,总规模达到 1 677.89 亿美元。

重 要 概 念

投资 投机 金融资产投资 直接金融投资 证券投资 有价证券 金融工具 固定收益资本市场工具 衍生证券

思 考 题

1. 试述金融资产投资、实物资产投资、证券投资之间的区别和联系。
2. 证券投资的条件和要素是什么?
3. 试述证券投资对象的基本内容。
4. 如何理解证券投资学的性质?

第一章 股 票

股票是一种有价证券,它是股份公司发行的、公众进行证券投资最主要的一种投资工具。本章重点介绍股票的基础知识,包括股票的特征、种类以及股票价格形式和股票价格指数,同时也对我国股票类型作了介绍。

第一节 股票概述

一、股票的概念

股票是由股份公司发给投资者作为入股的凭证,持有者有权分享公司的利益,同时也要承担公司的责任和风险。股票只是消失掉的或现实资本的纸制复本,它本身没有价值,但它作为股份资本所有权的证书,代表着取得一定收入的权力,因此股票具有"价值",并可作为"商品"转让,但股票的转让并不影响真实资本的运行。股票一经认购,持有者就不能要求退股,但可到证券市场上转让、出售。

股票是有价证券,它的发行必须经过权力机构的核准,因此具有法定性。股票票面上必须载明如下主要事项:① 公司名称;② 公司登记或成立的日期;③ 股票种类、票面金额及代表的股份数;④ 股票的编号。股票须由董事长签名,公司盖章。

由于现代科学技术的发展,我国沪深股市股票的发行和交易都借助电子计算机及高科技通信系统进行,上市的股票已实现了无纸化,所以现在的股票仅仅只是计算机系统内的一串符号而已。但在法律上,上市挂牌的股票都必须具备上述这些内容。

二、股票的特征

股票具有如下特征:

(1) 股票是一种虚拟资本,它的运动跟真实资本的运动是两个既相互独立又相互联系的运动。一方面,股票的运动跟公司真实资本的运动是相互独立的,股票的转手交易和股东的变更都不会引起公司资本的增减;另一方面股票的运动跟真实资本的运动又是相互联系的,例如,公司的盈亏状况会决定本公司股票价格的升跌,进而影响到股票的交易,而在公司扩股增资时,股票价格的高低又取决于公司发行同量的股票所能增资的数量。

(2) 股票具有非返还性。股票是一种无期限的有价证券,股东认购了股票后,就不能再要求公司退股,只能到股票市场上卖给第三者。

(3) 股票投资的风险较大。股东是公司财产的所有者,其投资收益来源于两部分,即股息收入和资本利得或损失,亦即股东卖出股票的价格跟以前买进价格之差。股息收入的多少完全取决于公司的盈亏状况,资本利得和损失则完全取决于未来股票价格的走向。因此股票投资的风险是较大的。

(4) 股票投资的预期收益率较大。在金融市场上,收益和风险是正相关的。正是由于股票投资的高风险,决定了它的高预期收益率;也正是股票投资的预期收益率较高,才吸引了众多投资者投资于股票,而不投资于银行存款和债券。

(5) 股票的流动性较强。股票虽然是一种无限期的有价证券,但在二级市场较发达的情况下,股票持有人可以随时在市场上售出股票,取得现金。

三、股票的收益

股票的收益是指股票投资者所得到的股份公司的分红派息以及公司资本增值、市价盈利带来的收益。股票收益主要包括三个方面:一是股份公司派发给股票投资者的股利收入,这包括股息和红利两部分;二是由于股份公司资本增值带来的收入;三是投资者在二级市场转让股票的价差收益,即资本利得。

1. 股利收入

(1) 股息。指股份公司按期派发给股东的股票利息。通常情况下,股份公司每年发放两次,即每半年发放一次,每次发放该年股票利息的1/2。最常见的股息分配方法有两种形式:现金股利与股票股利。所谓现金股利就是股份公司定期把现金汇入股东在银行账户的户头上,或股东直接到股份公司指定的银行领取现金,这种方式最常见,使用也较普遍;所谓股票股利,是指将该公司的股票作为股息支付给股东,其实质是公司盈余的资本化,其结果是公司盈余的减少,公司股票等比例地增加,从而保持公司的资本结构不发生变化。

(2) 红利。红利是股东得到的超过股息部分的利润。股份企业支付股息之后,尚有盈余,把它再分给股东,叫作分红,分得的利润部分就是红利。红利没有固定的利率,股东所得红利由企业利润决定。公司的盈利主要来自两个方面:一是由营业结果取得的收入,称为营业盈余;一是由非营业结果所获得的收入,如股票溢价出售、资产增值等,称为资本盈余。红利和股息一样,只能从利润中分派。公司只有在获得利润时才能分派红利,而不得以公司的财产作为红利分派给股东。否则,如公司连年亏损,公司的资本就有可能分光耗尽,而有倒闭的危险。为了巩固公司的财政基础,公司利润必须在弥补亏损及提存公积金之后分配股息,仍有盈余时才能作为红利分派给股东。

股息红利作为股东的投资收益,是以股份为单位计算的货币金额。在上市公司实施具体分派时,其形式可以有四种:现金股利、财产股利、负债股利和股票股利等。

财产股利是上市公司用现金以外的其他资产向股东分派的股息和红利。它可以是上市公司持有的其他公司的有价证券,也可以是实物。

负债股利是上市公司通过建立一种负债,用债券或应付票据作为股利分派给股东。这些债券或应付票据既是公司支付的股利,又确定了股东对上市公司享有的独立债权。

现金股利是上市公司以货币形式支付给股东的股息红利,也是最普通、最常见的股利形式,如每股派息多少元,就是现金股利。

股票股利是上市公司用股票的形式向股东分派的股利,也就是通常所说的送红股。

在沪深股市,股票的分红派息都由证券交易所及登记公司协助进行。在分红时,深市的登记公司将会把分派的红股直接登录到股民的股票账户中,将现金红利通过股民开户的券商划拨到股民的资金账户。沪市上市公司对红股的处理方式与深市一致,但现金红利需要股民到券商处履行相关的手续,即股民在规定的期限内到柜台中将红利以现金红利权卖出,其红利款项由券商划入资金账户中。如逾期未办理手续,则需委托券商到证券交易所办理相关手续。

2. 资本增值收益

股票投资获得资本增值收益的形式是送股,但送股的资金不是来自于当年的可分配利润,而是公司提取的公积金,因此,又可称为公积金转增股本。资本增值收益是长期投资者选择优质公司股票后长期持有的主要投资目的。

3. 资本利得

资本利得是指股票投资者持股票到二级市场上进行交易,当股票的市场价格高于买入价格时,卖出股票就可以赚取差价收益,这种差价收益称为资本利得。按我国现行法律,资本利得无须交纳个人所得税。

第二节 股票的种类

一、股票的基本分类

股票的种类很多,从不同角度出发,可以分为不同的种类。

(一) 按股东的权利不同,可分为普通股和优先股

1. 普通股

普通股是在优先股要求权得到满足后,在公司利润和资产分配方面给予持股者无限权利的一种所有权凭证,是股份有限公司筹集资本的基本工具。普通股有如下主要特征:

(1) 普通股股东具有经营参与权。普通股是一种所有权凭证,普通股的持有者是股份公司的所有者之一,因此普通股股东一般有出席股东大会的会议权、表决权和选举权、被选举权等,从而间接地参与公司的经营。

现代的股份公司,由于股东人数众多,股权分散,许多股东自动放弃投票权,这就为少数大股东控制和操纵整个公司创造了有利条件。掌握控股权所要求的股份比例远低于理论上的51%,通常只要有10%~20%,有的甚至低至5%即可。例如,美国约翰·洛克菲勒家族只拥有大通曼哈顿银行5%的股票,但却控制了该银行。

(2) 普通股股东具有优先认购权。即当公司增发新的普通股时,现有股东有权按其原来的持股比例认购新股,以保持对公司所有权的现有比例。现有股东也可以在市场上出售优先认购权。当然,如果股东认为新发行的普通股无利可图时,他也可以放弃这种权利。

(3) 普通股股东是公司资产的最后分配者。当公司由于经营不善等原因破产时,债权人有优先取得公司财产的权力,其次是优先股股东,最后才是普通股股东。通常,轮到普通股股东时,公司财产已被分配一空,留给普通股股东的只是他们手上已变为废纸的普通股票。

(4) 普通股的股利收益上不封顶,下不保底。若公司状况极佳,公司税后利润在按一定比例提取了公积金并支付给优先股股东固定股息以后,剩余部分可以全部分配给普通股股东。若公司经营亏损时,普通股股东就得不到股息。

(5) 普通股的价格波幅较大。普通股的价格受公司的经营状况、国家经济和政治环境、心理因素、市场供求关系等诸多因素的影响,其波动没有范围限制,暴涨暴跌现象屡见不鲜。因此普通股投资的风险较大。

2. 优先股

优先股是指具有比普通股优先权利的股票,这种优先主要表现在两个方面:第一,优先股通常有固定的股息,股息并不随公司经营状况而波动,而且优先股股东可以按公司章程规定优先于普通股股东领取股息;第二,当公司破产清算时,优先股股东对公司剩余财产有先于普通股股东的要求权。一些国家的公司法规定,优先股可以在公司设立时发行,也可以在公司增募股本时发行;而有些国家的公司法则规定,优先股只能在公司增募新股或清理债务等特殊情况下发行。

1) 优先股的特征

(1) 优先股的股息率是固定的,但并不是一定要支付的。优先股股息跟普通股股息具有两个区别:一方面,前者是固定的,后者则是变动的;另一方面,优先股股息的支付在普通股之前。优先股股息率跟公司债券利率一样都是固定的。但公司债券利息是必须按时支付的,否则公司将被迫破产,而优先股股息的支付通常是以公司盈利为前提的。当公司经营亏损时,优先股股息可以不支付或推迟支付。由于优先股股息是固定的,因此优先股的价格跟公司的经营状况关系不如普通股密切,而主要取决于市场利息率。

(2) 在公司破产清算时,优先股股东对公司剩余财产的要求权在债权人之后而在普通股股东之前。通常,优先股股东仍可得到少量的剩余财产。

(3) 优先股通常都是有面值的。优先股的面值不仅代表公司在发行优先股时获得的资本数量,而且代表同等数量的剩余财产的要求权。

(4) 优先股股东只有有限的表决权。优先股股东通常是没有表决权的,但在某些特殊情况下,则具有临时表决权。例如,当公司发生财务困难而无法在规定时间内支付优先股股息时,优先股股东就具有投票权,而且这种权利一直延续到支付股息为止。又如,当公司发生变更支付股息的次数、公司发行新的优先股等影响优先股股东的投资利益时,优先股股东就有权投票表决。当然,这种表决权是有限的。

(5) 优先股的风险较债券大,而较普通股小。相应地,优先股的预期收益率高于债券而低于普通股。

2) 优先股的种类

公司在发行优先股时,可以根据不同的情况,设计出不同种类的优先股。

(1) 累积优先股与非累积优先股。累积优先股是指如果公司在某个时期内所获盈利不足以支付优先股股息时,则累积于次年或以后某一年有盈利时,在普通股的红利发放之前连同该年优先股的股利一同发放给优先股股东。例如,某公司共有 10 000 股优先股,每股面值 100 元,年股息率为 10%,则每年应付优先股股息 10 万元。第一年公司亏损无法支付股息,第二年公司税后利润扣除公积金后尚有15万元可用于支付股利,那么这15万元必须全部用于支付优先股股息,其中10万元用于补发上年所欠股息,5万元用于支付当年股息,尚欠优先股股东5万元股息,等以后年度有盈利时再补发。而普通股股东在头两年分文未得。累积优先股的股息累积以固定比率为限,优先股股东对于公司所欠股息的孳生利息没有要求权。非累积优先股是指当公司盈利不足以支付优先股的全部股息时,其所欠部分,非累积优先股股东不能要求公司在以后年度补发。

(2) 可转换优先股。可转换优先股是指在规定时间内,优先股股东可按一定的转换比率把优先股换成普通股。可转换优先股实际上是给予优先股股东在一定时期内持有优先股还是持有普通股的选择权。当公司盈利状况不佳时,优先股股东就可以仍持有优先股,以保证较为固定的股息收入;而当公司大量盈利,普通股价格猛涨时,他就可以按事先规定好的转换比率把优先股转换成普通股,从中获得丰厚收益。由于可转换优先股以一定比例与普通股挂钩,因此其价格跟普通股一样易于波动。

有些优先股还兼有转换性和累积性,这种优先股称为累积转换优先股,它兼有累积优先股和可转换优先股的优点,因而深受投资者欢迎。目前美国大部分公司发行的优先股都属于此种优先股。

(3) 参加优先股与非参加优先股。参加优先股又称参与分红优先股,是指除了可按规定的股息率优先获得股息外,还可以与普通股分享公司剩余的盈利。参加优先股还可分为无限参加和有限参加两种。前者指优先股股东可以无限制地与普通股股东分享公司的剩余盈利,后者则指优先股股东只能在一定限度内与普通股股东分享公司的剩余盈利。例如,优先股的面额为100元,股息率为10%,当普通股股东得到的红利率超过10%时,无限参加优先股股东可以不受限制地与普通股股东享受同样的股息率,而有限参加优先股股东只能在一定幅度内(比如说12%之内)与普通股股东分享公司盈利。非参加优先股是指只能获取固定股息不能参加公司额外分红的优先股。目前大多数公司发行的优先股都属于非参加优先股。

(4) 可赎回优先股。可赎回优先股是指允许发行公司按其原来价格加上一定百分比的补偿金予以赎回的优先股。当公司为了减少资本,或者认为可以用较低股息率发行新的优先股时,公司就可以买回优先股。显然,可赎回优先股对股东不利。

(二) 按有无面额划分,可分为有面额股票和无面额股票

有面额股票就是指在票面上载明一定金额的股票。无面额股票又称分权股份,是指在票面上不载明金额,只注明它占股票总额的比例的股票,故又称比例

股。无面额股票的价值随公司财产的增减而增减。早期的股票大多是有面额股票,无面额股票最早源于美国。1912年,纽约州通过法律,允许发行无面额股票。以后,其他各州纷纷效仿,并传入其他国家,而且有取代有面额股票的趋势。

实际上,有面额股票与无面额股票并没有太大的区别。只是在有些国家,法律规定股票发行价格不能低于面值;当发行价格超过面值时,其面值部分必须转为资本。

此外,一些国家还对最低面额作了规定,如日本为500日元,法国为100法郎,德国为1 000德国马克。

我国目前已发行的股票都是有面额股票,深圳证券交易所目前的股票面额统一为1元,上海证券交易所的股票原有10元、50元、100元三种面额,后来也统一为1元面额。

(三) 按是否记名划分,分为记名股票与无记名股票

记名股票是指票面上和公司的股东名册上载有持有者姓名的股票。股票为个人所有时,应记载同一人名,若为政府或法人所有,应记载政府或法人名称,不得另立户名或记载代表人名字。记名股票不能私自转让,在转让时必须到股票的发行公司办理变更股东名册簿记载手续,否则不能行使股东权利。我国公司法规定,公司向发起人、国家授权投资的机构、法人发行的股票,应当为记名股票。

无记名股票是指在股票上不记载承购人的姓名,可以任意转让的股票。凡持有股票者即取得股东资格。无记名股票的特点是占有了股票就等于占有了股票所有权,因此其印刷要求极为严格。

无记名股票在德国较为常见。有些国家或地区(如我国香港)虽然允许发行无记名股票,但证券交易所只允许记名股票上市。有些国家或地区则不允许发行无记名股票。我国《公司法》规定,对社会公众发行的股票,可以为记名股票,也可以为无记名股票。

此外,还有一些股票种类,例如后配股、干股等。后配股,又称递延股,是指利润分配和剩余财产分配在普通股之后,而与普通股具有同样权利的股票。干股是指无偿赠送的股票。它一般是作为对发起人的酬劳而无偿赠送给发起人的,因此也称"发起人股"。

二、普通股在证券交易市场的种类

在证券交易所中,上市交易的股票大都是普通股票,这也是大多数投资者投资的对象。

普通股按其在证券交易市场上的属性不同可以分为以下几种:

1. 绩优股(蓝筹股)

"蓝筹"一词源自西方赌场。在西方赌场中,有三种颜色的筹码,其中蓝色筹码最为值钱,红色筹码次之,白色筹码最差。投资者把这些行话套用到股票上来形容股票的优劣。蓝筹股是指一些业绩优良、财务状况稳健、能定期派发优厚股息、具有强大的经济实力、在本行业内占据主要地位的大公司发行的股票。这种股票通常风险较低,较受一般投资者欢迎。

2. 成长股

成长股是指销售额、利润等在迅速扩张,并且其速度快于整个国家经济增长速度及其所在行业增长速度的公司发行的股票。这些公司通常只付较低的红利,留存大量盈利作为再投资以加快公司的扩展。随着公司的成长,股票价格上升较快,投资者可以获得较多的资本利得。

典型的成长股一般具有如下特点:① 在具有发展前途的行业内处于领先地位;② 产品质量好,技术优良,员工素质良好,服务质量佳;③ 产品具有良好的价格弹性,在市场竞争中处于有利地位;④ 具有发展新产品与新市场的潜力;⑤ 劳动成本低,劳动生产率高;⑥ 财务状况可靠,会计处理较稳健;⑦ 不易受政治、社会和环境变化的干扰。

3. 概念股

概念股也称为表现股,是指能迎合某一时代潮流但未必能适应另一时代潮流的公司所发行的、股价呈巨幅起伏的股票。例如金融股、地产股、资产重组股、券商股、奥运题材股、保险股、期货概念等都称之为概念股。业绩股需要有良好的业绩支撑,而概念股则是依靠某一种题材来支撑价格。

4. 投机股

投机股是指那些价格很不稳定或公司前景很不确定的公司股票。主要是那些雄心很大、从事开发性或冒险性事业的公司股票以及热门的、新发行的股票。投机股通常是内行的投机者进行买卖的主要对象,由于这种股票易暴涨暴跌,投机者通过经营和操纵这种股票可以在短时间内赚取相当可观的利润。

5. 股价循环股

股价循环股亦称周期性股,是指那些收益随着经济周期而波动的公司股票。当宏观经济高速增长时,这些股票的价格也迅速上升;当宏观经济走下坡路时,这些股票的价格也迅速下跌。典型的周期性股票主要包括钢铁、有色金属、化工等基础大宗原材料行业、水泥等行业的公司的股票。

6. 防守股

防守股指在经济条件恶化时,股息和红利要高于其他股票平均收益的股票,此类股票的发行公司大多是经营公用事业及生活必需品的行业,例如水、电、交通、食品、医药等,其发行的股票也称"公用股"或"基础股"。与周期性股相反,防守股的发行公司经营比较稳定,基本不受经济周期变动影响,因而能持续地提供稳定股利。抗跌力强是防守股的最大特点。在熊市中,这类股票的跌幅往往最小,而在牛市阶段初期,它们的回升又最快。

7. 收入股

收入股是指能支付较高股息但增长潜力不大的股票,其购买者通常是老年人、退休者以及一些法人团体(如信托基金、养老基金)等。

8. ST股

ST是英文Special Treatment的缩写,意为特别处理。如果上市公司出现财务状况异常,则其股票就要被戴上ST的帽子。所谓财务状况异常,有6种情况:① 最近两个会计年度的审计结果显示的净利润均为负值;② 最近一个会计年度的审计结果显示其股东权益低于注册资本,即每股净资产低于股票面值;③ 注册会计师对最近一个会计年度的财务报告出具无法表示意见或否定意见的审计报告;④ 最近一个会计年度经审计的股东权益扣除注册会计师、有关部门不予确认的部分,低于注册资本;⑤ 最近一份经审计的财务报告对上年度利润进行调整,导致连续两个会计年度亏损;⑥ 经交易所或中国证监会认定为财务状况异常的。

在上市公司的股票交易被实行特别处理期间,ST股票交易应遵循下列规则:① 股票报价日涨跌幅限制为5%;② 股票名称改为原股票名前加"ST";③ 上市公司的中期报告必须经过审计。

三、我国现行股票类型

当前我国的股票几乎都是有面额的记名普通股票。按投资主体来分,我国股票市场中有国家股、法人股、公众股、外资股等四种股票类型。

(一)国家股

国家股一般是指国家投资或国有资产经过评估并经国有资产管理部门确认的国有资产折成的股份。国家股的股权所有者是国家,国家股的股权由国有资产管理机构或其授权单位、主管部门行使国有资产的所有权职能。国家股股权,也包含国有企业向股份有限公司形式改制变更时,现有国有资产折成的国有股份。

我国国家股的构成,从资金来源看,主要包括三部分:① 国有企业由国家计划投资所形成的固定资产、国拨流动资金和各种专用拨款;② 各级政府的财政部门、经济主管部门对企业的投资所形成的股份;③ 原有行政性公司的资金所形成的企业固定资产。

国家有三种持股策略方式,即控制企业100%的股份,控制企业50%以上的股份,控制企业50%以下的股份。国家控股的程度,通常因企业与国计民生的关切程度不同而异。

国家股股权的转让,应该按照国家的有关规定进行。

(二)法人股

法人股是指企业法人以其依法可支配的资产向股份公司投资形成的股权,或者具有法人资格的事业单位或社会团体以国家允许用于经营的资产向股份公司投资所形成的股权。

法人股是法人相互持股所形成的一种所有制关系,法人相互持股则是法人经营自身财产的一种投资方式。法人股股票,应记载法人名称,不得以代表人姓名记名。法人不得将其所持有的公有股份、认股权证和优先认股权转让给本法人单位的职工。

法人股主要有两种形式:① 企业法人股,是指具有法人资格的企业把其所拥有的法人财产投资于股份公司所形成的股份。企业法人股所体现的是企业法人与其他法人之间的财产关系,因为它是企业以法人身份认购其他公司法人的股票所拥有的股权。有些国家的公司法,严格禁止企业法人持有自身的股权。② 非企业法人股,是指具有法人资格的事业单位或社会团体以国家允许用于经营的财产投资于股份公司所形成的股份。

(三)公众股

公众股是指社会个人或股份公司内部职工以个人财产投入公司形成的股份。我国上市公司历史上曾经有两种公众股形式,即公司职工股和社会公众股。

(四)外资股

外资股是指外国和我国香港、澳门、台湾地区投资者以购买人民币特种股票形式向股份公司投资形成的股份,它分为境内上市外资股和境外上市外资股两种形式。

1. 境内上市外资股

境内上市外资股是指经过批准由外国和我国香港、澳门特别行政区、台湾省投资者向我国内地股份公司投资所形成的股权。境内外资股称为B种股票,是指以人民币标明票面价值,以外币认购。设立之初规定B股专供外国及我国香港、澳门特别行政区和台湾省的投资者买卖,因此又称为人民币特种股票。境内外资股在境内进行交易买卖。上海证券交易所的B股以美元认购和交易,深圳证券交易所的B股以港币认购和交易。

2. 境外上市外资股

我国境外上市外资股主要有两种:

(1) H股。它是境内公司在香港联合交易所发行的以人民币标明面值,供境外投资者用外币认购,在香港联合交易所上市的股票。

(2) N股。它是境内公司在纽约证券交易所发行的以人民币标明面值,供境外投资者用外币认购,在纽约证券交易所上市的股票。但是在实践中,大多数外国公司(即非美国公司,但不包括加拿大公司)都采用存托凭证(ADR)形式而非普通股的方式进入美国股票市场。存托凭证是一种以证书形式发行的可转让证券,通常代表一家外国公司的已发行股票。

第三节 股票的价格

一、股票价格形式

股票的价格是指货币与股票之间的对比关系,是与股票等值的一定货币量。它有广义与狭义之分,广义的股票价格是股票的票面价格、发行价格、账面价格、清算价格、内在价格和市场价格的统称;狭义的股票价格则主要是指股票的市场价格。

(一)股票的票面价格

股票的票面价格又称面值,是股份公司在发行股票时所标明的每股股票的票面金额。它表明每股股票对公司总资本所占的比例以及该股票持有者在股利分配时所应占有的份额。

股票面值是根据上市公司发行股票的资本总额与发行股票的数量来确定的。其计算公式为:

$$股票面值 = \frac{上市的资本总额}{上市的股数} \tag{1.1}$$

(二)股票的发行价格

股票的发行价格是指股份公司在发行股票时的出售价格。根据不同公司和发行市场的不同情况,股票的发行价格也各不相同,主要有面额发行、设定价格发行、折价发行和溢价发行四种情况。

股票的面额发行是按照股票票面上注明的每股金额发行。采用面额发行,通常要委托证券承销商销售。设定价格发行主要是对无面值股票而言,发行时不标明股票的面值,而是根据公司章程或董事会决议规定发行价格,对外发行。折价发行是按照股票面额打一定折扣作为股票发行的价格。溢价发行是按照超过股票面额一定数量的价格对外发行。

股票虽然有多种发行价格,但在一般情况下,同一种股票只能有一种发行价格。股票发行过程中究竟采用哪一种价格,主要取决于股票的票面形式、《公司法》的有关规定、公司状况及其他有关因素。

(三) 股票的账面价格

股票的账面价格也称为股票的净值,是证券分析家和其他专业人员所使用的一个概念。它的含义是指股东持有的每一股份在理论上所代表的公司财产价值,等于公司总资产和全部负债之差与总股数的比值。股票的账面价格与市场价格并不一致,一般成长股票的市场价格往往要高于其账面价格,而一些非成长股票的市场价格往往低于其账面价格。但收益率主要取决于公司资产净值总额的股票,其账面价格和市场价格的变动就具有一致性。股票账面价格的变动主要取决于资产总额的数量、负债总额的数量以及股票股数等项因素。计算普通股账面价值或价格的公式为:

$$普通股每股账面价格 = \frac{净值 - 优先股总面额}{普通股股数} \quad (1.2)$$

(四) 股票的内在价格

股票的内在价格即理论价值,也即股票未来收益的现值,取决于股票收入和市场收益率。股票的内在价值是决定股票市场价格的一个重要因素,但市场价格又不完全等于其内在价值。由供求关系产生并受多种因素影响的市场价格围绕着股票内在价值波动。股票理论价格的计算公式为:

$$股票理论价格 = \frac{股息红利收益}{利息率} \quad (1.3)$$

(五) 股票的清算价格

股票的清算价格是指公司清算时每股股票所代表的真实价格。从理论上讲,股票的清算价格是公司清算时的资产净值与公司股票股数的比值。但是实际上由于清算费用、资产出售价格等原因,股票的清算价格不等于这一比值。通常,股票的清算价格主要取决于股票的账面价格、资产出售损益、清算费用高低等因素。

（六）股票的市场价格

股票的市场价格也称为股票行市,是指在证券市场上买卖股票的价格。股票的市场价格与票面价格不同,票面价格是固定的,而市场价格则是经常波动的,这是由于在证券市场上,股票是一种特殊商品,其供求和价格的变化不是偶然的,而是各种决定股票供求和价格变化的因素共同作用的结果。从理论上讲,股票市场价格计算公式为:

$$股票市价 = \frac{预期股息收益}{市场利率} \tag{1.4}$$

二、影响股票价格的主要因素

影响股票供求及预期收益和市场利率的因素是错综复杂和千变万化的,研究这些具体因素,就成为预测股价变动的基础。

（一）宏观经济因素

宏观经济因素对各种股票价格具有普遍的、不可忽视的影响,它直接或间接地影响股票的供求关系,进而影响股票的价格变化。宏观经济因素一般包括以下几个方面:

1. 经济增长

一般来讲,股票价格是与经济增长同方向运行的,对经济增长的预期既是对经济景气的预期,也是对社会需求的预期。经济增长加速,社会需求必将日益旺盛,从而就会推动股票价格的上涨。

2. 经济周期

当预期经济不久将走出低谷开始回升时,生产者利润将增加,从而投资也会相应增加,工资、就业及货币所得水平也将随之增加,此时,利率仍然处于较低水平,由此将增加股票的价值（股息、红利及资产净值增加）,股票价格也就会上涨,并会持续到经济回升或扩张的中期。

当经济扩张及增长达到高水平时,或已出现过热的征兆,人们将预期到不久后经济的回落和滑向低谷,从而经营者利润下降,工资及就业水平也将降低,股息及红利也会减少。若此时利率仍然很高,必将推动股票价格下跌。当然,股票价格实际变化与经济景气循环并不是完全同步的,一般来讲,股价变动要先于经济景气循环一段时间,因为从预期到现实存在一段时期间隔。

3. 利率

利率对股价变动影响最大,也最直接。利率上升时,一方面会增加借款成本,减少利润,降低投资需求;另一方面,会导致资金从股票市场流入银行存款市场,减少对股票的需求。其结果是,股票市场供求出现新的变化和新的失衡,股票价格开始跌落。另外,利率上升也使投资者评价股票价值所用的折现率上升,从而会促使股票价格下降。当利率下降时,会出现与上述情况相反的变化,从而推动股票价格上涨。利率由此成为一国货币政策变化的重要标志。

4. 货币供应量

货币供应量是一国货币政策的主要调控指标,也是影响利率、投资、消费及社会总需求的重要因素。当中央银行放松银根,增加货币供应量时,一方面使用于购买股票的资金增多,需求增加,因而股价会上涨;另一方面,货币供应量增加,也会使利率下降,投资和消费需求增加,生产和销售增加,企业利润增加,这些因素都会促使股票价格上涨。反之,当中央银行紧缩银根,减少货币供应量时,就会产生与上述情况相反的结果。

5. 财政收支状况

财政收支因素是指财政增加或减少支出,增加或降低税收,对股价上涨或下降所产生的影响。一般来说,财政支出增加,社会总需求也会相应增加,会促进经济扩张,从而会推动股价上涨。反之,如果财政支出紧缩,社会需求也将相应萎缩,经济景气会下降,由此会推动股价有所下跌。财政税收增加或下降,会起到与上述情况相反的影响。

6. 物价水平

一般来说,物价上涨,股票发行公司的利润、资产净值及发展能力等就会相应增加,从而会增加股票的内在价值,促使股票价格上涨。与此同时,在通货膨胀情况下,投资者投资股票具有保值效应,因而会踊跃购买股票,扩大对股票的需求,促进股价的上涨。当物价下跌时,股价也会趋于下跌。当然,在发生严重通货膨胀时,股价也会下跌。

7. 国际收支

一般来讲,国际收支出现持续顺差,外汇储备增加,本币投放增加,就会刺激投资和经济增长,同时也有利于形成促使汇价和股价上升的心理预期,推动股价的上浮。反之,当国际收支出现严重逆差,外汇储备减少时,也会影响人们对股价下跌的心理预期,从而减少人们对股票的需求,促使股价真正下跌。

8. 汇率

与国际收支状况相联系的汇率变化,也是影响股价变动的重要因素。特别是在开放经济中,在货币可自由或相对自由兑换的环境中,汇率变化直接对股价形成冲击。在一个完全开放的市场经济环境里,外汇市场与证券市场是联通的,进行投资或投机的资金会在这两个市场上流动,资金流动的方向,主要受利率、汇率的引导。当预期本币贬值、外币升值时,人们会进入外汇市场,将本币换为外币,资本从本币证券市场流向外汇市场,股票市场需求会减弱,股价会下跌。当预期本币将升值、外币将贬值时,人们会抛外币换本币,外汇持有者购买股票的需求会增加,资金会流向股票市场,促使股票价格上浮。

(二)行业因素

行业因素将影响行业股票价格的变化。行业因素主要包括行业寿命周期、行业景气循环等因素。所谓行业寿命周期,主要是指从开创到衰落的全过程,一般包括三个阶段:即开创期、扩张期和停滞期。在开创期,整个行业的成长比较迅速,利润也比较丰厚,但竞争也相当剧烈;到扩张期,通过联合或合并等方式,整个行业只剩下少数几家实力雄厚、经营效率较高的企业,利润也趋于稳定;到停滞期时,行业成长出现了停顿、衰落现象,有的行业甚至被淘汰。

股票发行公司的经营状况与所在行业的发展周期紧密相关。在行业开创期,公司利润很高,股票价格逐步上升;到扩张期,公司利润稳定上升,股价也涨到较高的水平;而到了停滞期,公司经营状况日趋艰难,利润也出现下降趋势,其股票价格势必下跌。

行业景气变动也同整个经济景气变动一样,会影响一个行业内的股票价格变动。当一个行业处于景气上升时,该行业的股票价格也会出现上涨,反之,则会下跌。

(三)公司自身的因素

公司本身的经营状况及发展前景,直接影响到该公司所发股票的价格。具体有以下几个因素:

1. 公司利润

公司利润的大小,直接影响到股息、红利的多少,从而会影响该公司的股票价格。一般来讲,公司利润上升时,股价会上升,盈利下降时,股价也会随之下降,二者的变动方向是一致的。而且,股价的升降往往在收益变动之前发生。但是,在西方国家的股票市场中,股价变动常常表现出与公司盈利无关,因为,股价要受其他一系列因素的相互影响。但无论如何,投资者在判断股价时,要考虑到公司的盈利水平,特别是公司未来的盈利可能。

2. 股息、红利

股价与股利的关系很密切,在一般情况下,股价跟股利呈同方向变动。公司分发股利的消息,对股票价格会发生显著的影响,公司宣布红利,将会引起股价上升,公司宣布取消红利,股价将会下跌。

3. 股票分割

一般在公司进行决算的月份,宣布股票分割。在股票分割时,股票持有者所保持的股份，若能得到和以前相同的股利，便会刺激一些人在公司决算期间，因指望得到分红和无偿支付而增加购买股票。在此期间，会有大量的股票过户。过户的股票退出股票市场，使市场股票量减少，股价就会相应上升。分割和过户手续结束后，这部分股票又回到股票市场，价格又将趋于稳定。

4. 股票是否为初次上市

在国外，存在这样一种情况，即新股上市时，股价常会逐步上升。这可能是因为：一是发行时承销价偏低；二是上市初期，购买者持续地高估股票价值。另外，有的专家研究发现，新上市股票的报酬率大于市场上一般股票的报酬率。

5. 重大人事变动

实力大户如果对发行公司的管理权很重视，在董事会、监事会改选前，常会逐步买进股份，以便控制董事会和监事会。在买进股份的过程中，股价就可能被抬高。因此，在公司宣布董事会、监事会行将改组时，可能会引起股价上升。

（四）政治因素与自然因素

政治因素及自然因素将最终影响经济发展，因而影响股票上市公司的经营和股价变化。

1. 政治因素

政治因素主要包括：

（1）战争。如海湾战争曾使英美等国与军工有关的公司股票价格上升，却使与石油相关的公司股票价格下跌。在中断运输或受战争侵扰的国家，因公司经营受阻，股票价格也会受影响。

（2）政局变动。如政权的更替、政府主要领导人的生病或死亡、政府的极端行为、社会的安定、国家之间的贸易摩擦及其解决方式等，都会影响人们对收益的预期，从而促使股市价格波动。

2. 自然因素

自然因素主要指自然灾害，如地震、水灾、火灾、爆炸等难以预料的天灾人祸。天灾人祸必然影响生产，进而减少股东的收益，使股票价格下跌。

（五）心理因素

心理因素是指投资者心理状况对股票价格的影响。影响人们心理状况的因素很多，其中有些是客观的，有些是主观的，特别是当投机者不甚了解事实真相或缺乏对股票行市的判断能力时，心理上波动很大，往往容易跟在一些大投资者后面，出现急于抛出或买进的状况，形成抢购风潮或抛售风潮，对股价影响很大。甚至某些传闻或谣言也会使投资者人心惶惶，盲目抢购或抛售股票，引起股价的猛涨或暴跌。

(六) 其他因素

这主要包括一些股票买卖的投机因素、技术性因素及其他影响股票供求的因素等。

三、股票市场价格的评价方法

在股票市场上,投资者必须先对各种股票的市场价格进行分析和评价,然后才能决定其投资行为。对股票市场价格进行评价的主要方法有以下几种:

1. 每股净值法

许多稳健的投资者,在进行股票投资时,常分析股票的每股净值,即分析每一股股票所代表的公司的净资产有多少。股票的每股净值是从公司的财务报表中计算出来的。每股净值的计算,通常是用公司的资本总额减去公司的负债总额,得到资产净值总额,再除以普通股股数,即得每股净值。计算公式为:

$$每股净值 = \frac{净资产额}{普通股股数} \tag{1.5}$$

由于净资产总额是属于股东全体所有的,因此也称为股东权益。

为了充分衡量股价的合理性,一般以每股净值的倍数,即市净率(Price/Book Value,PB)作为衡量的指标。计算公式为:

$$市净率 = \frac{股票市价}{每股净值} \tag{1.6}$$

一般来说,市净率越高,则表示该股票投资价值越低;如果市净率越低,则表示该股票投资价值越高。投资者通常把净资产倍率高的股票卖出,而买进净资产倍率低的股票。在国际股票市场上,市净率一般在2倍左右比较合理。同时,投资者也可以计算上市股票的平均净资产倍率,对各个不同时间的平均净资产倍率进行比较,以判断现今股票市场价格是处于较高或较低的水平,从而决定是买进或卖出所持股票。因此,平均净资产倍率是分析股票市场股价水平的重要指标,而某种股票的净资产倍率则能反映此种股票的投资价值的高低。

2. 每股盈余法

这是表示每一普通股所能获得的纯收益为多少的方法。其计算公式为:

$$每股盈余 = \frac{税后利润 - 优先股股息}{普通股股数} \tag{1.7}$$

每股盈余的多少,可以反映上市公司获利能力的高低。因此,每股盈余和上市公司股价关系密切,若能准确预测上市公司每股盈余,可以帮助投资者选择股票,获取较好的投资报酬。利用每股盈余衡量普通股价值的方法有以下几种:

(1) 将每股盈余与市盈率相乘,即为普通股的价格。这种方法简单方便。这里的市盈率指的是股票市场上的平均市盈率。如果以此方法计算出来的价格,比此种股票的交易价格低,则卖出;反之,则买进。

(2) 将上市公司股票的每股盈余,与同行业其他公司的每股盈余相比较,若该公司每股盈余高,则表示其获利能力比其他公司更好。

(3) 比较上市公司前后数年的每股盈余,如逐年增加,表示其获利能力在不断增加,则公司股票成长性较好,股价可能会不断上升;反之,则公司股票成长性下降,股价可能会不断下降。

3. 市盈率法

市盈率表示投资者为获取每1元的盈余,必须付出多少代价,也称为投资回报年数,即现在付出的投资代价,需要经过多少年,才能收回。其计算公式为:

$$市盈率 = \frac{股票市价}{每股盈余} \tag{1.8}$$

市盈率是投资者进行中长期投资的选股指标。一般而言,市盈率越低越好。市盈率越低,表示投资价值越高。影响股票市盈率变化的因素有以下几个:

(1) 预期上市公司获利能力的高低。如果预期获利能力高,那么虽然上市公司目前市盈率较高,但是也值得投资。因为其市盈率会随获利能力的提高而不断地下降。

(2) 分析公司的成长能力。如果上市公司的成长能力越高,成长的可能性越大,那么投资者就越愿意付出较高的代价,以换取未来的成长利益。

(3) 投资者所获报酬率的稳定性。报酬率不稳定,表示投资风险高,市盈率则也相应提高。

(4) 当利率水平变化时,市盈率也应该作相应调整。在实务操作中,常用1比1年期银行存款利率,作为衡量市盈率是否合理的标准。如一年期银行存款利率为10%,则合理的市盈率可为10;而当利率上升到12%时,则合理的市盈率应降低到8;如利率下降到8%,则合理的市盈率则会上升到12。

四、股票价格的修正——除权与除息

上市公司发放股息红利的形式虽然有四种,但是沪深股市的上市公司进行利润分配一般只采用股票红利和现金红利两种,即通常所说的送红股和派现金。当上市公司向股东分派股息时,就要对股票进行除息;当上市公司向股东送红股时,就要对股票进行除权。经过除权除息之后的股票价格通常会低于除权除息之前的股票市场价格。

第一章 股 票

(一) 除权与除息的程序

当一家上市公司宣布上年度有利润可供分配并准备予以实施时,则该只股票就称为含权股,因为持有该只股票就享有分红派息的权利。在这一阶段,上市公司一般要宣布一个时间称为"股权登记日",即在该日收市时持有该股票的股东就享有分红的权利。

在以前的股票有纸交易中,为了证明对上市公司享有分红权,股东们要在公司宣布的股权登记日予以登记,且只有在此日被记录在公司股东名册上的股票持有者,才有资格领取上市公司分派的股息红利。实行股票的无纸化交易后,股权登记都通过计算机交易系统自动进行,股民不必到上市公司或登记公司进行专门的登记,只要在登记的收市时还拥有股票,股东就自动享有分红的权利。

进行股权登记后,股票将要除权除息,也就是将股票中含有的分红权利予以解除。除权除息一般在股权登记日的下一个交易日进行。除权之后再购买股票的股东将不再享有分红派息的权利。在除权当天,上海证券交易所会依据分红的不同在股票简称上进行提示,在股票名称前加 XR(英文 Ex-Right 的缩写)意为除权,XD(英文 Ex-Divident 的缩写)意为除息,DR 为权息同除。

(二) 股票除权与除息价的计算

在股票的除权除息日,证券交易所都要计算出股票的除权除息价,以作为股民在除权除息日开盘的参考。

1. 除息价的计算

因为在开盘前拥有股票是含权的,而收盘后的次日其交易的股票将不再参加利润分配,所以除权除息价实际上是将股权登记日的收盘价予以变换。这样,除息价就是登记日收盘价减去每股股票应分得的现金红利,其公式为:

$$除息价 = 股权登记日的收盘价 - 每股股票应分得 \qquad (1.9)$$

2. 除权价的计算

$$送红股后的除权价 = 股权登记日的收盘价 \div (1 + 每股送红股数) \qquad (1.10)$$

例如,某股票股权登记日的收盘价是 25 元,每 10 股送 3 股,即每股送红股数为 0.3,则次日股价为:

$$25 \div (1+0.3) = 19.23(元)$$

$$配股后的除权价 = (股权登记日的收盘价 + 配股价 \times 每股配股数)$$
$$\div (1 + 每股配股数) \qquad (1.11)$$

例如,某股票股权登记日的收盘价为 18.00 元,10 股配 3 股,即每股配股数为 0.3,配股价为每股 5.00 元,则次日股价为:

$(18.00+5.00×0.3)÷(1+0.3)=15$（元）

3. 除权除息价的计算

若股票在分红时既有现金红利又有红股,则除权除息价为：

除权价 ＝(股权登记日的收盘价 － 每股应分的现金红利
　　　　＋配股率×配股价)÷(1＋每股送股率＋每股配股率)　　（1.12）

例如,某股票股权登记日的收盘价为 20 元,每 10 股派发现金红利 4.00 元,送 1 股,配 2 股,配股价为 5 元/股,即每股分红 0.4 元,送 0.1 股,配 0.2 股,则次日除权除息价为：

$(20-0.4+5×0.2)÷(1+0.1+0.2)=15.85$（元）

值得注意的是,除权价只能作为除权日当天个股开盘的参考价。在除权除息后的一段时间里,如果多数人对该股看好,该只股票交易市价高于除权(除息)基准价,即股价比除权除息前有所上涨,这种行情称为填权。倘若股价上涨到除权除息前的价格水平,便称为充分填权。相反,如果多数人不看好该股,交易市价低于除权(除息)基准价,即股价比除权除息前有所下降,则为贴权。股票能否走出填权行情,一般与市场环境、发行公司的行业前景、公司获利能力和企业形象有关。

第四节　股票价格指数

一、股票价格指数及其计算

股票价格指数,简称股价指数,是衡量股票市场上股价综合变动方向和幅度的一种动态相对数,其基本功能是用平均值的变化来描述股票市场股价的动态。在海外成熟证券市场上,股价指数主要由证券交易所、金融服务机构、研究咨询机构或财经媒体等编制和发布。指数编制虽然各有不同,而且还在发展,但是也基本形成了若干比较普遍的原则和方法。我国内地股票市场只有十多年的发展历史,而且是从计划经济向市场经济过渡过程中逐渐成长起来的,不仅具有典型的新兴市场特征,而且还具有很强的中国特色。在此基础上,中国股票价格指数的编制既要充分借鉴成熟市场的经验和方法,也要充分考虑中国国情。

在计算股价指数时,通常将股价指数和股价平均数分别进行计算,这主要是根据两者对股市的实际作用不同而作出的。股价平均数是反映多种股票价格变动的一般水平,通常以算术平均数表示。而股价指数是反映不同时期的股价变动情况的相对指标,通过它人们可以了解计算期的股价比基期的股价上升或下降的百分比。

（一）股价平均数的计算

1. 算术平均数

就是把采样股票的总价格平均分配到采样股票上。其计算的基本方法是，先从市场上每种采样股票中拿出一股，将其收盘价格相加，再除以采样股数，得出的商便是股价平均数。

设采样股数为各采样股票，其收盘价为 $P_i(i=1,2,\cdots,n)$，则公式为：

$$股价平均数 = \frac{采样股票总价格}{采样股数}$$

$$= \frac{\sum_{i=1}^{n} P_i}{n} = \frac{P_1 + P_2 + \cdots + P_n}{n} \tag{1.13}$$

现假设从某一股市采样的股票为 A、B、C 三种，在某一交易日的收盘价分别为 15 元、10 元和 20 元，计算该市场股价平均数。

根据上述公式，得

$$股价平均数 = \frac{15 + 10 + 20}{3} = 15（元）$$

算术平均数的优点是计算起来简单易懂，缺点是计算时未考虑权数；当其中某种股票发生折股时，会使平均数产生不合理的下跌，这显然不符合平均数作为反映股价变动指标的要求。

2. 调整平均数

为了克服折股后平均数发生不合理下降的问题，就必须采取纠正的方法来调整平均数。其方法通常有两种：一是调整除数；二是调整股价。

调整除数即把原来的除数调整为新的除数。上面例子中除数是 3，假定 C 股票以 1 股折为 4 股时，折股后的股价从 20 元下调为 5 元，则调整后新的除数应是：

$$新的除数 = \frac{折股后的总价格}{折股前的平均数} = \frac{15 + 10 + 5}{15} = 2$$

将新的除数代入下列公式中，则

$$股价平均数 = \frac{折股后的总价格}{新的除数} = \frac{15 + 10 + 5}{2} = 15（元）$$

这样得出的平均数与未折股时计算的结果相同，股价水平也不会因折股而变动。

调整股价即将折股后的股价还原成折股前的股价。其方法是，设 C 股股价折股前为 P_{n-1}，折股后新增的股数为 R，股价为 P'_{n-1}，则调整股价平均数的公式为：

$$调整股价平均数 = \frac{P_1 + P_2 + P_3 + (1+R)P'_{n-1}}{n}$$

$$= \frac{15 + 10 + (1+3) \times 5}{3} = 15 \text{（元）}$$

式中,$(1+R) \times P'_{n-1}$中的$(1+R)$项的1为原来的股数,由于折股后为4,新增设的股数$R = 4 - 1 = 3$,因而式中的$(1+R) = (1+3)$。

（二）股价指数的计算

股票价格指数是报告期的股价与某一基期相比较的相对变化指数。它的编制首先假定某一时点为基期,基期值为100（或为10,或为1 000）,然后再用报告期股价与基期股价相比较而得出。其计算方法主要有以下几种：

1. 简单算术平均法

即在计算出采样股票个别价格指数的基础上,加总求其算术平均数。

计算公式为：

$$P^1 = \frac{1}{n} \sum_{i=1}^{n} \frac{P_{1i}}{P_{0i}} \times 100 \tag{1.14}$$

式中,P^1为股价指数；P_{0i}为基期第i种股票价格；P_{1i}为报告期第i种股票价格；n为股票样本数。

现假设某股市四种股票的交易资料如表1.1所示,求出股价指数。

表1.1 某股市四种股票交易表

种类	股 价		交 易 量	
	基期(P_0)	报告期(P_1)	基期(P_0)	报告期(P_1)
A	15	30	100	120
B	20	18	150	150
C	30	45	200	300
D	35	35	120	100

将表1.1中数字代入公式,得

$$股份指数 = \frac{1}{4}\left(\frac{30}{15} + \frac{18}{20} + \frac{45}{30} + \frac{35}{35}\right) \times 100 = 135.0$$

这说明报告期的股价比基期（基期为100）上升了35.0个百分点。

2. 综合平均法

即分别把基期和报告期的股价加总后,用报告期股价总额与基期股价总额相比较。计算公式为：

$$P^1 = \frac{\sum_{i=1}^{n} P_{1i}}{\sum_{i=1}^{n} P_{0i}} \times 100 \tag{1.15}$$

代入表 1.1 中的数字,则报告期的股价指数等于 128.0,即报告期的股价比基期上升了 28.0 个百分点。

3. 几何平均法

即分别把基期和报告期的股价相乘后开 n 次方,再用报告期与基期相比。其计算公式为:

$$P^1 = \frac{\sqrt[n]{P_{11} \times P_{12} \times \cdots \times P_{1n}}}{\sqrt[n]{P_{01} \times P_{02} \times \cdots \times P_{0n}}} \tag{1.16}$$

4. 加权综合法

无论是简单算术平均法,还是综合平均法或几何平均法,在计算股价指数时,都没有考虑到各采样股票权数对股票总额的影响,因而难以全面真实地反映股市价格变动情况,需要用加权综合法来弥补其不足。根据权数选择的不同,计算股价指数的加权综合法公式有以下几种:

(1) 以基期交易量(Q_{0i})为权数的公式为:

$$P^1 = \frac{\sum_{i=1}^{n} P_{1i} Q_{0i}}{\sum_{i=1}^{n} P_{0i} Q_{0i}} \tag{1.17}$$

(2) 以报告期交易量(Q_{1i})为权数的公式为:

$$P^1 = \frac{\sum_{i=1}^{n} P_{1i} Q_{1i}}{\sum_{i=1}^{n} P_{0i} Q_{1i}} \tag{1.18}$$

(3) 以报告期发行量(W_{1i})为权数的公式为:

$$P^1 = \frac{\sum_{i=1}^{n} P_{1i} W_{1i}}{\sum_{i=1}^{n} P_{0i} W_{1i}} \tag{1.19}$$

5. 加权几何平均法

在股价指数计算中,人们为了调和交易量在基期和报告期的不同影响,提出了加权几何平均法公式,即:

$$P^{\mathrm{I}} = \sqrt{\frac{\sum_{i=1}^{n} P_{1i}Q_{0i}}{\sum_{i=1}^{n} P_{0i}Q_{0i}} \times \frac{\sum_{i=1}^{n} P_{1i}Q_{1i}}{\sum_{i=1}^{n} P_{0i}Q_{1i}}} \qquad (1.20)$$

二、国外著名的股价指数

1. 道·琼斯股票价格平均指数

这是国际上历史最悠久、最有影响而又最为公众所熟悉的股价指数。早在1844年7月3日,道·琼斯公司的创始人根据美国11种有代表性的股票编制股票价格平均数,并把它发表于该公司所编的《每日通信》上。以后该公司在编制股票价格平均数时,对其采用的股票种类和数目及编制方法都作过多次调整,《每日通信》也于1889年改为《华尔街日报》。人们在称呼上,也习惯用指数来代替原来的平均价格。

目前,道·琼斯指数由4种股价平均指数组成:30种工业股票价格平均指数;20种运输业股票价格平均指数;15种公用事业股票价格平均指数和综合前三组65种股票价格平均指数而得出的综合指数。其中,30种工业股票价格平均指数是纽约股票市场最有影响、最具代表性的股价指数,是报刊上经常引用的股价指数。

2. 标准普尔股票价格指数

该股票价格指数是由美国最大证券研究机构标准普尔公司编制发表的用以反映美国股票市场行情变化的股价指数。标准普尔指数1932年开始编制,最初采样股票共233种。1957年采样股票扩大到500种,其中,工业股票425种,铁路股票15种,公用事业股票60种。1976年又进行了改动,采样股票仍为500种,但其构成变为工业股票400种,运输业股票20种,公用事业股票40种,金融股票40种。

标准普尔指数采用加权平均法,以1941—1943年间的平均市价总额为基期值,基期指数为100,以上市股票市值为权数进行计算。

3. 纽约证券交易所股票价格指数

该指数由纽约证券交易所编制,是在美国颇有影响的股价指数之一。该指数包括在纽约证券交易所上市的1 570家公司的所有股票(1 570种)。它除了有综合股价指数外,还包括由1 093种股票组成的工业股票价格指数;223种金融、投资、保险、不动产业等股票组成的金融业股票价格指数;189种股票组成的公用事业股票价格指数;65种股票组成的运输业股票价格指数。

该指数的计算方法和调整方法与标准普尔指数相同,不同的只是基准的确定时间和基期值。该指数的基期为1965年12月31日,基期指数值为50。1966年开始计算公布,每半小时公布一次。

4.《金融时报》股票价格指数

该指数是英国伦敦《金融时报》编制发表的反映伦敦证券交易所工业和其他行业股票价格变动的指数。该指数的采样股票分为三组:第一组为在伦敦证券交易所上市的英国工业有代表性的 30 家大公司的 30 种股票;第二组和第三组分别由 100 种股票和 500 种股票组成,其范围包括各行各业。该指数以 1935 年 7 月 1 日为基期,基期指数为 100。该指数以能及时反映伦敦股票市场动态而闻名于世。

5. 日经股票价格指数

该指数是一种股票价格平均数,是由日本经济新闻社编制并公布的反映日本股票市场价格变动的股票价格平均数。其计算方法采用的是美国道·琼斯指数所用的修正法,基期为 1950 年 9 月 7 日。

按计算对象和采样数目不同,该指数分为两种:一是日经 225 种平均股价。其所选样本均为在东京证券交易所第一市场上市的股票,这些采样股票原则上是固定不变的。由于日经 225 种平均股价是自 1950 年开始并一直延续下来的,具有可比性和连续性,成为考察分析日本股票市场股价的长期演变及其趋势最常用、最可靠的指标。二是日经 500 种平均股价,自 1982 年 1 月 4 日开始编制。该指数样本不是固定的,每年 4 月根据前三个结算年度各股份有限公司的经营状况、股票成交量、市价总额等情况为基本条件更换采样股票。日经 500 种平均股价所选样本多,具有广泛的代表性,因而不仅能比较全面、真实地反映日本股市行情的变化,而且还能反映日本产业结构的变动。

经日本经济新闻社与美国道·琼斯公司协商,从 1985 年 5 月 1 日起,日经—道·琼斯指数改为"日经指数"或"日经平均股价",该指数每天刊登在《日本经济新闻》上。

6. 东证股票价格指数

东证股票价格指数是东京证券交易所股票价格指数的简称,是由日本东京证券交易所编制和公布的反映该证券交易所第一市场全部上市股票的价格指数。该指数 1969 年 7 月 1 日开始编制,采用加权平均法和基数修正法进行综合计算,以 1968 年 1 月 4 日为基期,基期指数为 100。

除东证股价指数外,东京证券交易所还编制、公布了规模不同的股价指数:上市股数在 2 亿股以上的大型股、上市股数在 6 000 万股以上的中型股和上市股数在 6 000 万股以下的小型股等股价指数以及第二市场的股价指数。

由于东证股价指数的计算对象分布面广,不仅包括上市条件高的第一市场的全部股票,而且还从第二市场中选取了 300 种股票作样本,所以代表性较强;又因为在计算方法上既考虑到权数的作用，又采用了基数修正法以及时适应市场变化，所以，该指数能正确、客观地反映日本股票市场的交易规模和股价的变动，具有较高的准确性和敏感性。

三、我国主要股票价格指数

1. 上证综合指数

上证综合指数是上海证券交易所股票价格综合指数的简称。该指数的前身为上海静安指数，是由中国工商银行上海市分行信托投资公司静安证券业务部于1987年11月2日开始编制的。上证综合指数是上海证券交易所于1991年7月15日开始编制和公布的，以1990年12月19日为基期，基期值为100，以全部的上市股票为样本，以股票发行量为权数进行编制。

随着上市品种的不断丰富，上海证券交易所在这一综合指数的基础上，从1992年2月起分别公布A股指数和B股指数；1993年5月3日起正式公布工业、商业、地产业、公用事业和综合五大类分类股价指数。

2. 深圳综合指数

深圳综合指数是深圳证券交易所股票价格综合指数的简称，深圳证券交易所于1991年4月4日开始编制发布。它以1991年4月3日为基期，基期值为100，采用基期的总股本为权数计算编制。该指数以所有上市股票为采样股，当有新股上市时，在其上市后第二天纳入采样股计算；若采样股的股本结构有所变动，则以变动之日为新基日，并以新基数计算。同时，用连锁的方法将计算得到的指数溯源至原有基日，以维持指数的连续性。

3. 深圳成分股指数

由于在实际运作和反映股市实际运行状态方面，深圳综合指数存在着较明显的缺陷，深圳证券交易所自1995年1月3日开始编制深圳成分股指数，并于同年2月20日实时对外发布。

成分股指数是通过对所有上市公司进行考察，按一定标准选出一定数量有代表性的公司编制成分股指数，采用成分股的可流通股数作为权数，实施综合法进行编制。成分股指数按照股票种类分A股指数和B股指数。成分股指数及其分类指数的基日为1994年7月20日。成分股指数的基日指数指定为1 000点。该指数的发布内容包括前日收市、今日开市、最高指数、最低指数和当前指数。

4. 上证180指数

上证180指数是在原上证30指数基础上进行编制，以原上证30指数2002年6月28日收盘点数为基值，于2002年7月1日起公布。

上证180指数在继承原上证30指数编制优点的基础之上，进行了一系列创新。该指数的推出,目的在于建立一个能够反映上海证券市场运行状况、能够作为投资评价尺度及金融衍生产品基础的基准指数。

上证180指数的推出,解决了困扰市场已久的指数标的问题,为指数基金提供了一个可以借鉴的蓝本,对指数化投资有较强的可行性和指导性,是指数基金的理想选择。

在编制方法上,上证180指数的成分股选择考虑了样本空间、样本数量选样标准、行业分类和选样方法等因素。在行业分类方面,既以全球行业分类标准(GICS)为基础,又结合了我国上市公司的实际情况进行调整,将上市公司分为能源、材料、工业、金融、信息技术等10大行业。

上证180指数的加权方法由原上证30指数的流通股加权调整为调整股本加权,也就是根据流通比例对总股本进行一定的折算作为指数权重,类似于国际上广泛采用的自由流通量加权方式,体现了指数编制的国际化趋势。该加权方法能够较为科学、客观地综合反映上市公司的经济规模和流通规模,既不像用总股本加权那样忽视非流通股存在的现实问题,也不像采用流通股本加权那样完全不考虑非流通股的影响和公司经济规模。此外,这种加权方法对于潜在的国有股、法人股流通等流通股规模非常规扩容问题要容易处理一些,可以降低未来非流通股上市对指数编制的影响,可以较好地维护指数的连续性。

5. 沪深300指数

由上海证券交易所和深圳证券交易所联合编制的沪深300指数于2005年4月8日正式发布。沪深300指数以2004年12月31日为基日,基日点位1 000点。

沪深300指数是由上海和深圳证券市场中选取300只A股作为样本,其中沪市有179只,深市121只。样本选择标准为规模大、流动性好的股票。沪深300指数的选样方法是对样本空间股票在最近一年(新股为上市以来)的日均成交金额由高到低排名,剔除排名后50%的股票,然后对剩余股票按照日均总市值由高到低进行排名,选取排名在前300名的股票作为样本股。沪深300指数样本覆盖了沪深股市六成左右的市值,具有良好的市场代表性,能够反映A股市场主流投资的收益状况。

6. 恒生股票价格指数

该指数是由我国香港恒生银行编制以反映香港股票市场股票价格变动的指数,也是香港股票市场历史最为悠久、影响最大的一种股价指数。它从1969年11月24日开始发布,其基期为1964年7月31日,基期指数为100。恒生股票价格指数挑选了33种有代表性的上市股票作为成分股,计算方法为修正加权综合法。

证券投资学

纵览国际国内各类指数编制的历史和发展过程,我们获得如下启示:

第一,应编制多样化的指数体系。为了给投资者提供多层次、全方位的指数信息,满足社会各界对股票市场价格动态信息的多方面需求,需要编制一系列的指数,包括基准指数、投资指数、各种风格指数,等等,由此丰富和完善中国证券市场指数体系。

第二,应大力发展核心成分指数。当今世界各主要股票市场,为投资者广泛接受的代表性指数基本上都是成分股指数,成分股指数可以较好地过滤掉那些不能代表股票市场整体趋势的"噪声",从而可以更加科学、准确地评价市场,真正反映市场投资价值。

第三,应重视样本股的调整。在中国市场高速扩容的市场背景下,样本股的调整对于指数编制非常重要,这既是保证指数生命力的有效手段,也有利于在指数样本中形成优胜劣汰机制,有利于蓝筹股的培育。

第四,应加快推进指数投资和指数产品创新。针对指数的投资工具和产品创新可以促进机构投资者发展,较好地引导市场理性投资风格,从而降低股价波动,增强市场稳定性,并有力地推动中国资本市场的深化和发展。

【延伸阅读】

我国证券市场的发展历程

我国证券市场的萌芽出现在清朝末年。19世纪70年代后,清政府洋务派兴办了一些股份制企业。随着这些企业的出现,股票应运而生。为便利这些股票的转让交易,证券市场亦随之产生。我国最早的证券交易市场创立于光绪末年,由上海外商组织的"上海股份公所"和"上海众业公所"构成。在这两个交易所买卖的证券,主要是外国企业股票、公司债券、南洋一带的橡胶股票、中国政府的金币公债以及外国设在上海的行政机构发行的债券等,其中的外国企业股票和橡胶股票交易占了很大的份额。中国人自己创办的交易所在辛亥革命前还不多见。1912年以后,中国证券交易的规模逐渐扩大。1919年,成立北平证券交易所,这是全国第一家专营证券业务的交易所;1920年,成立上海华商证券交易所。

新中国成立后,证券交易所被取消。1990年12月1日,深圳证券交易所开始试营业。1990年12月19日,上海证券交易所正式开业。1991年7月3日,在试营业7个月之后,深圳证券交易所正式营业。1999年7月1日,《中华人民共和国证券法》正式实施,这标志着维系证券交易市场运作的法规体系开始建立和完善。

为了积极推进资本市场改革和稳定发展,国务院于2004年1月发布了《关于推进资本市场改革开放和稳定发展的若干意见》,为资本市场新一轮改革和发展奠定了基础。

第一章 股 票

2004年5月,中国证监会批准深圳证券交易所在主板市场内开设中小企业板块。2005年4月,中国证监会发布《关于上市公司股权分置改革试点有关问题的通知》,启动股权分置改革试点工作。2005年9月,中国证监会发布《上市公司股权分置改革管理办法》,标志着我国的股权分置改革全面推进。上市公司股权分置改革是通过非流通股股东和流通股股东之间的利益平衡协商机制消除A股市场股份转让制度性差异的制度安排,不仅顺利解决了上市公司股份原本不能全流通的历史问题,更为资本市场其他各项改革和制度创新创造了条件。2005年11月,修订后的《证券法》和《公司法》颁布,并于2006年1月起实施。2007年,新修订的《期货管理条例》《证券公司监督管理条例》《证券公司风险处置条例》发布实施。有关资本市场的监管法规和部门规章也得到了相应的调整与完善。

为充分发挥资本市场的功能,市场各方对多层次市场体系和产品结构的多样化进行了积极的探索。中小板市场、创业板市场的推出和代办股份转让系统(新三板)、区域性股权交易市场(新四板)、券商柜台交易市场(包括天使投资、风险投资、股权众筹等股权投资市场)(新五板)的出现,标志着我国多层次资本市场体系逐渐健全完善。可转换公司债券、银行信贷资产证券化产品、住房抵押贷款证券化产品、企业资产证券化产品、银行不良资产证券化产品、企业或证券公司发行的集合收益计划产品以及权证等新品种的出现,丰富了资本市场交易品种。

2009年10月30日,创业板在深圳证券交易所开市,成为我国多层次资本市场建设的又一重要里程碑。2009年末,证监会又适时启动了以沪深300股指期货和融资融券制度为代表的重大创新,对中国证券市场的完善和发展具有深远影响。2010年3月18日,中国证监会批准第一批6家证券公司开始融资融券业务试点。2010年3月31日,上海证券交易所和深圳证券交易所开始接受融资融券交易的申报。2010年4月16日,股指期货开始上市交易。2019年3月1日,《科创板首次公开发行股票注册管理办法(试行)》《科创板上市公司持续监管办法(试行)》公布施行。2019年6月13日,科创板在上海证券交易所正式开板,并在板块内试点注册制。2021年9月3日,北京证券交易所成立,是经国务院批准设立的中国第一家公司制证交所。截至2024年7月,沪(上海)、深(深圳)、北(北京)三家证券交易所的上市公司总数达到4 196家,三家交易所市场总值超过73万亿元。

(资料来源:上海、深圳、北京证券交易所官网等。)

重 要 概 念

股票 股票收益 普通股 优先股 累积优先股 蓝筹股 成长股 除权除息 股票内在价格 市盈率 市净率 股票价格指数

思 考 题

1. 什么是股票？它有哪些特征？
2. 股票的收益主要包括哪些组成部分？
3. 试比较普通股和优先股的相同点和不同点？
4. 优先股可以分为哪些类型？
5. 我国目前的股票分为哪几类？各自的含义是什么？
6. 试分析我国股权分置改革的成因、基本内容及意义。
7. 试分析影响股票价格的主要因素。
8. 股票市场价格的评价方法主要有哪些？
9. 试述股票价格的几种表现形式。

第二章 债券

第一节 债券概述

一、债券的概念

债券是发行者依照法定程序发行,并约定在一定期限内还本付息的有价证券,是表明投资者与筹资者之间债权债务关系的书面债务凭证。债券持有人有权在约定的期限内要求发行人按照约定的条件还本付息,属于确定请求权有价证券。

在现实生活中,书面债务凭证很多,但它们不一定都是债券。通常,要使一张书面债务凭证成为债券,必须具备以下三个条件:第一,必须可以按照同一权益和同一票面记载事项,同时向众多的投资者发行;第二,必须在一定期限内偿还本金,并定期支付利息;第三,在国家金融政策允许的条件下,它必须能够按照持券人的需要自由转让。

二、债券的票面要素

构成债券的票面要素有以下几方面:

1. 面值

债券发行要注明面值,即票面价值。债券的票面价值大小不等,但一般都是整数,如百元、千元、万元等。面值的大小,根据债券发行者的需要、债券的种类及债券发行的对象来确定。债券的面值小,有利于吸引零散投资者的小额资金;债券的面值大,便于机构投资者操作。选择最合适的面值,对债券成功发行有很重要的意义,这也是一门举债的艺术和技巧。债券的面值,是计算还本付息额的依据。不论债券的发行价格如何变化,已注明的面值始终不变,它和债券的票面利率共同构成了未来的确定不变的现金回流量。对于在国外发行的债券,除了面值,往往还要注明币种,债券的币种一般选择国际硬通货或所在国货币。

2. 还本和付息期限

债券的特点是要按原来的规定,期满归还本金。债券上写明的还本付息期限,就是发行单位在发行时认定这笔借款在多少年内偿还本金和利息。过期不还,就是违约。按期限归还本金不受其他外在因素的影响,如市场变化、物价水平、社会经济状况,以及汇率、利率的升降等。债券还本期限有长有短,短期债券有1月和数月、1年,中期债券一般3年至5年,长期债券有十几年到几十年不等。

3. 票面利率

债券的票面利率是债券票面所载明的利率。例如,债券票面利率为10%,即表示每认购100元债券,每年可得到10元的利息。一般来讲,债券的票面利率水平是由债券的期限、债券的信用级别、利息的支付方式以及投资者的接受程度等因素决定的。通常期限长的债券,票面利率高些,期限短的债券,票面利率低些;信用级别高的债券,可以相应降低票面利率,信用级别低的债券,则要相应提高票面利率,因为期限长或级别低的债券,投资风险较大。有时债券的票面利率并不是债券的实际收益率,如果投资者以票面金额购进债券,其票面利率等于实际收益率;如果以低于票面的价格购进债券,其实际收益率要高于票面利率;如果以高于票面的价格购进,实际收益率则低于票面利率。

4. 赎回条款

现代大多数公司的债券都具有"赎回"的特性,或者说它们的债券契约中包含赎回条款。"赎回"的意思是,发行公司有权在债券未到期以前赎回一部分在外流通的债券。公司是否使用这种权利,可由它根据具体情况来决定。在什么时候赎回和付多少钱赎回,都在契约上写明。一般情况下,规定债券在发行后的前若干年不能赎回。赎回的价格要比面值高一些,叫作赎回溢价,一般为面值的3%~10%。赎回条款在市场利率较低的时候是最有用的。这时,公司行使其赎回权利可以收回原来利息成本较高的时候发行的旧债。用较低利率另行发行新债。这样公司就可以减轻债息负担。若市场利率比原来发行时反而升高了,则发行公司可以不行使赎回特权,并不产生什么损失。

5. 偿债基金

在一个债券契约里通常有要求发行公司建立"偿债基金"的条款。建立这种基金的目的,是要求债务人每年或者每半年提出一笔钱存入基金,用以在债券到期时支付本金和利息。在通常情况下,这笔钱都是要按期交给受托管理人。偿债基金是对投资者权益的一种保护,可以在一定程度上保证公司能够按期支付本息。

三、债券的性质和特征

债券是一种债务人承诺在规定期限按一定利率支付利息并按约定条件偿还本金的债权债务凭证。它的特点是把债务债权转化为有价证券,具有转让性或流通性。债券作为一种以法律和信用为基础的借款凭证,具有法律的约束力,它受法律保护同时也受到信用制约。债券的发行、上市流通、付息和归还本金,都要按法定的程序和信用合同办理。债券作为一种特定的法律和信用的经济权益关系,债务人根据法律或合同的规定,在取得借款使用权的同时,对债权人负有义务,即按规定支付利息和偿还本金。债权人根据法律或合同,有权要求债务人履行义务,在债务人不履行义务时,债权人有权向法院起诉,要求赔偿他所蒙受的物质损失。

债券的主要特征表现在以下四个方面:

1. 偿还性

这是指债权人在一定条件下,有请求债券发行单位偿还债券本金的权利。一般来讲,债券发行单位在发行债券时,都明确规定了债券本金的偿还期和偿还方法。在符合上述要求的条件下,债权人有权请求债券发行单位偿还债券本金,债券发行单位不得任意拖延,也不得违背债权人的利益,要随时偿还。

2. 安全性

债券与其他有价证券相比,安全性较高。这是由于债券的利率是固定的,筹资人必须按预定的期限和利率向投资者支付利息,直到期满为止,债券利率不受银行利率变动的影响。而且债券本金的偿还和利息的支付有法律保障,一些国家的商业法、公司法、财政法、信托法等都有确保债券还本付息的明确规定。许多公司债券还有担保,因此投资风险较低。

3. 流动性

债券流动性较高,具有较强的变现能力。这是由于:第一,债券是一种有价证券,期满后即可得到本金和利息。第二,债券的利率固定,便于计算投资收益率。因此,投资者购买债券后,并不一定一直持有到期,当他需用现金时,既可以到证券交易市场上将债券卖出,也可以到银行等金融机构将债券作为抵押品而取得一笔抵押贷款。债券的流动性对于筹资人来说,并不影响其所筹资金的长期稳定,而对于投资者来说,则是为其提供了可以随时转卖、变换现金的投资商品。

4. 收益性

债券的收益性体现在两个方面:其一,债券可以获得固定的、高于储蓄存款利率的利息;其二,债券可以通过在证券交易市场上进行买卖,获得比一直持有到偿还期更高的收益。债券的交易价格是随着市场利率的升降波动而变化的,当市场利率下降时,债券价格就会上涨;当市场利率上升时,债券价格就会下跌。投资者只要根据债券市场的行情,于价格较高时卖出债券,于价格较低时买进债券,就会得到比一直持有到期更高的收益。

债券的安全性、流动性、收益性之间具有相逆性关系。如果某种债券的风险小,变现能力强,人们必然会争相购买,于是该种债券价格上涨,收益减少;反之,如果某种债券的风险较大,流动性较差,则该种债券的价格相对较低,收益率较高。投资者对债券以上特征进行把握之后,可以根据自己的投资目的、财务状况以及对市场的分析预测,有选择地进行投资。

四、债券与股票的比较

债券与股票一样,都具有证券的特征,投资者都拥有取得发行单位一定收入的权利并能进行权利的发生、行使和转让活动,但两者却存在着诸多不同点,主要有:

(1)从性质上看,股票表示的是对公司的所有权,而债券只表示一种债权;股票投资者有参加公司经营管理的权利,而债券投资者则没有参加经营管理的权利。

(2)从发行目的看,发行股票是股份公司筹集自己资本的需要;发行债券是追加资金的需要。发行股票所筹措的资金列入公司资本;发行债券所筹措的资金列入公司负债。

(3)从获得报酬的时间上看,债券获得报酬优先于股票。因为在公司派发股息之前,必须首先偿还债券利息。当公司破产清算时,必须首先偿还债券。

(4)从投资风险的大小看,股票大于债券。债券有到期日,到期公司应把本息付清;债券有固定利息,不管当年公司经营是盈还是亏,债券的利息都要如期照付,债券利息计入税前的开支。而股票则没有到期日,股东把资本交给公司后,资本即归公司支配,非到停业清理或解散,资本是不能退还给股东的。但股东如需要资金,可以在市场上将股票转让出售。股票的股息红利要看公司经营的盈亏而定,多盈可以多分,亏损可以不分,股利要在税后盈利中支付。

(5)从投机角度看,债券一般只是单纯的投资对象,投机性很小;而股票则不但是投资对象,还有很强的投机性。股票交易价格变动剧烈,有时猛涨,有时暴跌;债券交易价格的变动幅度一般不大。

(6)从发行单位看,债券的发行单位多于股票的发行单位。股票仅限于股份公司发行;而除股份公司外,其他各类公司、金融机构、中央和地方政府等都可发行债券。

(7)从流通性上看,股票和债券都具有很强的流通性,但程度有明显差别。一般情况下,债券因有期限,流通性远不如股票。

第二节 债券的种类

一、债券的基本分类

债券自从产生至今,有许多种类,但我们可以从不同的角度,将债券的基本类型作如下划分:

(一)按发行主体分类

按发行主体可分为政府债券、金融债券、公司债券、国际债券。

1. 政府债券

政府债券是中央政府和地方政府发行公债时发给债券购买人的一种格式化的债权债务凭证。又可区分为中央政府债券、地方政府债券和政府保证债券。

2. 金融债券

是由银行或非银行金融机构发行的债券。发行金融债券的金融机构,一般资金实力雄厚,资信度高,债券的利率要高于同期存款的利率水平。其期限一般为1~5年,发行目的是筹措长期资金。

3. 公司债券

是由公司企业发行并承诺在一定时期内还本付息的债权债务凭证。公司债券的风险相对于政府债券和金融债券要大一些。发行公司债券多是为了筹集中长期资金。

4. 国际债券

是由外国政府、外国法人或国际组织和机构发行的债券。包括外国债券和欧洲债券两种形式。

债券按照发行主体分类是一种最基本的分类,对于它们的特点,下面将单独介绍。

(二)按偿还期限分类

按偿还期限可分为短期债券、中期债券、长期债券和永续债券。

各国(或地区)对短、中、长期债券的期限划分不完全相同。一般的标准是:期限在1年或1年以下的为短期债券;期限在1年以上、10年以下的为中期债券;期限在10年以上的为长期债券。永续债券也叫无期债券,它并不规定到期期限,持有人也不能要求清偿本金,但可以按期取得利息。永续债券一般仅限于政府债券,而且是在不得已的情况下才采用。

(三) 按计息方式分类

按计息的方式可分为附息债券、贴现债券、单利债券和累进利率债券。

1. 附息债券

是指债券券面上附有各种息票的债券。息票上标明利息额、支付利息的期限和债券号码等内容。息票一般以1年或6个月为一期。债券到派息日时,持有人从债券上剪下息票并据此领取利息。

2. 贴现债券

亦称贴水债券,是指券面上不附有息票,发行时按一定的折扣率以低于票面价值的价格出售,到期按票面价值偿还本金及利息的一种债券。贴现债券的发行价格与票面价值的差价即为贴现债券的利息。

3. 单利债券

是指债券利息的计算采用单利计算方法,即按本金只计算一次利息,利不能生利。计息公式为:

$$利息 = 债券面额 \times 年利率 \times 期限 \qquad (2.1)$$

4. 累进利率债券

是指债券的利率按照债券的期限分为不同的等级,每一个时间段按相应利率计付利息,然后将几个分段的利息相加,便可得出该债券总的利息收入。

(四) 按债券利率是否浮动分类

按债券的利率浮动与否可分为固定利率债券和浮动利率债券。

1. 固定利率债券

是指债券利率在偿还期内不发生变化的债券。由于其利率水平不能变动,在偿还期内,当通货膨胀率较高时,投资者会面对市场利率上升的风险。

2. 浮动利率债券

是指债券的息票利率会在某种预先规定基准上定期调整的债券。作为基准的多是一些金融指数,如伦敦银行同业拆借利率(LIBOR);也有以非金融指数作为基准的,如按照某种初级产品的价格。采取浮动利率形式,减少了持有者的利率风险,也有利于债券发行人按照短期利率筹集中长期的资金来源,降低筹资成本。

(五) 按是否记名分类

按是否记名可分为记名债券和不记名债券。

1. 记名债券

是指在券面上注明债权人姓名,同时在发行公司的名册上进行同样的登记。

转让记名债券时,要在债券上背书和在公司名册上更换债权人姓名。债券投资者必须凭印鉴领取本息。它的优点是比较安全,但是转让时手续复杂,流动性差。

2. 不记名债券

是指在券面上不需注明债权人姓名,也不在公司名册上登记。不记名债券在转让时无须背书和在发行公司的名册上更换债权人姓名,因此流动性强;但缺点是债券遗失或被毁损时,不能挂失和补发,安全性较差。

(六) 按有无抵押担保分类

按有无抵押担保可分为信用债券和担保债券。

1. 信用债券

亦称无担保债券,是指仅凭债务人的信用发行的,没有抵押品作担保的债券。一般包括政府债券和金融债券,少数信用良好的公司也可发行信用债券,但在发行时必须对债务人的有关行为进行约束限制,利率一般高于担保债券。

2. 担保债券

是指以抵押财产为担保而发行的债券。它按照担保品的不同又可分为不动产抵押债券、动产抵押债券、信托抵押债券、第三者担保债券等。其中不动产抵押债券是指以土地、房屋、机器、设备等不动产为抵押担保品而发行的债券。当债务人在债务到期不能按时偿还本息时,债券持有者有权变卖抵押品来收回本息。不动产抵押债券是现代公司债券中最重要的一种。在实践中,可以将同一不动产作为抵押品而多次发行债券。可按发行顺序分为第一抵押债券和第二抵押债券。第一抵押债券对于抵押品有第一留置权;第二抵押债券对于抵押品有第二留置权,即在第一抵押债券清偿后,可用抵押品余额偿付本息,因此后者要求的利率相对较高。

(七) 按债券形态分类

按债券形态可分为实物债券、凭证式债券和记账式债券。

1. 实物债券

实物债券是一种具有标准格式实物券面的债券,其发行与购买是通过债券的实体来实现的,是看得见、摸得着的债券,且不记名。

2. 凭证式债券

凭证式债券主要通过银行承销,各金融机构向企事业单位和个人推销债券,同时向买方开出收款凭证。这种凭证式债券可记名,可挂失,但不可上市流通,持有人可以到原购买网点办理提前兑付手续。

3. 记账式债券

记账式债券没有实物形态的券面,而是在债券认购者的电子账户中作一记录。记账式债券主要通过证券交易所来发行。投资者利用已有的证券交易账户通过交易所网络,按其欲购价格和数量购买。买入之后,债券数量自动记入客户的账户内。

二、几种常见的债券

(一) 政府债券

政府债券即一般所称"公债",是指政府为筹措财政资金,凭其信誉按照一定程序向投资者出具的承诺在一定时期支付利息和到期偿还本金的一种格式化的债权债务凭证。

公债一般具有以下几个特点:

(1) 自愿性。政府在举借政府债的过程中,投资者购买行为完全是出于自愿,政府不凭借权力强制其购买。

(2) 安全性。以国债为例,由于国债是由中央政府发行的,中央政府是一国权力的象征,它以该国完全的征税能力作保证,因此具有最高的信用地位,风险也最小。一般而言,公债利率较一般债券要低。

(3) 流动性。以国债为例,由于国债具有最高信用地位,对投资者吸引力很强,又容易变现,一般来说,国债市场,尤其是短期国债市场的流动性要高于其他同样期限的金融市场。

(4) 免税待遇。大多数国家都规定,购买公债的投资者与购买其他有价证券的投资者相比,可以享受优惠的税收待遇,甚至免税。

(5) 收益稳定。公债由于利息率固定,偿还期限固定,所以市场价格相对平稳,收益也就较为稳定。

由于公债具有较高的安全性和流动性,深受投资者青睐。公债一般被广泛地用于各种抵押和保证行为中,并且是金融衍生工具的重要相关证券种类。此外,公债还是中央银行的主要交易品种,中央银行通过对公债的公开市场交易,实现对货币供应量的调节,进而实现最终政策目标。

(二) 公司债券

1. 公司债券的概念

公司债券是公司发行的有价证券,是公司为筹措长期资金而发行的一种债权债务契约,承诺在未来的特定日期偿还本金并按照事先规定的利率支付利息。

对于一个企业来说,可能会因为种种原因而需要筹措资金,包括筹建新项目、一般业务发展、购并其他企业或者弥补亏损。当企业的自有资本金不能完全满足企业的资金需求时,就需要向外部筹资。企业向外部筹资主要有三个途径:发行股票、对外借款和发行债券。从企业的角度看,发行股票,对企业的要求较高,发行成本也较高,对二级市场状况也有一定的要求。而向金融机构等借款,获得的资金期限一般较短,资金的使用要受到债权人的干预,有时还有一定的附加条件。采用发行债券的方式成本较低,对市场要求也低,同时筹集的资金期限长、数量大,资金使用自由,弥补了股票和借款方式筹资的不足,因此是许多公司偏好的一种筹资方式。

2. 公司债券的特征

公司债券除了具有债券的一般性质外,与其他债券相比还具有以下特征:

(1)风险性大。公司债券的还款来源是公司的经营利润,如果公司经营不善,就会使投资者面临利息甚至是本金损失的风险。因此在发行公司债券时,对发债公司要进行严格的信用审查或进行抵押担保,以保护投资者的利益。

(2)收益率较高。投资于公司债券持有人要承担较高的风险,其收益率也较高。正因为如此,公司债券才吸引了大量的投资者。

(3)债券持有者比股票持有者有优先索取利息和优先要求补偿的权利。公司债券的持有人只是公司的债权人,不是股东,因而无权参与公司的经营管理。但是公司债券持有人比股东有优先的收益分配权,并且在公司破产清理资产时,有比股东优先清偿的权利。

(4)对于部分公司债券来说,发行者与持有者之间可以相互给予一定的选择权。如在可转换债券中,发行者给予持有者在一定期限内,按照一定的转换价格将债券兑换成本公司股票的选择权;在可提前赎回的公司债券中,持有者给予发行者在到期日前提前偿还本金的选择权。当然,获得该种选择权的当事人必须向对方支付一定的费用。

(三)金融债券

1. 金融债券的概念

金融债券是由银行和非银行金融机构为筹措资金而发行的债权债务凭证。金融机构发行金融债券,有利于对资产和负债进行科学管理,实现资产和负债的最佳组合。

金融机构的主要业务包括负债业务和资产业务。负债业务包括吸收存款、同业拆借、向中央银行再贷款、发行金融债券等。存款是银行的重要资金来源,但资金稳定性差,在经济动荡时,易发生挤兑风险;同业拆借和向中央银行借款,只能形成短期的资金来源。比较而言,发行金融债券,期限灵活,并且由于到期以前债券持有人不能要求提前兑付,只能在流通市场上转让,资金稳定性好。因此,发行各种不同期限的金融债券,是金融机构筹措资金的重要途径,并且有助于扩大长期资产业务。

2. 金融债券的特征

金融债券作为由银行和非银行金融机构发行的债券,具有以下特征:

(1) 金融债券与公司债券相比,具有较高的安全性。由于金融机构在经济运行中有较大的影响力和较特殊的地位,各国政府对于金融机构的运营都有严格的规定,并且制定了严格的金融稽核制度。因此,一般金融机构的信用要高于非金融机构类公司。

(2) 金融债券与银行存款相比,具有较高的盈利性。由于金融债券的流动性要低于银行存款(持有人不能在到期以前要求银行兑现,只能在市场上出售),因此,一般来说,金融债券的利息率要高于同期银行存款,否则人们便会去存款,而不是购买金融债券。

(四) 国际债券

1. 国际债券的概念

国际债券是一国政府、金融机构、工商企业或国际性组织为筹措中长期资金而在国外金融市场上发行的以外国货币为面值的债券。由于国际债券的发行者与发行地点不属同一国家,因此其发行者与投资者分属于不同的国家和地区。国际债券是一种在国际上直接融通资金的金融工具。

2. 国际债券的特点

国际债券与国内债券相比,有以下三个特点:

(1) 资金来源比较广泛。国际债券是在国外金融市场上发行的,面对众多的国外投资者,市场潜力很大。

(2) 期限长、数额大。通过国际债券方式筹措资金与用国际贷款方式筹措资金相比,其期限更长,数额更大,而且债券所筹资金的使用不受投资者的干涉,也没有附加条件,并且通过国际债券方式筹资,有利于促使其负债结构的多样化。

(3) 资金的安全性较高。在国际债券市场筹措资金,通常可得到一个主权国家以普通责任能力或"付款承诺"的保证,其安全性高,吸引力也大,因而有利于减轻或稳定还本付息的负担,有利于吸收中长期资金。

三、我国的债券种类

新中国成立后,我国发行过许多债券,主要包括国家债券、国家代理机构债券、金融债券、企业债券和国际债券。

1. 国家债券

1) 普通国债券

新中国成立后,我国发行过的国家债券以普通国债券为主,这些债券主要有:1950年为弥补财政赤字,制止通货膨胀而发行的"人民胜利折实公债";1954年至1958年,为筹集建设资金而发行的"国家经济建设公债";1981年至今为弥补财政赤字,筹集建设资金而发行的"国库券";1987年为筹集重点建设资金发行的"国家重点建设债券";1988年为弥补财政赤字发行的"财政债券";1988年为筹集重点建设资金发行的"国家建设债券";1989年发行的"特种国债"和为筹集建设资金发行的"保值公债";2001年财政部发行的计账式国债等。目前,国债在实物形态上有:记账式、凭证式、无记名实物券式。期限有3个月、6个月、1年、3年、5年、7年、10年等。

2) 超长期特别国债

超长期特别国债是指发行期限在10年以上的,为特定目标发行的、具有明确用途的国债券。我国的超长期国债主要包括15年、20年、30年和50年四个期限品种。和普通国债相比,超长期债券能够缓解中短期偿债压力,以时间换空间。我国的特别国债已发行过四次,1998年8月发行2 700亿元长期特别国债,所筹集资金全部用于补充四大国有独资商业银行资本金;2007年,发行1.55万亿元特别国债,用于购买约2 000亿美元外汇,作为国家外汇投资公司的资本金;2020年,为了应对新冠肺炎疫情的影响,发行1万亿元的抗疫特别国债。2024年开始,国家计划连续几年发行超长期(20年、30年、50年三个期限)特别国债,2024年先发行1万亿元,用于国家重大战略实施和重点领域安全能力建设的资金需求。

2. 国家代理机构债券

我国的国家代理机构发行的债券主要有:1988年国家专业投资公司发行的"基本建设债券"和"重点企业债券",这些债券的发行目的主要是为国家筹集建设资金。

3. 金融债券

为了加强金融宏观控制,搞活经济,自1985年以来,我国各类银行和非银行金融机构相继发行了金融债券。到目前为止,主要种类有普通金融债券、累进利息金融债券和贴现金融债券。

4. 企业债券

我国企业发行债券,多数是从1985年和1986年开始的,目前我国的企业债券主要有六大类,即重点企业债券、地方企业债券、企业短期融资债券、地方投资公司债券、住宅建设债券可转换公司债券。

5. 国际债券

为利用国外资金,加快我国的建设步伐,自 20 世纪 80 年代初期,我国先后开始在日本、德国、中国香港特别行政区、新加坡、英国和美国等国家和地区发行国际债券;发行币种包括日元、港币、德国马克、美元等;期限均为中、长期,最短的 5 年,最长的 12 年。特别是 1996 年,我国在美国市场发行了 10 年期扬基债券,极大地提高了我国政府的国际形象。

2013 年,中国债券市场发行债券 6.9 万亿元,其中金融债 2.08 万亿元、企业债 0.32 万亿元、短期融资券 1.91 万亿元、国债 1.33 万亿元、中期票据 0.70 万亿元、地方政府债 0.35 万亿元、政府支持机构债券 0.15 万亿元、同业存单 0.03 万亿元、资产支持证券 0.02 万亿元。此外,银行间债券市场发行境内美元债券 2 只,面额 10.65 亿美元。债券市场总交易规模达 262.7 万亿元,同比增速 3.85%,其中现券交易 41.4 万亿、回购交易 221.2 万亿。银行间债券市场在现券交易总规模中占比达 97.6%、回购交易总规模中占比达 71.5%。从现券交易的成交品种来看,金融债、中期票据、企业债、国债、短期融资券等 5 个品种是主要的交易品种,占比分别为 30.64%、19.97%、16.87%、13.42%、12.34%。

第三节 债券的信用评级

一、债券信用评级的意义

债券的信用评级是指按一定的指标体系对准备发行的债券的还本付息的可靠程度作出公正客观的评定。债券履行偿还本金和支付利息义务的可靠性是通过债券的信用等级指标来表示的。债券评级的目的是将评定的债券信用等级指标公之于众,以弥补信息不充分或不对称的缺陷,保护投资者的利益。

债券信用评级的对象很广泛,除了中央政府债券外,凡需要公开发行的其他债券,如地方政府债券、公司债券、可转让公司债券、大面额可转让存单、商业票据、外国债券等都需要进行信用评级。各国评级的具体对象有所不同。如日本是对发行者进行评级,发行者一旦获得评级,在这一年之内发行任何债券都可使用这一级别。而美国是对所发行的具体债券进行评级,同一发行人在一年之内发行不同种类的债券可能得到不同的评定级别。

债券的信用评级对发行者、投资者和管理机构都有重要意义。

1. 债券的信用评级对债券发行人的意义

对债券发行人而言,信用级别对债券的成功发行具有特别重要的意义。如果以公募方式发行债券,该债券至少需要由一家公认的资信评级机构评定其信用级别。信用级别高的债券不仅可以得到低利发行的优惠,降低筹资成本,还可以在较短的时间内发行数额较大或期限较长的债券,使发行工作顺利进行。高级别的债券在流通市场上的交易价格也高,因为人们普遍偏好级别高的债券以降低风险,所以其市场价格也高。没有公布信用级别或信用级别低的债券,由于它的风险大,不易被公众接受,不得不以较高的利率或较低的价格发行,很难公开发行和成功发行。

2. 债券的信用评级对投资者的意义

对投资者来说,债券的信用级别是投资决策的重要参考指标;尽管债券与股票相比是一种较为安全的投资工具,但它毕竟包含着种种风险。债券最大的风险就是信用风险,如果发行者到期不能偿还本息,投资者就会蒙受损失。债券的这种风险依发行者偿还能力不同而有所差异,一般认为除政府债券以外的其他各种债券都有程度不同的信用风险。但是对大众投资者来说,或者是因为没有时间、或者是因为没有有关的专业知识、或者是因为得不到足够的信息而无法对诸多债券一一作出详尽分析后再加以比较选择。因此,由专业的信用评级机构作出的公开的权威性的资信评级就成了投资者衡量其投资风险及评估其投资价值的最主要依据。

3. 债券的信用评级对证券管理机构的意义

对证券管理机构而言,债券的信用评级也有一定参考价值。随着证券市场的迅速发展,申请发行和上市交易的债券种类和数量都不断增加。证券管理机构和证券交易所为了加强对债券的管理,也都需要一种比较客观公正的指标作为核准和管理的依据。由权威的信用评级机构公布的债券信用等级就是较为理想的参考指标。

二、债券评级机构

目前国际上公认的最具权威性的信用评级机构主要有美国的标准普尔公司和穆迪投资服务公司。其他有惠誉国际信用评级有限公司(Fitch IBCA)、日本公司债券研究所(JBRI)、日本投资家服务公司(NIS)、日本评级研究所(JCB)、加拿大债券评级公司(CBRS),等等。

这些信用评级机构大都是独立的私人企业,不受政府控制,也独立于证券交易所、证券业之外。评级机构必须对自己的信誉负责,如果评出的级别不准确公正,不能被大众接受,那么评级机构的声誉将受到致命打击,不仅无法取得盈利,甚至无法继续生存。

评级机构的信用评定工作是建立在详尽地占有资料并进行深入细致的分析,保持独立的决策程序并严守被评定者机密的基础上的。它们根据债券发行人报来的资料和自己的调查,对债券发行人的经营状况、财力、借款用途、期限、使用方法、借款方式、偿还方式、偿还能力以及过去清偿欠款的记录等进行分析评定,最后才在可比的基础上对债券发行人的偿还能力作出比较客观的判断。正因为这些信用评级机构采取了比较科学的分析技术,又有丰富的实践经验,作出的资信评级较有权威性,所以能得到投资者的信任并为债券发行人所接受。

信用评级机构对投资者负有道义上的义务,但并不承担任何法律上的责任,他们作出的资信评级只是一种客观公正的评价,以帮助投资者在对比分析的基础上作出投资决策,而不具有向投资者推荐这些债券的含义。对债券发行人来说,如果对信用评定结果不满意,可以要求重新评定(以一次为限)或不予公开发表,评级机构对发行人提供的资料负有绝对保密的责任。

三、债券信用级别

1. 信用评级的依据

以标准普尔公司为典型代表,其信用级别划分的主要依据是:

(1) 违约的可能性,即债务人根据负债条件按期还本付息的能力及愿望。

(2) 债券条款的性质。

(3) 根据破产法及其他涉及债权人权利的法律进行破产、改组或进行其他安排时,如何保护债权人的利益以及届时债权人所处的相对地位。

2. 标准普尔公司的资信等级标准

主要分为以下几种:

(1) AAA级:AAA级是债券评级中的最高资信等级,具有这种等级的债券被称为金边债券,即优等债券。AAA级债券投资风险最低,本息的偿付保证很强。

(2) AA级:AA级债券也是高级债券,债券发行人的还本付息能力很强,它与最高级债券仅有细微的差别。不过由于风险增大,投资者也会要求获取较高的收益。因此,AA级债券利率比AAA级的利率略有提高。这一利率差额可视作级别相对低的债券为其所含的违约风险向购买人提供的补偿。

(3) A级:A级债券被称为中上等级债券,债券发行者在财力上较强,但与更高等级的债券比较欠稳定,易受经济条件变动等不利因素影响。

(4) BBB级:BBB级债券被称为中级债券,在正常情况下有足够的支付能力。但是如果遇到不利的经济环境,其偿债能力就可能大大削弱。

(5) BB级、B级、CCC级、CC级:就公司财务上的偿债能力而言,这些等级的债券均被认为是具有投机性的债券,属于中下等级。其中,BB级表示投机程度最低,CC级表示投机程度最高。这些债券尽管伴随一些保护措施,但它们面临着大量的不确定性和风险。

(6) C级:表示不支付利息的债券。

(7) D级:这一等级的债券是不履行债务,即为拒绝还本付息的倒闭债券。它代表拖欠或违约,往往拖欠利息的支付,甚至拖欠到期本金或干脆不偿还。

标准普尔公司还在从AA级到B级后面加上"+"或"-",表示略高于或略低于该级别,从而形成很多小级别。

3. 穆迪投资服务公司的资信等级标准

主要分为以下几种:

(1) Aaa级:它是最高质量的债券,又称为"金边债券",投资风险最小,本金安全并有大量和稳定的利润来保证利息的支付,任何可预见的变化不会损害它的发行地位。

(2) Aa级:从各种标准衡量都是高质量的债券,它和Aaa级一起被认为是高级债券,只是它的利润保护略低于Aaa级,而长期风险因素略大于Aaa级。

(3) A级:属中上等级债券。有许多令人满意的投资品质,有充分的因素保证本息的安全,但存在将来会产生对偿付本息能力怀疑的因素。

(4) Baa级:中级债券,即有一定程度的保护,不高也不低,本金和利息在目前是有保护的,但从稍长远一点看,有些因素可能不充分或不可依赖。

(5) Ba级:有投机特征,对本金和利息的保护很一般,未来不能预计,因此在未来不会有好的保障。

(6) B级:不具备理想的投资品质,对还本付息和履行债务条件的保证程度都较低。

(7) Caa级:信誉不好的债券,有可能违约,有危及本金及利息安全的因素。

(8) Ca级:有高度投机性,经常违约,或表现为对本金和利息有危险因素。

(9) C级:最低等级债券,前途无望,根本不能用作真正投资。

两家公司对债券信用状况的评定标准和等级划分,没有多大差异。前面4个级别的债券由于质量较高,被称为"投资级债券",从第五级开始的债券由于质量低劣,投机因素大,被称为"投机级债券"。

4. 我国债券信用等级标准

我国债券信用等级的表示基本符合国际惯例,也按照三等九级设置,只是在各个级别的含义上稍有不同,有关政府部门统一制定的债券信用评级标准如表2.1所示。

表 2.1　我国债券信用级别设置

级别分类	级别划分	级别次序	级 别 含 义
投资级	一等	AAA	债券有极高的还本付息能力,投资者没有风险
		AA	债券有很高的还本付息能力,投资者基本没有风险
		A	债券有一定的还本付息能力,经采取保护措施后有可能按期还本付息,投资者风险较低
投机级	二等	BBB	还本付息资金来源不足,发债企业对经济形势变化的应变能力差,有可能延期支付本息,投资者有一定的投资风险
		BB	还本付息能力脆弱,投资风险较大
		B	还本付息能力低,投资风险大
	三等	CCC	还本付息能力很低,投资风险极大
		CC	还本付息能力极低,投资风险最大
		C	企业濒临破产,到期没有还本付息能力,绝对有风险

【延伸阅读(一)】

我国地方政府债券发行开闸

我国《预算法》第 28 条规定:"除法律和国务院另有规定外,地方政府不得发行地方政府债券。"截至目前,除中央发行国债转贷给地方用于地方项目建设,以及根据国家统一安排由地方政府举借的外债以外,我国没有法律意义上的地方政府债券。

为有效应对国际金融危机冲击,保持经济平稳较快发展,2009 年 2 月 17 日,国务院决定由财政部代理发行 2 000 亿元地方政府债券,用于中央投资地方配套的公益性建设项目及其他难以吸引社会投资的公益性建设项目。截至 5 月 22 日,财政部已先后代理 23 个省、区、市发行 26 期地方政府债券,为地方政府筹集资金 1 118 亿元。这预示着我国地方政府发行债券将逐渐变成现实。

此次地方政府债券将由财政部以记账式国债发行方式代理发行,实行年度发行额管理,地方政府承担还本付息责任,支付发行费和还本付息等具体事务由财政部代办,所筹资金主要用于中央投资地方配套的及其他难以吸引社会投资的公益性建设项目,不得安排用于经常性支出。为保证地方政府债券的及时足额偿还,只有省级政府和计划单列市具备通过中央代发地方债券的资格,地级市、县级市仍然不允许发行地方债券。而且地方政府必须及时向财政部上交本息、发行费等资金,未按时上交的,在办理年度结算时,财政部与地方财政结算时将如数扣缴。

第二章 债 券

确切地讲,这样一种由中央代发的地方政府债券仍然不是真正意义上的地方政府债券,因为地方政府并未获得自主发行政府债券的权力。但与1998年的老办法相比,中央政府的角色由"转贷"变为"代理",而地方政府则成为"真正的债务人";与地方政府的各种变相借债相比,中央政府的角色由"围堵"变为"疏导",而地方政府成为"显性的债务人"。因此,此举将开启我国地方政府债券规范化、科学化管理之路。

事实上,尽管我国不允许地方发行政府债券,但各级地方政府早就以各种名义、通过多种途径形成种类繁多的地方政府债券替代品,如信托机构债务融资、国家开发银行"打捆项目"贷款、商业银行"委托贷款"等。这次中央代发地方政府债券是一次具有重大理论价值和极强现实意义的创新,绝不是单纯为应对国际金融危机而筹集"保增长"所需资金的应景之作。

理论认为,"一级政府,一级财权、一级预算、一级举债权"。赋予地方政府自主发行政府债券的权力,是实现地方经济科学发展与政府良性治理的客观需要。但为保障宏观经济稳定与地方财政安全,任何一个国家的中央政府都不允许其地方政府随意发行政府债券,而是需要满足中央政府设定的一系列前提条件。不受限制地发行地方政府债券,不仅会导致公共支出的"棘轮效应",诱使地方政府倾向于在经济萧条时期多发行债券,但不愿意在经济恢复后偿还债务;更有甚者,在地方政府税收不足、支出过多或不能按时偿还债务时,它们往往寄托于中央政府的援助,一旦地方政府发生债务违约或财政破产,解决问题的办法不可能是停止地方政府运转和出售其资产,必然迫使中央政府介入,对地方政府债务和其他负担进行重组。因此,发行地方政府债券永远都不是地方政府自己的事,也不存在完全脱离中央财政由地方政府自主发行债券的可能性。

由于我国经济改革仍需深化,中央与地方的财政关系有待健全,不仅地方政府依然缺乏自我约束与责任追究机制,而且中央政府也缺乏强有力的手段对地方财政实施有效监督与控制。因此,我国不具备赋予地方政府自主发行债券的权力。另一方面,经过四十多年的改革开放,财政体制、预算制度与政府治理都得到了极大发展,国家有能力、有办法逐步梳理与规范地方政府债务管理,防范与化解可能存在的债务风险;可以积极探索有限度地破除"量入为出"的谨慎财政思维的束缚,在风险可控的前提下运用"量出为入"的负债理念。在这种条件下,由中央代发地方政府债券就成为必要的选择。经过一段时期的尝试与经验积累,在条件具备的情况下,可逐步赋予更多层级的地方政府更大的债券发行自主权和独立性,最终过渡到在中央政府许可及有效监控下由地方自主发行政府债券的管理制度。

【延伸阅读(二)】

发行超长期特别国债意义重大

2024年3月,第十四届全国人民代表大会第二次会议《政府工作报告》指出,从今年开始拟连续几年发行超长期特别国债,专项用于国家重大战略实施和重点领域安全能力建设(以下简称"两重"领域建设)。5月13日,财政部公布了《2024年一般国债、超长期特别国债发行有关安排》,意味着备受关注的万亿超长期特别国债发行终于落地。理解和认识超长期国债及其意义,需要结合我国当前经济形势和国际经验来进行。

从经济运行角度看,我国经济总体处于向好恢复阶段,但恢复的基础不牢,有必要加大财政政策力度。传统意义上的赤字、专项债能够解决一部分问题,比如支持"三保",确保基层稳定和公共服务按时足额提供、投向有一定收益的项目拉动投资,这些偏短期。还有部分事关中长期发展、事关全国范围的项目,地方一般债、专项债和普通国债难以解决,超长期特别国债应运而生。

事实上,我国已多次发行过特殊国债,也连续发行过长期建设国债。特别国债是在特殊背景下发行的,用于服务重大政策目标或应对重大公共危机,专款专用,一般不纳入赤字。我国曾在1998年、2007年、2020年分别发行过三次特别国债。1998年用于补充四大商业银行资本金,推动商业银行改革;2007年用于注册成立中国投资有限责任公司(China Lnvestment corporation,简称中投公司)管理外汇,抑制通胀的同时提高外汇收益水平,其中部分于2017年和2022年到期,故又分别发行特别国债进行续作;2020年抗疫特别国债用于应对突发疫情冲击,作为直达资金转移支付给基层政府,支持抗疫、减税降费和基建等,稳定总需求,维护经济社会稳定。

从国际经验看,全球主要经济体大部分都有通过发行超长期国债为财政融资的先例。从各国超长期国债规模占比来看,日本占比最大,达到44.8%;美国占比为22.2%,其中20年期和30年国债占比分别为4.5%和17.7%。相比之下,我国目前超长期国债余额占比与主要发达经济体相比偏低。截至2024年4月底,我国存量超长期国债规模达到50 936.9亿元,占存量国债的比重达到16.9%,其中15年期、20年期、30年期和50年期占比分别为0.1%、1.6%、11.6%和3.6%。因此,我国超长期国债占比偏低,仍有一定的扩大空间。与前三轮相比,此次超长期特别国债具有资金用途广泛、发行期限超长、发行节奏连续的特点。

在我国经济内生增长动力较弱、重点领域资金支持仍需加强的背景下,发行超长期特别国债具有以下五个方面的重要意义:

第一,充分利用中央财政的政策空间,为实施积极的财政政策提供资金来源。有效需求不足一直是影响我国经济发展的重要问题,2024年以来,经营主体预期趋稳,企业投资意愿及居民消费动力仍有待增强。在私人部门融资需求较低的情形下,宽松货币政策的效果有限,需要借助积极的财政政策来进一步扩大需求、刺激产出。从支持财政扩张的资金来源看,一方面,受需求端弱复苏和一系列减税政策影响,全国财政收入增长面临一定压力;另一方面,地方政府债务风险有待化解,地方财政举债空间有限。我国中央政府债务占国内生产总值的比例尚不足30%,存在较大的国债发行空间。在当前的货币金融环境下,低位运行的利率水平也有助于降低举债成本。

第二,有利于发挥政府资金的引领作用,解决阻滞国内需求的结构性问题。此次发行的特别国债将专项用于支持"两重"领域建设,有助于为我国经济转型升级和高质量发展提供长期稳定的资金来源。这些领域涉及科技创新、城乡融合发展、区域协调发展、粮食能源安全、人口高质量发展等,其发展建设通常需要顶层设计、统筹布局、长期规划等制度安排及政府资金的配套支持,民间资本难以独挑大梁。以发行超长期国债的形式支持关键领域和薄弱环节的建设,不仅是财政政策提质增效的重要举措,而且有助于发挥政府投资的引领作用,撬动更多社会资金参与建设,从整体上扩大国家的有效投资。此外,此次超长期特别国债采用的常态化发行方式,还释放了我国将长期维持积极的财政政策的信号,有利于推动形成稳定的市场预期。

第三,优化中央和地方政府的债务结构,助力防范化解地方政府债务风险。近年来,广义财政支出持续积极发力稳增长,加之房地产市场结构调整致使土地出让收入不断下滑,在这些多重因素的共同作用下,地方政府面临财力下滑、举债能力减弱的窘境,还要应对债务规模扩大带来的风险。与此同时,我国中央政府负债率上升幅度并不大,相比地方政府具有更大的回旋余地和举债空间。此次新发行的1万亿元特别国债将由中央政府还本付息,呈现出中央适度加杠杆、地方稳杠杆的思路。通过发行成本相对较低、期限相对较长的国债来置换成本相对较高、期限相对较短的地方政府债务,有助于优化政府债务结构,防范化解地方政府债务风险。此外,由于这次特别国债是超长期,偿还本金的时间节点被大幅延后,缓解了财政支出压力,提高了财政可持续性。

第四,推动金融供给侧结构性改革,建立新型基础货币发行机制和完善利率调控机制。自1994年我国开始实行强制结售汇制度以来,中国人民银行在很长一段时间内都通过外汇占款的方式投放基础货币。这种受制于美国的货币发行机制不仅阻碍了我国内需经济的发展,还引发了诸多金融乱象。此次发行的大规模国债为基础货币发行提供了新的"锚定物",中国人民银行可以通过在二级市场上买卖国债控制基础货币供给,从而建立起以"主权信用"作为准备资产的货币发行模式。这种公开市场操作还可以加强货币政策与财政政策的协调配合,为财政进行赤字融资。此外,超长期国债的发行还丰富了我国国债的期限品种。如果长期国债达到合理规模,就能够充分反映长期利率水平,中国人民银行就可以通过直接调控长期利率实现货币政策目标,从而有助于解决我国当前短期利率向长期利率传导不畅的问题。

第五,丰富中国金融产品供给,为境内外投资者提供高质量人民币计价资产。超长期国债是长期的安全资产,可以满足金融投资者对高质量债券的配置需求。我国金融市场虽然已通过沪港、深港股票交易互联互通机制、合格境外机构投资者机制、合格境内机构投资者机制等多种渠道,与国际金融市场实现了互联互通,但高质量的人民币计价资产供给不足依旧是我国金融市场开放道路上的一大阻碍。作为发展潜力足、经济增速稳、国家信用佳的发展中国家,我国发行的超长期国债无疑会在全球金融市场动荡的背景下吸引更多境外资金持续流入,有助于我国实现高质量的金融开放。从国内情况来看,超长期国债的发行健全了我国国债的收益率曲线,有助于解决我国此前因国债期限品种不全而存在的国债收益率曲线扁平化问题,为金融产品定价提供更好的基础;同时也有助于补足因房地产市场低迷而产生的贷款抵押品缺位问题,为我国金融体系提供了新的高质量抵押品。

(资料来源:根据罗志恒、费兆奇发表的相关文章整理而成。)

重 要 概 念

债券 国债 超长期债券 金融债券 公司债券 国际债券 累进利率债券 浮动利率债券 贴现债券 信用债券 担保债券 凭证式债券 债券的信用评级

思 考 题

1. 债券的票面要素是由哪些方面构成的?
2. 试述债券的含义和特征。
3. 试比较债券和股票的异同点。
4. 什么是政府债券?它有哪些特征?
5. 简述我国发行超长期国债券的背景和重要意义。
6. 试述公司债券的含义和特征。
7. 债券的信用评级对发行者、投资者和管理机构有什么重要意义?

第三章 证券投资基金

第一节 投资基金概述

一、投资基金的含义

投资基金是指一种利益共享、风险共担的集合证券投资方式,它是通过发行投资基金单位,集中投资者的资金,由投资基金托管人托管,由投资基金管理人管理和运用资金,从事金融资产组合投资,以获得投资收益和资本增值,并按基金份额分配收益的投资工具。

向投资者公开发行的凭证叫投资基金券,也称投资基金份额或投资基金单位。谁持有它,就对投资基金享有资产所有权、收益分配权、剩余财产处置权和其他相关权利,并承担相应义务。

投资基金的称谓在不同的国家不尽相同。美国称之为"共同基金",英国称之为"单位信托基金",日本、韩国和我国台湾省称之为"证券投资信托基金",有的国家和地区称之为"互助基金""互惠基金""投资基金",还有称之为"基金"的。尽管称谓有所不同,但都具有规模经营、分散投资、专家管理、专业服务等共性。

作为组合金融工具,投资基金与股票、债券一样,都是金融市场的重要投资工具,但它的功能、作用和市场地位都明显地不同于股票、债券。具体表现在以下几点:

(1)性质不同。股票、债券是直接投资工具,即使是通过经纪买卖,也是投资者进行直接投资,而投资基金却是一种间接投资工具,投资者通过购买基金份额,把资金交给专门投资公司,由其在金融市场上进行再投资,以获得收益和增值。

(2)反映的权利关系不同。股票反映的是所有权关系,债券反映的是债权债务关系,而投资基金反映的是信托契约关系。

(3)风险与收益不同。债券的利率是事先约定的,无论债务人经营业绩如何,债券到期时必须还本付息,因而投资风险较小,收益较低;股票的收益则因股份公司的经营状况不同而不同,且无偿还性,因而投资者面临的风险较大,预期收益也高;投资基金由专业人员集中管理、分散投资,从而减少了投资风险,其投资风险低于股票投资而高于债券投资,收益则低于股票投资而高于债券投资。

(4) 投资周期不同。投资基金只适合中长期投资,而不能像股票市场那样来回炒,在几天之内,甚至一天当中就可完成一个投资周期。由于多数投资基金都需要加收首次购买费作为投资公司的佣金,因而短期内投资于基金是不合算的。

二、投资基金的产生和发展

投资基金最早出现于19世纪初的荷兰王室,但作为一种社会化的理财方式,投资基金起源于19世纪末期的英国。当时,产业革命的成功与海外扩张为英国积累了大量的社会财富,国内资金出现过剩局面,为了寻求更高的利润,众多商贾纷纷将目光转向海外市场。出于对降低风险,减少损失的考虑,英国投资者萌生了共同出资,委托专家进行运作管理的想法,1868年世界上第一个投资基金"海外和殖民地政府信托"在英国诞生,其运作方式类似于现代的封闭式契约型基金。1873年第一家专业管理基金的组织"苏格兰美洲信托"成立。1943年,英国成立了"海外政府信托契约"组织,该基金除规定基金公司以净资产价值赎回基金单位外,还在信托契约中明确了灵活的投资组合方式,标志着英国现代证券投资基金的发展。截至1997年底,英国有单位信托基金管理公司154个,管理单位信托基金近160个,管理资产超过1 500亿英镑;投资信托公司有570多个,管理资产580亿英镑。

投资基金在英国产生以后,在美国得到了极大的发展。第一次世界大战以后,英国的共同基金投资制度引入美国,1924年,在波士顿成立了"马萨诸塞投资信托基金",这是第一个具有现代意义的开放式投资基金,其资产规模已由设立时的5万美元发展到现在的10亿美元。投资基金出现后,由于1929—1933年的经济大萧条和第二次世界大战,发展较为缓慢,1940年制定的《投资公司法》是世界上第一部系统的规范投资基金的立法,为美国投资基金的发展奠定了基础。20世纪50年代至60年代美国经济的高速增长,带动了投资基金的发展。自此之后,尽管经历了70年代的低迷阶段,但总体而言,美国基金业的发展一直相对稳定、健康、快速。目前,美国的投资基金市场是全球最发达的,也是政府监管最为严格的投资基金市场,投资基金已成为美国社会最为普遍的投资方式和投资工具。截至2000年7月底,美国登记在册的各种基金有7 929家,总规模超过7万亿美元,远远超过其国内3.2万亿美元的银行存款规模,基金持有者逾4 000万。截至2022年底,美国基金资产净值占GDP的比重达115.4%。根据相关数据,截至2022年底,全球受监管的开放式基金总净资产为68.9万亿美元,而美国受监管开放式共同基金的全球占比为48%。

日本在1937年参照英、美等发达国家的经验,也开始设立具有本国特色的投资基金,但在20世纪50年代之前发展极不规范。第二次世界大战后,日本股市极度萧条,给战后经济复兴和企业融资带来巨大困难。为应付这种局势,日本通过了有效利用投资信托制度将大众资金引进证券市场的方案,于1951年6月公布实行了证券投资信托法,确立了契约型投资信托制度,日本四大证券公司野村、日兴、大和和山一率先开展基金业务。1959年12月,基金业务从证券公司分离,四大投资信托公司由此诞生。20世纪90年代初,日本泡沫经济崩溃,投资基金资产急剧减少,为此,日本于1994年进行了投资基金制度改革,改革措施主要包括加强对投资者保护,放宽对基金资产运用的限制,以及允许投资基金管理公司兼营专项代理投资业务等,以便促进投资基金的复兴。

20世纪50年代末期开始,亚洲一批新兴工业化国家和地区,如韩国、马来西亚、菲律宾、泰国以及我国台湾省、香港特别行政区等,也相继引进投资基金业务,与澳大利亚、新西兰等国家形成了独具特色的亚太地区基金市场。

三、投资基金的参与主体

1. 基金持有人

基金持有人即基金投资者,又称受益人,是持有基金份额或基金股份的自然人和法人,是基金的出资人和基金资产的最终拥有人,享有基金资产的一切权益。基金的一切投资管理活动都是基于增加投资者收益和保护投资者权益。因此,基金持有人是基金一切活动的中心。

2. 基金发起人

基金发起人是发起设立基金的法人主体,通常由三家以上信誉高、实力强的法人承担。发起人在基金的设立和组建过程中起着关键性的组织协调作用,发起人要充分利用所掌握的社会资源与政策资源,通过人力资源和物质资源的投入突破基金发起过程面临的各种障碍,达到设立和组建基金的目的。

在国外,基金发起人大多为有实力的金融机构。我国《证券投资基金法》规定基金管理人承担依法募集基金、办理基金份额发售的职责,因而基金发起人一般由基金管理人担任。

3. 基金管理人

基金管理人即基金管理公司,是指凭借专门的知识与经验,根据法律、法规及基金契约或基金章程的规定,经营管理基金资产,谋求基金资产增值,实现基金持有人利益最大化的专业金融机构。

基金管理人是基金资产的管理者和运用者,基金管理人的素质和投资水平直接决定着基金资产的运作效果,和投资者的利益紧密相关;同时,基金管理人队伍的整体表现也对一国投资基金业的发展起着重要的推动或制约作用。为了保护投资者利益,为基金业创造良好的发展环境,各国都规定只有具备一定条件的机构才能担任基金管理人。

4. 基金托管人

为了保证基金资产的安全,按照资产管理和资产保管分开的原则运作基金,基金设有专门的托管人保管基金资产。基金托管人为基金开设独立的基金资产账户,负责款项收付、资金划拨、证券清算、分红派息等。所有这些,基金托管人都是按照基金管理人的指令行事,而基金管理人的指令也必须通过基金托管人来执行。国外对基金托管人的任职资格都有严格的规定,一般都要求由商业银行及信托投资公司等金融机构担任,并有严格的审批程序。我国《证券投资基金法》也对基金托管人的资格作了具体规定。

上述参与主体之间的权利义务关系靠基金契约或基金章程来调整。持有人持有基金资产,管理人管理和运用基金资产,托管人托管基金资产。它们背后各自体现了所有权、经营权和保管监督权,一起形成了"投资基金三角"关系。在基金的运行中,各个参与者之间的关系是一种既相互合作,又相互制衡、相互监督的关系。

(1) 持有人与管理人之间的关系。基金持有人是基金的实际所有者,而基金管理人则是凭借专门的投资技能与经验,依据投资组合原理进行投资决策,谋求基金资产收益最大化的专业机构。所以,基金持有人与基金管理人的关系实质上是所有者与经营者之间的关系。前者是一般的社会投资者,既可以是自然人,也可以是法人或其他社会团体;后者则是由职业投资专家组成的专门经营者,是依法成立的法人。

(2) 管理人与托管人之间的关系。管理人与托管人的关系是经营与监管的关系。基金管理人由投资专家组成,负责基金资产的经营,本身不实际接触和拥有基金资产;托管人由主管机关认可的金融机构担任,负责基金资产的保管,依据基金管理机构的指令处置基金资产,并监督管理人的投资运作是否合法合规。对基金管理人而言,处理有关证券、现金收付的具体事务交由基金托管人办理,自己就可以专心从事资产的运用和投资决策。基金管理人和基金托管人均对基金持有人负责。他们的权利和义务在基金契约或基金章程中预先界定清楚,任何一方有违规之处,对方都应当监督并及时制止,直至请求更换违规方。这种相互制衡的运行机制,极大地保证了基金信托财产的安全和基金运用的高效。但是这种机制的作用得以有效发挥的前提是基金托管人与基金管理人必须严格分开,由不具有任何关联的不同机构或公司担任,两者在财务上、人事上、法律地位上应该完全独立。

(3) 持有人与托管人之间的关系。持有人与托管人的关系是委托与受托的关系。基金持有人把基金资产委托给基金托管人管理。对持有人而言,把基金资产委托给专门的机构管理,可以确保基金资产的安全;对基金托管人而言,必须对基金持有人负责,监管基金管理人的行为,使其经营行为符合法律法规的要求,为基金持有人勤勉尽职,保证资产的安全,提高资产的报酬。

四、投资基金的特征

投资基金是既有别于直接投资,又区别于间接投资;既区别于金融机构贷款投资,又区别于一般信托投资;既不同于股票,又不同于债券的一种独具特色的集诸多优点于一身的投资信托方式。它具有以下特征:

(1) 集合投资。投资基金将众多投资者的资金集中起来进行共同投资,因此具有集合投资的特点。单个投资者的资金往往有限,在进行证券交易时,由于交易量小,交易成本通常较高。而基金通过汇集众多投资者的资金,积少成多,有利于发挥资金的规模优势,降低投资成本,使中小投资者也能够享受到与机构投资者类似的规模效益。

(2) 专业管理。投资基金由专业的基金管理人进行投资管理和运作。基金管理人有专业投资研究人员和强大的信息网络,他们比中小投资者更了解市场,更有技术、经验和时间对证券市场实行全天候、全方位的动态跟踪与分析。将资金交给基金管理公司管理,普通投资者也能够享受到专业化的投资管理服务。

(3) 组合投资、分散风险。"不将所有鸡蛋放在同一个篮子里"是投资的一条基本戒律。为分散和降低投资风险,投资者应将资金投放于多种有价证券。中小投资者由于资金规模所限,而难以实现有效的投资组合。投资基金则可以利用规模资金,分散投资于几十种甚至上百种金融资产,进行不同的投资组合。单个投资者购买基金就相当于用很少的资金购买了一揽子有价证券,从而可以充分享受到组合投资、分散风险的好处。

(4) 利益共享、风险共担。基金投资者是基金的所有者,基金投资收益在扣除由基金承担的费用后的盈余全部归基金投资者所有,并依据各个投资者所持有的基金份额比例进行分配。同时基金投资者也要按所持有的基金份额承担基金投资失败而带来的基金份额净值减少、价格下降的风险。

(5) 严格监管、信息透明。为切实保护投资者的权益,增强投资者对基金投资的信心,各国都对基金业及基金的日常运作实行严格的监管,对各种有损投资者权益的行为进行严厉的打击,强制基金进行充分的信息披露。

(6) 投资操作与财产保管相分离。证券投资基金的管理人只负责基金的投资操作,本身并不保管基金资产,基金资产由基金托管人负责。这就形成了一种相互制约、相互监督的制衡机制,对投资者提供了重要保护。

第二节 投资基金的种类

一、按投资基金的组织形式分类

按照投资基金的组织形式不同,可将其分为公司型投资基金和契约型投资基金。

1. 公司型投资基金

公司型投资基金是依据公司法成立的股份有限公司形式的基金,它的设立要在工商行政管理部门和证券交易委员会注册。在公司型基金中,投资者以认购股票的形式设定基金,基金本身是股份制的投资管理公司,投资者为公司股东,投资管理公司是基金运作的主体,基金公司资产为投资者(股东)所有,基金资产存放于托管人,托管人为基金资产设立专门账户进行管理。

公司型基金的产权配置是:基金所有权归属投资管理公司名下,投资管理公司有权向经理人发出运用基金的指示,并监督基金运作;投资者凭股权可以从基金分配股利,并于基金运作期满后分配基金剩余资产;经理人拥有对基金的使用权和处分权,并决定基金的投向和结构;托管人占有基金全部资产,并依经理人指示调配资产。

2. 契约型投资基金

契约型投资基金是依据信托契约,通过发行受益凭证设立的基金。信托契约是契约型基金设立的首要条件。一般由基金委托人(经理)、基金受托人(信托人)在筹集基金时所订立,用以规定委托人、受托人和受益人(投资者)之间权利义务关系的文件。在契约型基金中,委托人是基金的设定人,它设计基金类型,发行受益凭证,并负责所筹资金的运作。受托人是基金的名义持有人或保管人,依据信托契约和委托人指示调配、处分和管理基金资产,负责基金受益凭证的购回、清算、分割、过户等工作。受托人的基本职责是确保信托契约载明的投资者的各项权益。投资者(受益人)凭所认购的受益凭证持有基金资产,有权参加持有人会议,参与决定基金管理及发展的方针政策等重要事项,有权从基金分配收益,在基金运作期满之后,享有返还剩余资金的权利。

3. 契约型投资基金与公司型投资基金的区别

契约型投资基金与公司型投资基金作为两种基金组织类型,二者在立法基础、法人资格、投资者地位等方面存在明显差异:

（1）公司型投资基金必须由具有独立法人资格的投资基金公司发起并发行投资基金股份；契约型投资基金则无须单独组成具有法人资格的机构发起，一般由现有金融机构发起即可。

（2）公司型投资基金的管理依据是公司章程；契约型投资基金的管理依据为信托契约。

（3）公司型投资基金发行股票，投资者为公司股东，可以参加股东大会，行使表决权；契约型投资基金则发行受益凭证，受益凭证的持有者只享有受益权，不具有股东资格，因此也无表决权。

由上述分析可知，两种基金类型各有优势和不足。契约型投资基金的各主体之间权利、义务关系较为简单、明确，从投资信托大众化的角度来看，契约型较公司型更有优势，适合以个人投资者为主的投资群体。而公司型基金各关系人之间法律关系较为复杂，因此这种组织形式更适合机构化的投资者群体，如投资于高新技术产业的风险投资基金等。从世界投资基金业的发展看，这两种类型的投资基金所占的份额是不相同的。从某种程度上说，各国对基金类型的选择与本国投资基金发展历史、发展水平以及相关投资者的素质高低有着相当密切的关系。欧美的投资基金绝大多数都是公司型基金，而亚洲地区，如日本、新加坡、韩国等国家以及我国香港特别行政区和台湾省等地区的投资基金则以契约型为主。我国投资基金的发展初期也选择了组织程序相对简单，法律关系相对明晰，经营成本相对较低的契约型基金这一组织形式。

二、按投资基金设立后追加或赎回份额分类

按投资基金设立后能否追加投资份额或赎回投资份额，可将其分为封闭型投资基金和开放型投资基金。

1. 封闭型投资基金

封闭型投资基金是指基金单位总额固定，且规定封闭期限，在封闭期内基金总量不能追加，投资者不得向基金管理公司提出赎回，而只能在二级市场上转让的投资基金。例如，在深交所上市的基金开元，1998年设立，发行额为20亿基金份额，存续期（封闭期）15年。即从1998年开始，开元基金运作15年，基金总额20亿，在此期间，投资者不能要求退回资金，基金也不能追加新份额。

2. 开放型投资基金

开放型投资基金是指基金发行总额不固定，可以随时根据市场供求状况发行新份额或被投资者赎回的投资基金。投资基金的单位总额可以追加，但追加购买或赎回的价格不同于原始发行价，而是以投资基金当时的净资产价值为基础加以确定。投资者可以按投资基金的报价在基金管理公司直销网点或代销网点申购

或者赎回投资基金单位。

3. 封闭型投资基金与开放型投资基金的区别

由上述两种基金的含义可以看出,封闭型投资基金与开放型投资基金有着明显的区别:

(1) 期限不同。封闭式基金期限固定,一般为 10～15 年。开放式基金则没有固定期限,投资者可随时向基金发起人提出交易。

(2) 发行规模不同。封闭式基金发行规模固定。开放式基金则无发行规模限制,通过认购、申购或赎回,基金规模随时都可能发生变化。

(3) 交易方式不同。封闭式基金只能在证券交易所以转让形式进行交易。开放式基金的交易是通过销售网点以申购、赎回的方式进行。

(4) 交易价格的决定因素不同。封闭式基金的交易价格受市场供求关系等因素的影响较大,而不完全取决于基金资产净值。开放式基金价值则完全由基金单位净值决定。

从历史上看,在基金业兴起之初,封闭式基金是世界投资基金的主要形式。第二次世界大战之后,随着国际金融市场的不断成熟和完善,比封闭式基金有着更多优势的开放式基金逐渐成为各国基金业发展的主流形式。我国投资基金的发展也基本遵循了由封闭式基金向开放式基金演变的规律。近些年来,资本市场的快速发展,相关法律、法规的相继出台和投资者投资理念的日趋成熟,为我国创立开放式投资基金创造了有利条件,从 2001 年起,华安创新基金、南方稳定成长基金、华夏成长基金的相继推出,标志着我国证券投资基金的发展已经进入了一个新的历史时期。

三、按投资目标和风险分类

按投资目标和风险大小的不同,可将投资基金分为收入型基金、成长型基金、平衡型基金。

1. 收入型基金

收入型基金是指将资金投资于各种可以带来收入的有价证券,以获取最大当期收益为目的的投资基金。其主要特点是基金的成长性不高,但通过分散风险,基金损失本金的风险也较低,适合较为保守的投资者。收入型基金又可分为固定收入型和权益收入型两种。前者主要投资于债券和优先股股票,后者则主要投资于普通股。

2. 成长型基金

成长型基金是以追求资本长期增值为目的的投资基金。其特点是风险较大,获利能力也较强,适合于能承受高风险的投资者。成长型基金又分为三种:

(1) 积极成长型基金。又称为"高成长基金"或"最大成长基金",是一种以追求资本最大增值,获取最大资本利得为主的基金,通常投资于有高成长潜力的股票或其他证券。积极成长型基金获利能力很强,资本利得增加很快,但其风险也比其他类型的基金高得多,因此适合于激进型的投资者。

(2) 成长收入型基金。主要是通过投资于可以带来收入的证券及有成长潜力的股票,从而达到既有收入又能成长的目的的基金。由于这种基金的投资策略相对于成长型基金要保守,因此其风险处于中等程度,较为适合资金不多的小额投资者。

(3) 新兴成长基金。又称小型公司基金,这种基金追求的是资本的成长而不是当期收入,其主要投资对象是新兴产业(例如高新技术行业)中具有成长潜力的小公司或者高成长潜力行业中的中小公司。一般情况下,新兴成长基金所投资的公司都比其他类型的公司具有更好的发展前景,成长潜力巨大,但是一般来说,其风险相对较高,因此,比较适合于风险承受能力较强的投资者。

3. 平衡型基金

平衡型基金是以净资产的稳定、客观的收入和适度的成长为目标的投资基金。其特点是具有双重投资目标,谋求收入与成长的平衡,因而风险适中,成长潜力亦不甚高。

四、按投资对象分类

按投资对象的不同,可将投资基金分为股票基金、债券基金、货币基金等十种类型。

1. 股票基金

是指投资于股票的投资基金,是所有基金品种中最原始、最基本的一种类型,其投资对象通常包括普通股和优先股,其风险程度比个人投资股票市场要低得多,且具有较强的变现性和流动性。

2. 债券基金

是指投资于政府债券、市政公债、企业债券等各类债券品种的投资基金。债券基金一般情况下定期派息,其风险和收益水平通常较股票基金低。

3. 货币基金

是指投资于存款证、短期票据等货币市场工具的基金。这类基金的投资风险小,投资成本低,安全性和流动性较高,是基金市场上的安全基金。

4. 衍生基金

是指投资于期货、期权市场的基金。期货基金是投资于期货的基金。由于期货市场具有高风险和高回报的特点,因此投资期货基金既可能获得较高的投资收益,同时投资者也面临着较大的投资风险。期权基金就是以期权作为主要投资对象的基金。

5. 指数基金(优化指数基金)

是根据股票或债券对证券指数影响的程度来选择投资的一种投资基金。该投资基金在选择不同股票或债券的投资组合时,往往参照股价指数计算的方法,不断地将那些对证券指数影响较大的股票或债券作为选择对象,从而使投资基金的收益随股价指数同步波动,投资基金的收益同股票市场的平均收益基本持平。该投资基金具有一定的稳定性。

6. 认股权证基金

是指主要从事于认股权证交易的投资基金,是受投资者青睐的一种投资基金。

7. 专门基金

是从股票基金发展而来的投资于单一行业股票(如黄金基金、资源基金、科技基金、地产基金等)的投资基金。这类基金的投资风险较大,收益水平较易受到市场行情的影响。

8. 对冲基金与套利基金

对冲基金又称套期保值基金,是在金融市场上进行套期保值交易,利用现货市场和衍生市场对冲的基金。这种基金能最大限度地避免和降低风险,因而也称避险基金。套利基金是在不同金融市场上利用其价格差异低买高卖进行套利的基金。

9. 雨伞基金

严格说来,雨伞基金并不是一种基金,只是在一组基金(称为"母基金")之下再组成若干个"子基金",以方便和吸引投资者在其中自由选择和低成本转换。

10. 基金中的基金

这是以本身或其他基金单位为投资对象的基金,其选择面比雨伞基金更广,风险也被进一步分散降低。

除以上所述几种划分标准之外,投资基金还可以从其他角度进行划分。如按投资来源和运用地域可以分为国内基金和海外基金,按投资计划的可变性可以分为固定型基金、融通型基金和半固定型基金等。投资基金这种多元化的分类,一方面是随着国际资本市场不断发展,投资基金在投资方向,投资范围以及投资行为等方面专业化分工不断深入的结果,另一方面也是由投资者在其投资风格,风险偏好以及投资需求等方面不断呈现出多样化的趋势所决定的。投资基金品种的不断丰富、完善,提高了基金业的整体收益水平,进一步降低了投资风险,为投资者提供了越来越丰富的投资选择,这或许是基金业不断兴旺发展之原因所在。

第三节 投资基金的运作与管理

一、投资基金的设立与募集

(一) 投资基金的设立

1. 发起人

设立投资基金首先需要发起人,发起人可以是一个机构,也可以是多个机构共同组成。一般来说,基金发起人必须同时具备下列条件:至少有一家金融机构;实收资本在基金规模一半以上;均为公司法人;有两年以上的盈利记录;首次认购基金份额不低于20%,同时保证基金存续期内持有基金份额不低于10%。在我国,根据《证券投资基金管理暂行办法》(以下简称《暂行办法》)的规定,基金发起人的数目为两个以上,且必须具备以下条件:按照国家有关规定设立的证券公司、信托投资公司及基金管理公司;必须拥有雄厚的资本实力。每个发起人的实收资本不少于3亿元人民币;主要发起人有3年以上从事证券投资的经验及连续盈利的记录;有健全的组织机构和管理制度,财务状况良好,经营行为规范,等等。基金发起人的主要职责是:

(1) 制定有关法律文件并向主管机关提出设立基金的申请,筹建基金。① 基金发起人必须对国家的经济、金融政策、市场状况、大众的投资心理等进行研究分析,在此基础上对拟设立的基金进行筹划,如确定基金的主要投向、基金的类型、基金的存续期限以及基金的募集规模等。② 基金发起人要代表基金持有人与基金管理人、基金托管人签订基金契约,约定基金各方当事人的权利、义务。③ 确定发行方案,选定销售机构。④ 向主管机关提出设立申请,并报送主管机关要求的有关文件。⑤ 设立申请获得批准后,进行公告。

(2) 认购或持有一定数量的基金单位。基金发起人需在募集基金时认购一定数量的基金单位,并在基金存续期内保持一定的比例。

(3) 基金不能成立时,基金发起人须承担基金募集费用,将已募集的资金并加计银行活期存款利息在规定时间内退还给基金认购人。

2. 设立程序

基金是由基金发起人发起设立的。发起人要确定基金的性质并制订相关的文件,如属于契约型基金,则包括信托契约;如属公司型基金,则包括基金章程和所有重大的协议书。这些文件规定基金管理人、保管人和投资者之间的权利义务关系,会计师、律师、承销商的有关情况以及基金的投资政策、收益分配、变更、终止和清算等重大事项。发起人准备好各项文件后，报送主管机关，申请设立基金。

根据《暂行办法》的规定，发起人申请设立基金要经过以下环节：

(1) 申请设立基金。首先必须准备各种法律文件，如设立基金的申请报告、发起人协议书、基金契约、基金托管协议、基金招募说明书等。其中，申请报告主要包括：基金名称、拟申请设立基金的必要性和可行性、基金类型、基金规模、存续期间、发行价格、发行对象、基金的交易或申购与赎回安排、拟委托的基金管理人和基金托管人等。发起人协议书应包括拟设立基金的基本情况、发起人的权利和义务、发起人认购基金单位的数量、拟聘任的基金管理人和基金托管人等内容。有关基金契约、托管协议、招募说明书的内容与格式，中国证监会在《暂行办法》及其实施准则中都有详细规定。发起人应严格按照要求起草上述文件。

(2) 审批基金。基金发起人准备好各种文件后，应上报中国证监会。中国证监会收到文件后对基金发起人资格、基金管理人资格、基金托管人资格以及基金契约、托管协议、招募说明书、上报资料的完整性和准确性进行审核，如果符合有关标准，则批准基金发行。

(3) 成立基金。基金获得批准之后，发起人即可公布招募说明书，并着手组建基金。但基金经批准向社会公众公开发售后，并不表明基金已正式成立。基金要正式成立，还必须满足一定的条件：对于封闭式基金，自该基金批准之日起3个月内募集的资金须超过批准规模的80%；对于开放式基金，批准之日起3个月内净销售额不得少于2亿元。有关募集资金的数额，需经会计师事务所出具验资证明。基金正式成立前，募集资金只能存入商业银行，不能动用。基金正式成立后，基金管理公司才能正式承担基金资产管理的责任，使用募集资金进行投资运作。我国之所以对投资基金的发起与设立作出严格的规定，主要是因为我国的证券投资基金尚处于试点阶段，管理层出于对保护广大投资者利益的考虑，力求从一开始就把基金置于严格的监管之下，以保证基金运作的规范性。

(二) 投资基金的募集

基金的设立申请经主管机关批准后，发起人应着手发行基金股份或受益凭证，募集资金。在国外，随着基金业的不断发展和进步，基金发行和募集的方式也呈现出多样化特点，按照发行对象的不同可以分为私募和公募两种方式。私募发行是指向特定投资者群体(一般是大的金融机构和个人)募集资金的发行方式。公募发行又称公开发行，即对社会公众发行基金单位募集资金的方式。两种发行方式各具特点，其适用的范围和优劣亦各有不同。一般来说，私募基金发行费用较低,监管条件比较宽松;而公募基金由于是面向社会大众,因此对其监管较为严格。按照《暂行办法》的有关规定,我国的证券投资基金目前只能采用公募即公开发行的方式。发起人在募集基金时,必须按照证监会所要求的格式和内容编制和公布招募说明书,并对基金的管理人、托管人、投资目标以及费用、收益分配等内容作出真实、准确、完整地陈述,供投资者作为进行投资活动的参考和依据。同时,发起人还应当提供证监会批准设立的文件、基金契约、法律意见书以及其他必备的文件,以供投资者查询。

二、投资基金的交易与投资

(一) 投资基金的交易与价格

1. 投资基金的交易

投资基金的交易是投资基金整个运作过程的一个基本环节,是投资基金市场十分重要的组成部分。投资基金的交易实际是投资基金证券或受益凭证的交易,通常情况下,它指的是基金证券或受益凭证的认购、上市、赎回、转让等经济活动。

基金的认购是与基金的发行相对应的概念。基金的发行是基金的信托投资机构向个人和机构投资者推销已批准发行的基金证券;基金的认购是指个人投资者和机构投资者按照基金证券发行公告或规定向基金管理公司或基金的信托投资机构购买已经批准发行的基金证券的经济活动。在国外,由于投资基金的种类较为丰富,因此,投资者参与基金投资的方式也因投资基金的类型不同而各有差异。如公司型投资基金,投资者的投资活动是通过购买公司股份来实现的;而对于契约型投资基金而言,投资者的投资活动则是通过认购受益凭证来实现的。在我国,目前证券投资基金的发行与认购都是通过证券交易所的交易系统进行的,投资者在认购基金单位时,须开设证券交易账户或基金交易账户,在指定的发行时间内,利用证券交易所的各个交易网点以公布的价格和符合规定的申购数量进行认购。

基金发行成功后,基金证券即可获准在证券交易所或证券交易中心(场外交易柜台)内挂牌买卖,投资者可以按照一定的基金交易规则在规定的基金交易市场从事基金证券或受益凭证的购回和出让。当然,投资基金的交易过程也因基金类型和运作方式的不同而各有差异。例如,封闭式基金的交易一般都是利用股票交易系统来进行的,其交易和清算的有关操作事项基本上同股票交易规则相似。而开放式基金的交易则表现为基金单位的申购与赎回,投资者可以根据市场情况和自己的投资决策随时向基金管理公司或销售机构提出申购或赎回基金单位的要求。

2. 投资基金的交易价格

投资基金的交易价格是基金交易的基础,也是投资者十分关注的内容。基金交易价格是指基金单位在交易市场买卖的价格。由于基金类型和运作方式不同,基金的交易价格又分为封闭式基金价格和开放式基金价格两大类。

开放式基金的交易由于采用的是申购和赎回制度,即基金必须以资产价值向投资者出售或向投资者赎回基金单位,因此,开放式基金的价格主要取决于基金单位资产净值(NAV)。

$$NAV = (基金总资产 - 总负债) / 已发行的基金单位总数 \quad (3.1)$$

开放式基金申购价与赎回价的计算公式分别为:

$$申购价 = NAV + 申购费用 \quad (3.2)$$

$$赎回价 = NAV - 赎回费用 \quad (3.3)$$

封闭式基金的基金单位是上市交易的,影响封闭式基金价格的因素也就相对要复杂得多。一般来说,封闭式基金的价格不仅仅以基金的资产净值作为交易基础,更主要的是由市场供求关系所决定的。因此,封闭式基金的价格在交易的过程中往往是随行就市,有升有跌,有时其价格可能会出现与 NAV 相背离的情况,例如,美国的封闭式基金多数都是折价交易的,我国则基本上是溢价交易的。

(二) 投资基金的投资运作

1. 基金管理人

经批准设立的基金,应当委托基金管理人(基金管理公司)管理和运用基金资产。我国《暂行办法》规定,设立基金管理公司,应当具备的条件是:主要发起人为按照国家有关规定设立的证券公司、信托投资公司;主要发起人经营状况良好,最近 3 年连续盈利;每个发起人实收资本不少于 3 亿元人民币;拟设立的基金管理公司的最低实收资本为 1 000 万元人民币;有明确可行的基金管理计划;有合格的基金管理人才;中国证监会规定的其他条件。

《暂行办法》对基金管理人的职责作出了规定:按照基金契约的规定运用基金资产投资并管理基金资产;及时、足额向基金持有人支付基金收益;保存基金的会计账册、记录 15 年以上;编制基金财务报告,及时公告,并向中国证监会报告;计算并公告基金资产净值及每一基金单位资产净值;基金契约规定的其他职责;开放式基金的管理人还应当按照国家有关规定和基金契约的规定,及时、准确地办理基金的申购与赎回。

2. 基金托管人

为了保证基金资产的安全,经批准设立的基金,应当委托基金托管人(在我国必须是商业银行)托管基金资产。《暂行办法》规定,基金托管人应当具备下列条件;设有专门的基金托管部;实收资本不少于80亿元;有足够的熟悉托管业务的专职人员;具备安全保管基金全部资产的条件;具备安全、高效的清算和交割能力。基金托管人应当履行下列职责:安全保管基金的全部资产;执行基金管理人的投资指令,并负责办理基金名下的资金往来;监督基金管理人的投资运作;复核、审查基金管理人计算的基金资产净值及基金价格;保存基金的会计账册、记录15年以上,等等。

3. 投资运作管理

为了规范证券投资基金的投资运作,我国《暂行办法》对证券投资基金的投资运作作了如下规定:

(1) 基金的投资组合应当符合下列规定:一个基金投资于股票、债券的比例,不得低于该基金资产总值的80%;一个基金持有一家上市公司的股票,不得超过该基金资产净值的10%;同一基金管理人管理的全部基金持有一家公司发行的证券,不得超过该证券的10%;一个基金投资于国家债券的比例不得低于该基金资产净值的20%;中国证监会规定的其他比例限制。

(2) 禁止从事下列行为:基金之间相互投资;基金托管人、商业银行从事基金投资;基金管理人以基金的名义使用不属于基金名下的资金买卖证券;基金管理人从事任何形式的证券承销或者从事除国家债券以外的其他证券自营业务,等等。

(3) 开放式基金必须保持足够的现金或者国家债券,以备支付赎金。

(4) 基金托管人的托管费、基金管理人的报酬以及可以在基金资产中扣除的其他费用,应当按照国家有关规定执行并在基金契约和托管协议中写明。

(5) 基金收益分配应当采取现金形式,每年至少一次;基金收益分配比例不得低于基金净收益的90%。

三、投资基金的收益、费用和收益分配

(一) 投资基金的收益

投资基金的收益是基金经理人运用基金资产所获得的投资收益。不同类型的投资基金有着不同的投资目标和投资策略,因此获取投资收益的方式也不尽相同。通常情况下,基金获取的收益主要有以下几种:

1. 利息收入

利息收入一般有三种来源:

(1) 基金管理公司在抛售有价证券之后等待新的投资时机的过程中,形成金融机构存款所取得的利息收入。

(2) 开放式基金通常需要保留一定比例的货币资金,以备投资者赎回基金单位时付现,这些保留的货币资金一般都以定期或活期存款的方式存入商业银行,由此将产生一定的利息收入。

(3) 基金投资于国债、公司债券、商业票据等金融资产所产生的利息收入。

2. 股息和红利

股息是指股份有限公司按照固定利率,根据股份金额分配给股东的利息。红利是指除了股息以外按股份比例分配给股东的权益。股份有限公司通过有效的经营管理,在一个决算期内获得的利润,扣除应交纳的一切捐税费用和应提留的公积金后的净利润,经股东大会通过后实施分配。基金投资上市公司的股票,也就可以获得股息和红利。

3. 资本利得

投资基金的投资目的是获得利润,为了使基金投资获取更大的收益,基金经理人考虑的往往不是股利和利息收入,而是利用各种投资技巧,尽量在低价时买进,在高价时卖出,以赚取市场差价,这种利润就是资本利得。

4. 其他收益

是指基金资产参与其他领域的投资而获取的收益。

上述各种收益的大小及其在总收益中所占比重的大小取决于基金的投资方向及其各投资品种在总资产中的比重,同时也取决于基金的投资组合结构。

(二) 投资基金运作的费用

基金与个人投资相比较,有一个明显的劣势,即成本与费用很高。这些费用主要有以下几项:

1. 基金持有人费用

这是向投资者直接收取的费用,包括申购时支付的佣金(即前收费)、赎回时支付的佣金(即后收费)。在美国,前收费费率一般不超过 5.5%,法律规定不超过 8.5%。多数基金并不收取赎回费,若收取赎回费,一般不超过净资产的 1%,且在持有超过一定期限后(比如 2 年或 3 年),可以免除。

2. 基金运作费用

基金运作费用包括管理费和托管费。管理费在美国一般为基金净资产的 $0.4\% \sim 1\%$,在香港一般不超过 2%。华夏开放式基金收取的比例为 1.5%。托管费支付给托管银行,一般为基金净资产的 $0.1\% \sim 0.2\%$。华夏开放式基金收取的比例为 0.25%。在美国还有用以支付销售开支等的营销费用,称作 12b-1 费用,它包括广告费、年度报告和招募说明书的宣传费以及支付给销售基金的经纪人的佣金。在我国,没有列支这部分费用。在美国,有些基金为了进一步激励基金管理人,还列有业绩表现费,具体的金额与业绩挂钩。我国的封闭式基金多数有这一规定,开放式基金却没有。

(三) 投资基金的收益分配

基金在获取各项已实现投资收益并扣除其间各项费用之后,即形成了基金的可分配收益,从而产生了基金的收益分配问题。不同的国家和地区以及不同的基金类型有着不同的收益分配方式,但总的来说,基金的收益分配必须遵循一定的原则和方法。在基金业特别发达的美国,基金收益分配按有关法律规定,至少须将可分配收益中的95%分配给投资者;香港的怡富信托基金,在每一会计期间,基金至少须将可分配收益中的85%分配给投资者;按照《暂行办法》的有关规定,我国证券投资基金的收益分配比例也不得低于基金净收益的90%。基金收益分配一般采用支付现金和增加股份两种形式,特殊情况下也会采用把投资收益根据基金单位总额按比例增加单位基金净值的方式。分配时间因基金类型的不同而略有差异,货币基金通常每月分配一次,债券基金每月或每季分配一次,而其他股票基金通常每年分配一次。

四、投资基金的清盘与信息披露

1. 投资基金的清盘

开放式基金一般不规定存续期限,但在某些情况下,开放式基金也可能作出清盘的决定,从而通过清算和分配基金资产结束其存在。一般而言,基金清盘都是为了保障投资者的利益,具体方式可能是基金的股东大会作出清盘的决定,或者是由基金主管机关决定其清盘,清盘的原因通常是由于主客观因素导致基金规模萎缩到一定程度或业绩滑落到一定程度,为了防止对投资者造成进一步的损害而不得不采取的清盘措施。例如,美林证券的做法是如果某基金在外股份的资产净值少于1500万美元,或董事会认为由于经济、政治局势的变化使公司或有关基金受到影响,公司可以在董事会认为妥当的情况下提前1个月向所有股东或某一类股份的股东发出书面通知,以便将所有没有赎回或转换的股份赎回或转换。在亚洲金融危机中,由于后市看淡,基金份额赎回得比较多,香港多家基金管理公司关闭了一些资产规模过小的基金。

2. 投资基金的信息披露

投资基金按规定披露信息,既可以保护中小投资者的利益,又有利于证券市场的规范发展。信息披露包括:

（1）设立环节的信息披露。这主要是指基金契约或公司章程，以及基金的招募说明书资料的披露。

（2）招募说明书的审查。主要有两点，一是要求招募说明书清楚和全面地解释基金的投资政策、运作和提供的服务，帮助投资者估价和比较不同的基金；二是招募说明书必须包括全面的有关基金运作风险的信息，以保证基金和发起人的资产状况符合有关法规的规定。如果招募说明书有误导之处，根据招募说明书购买基金的投资者有权利退回其所购买的基金。

（3）运作环节的信息披露。这主要要求披露基金业绩报告、基金投资组合报告以及财务报告（年报、中报，包括资产负债表、损益表及其他）等。

五、投资基金的监管

投资基金在设立或追加资金时应当向投资者提供基金公司的组成文件，如：契约型基金的基金契约、公司型基金的公司章程、招募说明书等，便于投资者了解有关该基金的基本情况，如发起人与当事人的基本情况、基金的目的、投资政策、收益分配政策等内容，使投资者能够在充分掌握资料的情况下作出合理的投资决策。

投资基金的监管是基金监管的主体，运用一定的监管手段和方法对基金发起设立、运作和管理全过程进行监督、检查、控制和管理，以保证基金正常有序发展的一系列活动的总称。

发达国家的经验证明，投资基金的监管是一个多层次的体系。它的监管主体大致可以划分为政府机构、行业自律组织和基金托管人等市场组织机构三个组成部分，其监管的模式因各个国家和地区发展方式的不同而各有差异，如美国的法律约束下的自律管理模式、英国的行业自律监管模式以及日本的政府严格管制模式等。其中，美国是投资基金业最为发达、政府监管最为严格的国家，与投资基金业相关的法律是 1940 年颁布、1970 年作出修正的《投资公司法》(the Investment Company Act of 1940)和《投资顾问法》(the Investment Advisers Act of 1940)，以及分别于 1933 年和 1934 年颁布的《证券法》(the Securities Act of 1933)和《证券交易法》(the Securities Exchange Act of 1934)。这些法案对投资基金经营的监管主要有以下四个方面的内容：

（1）对基金管理人独立身份的规定。即在基金由证券公司发起时，如何保证基金或管理人在投资决策和运作上与其派出机构严格分离。

（2）关于公司治理结构或基金持有人或股东作为委托方如何参与并作出投资公司重大决策的条款。

(3) 促进投资基金实现健全财务管理的条款。
(4) 关于投资基金交易和财务状况的信息充分披露条款。

美国政府根据基金业发展的实际情况不断修正和补充相关法规,较好地贯彻了保护投资者利益的宗旨。可以说,美国基金业无论在理论还是在实践方面,都取得了许多有益的成果,对我国证券投资基金的监管和规范具有重要的借鉴意义。

我国的证券投资基金虽然起步较晚,但是管理层从一开始就十分重视规范和监管,并在参考发达国家基金管理法规的基础上,先后颁布了《证券投资基金管理暂行办法》《证券投资基金法》等一系列监管文件,从而改变了我国基金业在许多方面长期处于无法可依的不利局面,基金监管工作中主观随意性和盲目性较大的问题都得到了较好地解决,对促进基金业的规范化发展起到了很大的作用。随着理论认识水平的不断提高,监管法规将更加健全,监管技术手段将更加先进,监管体系将更加完善。

第四节　我国投资基金的发展

一、我国投资基金的发展历程

我国投资基金经历了早期探索发展、起步发展、规范发展等三个阶段。各个阶段有着各自的特点。

1. 早期探索阶段(1991—1997年)

我国基金业起步于20世纪90年代初。1991年7月,经中国人民银行珠海分行批准,珠海国际信托投资公司发起成立一号珠信物托,属于专项物业投资基金(后来更名为"珠信基金"),基金规模为6 930万元人民币,是我国设立最早的投资基金。同年10月,武汉证券投资基金和南山风险投资基金分别经中国人民银行武汉市分行和深圳市南山区人民政府批准设立,规模分别达1 000万元和8 000万元人民币。

在基金一级市场发展的同时,基金交易市场也开始起步。1994年3月7日,沈阳证券交易中心和上交所联网试运行。1994年3月14日,南方证券交易中心同时与沪深证交所联网。1996年11月29日,建业、金龙和宝鼎基金在上交所上市。全国各地方的一些证交中心与沪深证交所联网,使一些原来局限在当地的基金通过沪深证券交易所网络进入全国性市场,拓宽了中国投资基金业的发展路径。

1997年之前,我国各地共设立了75只基金。其中,基金类凭证47只,募集资金总额73亿元,在沪深证券交易所上市交易的基金25只,基金市值达100亿元。

1994年7月底,尽管证监会和国务院有关部门推出一系列股市"新政策",其中包括"发展中国的共同投资基金,培育机构投资者,试办中外合资基金管理公司,逐步吸引国外基金投资国内A股市场"等内容。但由于各方面条件限制,1995—1996年间,基金发行处于停滞状态。

这一阶段的投资基金具有如下特点:

(1) 理论准备和制度建设严重不足。在很大程度上,基金只是作为一种集资的手段而已,对于如何规范基金管理者的行为、如何防范基金的经营风险等都知之甚少。

(2) 与宏观经济政策关系密切。1992年,邓小平南方谈话之后,宏观经济政策以扩张为主,基金业的发行审批快速扩展。这一阶段约有80%的基金是在1992—1993年间发行的。1994年以后,在整顿金融秩序和宏观经济紧缩的背景下,投资基金的发行基本暂停。

(3) 审批权基本上由各地人民银行分行行使。该阶段发行的各类基金和受益券中,由中国人民银行总行批准的只有4只,由各分行批准的达到114只。

(4) 投资基金的发行数量在区域分布上与经济发展水平高度相关,主要集中在沿海开放地区的广东、江苏等地。

2. 起步发展阶段(1997—2001年)

1997年是我国基金业发展的一个分水岭。在《证券投资基金管理暂行办法》出台后,根据新的法规要求,对老基金进行了清理规范,同时批准设立了一批新的基金。在此阶段,基金规模得到快速发展,但也暴露了一些需要解决的问题。

《证券投资基金管理暂行办法》的颁布与实施,标志着我国证券投资基金进入了新的发展阶段。在新的管理制度实施后,先后有一批基金管理公司成立,首批成立的基金管理公司为南方基金管理公司和国泰基金管理公司,它们于1998年分别发行了开元基金和金泰基金,规模均为20亿元,远远超过此前的单只基金规模。这些基金被称之为"新基金",与此对应,1997年之前成立的基金被称为"老基金"。随着这两家基金管理公司的成功,1998年之后,基金业进入了快速发展的轨道。2001年投资基金的总规模超过了800亿元,其中,封闭式基金的规模达到689.73亿元,开放式基金的规模超过了117亿元。

3. 规范发展阶段(2001年至今)

2001年9月21日,中国首只开放式基金——华安创新基金设立,首发规模约为50亿份基金单位。2001年10月,《开放式证券投资基金试点办法》颁布,2003年10月,《证券投资基金法》颁布(后来几经修改),投资基金管理的基本框架进一步得到了完善。这些事件标志着中国证券投资基金的发展进入了第三阶段。

该阶段有三个显著特点：

（1）以开放式基金为主的基金市场规模迅速壮大。经过"基金黑幕"的洗礼，基金业的监管得到强化。2001年7月以后股市持续下行，监管部门提出了"超常规发展机构投资者"的方针，基金管理公司成熟一家批准一家。由此，投资基金进入了一个快速发展时期。到2007年底，共批准设立了59家基金管理公司，其中合资基金管理公司28家。2001年之后，基金的品种创新开始加速。仅2002年就推出了不少以各种投资理念为目标的投资基金品种，尤其突出的是南方首次推出债券型基金、华夏首次推出纯债券基金、华安首次推出180指数增强型基金、博时首次推出"安全型"概念的价值增长基金等等。2006—2007年，在股市快速上行的带动下，中国基金规模出现了爆炸式增长。到2007年底，国内基金已经达到341只，合计总资产净值达到3.1万亿元。截至2007年11月30日，封闭式基金达到35只，资产规模达到2 296.21亿元，开放式基金总共有332只，基金份额共计1 9784.52亿份，管理的资产净值达到28 772.91亿元，占全部基金总资产的92.61%。

（2）基金产品创新步伐加快。2002年后，中国基金业获得空前发展。在这个过程中，新产品如雨后春笋地蓬勃增长。基金的投资范围从股票扩展到债券、权证等新的证券品种上。基金的投资视野从股票市场、债券市场扩展到货币市场。基金的投资策略在股票、债券运作基础上，不断创新。随着旗下基金日益丰富，各家基金管理公司逐步构造并完善自身的基金产品线，调整和细分旗下基金的类别，采取差异化策略。从横向角度看，基金产品不断丰富，除股票基金外，陆续发展了债券基金、混合基金、货币市场基金，还推出了保本基金。

（3）基金业的对外开放取得了突破，QFII、QDII产品相继问世。2002年6月1日，中国证监会出台了《外资参股基金管理公司设立规则》，标志着中国证券市场的对外开放进入了一个新的阶段，也迈开了证券投资基金对外开放的步伐。2002年10月，首家中外合资基金管理公司——国安基金管理公司成立。2003年7月9日，瑞银华宝敲入外资进入中国股市的第一单，股票市场迎来新的投资者——QFII。与国内基金管理公司相比，海外基金管理无论在管理经验、专业技能、产品创新，还是在投资理念、治理结构、内部控制、营销手段、客户服务等方面都有着许多成熟的操作技术和较为丰富的经验。设立中外合资基金管理公司和引进国外机构投资者，有利于促进中国证券市场的规范化、市场化和国际化发展，不仅可以提高中国基金管理公司的资本实力，增强其抵御风险的能力，而且有利于引进国外发达证券市场上基金管理公司先进的经营管理技术、成熟的投资理念，改善中国基金管理公司的服务质量和整体素质，提高基金管理公司的从业水平。

截至目前(2024年底),我国获得QFII资格的机构达780家,重仓持A股718只,持股市值1 659亿元;QDII基金250只,总规模为1 677.89亿美元。

二、我国证券投资基金的发展现状

如前所述,我国的证券投资基金产生于20世纪90年代,在投资基金设立初期,管理层让投资基金担负起稳定市场、培育市场机构投资者、树立市场长期投资和理性投资理念的重任。从基金管理公司的成立到老基金的整顿扩募,再到封闭式基金的发行,开放式基金的试点以及快速增长,都由监管部门全权审批负责。这种以政府推动基金成长的模式促成了我国的基金业。截至2023年末,我国证券市场共有11 528只公募基金,管理资产净值27.6万亿元人民币,其中,开放式基金共有10 174只,管理资产净值23.8万亿元人民币;封闭式基金1 354只,管理资产净值3.8万亿元人民币。从基金类型看,截至2023年末,公募基金中,股票型基金2 274只,混合型基金4 942只,债券型基金2 306只,货币型基金371只,QDII基金281只。总体而言,我国证券投资基金实现了从封闭式到开放式、从资本市场到货币市场、从内资基金管理公司到合资基金管理公司,从最初以券商为主导设立基金公司到国有大型商业银行参与设立基金公司的历史性转变。

【延伸阅读】

LOF 和 ETF

开放式基金和封闭式基金都各有其优劣势,为了融合这两者的优点,实现封闭式基金的有条件的开放,我国在2004年12月前后相继推出了两种新的投资工具——LOF和ETF。LOF(listed open-ended fund)即上市型开放式基金,是指在发行结束后,投资者既可以在指定网点申购与赎回份额,也可以在交易所买卖的基金。它实质上是在传统开放式基金原有销售渠道(银行、券商、基金公司直销柜台)的基础上增加了二级市场这一流通渠道。但投资者在进行跨市交易时,需办理一定的转托管手续。比如,投资者在交易所买进基金份额,要想在指定网点赎回,需要办理一定的转托管手续;同理,投资者如果在指定网点申购的基金份额,要想在交易所卖出,也需办理一定的转托管手续。

ETF(exchange traded fund)即交易所交易基金,是一种跟踪"标的指数"变化,且在交易所上市的开放式基金。从本质上讲,ETF是开放式基金的一种特殊类型,投资者既可以向基金管理公司申购或赎回基金份额,同时,又可以像封闭式基金一样在证券市场上按市场价格买卖ETF份额。但是ETF的申购赎回必须以一篮子股票换取基金份额或者以基金份额换回一篮子股票,这是ETF有别于其他开放式基金的主要特征之一。

ETF与LOF的相同点是它们都属于上市挂牌的开放式基金,都存在于两个市场:一级市场和二级市场。在一级市场上都可以像普通开放式基金一样进行申购和赎回;在二级市场上都可以像买卖股票或封闭式基金一样在交易所市场进行公开交易,其交易价格一方面受到市场供求关系影响,同时又受到基金净值的影响。由于二级市场交易价格与一级市场净值的差异,使得一、二级市场间存在套利的机会,而套利机制的存在会使得二级市场的基金价格与基金的净值趋于一致。

但ETF与LOF也存在着较大的不同:ETF是一种新的交易品种,是金融创新的产物;而LOF则是开放式基金交易方式的创新,其实质则是为开放式基金增加了一个交易平台,使得基金公司可以开展开放式基金的上市交易及封转开(封闭式转开放式)上市交易;ETF主要是被动跟踪某一成分股指数的指数型开放式基金(被动性基金产品),如我国推出的上证50ETF,是以跟踪上证50指数的一种被动性投资的指数基金。而LOF的交易方式不仅仅可以用于被动投资的基金产品,也可用于积极投资的基金产品。

另外,ETF在一级市场的申购和赎回,交换的是基金份额和一篮子股票,而LOF在一级市场的交易与普通的开放式基金一样,交换的是基金份额和现金。同时,LOF在跨越两个市场进行交易时必须经过一个转托管手续,而这需要两个交易日的时间;而ETF在交易所买入后可以直接在机器上赎回。

重 要 概 念

投资基金　契约型投资基金　公司型投资基金　封闭型投资基金　开放型投资基金　收入型基金　成长型基金　平衡型基金　货币基金　专门基金　雨伞基金　基金中的基金

思 考 题

1. 与股票、债券相比较,证券投资基金有何特点?
2. 契约型投资基金与公司型投资基金有何区别?
3. 封闭型投资基金与开放型投资基金有何区别?
4. 发起人、管理人、托管人和投资者在投资基金运作中各自的作用如何?他们之间存在何种关系?
5. 试述投资基金运作与管理的主要内容。

第四章 衍生投资工具

我们在导论中讨论证券投资对象时,讲到衍生证券或衍生投资工具主要包括"四期",即期货、期权、远期和互换(掉期)。事实上,衍生投资工具远不止这四种。限于篇幅,本章主要介绍期货、期权以及权证、可转换证券、资产支持证券等其他衍生投资工具。

第一节 基本衍生投资工具

一、金融期货

金融期货交易是发达国家金融创新的主要品种,将期货交易引入证券市场,不仅增加了交易的品种,提高了交易量,而且拓展了证券市场功能。与传统的证券交易方式相比,期货交易有独特的交易规则、运行机制和市场功能。

(一)金融期货的概念与特征

金融期货即金融期货合约,它是买卖双方分别向对方承诺,在一确定远期按约定的价格交收标准数量和质量的某一特定商品或金融资产而达成的书面协议。金融期货交易是指买卖双方支付一定数量的保证金,通过期货交易所进行的以将来的特定日作为交割日,按约定价格卖出或买进某种金融资产的交易方式。金融期货交易实质上是把订约与履约的时间隔离开来,通常时间间隔可以是1个月、3个月、6个月不等,相对于现货交易而言,是一种远期交易,是一种"未来买卖"。在期货交易中买卖双方先签订买卖合同,就买卖金融资产的种类、数量、成交价格以及交割时间、交割地点达成协议,买卖双方等到合同规定的交割日期才办理交割手续。在达成交易时,卖方并不真正地交付金融资产,买方也不立即付款,只有到了规定的交割日时,卖方才交出金融资产,买方才支付价款。由于期货交易是要按约定价格结算,在交割时,如果正遇金融资产价格上涨,买方则可大获其利;反之如果正遇价格下跌,则卖方就能获利。

金融期货交易一般具有以下特点:

(1) 交易对象是标准化合约,即交易所为进行期货交易而制定的一种具有固定格式和内容的协议书。金融期货交易就该金融资产的品种、期限、利率、数量、规模等都预先加以确定,实行标准化管理,只有价格是可变的,因而既便于市场流通转让,又可避免发生纠纷。所以,就期货合约而言,它具有标准化和流动性强的特点。

(2) 保证金交易。设立保证金的主要目的是当交易者出现亏损时能及时制止,防止出现不能偿付的现象。保证金的水平由交易所附属的结算所制定,其数量随合约的性质、特定交易物、价格变动幅度、客户的资信情况、从事期货交易的目的是保值还是投机而有所不同,一般初始保证金比率为期货合约价值的5%~10%,但也有低于1%,或高达18%的情况。保证金账户必须保持一个最低的水平,称为维持保证金,这一水平一般为初始保证金的50%~75%。

(3) 日清算制度,无负债原则。又称逐日盯市制度,其原则是交易所在每个交易日结束后对所有未平仓合约按当日结算价计算每个结算会员账户的浮动盈亏,进行随市结算,发生浮动亏损的结算会员若保证金低于最低保证金要求,则发出通知,要求其在第二个交易日开市前补足差额,做到当日结清,否则第二天就不允许进行期货交易或强行平仓。

(4) 实行涨跌停板制。它是指期货合约成交价格在一个交易日内不能高于或低于以该合约上一交易日结算价为基准的某一涨跌幅度。涨跌停板制度对控制交易风险,减缓突发事件和过度投机对期货价格的冲击是非常必要的。

(5) 对冲交易多,实物交割少,具有明显的投机性。在期货交易中,卖方不一定拥有金融资产,买方也不一定真的要购买金融资产,真正需要履约进行现货交割的是极少数,据统计,不到合约的3%,绝大部分交易都在合约到期前通过对冲买卖而了结交易,只进行差额结算,减少或免除实物的交换。

(6) 限仓制度和大户报告制度。限仓制度是期货交易所为了防止市场风险过度集中和防范操纵市场行为,对交易者持仓数量进行限制的制度。为了使合约期满日的实物交割数量不至于过大,而引发大面积交割违约风险,一般情况下,距离交割期越近的合约月份,交易所允许交易者的持仓量越小。大户报告制度是指期货交易所建立限仓制度后,当交易者投机头寸达到交易所规定的数量时,必须向交易所申报有关开户、交易、资金来源、交易动机等情况,以便交易所审查大户有否过度投机和操纵市场行为以及大户的交易风险情况。

(7) 熔断机制。它是指当日期货交易过程中,当价格上涨或下跌达到一定幅度并持续一分钟,则该期货交易停止交易一定时间,如10分钟,目的是提醒投资者注意控制风险。一般一天只熔断一次,离收市不到半小时不实行熔断。

（二）金融期货交易的产生

期货交易最初产生于商品的远期并取得成功，然后才被移植到金融资产的交易。自20世纪70年代以来，期货市场发生了翻天覆地的变化，盛行100多年的商品期货逐渐退居次要地位，而货币、债券、利率、股票价格指数等金融资产十分活跃地涌现，成了主要的期货商品。

金融期货商品的出现，有一定的历史背景。1971年以来，随着美元的两次贬值和美国政府宣布美元与黄金脱钩，布雷顿森林体系彻底崩溃。国际货币制度从固定汇率制走向浮动汇率制。汇率变动取决于市场的供求关系，加上投机因素的影响，各种货币之间汇率的变动极其频繁，变化幅度也很大。这样，对从事对外贸易的商人来说，就产生了外汇汇率变动这一新风险。此外，1973年和1978年两次爆发石油危机，使西方国家陷于滞胀局面，通货膨胀日趋严重。为对付通货膨胀，美国不得不运用利率工具，这又使金融市场的利率波动剧烈。利率是资金的价格，对于有固定收益的证券来说，利率的升降引起证券价格的反方向变化，并直接影响投资者的收益。面对新出现的汇率风险和利率风险，金融资产的发行者和投资者都需要找到一种回避或减少风险的途径，于是人们将商品期货交易方式移植到金融资产的交易之中并取得了成功，金融期货交易应运而生。

以金融资产为标的物的期货合约品种很多，目前主要有四大类，一是利率期货，即以短期利率为标的物的期货合约；二是国债期货，即以长期利率为标的物的期货合约；三是货币期货，即以汇率为标的物的期货合约；四是股票指数期货，即以股票价格指数为标的物的期货合约。

（三）期货交易的功能

期货交易最主要的功能是风险转移和价格发现。

1. 风险转移功能

风险转移功能是指套期保值者通过期货交易将价格风险转移给愿意承担风险的投机者，这是期货交易最基本的功能。

期货交易之所以能转移价格风险，其基本原理就在于某一特定商品或金融资产的期货价格和现货价格受相同的经济因素影响和制约，它们的变动趋势是一致的。另外，市场走势的收敛性也是重要原因，即当期货合约临近到期日时，现货价格与期货价格逐渐趋合，它们之间的价差，即基差接近于零。

期货市场与现货市场是两个既各自独立又密切相关的市场。它们之间的联系主要表现在就某一特定商品而言，现货商品的价格和期货商品价格都受一些共同因素影响，因而变动方向和变动幅度基本上是一致的，如果现货商品价格上涨，期货商品价格也将上涨;反之亦然。

从理论上说,期货价格应稳定地反映现货价格加上特定交割期的持有成本,因而期货价格应高于现货价格,远期的期货价格高于近期的期货价格,即基差应为负值。在供求关系正常的情况下确实如此。但是当供求关系失常,某一商品或金融资产供不应求时,持有成本将不能得到补偿,甚至形成基差为正值,即出现现货价格高于期货价格,近期期货价格高于远期期货价格的现象。应该说,这种情况实际上并不少见,但一旦现货与期货的价格关系被扭曲,套利者就会从中牟利,并最终使现货价格和期货价格的关系恢复正常。如果当期货合约到期时价格比现货便宜,人们就可以买进期货合约要求提取现货,来取代现货交易而赚取利润,这会使期货价格提高。

总之,由于期货价格与现货价格高度相关,这就提供了在期货市场和现货市场做对等但相反的交易来转移价格风险的机会和可能,而且基差的波动相对于现货价格的波动要小得多,利用期货交易对冲比单方面现货的价位差所承担的风险要小些,这就可能将面临的价格变动风险程度降低到最小。

2. 价格发现功能

价格发现是期货市场的又一重要功能。所谓价格发现功能是指在一个公开、公平、高效、竞争的期货市场中,通过期货交易形成的期货价格,具有真实性、预期性、连续性和权威性的特点,能够比较真实地反映出商品价格的变动趋势。

期货市场之所以具有价格发现功能,首先是因为现代期货交易是集中在高度组织化的期货交易所内进行,期货市场遵循公开、公平、公正原则,交易的透明度高,监管严格;其次是因为在期货交易所内,交易者众多,供求集中,市场流动性强。期货交易的参与者是熟悉某种商品行情、有丰富经营知识的套期保值者,或者是有广泛信息渠道、熟练运用某种分析方法的投机者。他们根据各自未来价格走势的预测,报出自己的理想价格,与众多对手竞争。这样形成的价格实际上反映了大多数人的预期,具有权威性,能比较真实地代表供求关系;再次,期货交易价格是通过自由报价、公开竞争形成的,并且有价格公开报告制度。在交易所内达成的每一笔新的成交价格,都要向场内交易者及时报告并通过传播媒介公之于众。这样,交易者能够及时了解期货市场的交易情况和价格变化,及时对价格走势作出判断,进一步调整自己的交易行为。交易者对价格的预期不断调整,并通过连续、公开的竞价形成新的价格,使期货价格具有连续性、真实性的特点。

由于期货价格和现货价格走向一致并逐渐趋合,所以今天的价格可能就是未来的现货价格,是众多买卖双方对未来现货价格的预期。交易所的结算价格成了国际贸易活动中的重要价格依据,是世界行情研究的重要对象。期货市场的价格发现功能有利于现货交易者对未来价格走势作出理性预期,从而可提高现货市场的有效性。

当然,由于在期货交易中有投机因素及人的主观因素的作用,期货价格并非时时刻刻都能准确地反映市场供求情况。但是,这一价格克服了分散的各地市场价格的时间和空间上的局限性,具有公开性、连续性、预测性的特点,应该说它比较真实地反映了在一定时期世界范围内供求状况影响下商品或金融资产的价格水平。

二、金融期权

金融期权交易与金融期货交易一样,也是非常成功的金融创新工具。与传统的证券交易方式相比,期权交易有独特的交易规则、运行机制和市场功能。

(一)金融期权交易的概念与特征

金融期权,又称选择权,是指它的持有者在规定的期限内具有按交易双方商定的价格购买或出售一定数量某种金融资产的权利。

期权交易是对一定期限内的选择权的买卖。期权交易双方在成交后,买方以支付一定数量的期权费为代价,拥有在一定期限内以一定价格购买或出售一定数量某种金融资产的权利,而不用承担必须买进或卖出的义务;卖方在收取一定数量期权费后在一定期限内必须无条件服从买方的选择并履行成交时的允诺。可见,期权交易是一种权利的单方面的有偿让渡,这种权利仅属于买方。期权交易仅仅是一种权利的买卖,而不是现实金融资产的买卖。尽管在期权成交时双方已就可能发生的现实金融资产的成交价格达成协议,但这种交易是否发生,取决于期权买方的选择。期权交易通常是借助标准化的期权合约达成协议的,金融期权合约是一种衍生的金融资产,现代期权交易方式是一种新型的交易方式。

金融期权与金融期货相比,主要有以下一些特征:

(1)交易对象不同。期货交易的对象是期货合约,而期权交易的对象是选择的权利,是在未来的一段时间内按约定的价格买卖某种商品或金融资产的权利。

(2)交易双方的权利和义务不同。期货交易的双方都有对等的权利和义务,如果没有做一个相反的对冲交易,这种权利和义务要至到期交割后才能解除。期权交易的权利和义务是不对等的,只有期权的买方有选择权。在期权的有效期限内,买方可行使权利,也可放弃或转让权利;而卖方没有任何权利,相反,必须承担在买方要求履约时作对应交易的义务。

(3)交易双方承担的风险和可能得到的盈亏不同。期货交易双方对等地承担盈亏无限的风险,这一风险随着标的物市价的涨跌而变化。期权交易的买方承担的亏损风险是有限的,即以支付的期权费为限,而获取的盈利却可能是无限的;

期权交易的卖方可能获取的盈利是有限的,即以收取的期权费为限,但亏损的风险可能是无限的。

(4) 交付的保证金不同。期货交易双方都要交付保证金,在交易期间还要对亏损一方追加收取保证金并允许盈利一方提取超额部分。期权交易只有卖方须交付作为履约财力保证的保证金,买方不需交付保证金,但需支付买入选择权的代价即期权费。

(二)金融期权交易的产生与发展

期权交易是一种古老的商品交易方式,相传在17世纪甚至更早就有使用期权交易方式的记载。现代的期权交易已从有形商品发展到金融领域,从分散的、非标准化的一对一交易发展到在集中的交易所内通过公开竞价进行交易。这一变化被认为是20世纪70年代以来西方金融市场金融创新的重要成果之一。金融期权的创新首先出现在美国,1973年4月26日芝加哥期权交易所(CBOE)成立并推出16种以股票为标的物的买入期权合约。以后,美国证券交易所、太平洋证券交易所、纽约证券交易所和费城证券交易所也相继开办期权交易。1977年6月,各交易所开始交易卖出期权,使期权交易又向前迈进一步。CBOE于1982年进行期货期权交易,1983年又推出第一个股票指数选择权交易,都相继取得成功。在20世纪70年代至80年代,期权交易不仅品种增加,范围扩大,而且逐渐实现了期权合约在交易数额、交割月份、交易程序等方面的标准化,开始以公开竞价的方式组织交易,交易技术日趋先进,最终形成了完善的期权市场。现在,期权市场的发展仍是方兴未艾,除了美国,英国、荷兰、新加坡、加拿大、澳大利亚、法国、日本、德国、马来西亚等国和我国香港特别行政区都相继开始了期权交易。

(三)金融期权合约的要素

一份标准期权合约的形成必须具备以下几个要素:

(1) 卖方。卖方是指卖出期权,并承担由买方选择决定所发生的执行合约的交割责任方。卖方卖出期权收取期权费。与期货合约交易一样,期权交易的卖方不直接与买方发生联系,而是通过交易所的交易系统撮合成交。

(2) 买方。买方是指按一定价格买进期权合约的一方。买方买进期权后付出期权费,可以随时决定是否再进行相关期权合约交易。由于交易所内在机制的运行,使交易所成为所有交易者的卖方或买方,但这里的买方和卖方是指期权交易中的参与者,通过交易所的传导,他们不断地在改变期权所有者地位和期权交易的部位。一个期权合约的卖者则可能成为另一期权合约的买者;相反,一个期权合约的买者则可能成为该合约或一个其他期权合约的卖者。从交易部位看,买方和卖方的地位在结算所交割后对称性地改变。

(3) 期权费。是期权的买方买入在一定期限内按协议价买卖某种金融资产的权利而付出的代价。期权的卖方收取期权费是作为他准备履行期权合约中规定义务的补偿。期权费是选择权本身的价格。期权费必须全部以现金支付,不得以其他有价证券抵冲,也不得融资。

(4) 合约月份。合约月份是期权合约进入市场以后的若干月份数,有时是连续的,有时是一年中的间隔月份。

(5) 最后交易日。最后交易日是指期权合约在市场内进行有效交易的最后的选择日。它可能与相关期权合约相同,也可能有另外的安排。

(6) 履约方式。履约方式指在期权到期日内的交易时间内进行履约,并在将卖方和买方分别指定进入期货交易的相应部位具体化。看涨期权买方进入获利期货合约交易的多头部位,而卖方则进入相关的空头交易部位;看跌期权买方进入获利期货合约交易中的空头部位,而卖方则进入相关多头交易部位。

(7) 交易单位及其价位变动幅度。交易单位是交易所对每个标准期权合约单位作出的规范;价位变动幅度包括价位最小变动幅度和价位最大变动幅度。前者是便于期权交易开展而通常事先规定,比较稳定;后者则为了保证期权市场相对稳定而采取的限制性措施,通常不事先规定,而以当日交易情势,决定停板交易的价位最大波动限制幅度。

(8) 保证金。期权的卖方在收到期权费以后必须交纳一定数量保证金,因为期权的卖方面临买方随时要求履约的局面,一旦买方行使权利,要求按约定的价格买进或卖出某一金融资产,卖方必须无条件交付或收下该金融资产。为确保期权卖方具有履约能力,卖方必须在经纪人账户上存入一定数量保证金。保证金有一定计算方式,其额度依投资者账户中的整体部位而定,与标的物市价及协议价格也有一定关系。保证金的管理类似于期货交易的保证金管理,由有关清算机构于每日交易结束后进行计算,盈余部分可以提取,不足部分要在第二个交易日开市前补足。

(四) 金融期权交易的类型

期权交易的基本类型有两种,即看涨期权和看跌期权。看涨期权又称买入期权,指期权购买者可以在规定期限内按协议价格购买一定数量金融资产的权利。看跌期权又称卖出期权,指期权购买者可以在规定期限内按协议价格卖出一定数量金融资产的权利。在这两种基本类型的基础上,又可演绎出双向期权、多项期权的多种搭配方式。

另外,在期权合约有效期内,买方可以要求履约,但过了有效日之后,买方的权利就自动作废。美国和欧洲国家的期权交易在实施惯例上有一个重要区别:在美国,期权可在有效期内任何一个营业日执行,称为美式期权。在欧洲国家,期权只能在有效期的最后一天执行,称为欧式期权。显然,美式期权比欧式期权灵活,使期权的买方拥有更多的选择时机,对买方更为有利。近年来,无论在美国还是在欧洲,期权交易都以美式期权为主,欧式期权虽然仍存在,但是交易量已比不上美式期权了。

(五) 金融期权交易的功能

1. 金融期权交易对买方的功能

(1) 期权的买方可利用其杠杆作用获利。所谓杠杆作用是指投资者能以较少的投资获得较大的收益的投资效果。与其他投资方式相比,期权的杠杆作用大,投资者若能对证券行情作出正确判断,能获得可观的收益。

(2) 期权的买方可利用其防范风险。由于期权交易的杠杆作用大,大部分期权的买方是为了投机获利。与其他投资方式相比,期权的买方盈利可能无限或很大,而风险却能锁定,即最大损失是期权费。因此利用期权方式投机获利,即使对行情判断失误,也可将损失限定,可见期权交易可为买方有效防范风险。

(3) 期权的买方可利用其保值。若投资者持有现货股票,当股票价格上涨时,可获得盈利。如果他不愿失去股息收入和股市仍趋上涨带来的更大盈利,准备过一段时间再卖掉手中股票,又担心股市一旦迅速下跌失去已取得的账面收益,他可在持有股票的同时买进该股票的看跌期权。如果股票继续上涨,他的盈利可相应增加,只是期权费会冲销一部分盈利;如果股票价格下跌,看跌期权锁住了他出售股票的价格,他可基本保住原来的账面收益。

2. 金融期权交易对卖方的功能

期权的卖方并非仅是承担责任和履行义务,同样也可通过期权交易达到保值或获利的目的。只是期权的卖方为了得到较小的利润必须放弃获得较大盈利的机会,所以,一般情况下,期权的卖方是较保守的投资者。

(1) 期权的卖方可以稳收期权费。期权费是期权买方为得到选择权而付出的代价。期权交易一旦成交,不管买方是否行使期权,也不管是盈是亏,期权费是不能收回的,这样卖方就可以稳收期权费。在美国,6个月期权的期权费是股票价格的5%～10%,折成年率就是10%～24%,不比投资于股票市场的一般收益率低,卖方的期权费收益是相当可观的。

(2) 期权的卖方可以在一定程度上利用期权交易保值。期权的卖方可通过卖出看涨期权为已经拥有的某种金融资产保值,也可通过卖出看跌期权为准备买入的金融资产保值,保值的途径是以取得期权费作为原来买卖金融资产价格的补充。

(3) 期权的卖方也可利用期权交易投机谋利。期权交易者如果卖出自己并不拥有的金融资产的看涨期权,就是在做投机交易。看涨期权的卖方是希望行情下跌,如果真如他所预料的那样,可赚取期权费。但如果在期权交易的有效期内,期权标的物价格上涨,买方将行使期权,卖方只能以较高的价格从市场上买入再按较低的协议价卖给期权买方,此时卖方将遭受较大损失。

总之,期权交易的双方都有获利的机会,也都面临一定的风险,但期权的买方和卖方所获得的收益和所承担的风险是不对称的。

三、远期合约

远期合约是指交易双方达成的在未来某一日期(远期)按照约定价格进行某种资产交易的协议。在远期合约中,双方约定交易的资产称为标的资产,约定的价格称为协议价格。同意以约定的价格卖出标的资产的一方,称为空头或空方;同意以约定的价格买入标的资产的一方,称为多头或多方。金融衍生工具可以帮助投资者避险是基于这样的原则:通过持有额外的空头来抵消多头,或通过持有额外的多头来抵消空头。例如,如果某投资者买入一种证券,即持有多头,就可以签约在未来某日出售该证券(持有空头),从而实现避险的目的。相反,如果某投资者卖出一种证券,并约定在未来某日交割,即持有空头,就可以签约在未来某日购入该证券(持有多头),从而实现避险的目的。这一避险原理适合所有的金融衍生交易。

远期合约具有以下特点:

(1) 远期合约是场外交易。远期合约是通过现代化通信方式在场外(柜台市场)进行的,由银行给出双向标价,直接在银行与银行之间、银行与客户之间进行。因此,远期合约的交易双方互相认识,而且每一笔交易都是双方面对面进行的,交易意味着接受参加者的信用风险。

(2) 远期合约是非标准化合约。远期合约的规模和内容按交易者的需要而制定,是非标准化的,不像期货、期权那样是标准化合约。因此,远期合约的金额和到期日都是灵活的,有时只对合约金额的最小额度作出规定,到期日可以根据客户的需求而定。

(3) 远期合约交易不需要保证金。远期合约中的信用风险主要通过变化双方的远期价格差异来承担。

(4) 远期合约以实物交割为主。远期合约是实物交易,表示买方和卖方达成协议在未来的某一特定日期,交割一定质量和数量的特定货币或特定商品,不像期货、期权那样只需在交割日前以反向交易的方式来结束。90%以上的远期合约最终要进行实物交割,因此其投机程度大大减少,"以小博大"的可能性被降至最低。

远期合约主要有远期利率协议、远期外汇协议等。

四、互换合约

互换合约是指当事人利用各自筹资成本的相对优势,以商定的条件在不同货币或相同货币的不同资产或债务之间进行交换,以规避利率风险、降低融资成本的金融衍生工具。在互换交易中,交换的具体对象可以是不同种类的货币、债券,也可以是不同种类的利率、汇率、价格指数等。一般情况下,它由交易双方根据市场行情约定支付率(利率、汇率等),以确定的本金额为依据相互为对方进行支付。

互换交易通常包括两个主要组成部分:一是互换双方根据互换协议的安排,先在自己具有相对优势的市场上融资,并相互交换;二是互换协议到期后,互换双方的资金还给对方,或者将利息按期支付给对方。

互换合约包括利率互换、货币互换、商品互换、权益互换等。其中,利率互换和货币互换比较常见。

第二节 其他衍生投资工具

一、权证

(一)权证的概念

权证是发行人发行的,约定持有人在规定期间内或特定到期日,有权按约定价格向发行人买入或卖出标的证券的凭证,或以现金结算方式收取结算差价的有价证券。权证在属性上是一种期权类衍生品。它与期权的主要区别是:期权是标准化合约,具有同一基础资产、不同行权价格和行权时间的多个期权形成期权系列进行交易,权证则是权证发行人发行的合约,发行人作为权利的授予者承担全部责任。

(二)权证的类型

1. 按照发行主体分类

按照发行主体不同,权证可分为认股权证和备兑权证。

认股权证也称为股本权证,是由权证标的资产发行人(通常为上市公司)发行的一种认股权证,持有人有权在约定时间按照约定价格向上市公司认购股票,上市公司必须向股本权证持有人发行股票。备兑权证是由权证标的资产发行人之外的机构发行的一种认股权证,持有人有权在约定的时间内按照约定的价格购入发行人持有的股票。备兑权证是以已经存在的股票为标的,所认购的股票不是新发行的股票,而是已经在市场上流通的股票。目前,我国市场上的权证主要是股本权证。

2. 按照权证行权的基础资产分类

按照权证行权的基础资产或标的资产不同,权证分为股权类权证、债权类权证及其他权证。目前我国证券市场推出的权证均为股权类权证,其标的资产可以是单只股票或股票组合(如 ETF)。

3. 按照持有人权利的性质分类

按照持有人权利的性质不同,权证分为认购权证和认沽权证。认购权证实质上属看涨期权,其持有人有权按规定价格购买基础资产。认沽权证属于看跌期权,其持有人有权按规定价格卖出基础资产。

4. 按照权证持有人行权的时间分类

按照权证持有人行权的时间不同,权证分为美式权证、欧式权证和百慕大式权证。美式权证可以在权证失效日之前任何交易日行权,欧式权证仅可以在失效日当日行权,百慕大式权证则可在失效日之前一段规定时间内行权。

5. 按照权证的内在价值分类

按照权证的内在价值不同,将权证分为平价权证、价内权证和价外权证,其原理与期权相同。

(三)权证的要素

权证的要素包括:权证类别、标的物、行权价格、存续时间、行权日期、行权方式、结算方式、行权比例等。

二、可转换证券

(一)可转换证券的定义及分类

可转换证券又称"转股证券""可兑换证券""可更换证券"等,是指发行人依法定程序发行,持有人在一定时间内依据约定的条件可以转换成一定数量的另一类证券(通常是转换成普通股票)的证券。因此,可转换证券实际上是一种长期的普通股票的看涨期权。

可转换证券主要分为两类:一类是可转换公司债券,即将公司债券转换成本公司的普通股;另一类是可转换优先股票,即将优先股转换成本公司的普通股。

由于两者在性质、原理、原则上基本相同,所以在下面的讲解中,仅以可转换公司债券为例。

(二)可转换公司债券的基本要素

1. 基准股票

基准股票又称正股,是指可转换公司债券持有人可将所持有的转换债转换成发行公司普通股的股票。

2. 票面利率

票面利率主要是由当前市场利率水平、公司债券资信等级、可转换公司债券的要素组合决定的,市场利率水平高,可转换公司债券票面利率就高。国际市场上,通常设计的可转换公司债券票面利率为同等风险情况下的市场利率的2/3左右。例如,某公司的公司债券三年期利率为10%,那么该公司的可转换公司债券的票面利率应在6%左右。有的可转换公司债券(如零息债券)没有票面利率。可转换公司债券利率的支付一般每年支付一次,日本和欧美国家经常半年支付一次。零息可转换公司债券在到期时不必支付利息,而在发行时已经有发行的折扣补偿了。企业信用评级高,可转换公司债券票面利率则相对较低;同等条件下,设有回售条款的可转换公司债券利率较之未设此条款的可转换公司债券的利率为低。

3. 期限(存续期)

可转换公司债券与一般债券的期限内涵相同。所不同的是,可转换公司债券的期限与投资价值成正相关关系,期限越长,股票变动和升值的可能性越大,可转换公司债券的投资价值就越大。

4. 请求转换的期限

请求转换的期限是指可转换公司债券可以转换为股票的起始日至结束日的期限。在整个转换期内,投资者可视股价的变动情况逢高价时转换,也可以选择将债券转让出售。转换期的确定一般依据发行公司的经营方针来确定,一般有两种方法:

(1)发行公司制定一个特定的转换期限,一般有以下几种:① 发行日起至公司债偿还期日;② 发行日后某时起至公司债偿还期日;③ 发行日后某时起至公司债偿还期前的数年间。

(2)发行公司不制定具体期限。不限制具体转换期限的可转债,其转换期为可转债上市日至到期停止交易日,如果是未上市公司发行的可转债,则为未上市公司股票上市日至可转债到期停止交易日。

5. 转换价格

转换价格是指可转换公司债券转换为公司每股股份所支付的价格。转换价格的确定,反映了公司现有股东和债权人双方利益预期的某种均衡。制定转换价格要和债券期限、票面利率相互配合起来。具体说来,决定转换价格高低的因素很多,主要有:

(1) 公司股票的市场价格(即正股市价),这是最为重要的影响因素。股票的市场价格和价格走势直接主导着转换价格的确定,股价越高,转换价格也越高。制定转换价格一般是以发行前一段时期的公司正股市价的均价为基础,上浮一定幅度作为转换价格,通常情况下,上浮5%～30%。

(2) 债券期限。可转换公司债券的期限越长,相应的转换价格也越高;期限越短,则转换价格越低。

(3) 票面利率。一般来说,可转换公司债券的票面利率高则转换价格也高,利率低则转换价格也低。

6. 转换权的保护

当公司在发行可转换公司债券后,由于公司的送股、配股、增发股票、分立、合并、拆细及其他原因导致发行人股份发生变动,股本扩大引起公司股票名义价格下降时,转换价格应作出相应的调整。转换价格调整是可转换公司债券设计中至关重要的保护可转换公司债券投资者利益的条款。具体公式如下:

$$\frac{\text{调整后}}{\text{转换价格}} = \frac{\text{调整前}}{\text{转换价格}} \times \frac{\text{已发行股数} + \dfrac{\text{新发行股数} \times \text{每股认股价}}{\text{股权登记日收盘价}}}{\text{已发行股数} + \text{新发行股数}} \quad (4.2)$$

7. 可转换公司债券的附加条款

1) 赎回条款

赎回是指发行者在可转换公司债券发行一段时期后,可以按照赎回条款生效的条件提前购回其未到期的发行在外的可转换公司债券。赎回行为通常发生在公司正股市场价持续一段时间高于转股价格达到某一幅度时(国际上通常把市场正股价达到或超过转股价格100%～150%作为涨幅界限,同时要求该涨幅持续30个交易日作为赎回条件),公司按事先约定的价格买回未转换的股票。赎回价格一般高于面值,一般规定为可转债面值103%～106%,越接近转债到期日,赎回价格越低。设计赎回条款的主要目的是:

(1) 避免市场利率下调给转券发行人带来利率损失。当市场利率下降或贴现率下调幅度较大时,对发行人来说,如果赎回已有的可转换公司债券,再组织新的融资活动更为合算。

(2) 加速转股过程、避免转换受阻的风险。可转换公司债券上市后,其市场价格同股票价格保持着密切的相关关系,而且,可转换公司债券的市场价格所对应的实际转股价格同市场股票价格保持着一定的溢价水平,也就是说,在实际交易中,当时购买的可转换公司债券立即转股不可能即刻获利。这种情形下,可转换公司债券的持有人没有必要也没有理由把可转换公司债券转换成股票,转股的目的就难以实现。为此,发行人通过设计赎回条款促使转债持有人转股以减轻发行人到期兑付可转换公司债券本息的压力。

可转换公司债券一般有四种偿还方法:到期偿还、到期前偿还、赎回条件下偿还和回售条件下偿还。赎回是属于到期前强制性偿还的一种特定的方法。

2) **回售条款**

回售一般是指在公司正股市价在一段时间内连续低于转股价格达到某一幅度时,可转换公司债券持有人按事先约定的价格将所持可转换公司债券卖回发行人的行为。也有的回售条款是承诺某个条件,比如公司股票在未来时间要达到上市目标,一旦达不到,则履行回售条款。设计回售条款的主要目的是发行人为使可转换公司债券发行顺利和筹资成功而设定的有利于投资者利益、增加转券吸引力的条款。如果订立回售条款,可转换公司债券的票面利率则可订得更低,因为包括回售条款的可转换公司债券对投资者更具吸引力。

回售条款主要包括以下几个因素:

(1) 回售价格:是以面值加上一定回售利率为形式。回售利率是事先规定的,一般比市场利率稍低,但高于可转换公司债券的票面利率。

(2) 回售时间:是事先约定的,一般定在可转换公司债券整个期限的 $1/2 \sim 2/3$ 时间段处,具体的回售时间少则数天,多则月余。

(3) 回售选择权:发行人承诺达到回售时间时,如果正股市价仍然达不到如期所约的价格,致使转换无法实现,则投资者享有按照约定利率回售可转换公司债券给发行人的权利,发行人须无条件接受可转换公司债券。

赎回条款和回售条款是可转换公司债券不同于其他金融产品的重要特征,也是可转换公司债券金融魅力的奥秘所在。设立科学合理的赎回条款和回售条款对债券的成功发行和转股有着重要的意义。

3) **强制性转股条款**

强制性转股条款是发行人约定在一定条件下,要求投资者务必将持有的可转换公司债券转换为公司股份的条款。国际上,发行强制性可转换公司债券的公司总是与非上市公司相联系。大多数非上市公司在发行可转换公司债券时,就已经考虑了本次发行是公司的资本扩张。发行人为减轻公司的还本压力,则使用强制性转股条款以利于公司稳定经营和控制财务风险。

强制性转股的类型有三个:

(1) 到期无条件强制性转股。在转换期内未转换成股票的可转换公司债券,在债券到期日时将自动强制性转股。并且,可转换公司债券持有人无权要求发行人以现金清偿可转换债券的本金和应计利息。设置了到期无条件强制性转股条款的可转换公司债券,到期转股时应当对转股价格进行调整,按照可转换公司债券到期前30个交易日股票收盘价的平均值及当时生效的转股价格两者较低者作为实际转股价格,但重新计算的转股价格最低不得低于每股净资产。这样,以两者较低的价格进行到期无条件转股,保护了投资者的利益,尤其是当公司业绩增长速度低,股票价格长期低于转股价格时,以较低的转股价转股降低了投资者的投资风险。

(2) 转换期内有条件强制性转股。这是指发行人的股票价格在转换期限内的一段时间里连续高于转股价格达到一定的幅度后,发行人有权选择未转换的债券以事先确定的转股价格强制性地全部或部分转换为公司股票。

(3) 转换期内有条件强制性转股,即到期强制性转股。这是指发行人在转换期内按照约定的条件将投资者的可转换公司债券强制性转换为发行人的普通股,并于到期日将未转换的债券强制性转换为公司股票。

设置了强制性转股条款的可转换公司债券,其类股性较强,而其债券的特征相对较少,尤其是到期无条件强制性转股的可转换公司债券,投资者丧失了到期还本付息这一债券的基本权利。

赎回、回售和强制性转股三种条款中,赎回与回售、强制性转股与回售可以用于同一可转换公司债券,但赎回和强制性转股则不可同时运用,因为这一条款的使用反映的是发行人不同的选择趋向。

三、另类投资工具

(一)另类投资概述

另类投资也称为替代投资、非主流投资,是在股票、债券及期货等公开交易平台之外的投资方式。其最显著的特点是风险高、透明度低。另类投资的一个根本理念是:市场不一定富有效率,一些企业、项目的价格没有体现其内在价值,离公共交易平台越远,价格与价值之间的偏差可能越高。因而另类投资的重点就是没有上市,但具有包装潜力的企业和项目,通过购买、重组、包装、套现,将收购的企业或项目的价值体现出来。

按照投资对象的性质,另类投资可以细分为另类金融投资和另类实物投资。现实中的另类实物投资,从钱币、字画、邮票、徽章到红酒、木头等,无奇不有,种类繁杂。而另类金融投资产品因流动性相对较好,且不用存储,因而是多数投资者的选择。

另类投资最重要的一个特点就是其与传统投资相关性小,这在传统投资陷入困境的环境下,为投资者实现持续的绝对收益提供了有效途径。同时,由于另类

第四章 衍生投资工具

投资不在公共交易平台上交易,因而流动性弱,交易成本较高。一个产品从买入到套现往往需要数年时间,于是另类投资基金一般设有5年或10年的锁定期,中途赎回很困难。此外,另类投资产品价值的发现与评估往往因为缺乏足够的历史数据支持,而对投资者提出更高的专业技能要求。

另类投资工具包括信用衍生品、私募股权、风险投资、杠杆并购等。这里仅对信用衍生品和私募股权进行介绍。

(二)信用衍生品

信用衍生品是国际互换与衍生产品协会(ISDA)提出的一个概念(1992),用于描述一种新型的场外交易合约。随着金融工程理论的提出、发展和日趋成熟,各种各样的金融衍生工具相继出现,使风险管理变得更加主动和有效。但是,以前的风险管理主要是针对市场风险和利率风险的防范,而信用风险一直是风险管理的盲区。仅仅靠加强对交易对手的监督和保证金制度的实施,已不能满足规避信用风险要求,客观上需要有新的工具来主动规避信用风险,于是信用衍生产品应运而生。

根据ISDA给出的定义,信用衍生品是用来分离和转移信用风险的各种工具与技术的统称。其功能是将一方的信用风险转移给另一方,从而使投资者能够通过增加或减少信用风险敞口头寸,达到管理信用风险的目的。

信用衍生产品是以贷款或债券的信用作为基础资产的金融衍生工具,其实质是一种双边金融合约安排。在这一合约下,交易双方对约定金额的支付取决于贷款或债券支付的信用状况。信用状况一般与违约、破产、拒付、信用等级下降等情况有关。

信用衍生品大致包括资产支持证券、担保债务凭证、信用违约互换、信用违约期权、总收益互换、信用利差衍生产品、信用联结票据等。这里主要介绍前三种工具。

1. 资产支持证券

资产支持证券(ABS)是一种债券性质的金融工具,其向投资者支付的本息来自基础资产池产生的现金流或剩余权益。与股票、债券不同,资产支持证券不是对某一经营实体的利益要求权,而是对基础资产池所产生的现金流和剩余权益的要求权,是一种以资产信用为支持的证券,包括简单的过手证券(pass-through security)和复杂的结构证券(structured security),如MBS、CMO等。

资产支持证券的投资者主要是银行、保险公司、货币市场基金、共同基金、养老基金和对冲基金等。由于大多数资产支持证券的存续期限、偿付结构、信用增级手段等各不相同,因而其交易主要在OTC市场进行,通过电话双边报价、协议成交,因此除标准化程度较高的 MBS 外,其他类型的 ABS 一般流动性不足、价格透明度不高。

2. 担保债务凭证

担保债务凭证(CDO)是一种固定收益的资产证券化产品,结构化的产品设计使其能够满足投资者多元化的投资需求。

传统 ABS 的资产池通常为信用卡应收账款、租赁租金、汽车贷款债权、住宅抵押贷款债权等,而 CDO 背后的支撑则是一些债务工具,如高收益的债券、新兴市场公司债券或国家债券,亦可包含传统的 ABS、住宅抵押贷款证券化(RMBS)及商用不动产抵押贷款证券化(CMBS)等资产证券化产品。

相对于 ABS,CDO 是更为复杂的证券,这主要体现在 CDO 的分级设计上。CDO 一般分为高级、夹层级两层,再加上一般由发行人自己持有的一层作为最底层,这一层一般被称为权益性证券。如有损失发生,则损失由最底层先吸收,然后依次由夹层级和高级(通常信用评级为 A 水平)承担。

3. 信用违约互换

信用违约互换(CDS)是国外债券市场中最常见的信用衍生产品。在信用违约互换交易中,违约互换购买者将定期向违约互换出售者支付一定费用(称为信用违约互换点差),一旦出现信用风险,违约互换出售者将向购买者赔付以覆盖购买者的损失,从而使违约互换购买者能有效规避债券的信用风险。

购买信用违约互换后,债券的信用风险将由信用级别非常高的 CDS 的出售者承担,这样就使附带 CDS 合约债券的信用风险理论上接近于 0。CDS 的出现让债券脱离了发行人本身信用状况的束缚,从而使信用债券的发行得到了极大拓展。低信用等级的债券,附加一个 CDS 合约,就能很容易找到买家,而 CDS 的出售方也能得到持续的保费。因此,自 1994 年摩根大通首次设计并发售以来,CDS 就很受欢迎,尤其在 2000 年以后,该金融产品在国外发达金融市场得到了迅速发展。2007 年底,美国商业银行系统持有的 CDS 产品名义面额已高达 62 万亿美元。一次又一次的金融创新使资产包的非系统性风险基本上被完全规避,但整个房地产行业的系统性风险丝毫没有减少,一旦出现小概率系统性风险的冲击,整个市场面临的就是崩溃式的威胁。2008 年由美国次贷危机引发的全球金融危机就很好地印证了这一点。

(三)私募股权

私募股权(PE)投资是指通过定向私募方式从机构投资者或者富裕的个人投资者处筹集资金,投资于非上市公司的股权,或上市公司的非公开交易股权的投资方式。私募股权投资有狭义和广义之分。狭义的私募股权投资主要是指对创业阶段后期,处于发展或者成熟阶段,已经形成一定规模并有着稳定现金流的企业的投资,在这一阶段的私募股权投资一般都是以首次公开发行股票(IPO)为主要退出手段。广义的私募股权投资涵盖企业首次公开发行股票之前,包括种子期、初创期、发展期、扩展期、成熟期各阶段的权益性投资。

私募股权投资基金因为其募集方式、投资标的等原因而具有以下几个特点:

(1) 投资期限长。对非上市股权投资的盈利模式决定了该类投资的长期性和不确定性。一个企业从获得股权融资到首次公开发行股票或者被收购、兼并,过程非常漫长,少则2~3年,多则5~7年,一些经典的成功案例甚至达到了8~10年。

(2) 以有限合伙企业为主要的组织形式。有限合伙企业能够有效实现企业管理权和出资权的分离,方便结合管理人和资金方各自的优势。同时,国际上普遍施行的税制都不将合伙企业本身作为纳税主体,其所有的收入和支出都按照"流经原则"直接分配给各合伙人,合伙人根据收入的种类申报所得税。因此,有限合伙企业成为国内外私募股权投资基金的主要组织形式。

(3) 一般不控股被投资企业。私募股权投资基金在投资时,一般只会持有被投资企业不超过30%的股份,而不会控股被投资企业。一方面,出于私募股权投资基金分散投资的投资策略;另一方面,控股实业要付出大量的人力资本,一个投资经理往往要管理数个项目而没有精力来打理企业日常管理;最后一个重要原因就是企业控制人转让股权的难度要比非控制人转让股权大得多。

(4) 主要投资于成长期和扩张期的企业。根据美国私募股权投资协会(NVCA)的统计结果,约有80%的私募股权投资基金投资于处于成长期或扩张期的企业,仅有1%左右投在了初创期企业,另有14%左右投资于成熟期企业。虽然投资于初创期企业可能回报更高,但是风险也更大。而成熟期的企业因为融资通道比较畅通,能够给予基金的收益也有限。

【延伸阅读】

沪深300股指仿真期货合约及解析

一、沪深300股指期货合约基本概况

合约标的:沪深300指数

合约乘数:每点300元

合约价值:沪深300指数点×300元

报价单位:指数点

最小变动价位:0.1点

合约月份:当月、下月及随后两个季月

交易时间:9:15—11:30,13:00—16:30
最后交易日交易时间:9:15—11:30,13:00—15:00
价格限制:上一个交易日结算价的正负10%
合约交易保证金:合约价值的10%
交割方式:现金交割
最后交易日:合约到期月份的第三个周五,遇法定节假日顺延
最后结算日:同最后交易日
每日结算价格:是某一期货合约最后1小时成交量的加权平均价
最后交易日结算价格:是最后交易日现货指数最后2小时所有指数点的算术平均价
手续费:30元/手(含风险准备金)
交易代码:IF

二、沪深300股指期货合约解析

1. 合约标的为沪深300指数

截至2006年7月18日,沪深300指数前十五位成分股依次为:招商银行、民生银行、宝钢股份、长江电力、万科A、中国联通、贵州茅台、中国石化(财务,价值)、五粮液、振华港机、上海机场、中国银行(财务,价值)、深发展A(财务,价值)、浦发银行、中兴通信。

2. 合约乘数与合约价值

合约乘数是指每个指数点对应的人民币金额。目前沪深300指数期货合约乘数暂定为300元/点。合约价值为当时沪深300指数期货报价点位乘以合约乘数。如果当时指数期货报价为1 400点,那么沪深300指数期货合约价值为1 400点×300元/点=420 000元。

3. 最小变动单位及变动价位

股指期货合约的最小变动单位是指合约报价时允许报出的小数点后最小有效点位数。沪深300指数期货的最小变动单位为0.1点,按每点300元计算,最小价格变动相当于合约价值变动30元。

4. 涨跌停板幅度

沪深300指数期货的涨跌停板为前一交易日结算价的正负10%。合约最后交易日不设涨跌停板。因为最后交易日不是以期货价格的平均价作为结算价,而是以现货指数的平均价作为结算价。必须要保证指数期货的价格能够和指数现货趋同,因此不设涨跌停板。

5. 合约月份

沪深300指数期货同时挂牌四个月份合约。分别是当月、下月及随后的两个季月月份合约。如当月月份为7月,则下月合约为8月,季月合约为9月与12月。表示方式为IF0607、IF0608、IF0609、IF0612。其中IF为合约代码,06表示2006年,07表示7月份合约。

6. 交易时间及最后交易日交易时间

沪深300指数期货早上9点15分开盘,比股票市场早15分钟。9点10分到9点15分为集合竞价时间。下午收盘为15点15分,比股票市场晚15分钟,为15:15。最后交易日下午收盘时,到期月份合约收盘与股票市场收盘时间一致,为15:00,其他月份合约仍然在15点15分收盘。

开盘价是指合约开市前五分钟内经集合竞价产生的成交价格。如果集合竞价未产生价格的,以当日第一笔成交价为当日开盘价。如果当日该合约全天无成交,以昨日结算价作为当日开盘价。收盘价是指合约当日交易的最后一笔成交价格。如果当日该合约全天无成交,则以开盘价作为当日收盘价。

7. 每日结算价格

当日结算价是指某一期货合约最后1小时成交量的加权平均价。最后1小时无成交且价格在涨/跌停板上的,取停板价格作为当日结算价。最后1小时无成交且价格不在涨/跌停板上的,取前1小时成交量加权平均价。该时段仍无成交的,则再往前推一小时,以此类推。交易时间不足1小时的,则取全时段成交量加权平均价。

8. 最后交易日结算价格

最后结算价是最后交易日现货指数最后2小时所有指数点的算术平均价。在国际市场上有一些合约是采用现货指数收盘价作最后结算价的。但由于现货指数收盘价很容易受到操纵,因此为了防止操纵,国际市场上大部分股指期货合约采用一段时间的平均价。

9. 最后交易日

合约的最后交易日为到期月的第三个星期五。如IF0607合约,该合约最后交易日为2006年7月21日。同时最后交易日也是最后结算日。这天收盘后交易所将根据交割结算价进行现金结算。

10. 交易保证金

目前涉及沪深300指数期货的交易所收取的保证金水平为合约价值的8%。交易所根据市场风险情况有权进行必要的调整。按照这一比例,如果沪深300指数期货的结算价为1400点,那么第二天交易所收取的每张合约保证金为1400点×300元/点×8%=3.36万元。投资者向会员缴纳的交易保证金会在交易所规定的基础上向上浮动。

11. 交易手续费

根据已公布的沪深300股指期货合约,交易手续费未定。按证监会有关规定,期货合约中交易所向会员收取的单边交易手续费基本上为合约面值的万分之二,按10万面值计算每个会员单边交易手续为20元/张。按照惯例,预计交易所会员会另外向期货合约持有者多收取万分之三的手续费,一份合约的交易成本预计为交易额的万分之五。

12. 熔断价格

股指期货交易实行熔断机制。熔断机制是指对某一合约在达到涨跌停板之前,设置一个熔断价格,使合约买卖报价在一段时间内只能在这一价格范围内交易。沪深 300 指数期货合约的熔断价格为前一交易日结算价的正负 6%,当市场价格触及 6%,并持续一分钟,熔断机制启动。在随后的十分钟内,买卖申报价格只能在 6%之内,并继续成交。超过 6%的申报会被拒绝。十分钟后,价格限制放大到 10%。设置熔断机制的目的是让投资者在价格发生突然变化的时候有一个冷静期,防止作出过度反应。

重 要 概 念

金融期货　价格发现　套期保值　熔断机制　对冲　金融期权　期权费　美式期权　欧式期权　看涨期权　看跌期权　远期合约　互换合约　权证　可转换证券　另类投资　信用衍生产品　资产支持证券　私募股权

思 考 题

1. 什么是金融期货交易? 其主要特点有哪些?
2. 期货交易有哪些功能? 为什么会有这些功能?
3. 金融期权合约包括哪些要素?
4. 试述认股权证与股票的优先认股权的区别及联系。
5. 可转换证券的转换价格由哪些因素决定?

第五章 证券发行市场

证券市场即证券市场主体买卖股票、债券、基金单位等有价证券及其衍生产品的场所,它具有对资金这种特殊资源进行配置的基本功能,是长期资金市场(即资本市场)中非常重要的组成部分。根据证券交易的程序,证券市场可以划分为证券发行市场和证券流通市场,这两类市场相互之间既有联系,又有区别,是一个不可分割的整体。本章介绍证券发行市场,第六章将介绍证券流通市场。

第一节 证券发行市场概述

一、证券发行市场的概念

所谓证券发行,是指证券的发行人将代表一定权利的有价证券出售给投资者的行为,证券发行的场所即证券发行市场。证券发行市场又称证券的一级市场、证券的初级市场,是筹资者以发行有价证券的方式筹集资金的场所,它涵盖各级政府、工商企业和金融机构发行证券时从规划到销售等阶段的全部活动过程。

通过沟通资金供给者和资金需求者,证券发行市场执行着把储蓄转化为投资的基本功能。它一方面为各级政府、工商企业和金融机构提供筹措长期资金的场所,另一方面为投资者提供投资和获利的机会。无论是新股份公司募集设立、老股份公司增资扩股或举债,还是政府发行债券,都要借助证券发行市场来进行。证券发行市场还通过价格机制执行着引导资金流向、优化资源配置的重要功能。在价格信号的引导下,资金自动、迅速、合理地流向高效率的部门,从而推动国民经济持续快速发展。

证券发行市场具有的特征:一是无固定场所,新发行有价证券的认购和销售既可以在投资银行、信托投资公司和证券公司等中介机构指定的营业场所进行,也可以通过证券交易所交易网络进行,甚至有的由发行者自行向投资者销售;二是没有统一的发生时间,由发行者根据自己的需要和市场行情走向自行决定何时发行。但每次具体的发行都有发行期限的限制,时间上较为集中。

二、证券发行市场的参与者

在第一章,我们对证券投资的参与主体作了总体性介绍。证券发行市场的参与者也包括证券发行人、证券投资人、中介机构、自律性组织和监管机构等。下面主要结合我国实际对证券发行市场的参与者类型进行具体介绍。

(一)证券发行人

证券发行人是指为筹措资金而发行债券、股票等证券的企业、金融机构、政府和其他经济组织。

1. 企业组织

现代企业(公司)可分为独资制、合伙制和公司制等不同产权组织形式。股份制公司主要采取股份有限公司和有限责任公司两种形式。股份有限公司既可以发行股票,也可以发行债券。而有限责任公司和国有独资公司只能发行债券。基金管理公司则是证券投资基金的主要发行人。

2. 金融机构

商业银行及非银行金融机构为筹措信贷资金向投资者发行金融债券、大额可转让定期存单等证券,通过贷款、投资等形式获得利差收益。金融机构大多资金雄厚、信用等级高,因此金融债券的利率一般低于企业债券。

中央银行是代表一国政府发行法偿货币、制定和执行货币政策、实施金融监管的重要机构。中央银行作为证券发行主体,主要发行两类证券。一类是中央银行股票。在一些国家(如美国),中央银行采取了股份制组织结构,通过发行股票募集资金,但中央银行的股东并不享有决定中央银行政策的权利,其股票类似于优先股。另一类是中央银行出于调控货币供给量的目的而发行的特殊债券,如中国人民银行发行的中央银行票据。中央银行票据(简称央票)是中央银行为调节商业银行超额准备金而向商业银行发行的短期债务凭证,其实质是中央银行债券,之所以叫"中央银行票据",是为了突出其短期性特点(期限最短3个月,最长3年)。央行票据由中国人民银行在银行间市场通过央行债券发行系统发行,发行对象为48家公开市场业务一级交易商,包括商业银行、证券公司等。

3. 政府

随着国家干预经济理论的兴起与实践,政府已成为证券发行的重要主体之一,但发行证券的品种仅限于债券。政府债券包括中央政府债券和地方政府债券。其中,中央政府债券又称国债,发行人是财政部,有国家信用作保障,安全性高于地方政府债券。随着经济社会发展的需要,政府债券的发行也在不断改革和完善。如我国计划从2024年开始连续几年发行20年期、30年期、50年期的超长期特别国债,专项用于国家重大战略实施和重点领域安全能力建设。

(二)证券投资人

证券投资人是指通过证券进行投资的各类机构法人和自然人,是资金供给者,也是金融工具的购买者。根据财产状况、金融资产状况、投资知识和经验、专业能力等因素,投资者可以分为专业投资者、合格投资者和普通投资者。

1. 专业投资者

专业投资者是指有一定金融资质的机构投资者,一般包括政府机构、金融机构、企业和事业法人及各类基金管理公司。专业投资者因资金实力雄厚,投资选择范围较大。专业投资者的标准由国务院证券监督管理机构规定。

政府机构参与证券投资的目的主要是调剂资金余缺和进行宏观调控。参与证券投资的金融机构包括证券经营机构、银行业金融机构、保险公司及其他金融机构。证券经营机构是证券市场上最活跃的投资者,以其自有资本、营运资金和受托投资资金进行证券投资。银行业金融机构包括商业银行、城市信用合作社、农村信用合作社等吸收公众存款的金融机构及政策性银行。受自身业务特点和政府法令的制约,银行业金融机构一般仅限于投资中央政府债券和地方政府债券,而且通常以短期国债为其超额储备的持有形式。保险公司已超过投资基金,成为最大的专业投资者,除大量投资各类政府债券、高级公司债券外,还广泛涉足基金和股票投资。我国已经形成了以证券投资基金、保险资金、社保基金、企业年金和合格境外机构投资者等为主要力量的专业投资者,是我国证券市场稳定发展的重要力量。

2. 合格投资者

合格投资者是符合适当性管理要求的投资者,一般是指达到规定资产规模或者收入水平,并且具备相应的风险识别能力和风险承担能力的单位和个人。投资创业板、科创板、北交所、私募基金、资产管理产品以及信托产品的投资者,都必须达到特定门槛要求。例如,个人投资者参与科创板股票交易,应当符合下列条件:申请权限开通前20个交易日证券账户及资金账户内的资产日均不低于人民币50万元;参与证券交易24个月以上,等等。而私募基金的合格投资者,要求投资于单只私募基金的金额不低于100万元,且符合下列相关标准的单位和个人:净资产不低于1 000万元的单位;金融资产不低于300万元或者最近3年个人年均收入不低于50万元的个人。其中的金融资产包括银行存款、股票、债券、基金份额、资产管理计划、银行理财产品、信托计划、保险产品、期货权益等。

3. 普通投资者

普通投资者主要指从事证券投资的普通自然人,通常不具备合格投资者的资质要求,作为"散户",在证券市场人数最多。对普通投资者投资某些高风险证券产品,监管法规要求相关机构对其进行风险提示,并要求投资者具有一定的产品知识并签署书面知情同意书。

(三)证券市场中介机构

1. 证券经营机构

证券经营机构是经证券监管机构批准成立的,负责经营各类证券业务的金融机构。其业务范围涉及证券承销、经纪、自营、投资咨询、兼并收购、金融创新以及其他相关业务。在不同国家证券经营机构的业务范围有所差别,称谓也不一样。在美国,从事证券发行承销业务和兼并收购业务的金融机构称作"投资银行",而负责证券经纪业务的则被称为"证券公司"。英国将证券经营机构称为"商人银行",日本称之为"证券公司"。在我国,经监管机构批准,从事证券经营业务的公司称作"证券公司",也称"券商"。证券公司分经纪类和综合类两种,其中经纪类证券公司只允许专门从事证券经纪业务,而综合类证券公司可以从事证券经纪、自营、承销、资产管理、融资融券以及证券监管机构核定的其他业务。

2. 证券服务机构

证券服务机构是指依法设立的从事证券服务业务的法人机构,主要包括证券投资咨询机构、财务顾问机构、资信评级机构、资产评估机构、会计师事务所、律师事务所等。

(四)证券登记结算机构

证券登记结算机构是为证券交易提供集中的登记、托管与结算服务的专门机构。

1. 中国证券登记结算有限责任公司

中国证券登记结算有限责任公司(简称"中国结算"),是经中国证监会批准,依法设立的不以营利为目的的企业法人。该机构成立于2001年3月30日,总部在北京,上交所、深交所分别持有公司50%的股份。公司经营范围是证券账户和结算账户的设立和管理、证券登记与过户、证券托管与转托管、证券和资金的清算与交收、受发行人委托办理证券权益分配等代理人服务以及中国证监会批准的其他业务。中国证监会是中国结算的主管部门。

2. 中央国债登记结算有限责任公司

中央国债登记结算有限责任公司(简称"中央结算"),是经国务院批准并出资设立的国有独资中央金融企业。该机构成立于1996年,总部位于北京,是财政部唯一授权主持建立、运营全国国债托管系统的机构,是中国人民银行指定的全国银行间债券市场提供国债、金融债券、企业债券和其他固定收益证券的登记、托管、结算机构和商业银行柜台记账式国债交易的一级托管人。

(五) 自律性组织

1. 证券交易所

证券交易所是为证券集中交易提供场所和设施,组织和监督证券交易,实行自律管理的法人。证券交易所分为公司制和会员制两种。上交所、深交所为会员制,北交所为公司制。

2. 证券行业协会

证券行业协会是社会团体法人,发挥政府与证券经营机构之间的桥梁和纽带作用,负责维护投资者和会员的合法权益,完善证券市场体系,促进证券业的发展。我国证券行业协会主要有中国证券业协会、中国国债协会和中国证券投资基金业协会。

(1) 中国证券业协会。于1991年8月28日成立,总部设在北京,其会员分为团体会员和个人会员:团体会员为证券公司,个人会员只限于证券市场管理部门有关领导以及从事证券研究及业务工作的专家,由协会根据需要吸收。

(2) 中国国债协会。于1991年经财政部和民政部批准成立,是我国国债、地方债业务自律社团组织,隶属于财政部,由财政部国库司负责有关日常管理和业务指导工作。其会员涵盖承销和经营国债、地方债业务的商业银行、证券公司、保险公司、基金公司,以及国债、地方债交易服务机构、市场中介机构和各类国债、地方债投资机构等。

(3) 中国证券投资基金业协会。于2012年6月6日成立,是基金行业相关机构自愿结成的全国性、行业性、非营利性社会组织。会员包括基金管理公司、基金托管银行、基金销售机构、基金评级机构及其他资产管理机构、相关服务机构。

(六) 证券监管机构

证券监管机构是依法制定有关证券市场监督管理的规章、规则,并依法对证券的发行、上市、交易、登记、托管、结算以及证券市场的参与者进行监督管理的部门。中国证监会是国务院直属正部级事业单位,其依照法律法规和国务院授权,统一监督管理全国证券期货市场,维护证券期货市场秩序,保障其合法运行。

三、证券发行方式

（一）公募发行与私募发行

1. 公募发行

公募发行又称公开发行，是指发行人通过中介机构向非特定的社会公众广泛地发售证券。在公募发行情况下，所有合法的社会投资者都可以参加认购。由于公募发行涉及的投资者面广量大，各国对公募发行都有严格的要求，如规定发行人要有较高的信用并符合证券主管部门规定的各项发行条件，以防范证券发行中的欺诈行为，减轻其负面效应，保障广大投资者的利益。

采用公募方式发行证券的优点在于：第一，以众多的投资者为发行对象，筹集资金潜力大；第二，投资者范围大、分布广，可避免囤积或操纵证券的行为；第三，由于只有公开发行的证券方可申请在交易所上市，因此这种发行方式有利于增强证券的流动性，为以后筹集更多的资金打下基础；第四，有利于提高发行人的社会知名度。公募发行的缺点在于：发行过程比较复杂，面临严格的政府审核标准，尤其是对信息披露要求很高，所需时间周期较长，不利于发行者把握市场有利时机，发行费用也较高。

2. 私募发行

私募发行又称不公开发行或内部发行，是指发行人不通过公开的证券市场直接将证券出售给少数特定的投资者。这种发行方式通常以与证券发行人具有某种密切关系者为认购对象，如公司老股东或除股东以外的本公司职员、往来客户等与公司有特殊关系的第三者，有时也向投资基金、社会保险基金、退休基金、保险公司、商业银行等金融机构投资者定向发行。一般来讲，对私募发行的要求要低于公募发行，如美国证券交易委员会（SEC）规定，私募发行人只需递交私募备忘录备案即可，且发行无须 SEC 批复同意。

采用私募方式发行证券的好处是发行手续简单，有利于缩短发行周期，节省委托中介机构发行的手续费用，降低发行成本，还可以调动股东和内部职工的积极性，巩固和发展公司的公共关系。私募发行的不足之处在于投资者数量有限，所发行证券流通性较差，有过于集中在个别投资者手中而被控制的风险，而且也不利于提高发行人的社会知名度。

公募发行和私募发行各有优劣，证券发行人根据自身实际情况、市场状况和融资思路自主决定采取何种方式。一般来说，公募适合于证券发行数量多、筹资额大、准备申请证券上市的发行人，是证券发行中最基本、最常用的方式。能够在公开市场上发行的证券也都可以进行私募发行，但在某些特定条件下，发行者只能通过私募筹资,例如,企业需要资金的数量未达到公募发行的最低标准。

(二) 直接发行与间接发行

1. 直接发行

直接发行是指证券发行人自己承担证券发行的一切事务和风险,直接向投资者发行证券,证券中介机构不参与或参与很少。直接发行不需要向中介机构交纳手续费,因而成本较低。但是,直接发行对发行者要求较高,必须具备一定的专职人员和技术,对证券发行及市场比较熟悉。同时,直接发行者也承担着更大的风险,一旦认购额达不到计划发行数量,就会面临发行失败及由此带来的损失。直接发行只适用于有既定发行对象或发行风险小、手续简单的证券,一般在有把握发行成功,为了节省发行费用时才采用。

2. 间接发行

间接发行是指证券发行人委托证券发行中介机构代理向投资者发行证券。在间接发行中,中介机构办理一切发行事务,承担一定的发行风险并从中提取相应的收益。具体方式有代销、余额包销和全额包销。采用间接发行方式对发行人来说比较方便,风险较小,但需要支付一定手续费,成本较高。

从理论上讲,公募发行既可以是直接发行,也可以是间接发行,而私募发行只能是直接发行。我国《公司法》第88条规定:"发起人向社会公开募集股份,应当由依法设立的证券公司承销,签订承销协议"。

第二节 股票发行市场

一、股票发行市场的功能

股票发行市场是股份有限公司通过向投资者出售普通股或优先股股票筹集资本的市场,它一方面为资金需求者提供了筹资渠道,另一方面为资金供应者创造了投资机会,具有筹集资金、优化资源配置、转换企业经营机制和分散风险等基本功能。

1. 筹集资金

企业通过在股票市场上发行股票,把分散在社会上的闲置资金集中起来,形成巨额的、可供长期使用的资本。所筹资金具有高度稳定性,股东一旦入股,就不能要求退股。在经营状况不佳时,企业可以减少分红或不分红,从而不增加企业的现金负担。通过增资发行可以实现连续筹资。

2. 转换企业经营机制

在市场经济条件下,股份有限公司是企业的最佳组织形式。企业要想在股票市场上发行股票,就必须先改制为规范的股份有限公司,建立科学的法人治理结构,完善激励约束机制和决策机制。

3. 优化资源配置

投资者为提高自身投资收益、降低自身投资风险,必定会选择成长性好、盈利潜力大的股票进行投资,抛弃业绩滑坡、收益差的股票;这就使资金逐渐流向效益好、发展前景好的企业,推动其股价逐步上扬,而产权含糊不清、业绩差、前景黯淡的企业股价下滑,难以继续筹集资金。这就是市场的力量在促使资金向最佳投资场所配置与集中。

4. 分散风险

从资金需求者来看,通过发行股票筹集了资金,同时将其经营风险部分地转移和分散给投资者,实现了风险的社会化。从投资者角度看,可以根据个人承担风险的能力和偏好,通过买卖多种股票和建立投资组合来转移和分散风险。

作为证券发行市场的重要组成部分,股票发行市场同样由证券发行人、证券投资者和证券中介机构构成。唯一不同的是,在股票发行市场上,发行人应为特定组织形态的企业——股份有限公司。其他组织形态的企业若要发行股票上市,必须首先经过改制,改造成规范的股份有限公司。

二、股票发行类型

(一) 首次公开发行

首次公开发行(IPO)是拟上市公司首次在证券市场公开发行股票募集资金并上市的行为。首次公开发行是发行人在满足必须具备的条件,并经证券监管机构审批、核准或注册后,通过证券承销机构面向社会公众公开发行股票。通过首次公开发行,发行人不仅募集到所需资金,而且完成了股份有限公司的设立或转制,成为上市公司。

(二) 上市公司增资发行

股份有限公司增资是指公司依照法定程序增加公司资本和股份总数的行为。增资发行是指股份公司上市后为达到增加资本的目的而发行股票的行为。上市公司增资的方式有:向原股东配售股份、向不特定对象公开募集股份、发行可转换公司债券、非公开发行股票。

1. 股东配股

股东配股简称"配股",是公司按股东的持股比例向原股东分配公司的新股认购权,准许其优先认购股份的方式。通常是按旧股一股配售若干新股,以保护原股东的权益及其对公司的控制权。这种新股发行价格往往低于市场价格,实际上是对原股东权益及其对公司的控制权的一种优惠,一般股东都乐于认购。原股东对公司的配股,没有必须应募的义务,可以放弃新股认购权,也可以把认购权转让他人,从而形成了认购权的交易。

2. 公募增资

公募增资简称"增发",是股份公司向不特定对象公开募集股份的增资方式。增发的目的是向社会公众募集资金,扩大股东人数,分散股权,增强股票的流通性,并可避免股份过分集中。公募增资的股票价格大都以市场价格为基础,是常用的增资方式。

3. 发行可转换债券

可转换公司债券是指其持有者可以在一定时期内按一定比例或价格将之转换成一定数量的另一种证券的证券。转化的证券通常为普通股票。公司发行可转换债券的主要目的是为了增强证券对投资者的吸引力,能以较低的成本筹集到所需要的资金。可转换债券一旦转换成普通股票,能使公司将原来筹集的期限有限的资金转化成长期稳定的股本,扩大了股本规模。

4. 非公开发行股票

非公开发行股票也称为"定向增发"或"私人配售",是股份公司向特定对象发行股票的增资方式。特定对象包括公司控股股东、实际控制人及其控制的企业;与公司业务有关的企业、往来银行;证券投资基金、证券公司、信托投资公司等金融机构;公司董事、员工等。认购者可在特定的时间内,按规定的优惠价格优先购买一定数额的股票,公司也可对认购者的持股期限有所限制。这种增资方式会直接影响公司原股东利益,需经股东大会特别批准。

(三)无偿增资发行

无偿增资发行是指公司原股东不必缴纳现金就可无代价地获得新股的发行方式,发行对象仅限于原股东。采用这种方式发行股票,主要是依靠公司的盈余结存、累积的公积金和资产重估增资等增加资本金,目的是使股东获益以增强其信心和公司信誉,或为了调整资本结构。无偿增资发行有以下三种类型:

1. 公积金转增资

公积金转增资也称累积转增资。它是将法定公积金和任意公积金转为资本金,按原股东持股比例转给原股东,使股东无偿取得新发行的股票。公积金转增资可以进一步明确产权关系,有助于投资者正确认识股票投资的价值所在,增强股东对公司长期发展和积累的信心,从而形成企业积累的内外动力机制。公积金转增资应遵循国家有关法律的规定,公司的积累应首先用于弥补历年的亏损。为了使公司留有应对亏损的余地,《公司法》规定法定公积金的余额必须达到注册资本的50%,才可将其中不超过一半的数额转为增资。任意公积金则可由股东大会决定全部或部分转为增资。

2. 红利增资

红利增资又称股票分红、股票股息或送红股,是公司将应分派给股东的现金股息转为增资,用新发行的股票代替准备派发的现金股息。这种无偿增资的方式使现金派息应流出的现金保留在公司内部,将当年的股息红利开支转化为经营性资金。公司股东既取得了参与盈余分配的同样效果,又可免缴个人所得税(大多数国家规定将收入作再投资免缴所得税),而且派息的股票有将来增加股息收入的希望。

3. 股票分割和股票合并

股票分割也称为股票拆细,是将原有的大面值股票细分为小面值股票。股票分割的结果只是增加股份公司的股份总数,而资本额并不发生变化。股票分割的目的在于降低股票价格,便于小投资者购买,以利于扩大股票发行量和增强流动性。相反,股票合并是将原有的若干小面值股票、市场价格低于净值或面值的股票合并为一股大面值股票。股票合并的结果只是减少股份公司的股份总数,而资本额并不发生变化。股票合并的目的在于抬高股票价格,提升公司市场形象,减少交易成本。

4. 有偿无偿混合增资发行

该发行方式是指公司对原股东发行新股票时,按一定比例同时进行有偿无偿搭配。在这种方式下,公司增发的新股票一部分由公司的当年可分配盈余或公积金转增,这部分增资是无偿的;一部分由原股东以现金认购,这部分增资是有偿的,增资分配按原股东的持股比例进行。这一方面可促使股东认购新股,迅速完成增资计划,另一方面也是对原有股东的优惠,使他们对公司的发展前景保持信心。

三、股票发行管理制度

企业发行股票筹资对社会资金流动、固定资产投资、资源配置以及股票流通市场行情等都有一定的影响,涉及到成千上万投资者的利益,为了保障社会公众的利益,促进股票市场健康发展,各国政府都授权某一部门对申请发行股票的公司进行审核评估,对发行股票进行审批。一旦审批通过,发行股票的事前准备即告完成,发行公司即获得公开发行股票的资格。这种由政府机构对股票发行进行审查和批准的方法就是股票发行的管理制度。

(一) 股票发行制度

由于各国经济发展状况不平衡,特别是证券市场规范程度和成熟程度方面存在差异,加上政治、文化以及历史传统等多种因素不同,各国对证券发行的管理制度也多种多样。根据发行制度的特点和规定,大致可分为注册制和核准制两种基本模式。

1. 注册制

注册制也叫登记制,是指股份有限公司在发行证券之前到监管机构登记注册,公布有关发行的信息即可发行证券的发行管理制度。注册制遵循公开管理原则,实际上是一种发行公司的财务公布制度,它要求发行人提供关于证券发行本身以及和证券发行有关的所有信息。发行人不仅要完全公开有关信息,不得有重大遗漏,并且要对所提供信息的真实性、准确性、完整性和可靠性承担法律责任。证券监管机构不对证券发行行为及证券本身作出价值判断,只对公开资料进行合规性的形式审查,不涉及任何发行实质条件。发行人只要按规定将有关资料完全公开,监管机构就不得以发行人的财务状况未达到一定标准而拒绝其发行。证券发行相关材料报送监管机构后,一般会有一个生效等待期,在这段时间内,由监管机构对相关文件进行形式审查。注册生效等待期满后,如果监管机构未对申报书提出任何异议,证券发行注册生效,发行人即可发行证券。但若监管机构认为报送的文件存在缺陷,会指明文件缺陷,并要求补正或正式拒绝,或阻止发行生效。目前,澳大利亚、巴西、加拿大、德国、法国、意大利、荷兰、菲律宾、新加坡、英国和美国等国家,在证券发行上均采取注册制。

2. 核准制

核准制是指发行人申请发行证券,不仅要公开披露与发行证券有关的信息,符合公司法和证券法所规定的条件,而且要求发行人将发行申请报请证券监管机构决定的审核制度。核准制遵循的是实质管理原则,即证券发行人不仅要以真实状况的充分公开为条件,而且必须符合证券监管机构制定的若干适合于发行的实质条件。只有符合条件的发行人经证券监管机构的批准才可在证券市场上发行证券。实行核准制的目的在于证券监管机构能履行法律赋予的职能,使发行的证券符合公众利益和证券市场稳定发展的需要。

3. 注册制和核准制的比较

注册制假定投资者都能够阅读并理解股票发行的说明书,能够自己作出正确的判断和选择,从而保护自己利益不受损失。注册制依靠健全的法律法规对发行人的发行行为进行约束。在注册制下,由于发行人自身以及外界的原因,投资风险并不能写进说明书,也不能保证把质量差、风险高的股票排除在证券市场之外。

在核准制下,证券主管机关在"实质条件"的审查过程中有权否决不符合规定条件的股票发行申请,并在信息公开的条件下,将一些不符合条件的低质量发行人排除在证券市场之外,以保护投资者的利益。但是,核准制容易导致投资者对政府产生完全依赖的安全感。另外,有时政府主管机关的意见并不一定完全正确,从而为证券的发行添加了更多的人为因素。

注册制比较适合证券市场发展历史较长、法律法规健全、行业自律性较好、投资者素质较高的国家和地区。而核准制比较适合那些证券市场处于发展初期、法律法规尚需进一步健全、投资者的结构不合理的国家和地区。从核准制过渡到注册制是证券市场走向成熟的表现。目前,欧美等成熟资本市场普遍采用注册制,而我国在2023年前的一段较长时期内主要采用核准制。我国《证券法》第十条规定:"公开发行证券,必须符合法律、行政法规规定的条件,并依法报经国务院证券监督管理机构或者国务院授权的部门核准"。

(二)我国股票发行制度的演变

我国股票发行制度是随着证券市场发展和金融体制改革的深入而逐渐演变的。总体来看,经历了从审批制到核准制再向注册制迈进的转变过程。1990年我国证券市场建立初期,由于法规不健全,市场参与者不成熟,要求上市的企业过多且质量参差不齐,各行业、各地区发展又不平衡,急需加以宏观调控和严格审查,因而对股票发行申请采用了审批制。20世纪90年代末以来,随着我国证券市场不断规范发展,实行股票发行核准制的条件基本成熟。2013年11月30日,证监会发布《关于进一步推进新股发行体制改革的意见》,标志着IPO核准制已经正式开始向注册制过渡。

具体来说,自1993年中国证券市场建立全国统一的股票发行审核制度以来,先后经历了行政主导的审批制和市场化方向的核准制两个阶段。具体而言,审批制包括"额度管理"和"指标管理"两个阶段,而核准制包括"通道制"和"保荐制"两个阶段。

1. 审批制

1)"额度管理"阶段(1993—1995年)

1993年4月25日,国务院颁布了《股票发行与交易管理暂行条例》,标志着审批制的正式确立。在审批制下,股票发行由国务院证券监督管理机构根据经济发展和市场供求的具体情况,在宏观上制定一个当年股票发行总规模(额度或指标),经国务院批准后,下达给计委,计委再根据各个省级行政区域和行业在国民经济发展中的地位和需要进一步将总额度分配到各省、自治区、直辖市、计划单列市和国家有关部委。省级政府和国家有关部委在各自的发行规模内推荐预选企业,证券监管机构对符合条件的预选企业的申报材料进行审批。对企业而言,需要经历两级行政审批,即企业首先向其所在地政府或主管中央部委提交额度申请,经批准后报送证监会复审。证监会对企业的质量、前景进行实质审查,并对发行股票的规模、价格、发行方式、时间等作出安排。额度是以股票面值计算的,在溢价发行条件下,实际筹资额远大于计划额度,在这个阶段共确定了105亿发行额度,共有200多家企业发行,筹资400多亿元。

2) "指标管理"阶段(1996—2000年)

1996年,国务院证券委员会公布了《关于1996年全国证券期货工作安排意见》,推行"总量控制、限报家数"的指标管理办法。由国家计划委员会、证券委共同制定股票发行总规模,证监会在确定的规模内,根据市场情况向各省级政府和行业管理部门下达股票发行家数指标,省级政府或行业管理部门在指标内推荐预选企业,证券监管部门对符合条件的预选企业同意其上报发行股票正式申报材料并审核。1997年,证监会下发了《关于做好1997年股票发行工作的通知》,同时增加了拟发行股票公司预选材料审核的程序,由证监会对地方政府或中央企业主管部门推荐的企业进行预选,改变了两级行政审批下单纯由地方推荐企业的做法,开始了对企业的事前审核。

2. 核准制

1) "通道制"阶段(2001—2004年)

1999年7月1日正式实施的《中华人民共和国证券法》明确确立了核准制的法律地位。1999年9月16日,证监会推出了股票发行核准制实施细则。核准制的第一个阶段是"通道制"。2001年3月17日,证监会宣布取消股票发行审批制,正式实施股票发行核准制下的"通道制"。所谓通道制就是向综合类券商下达可以推荐拟公开发行股票的企业家数,只要具有主承销商资格,就可获得2~9个通道,具体通道数主要以2000年该主承销商所承销的项目数为基准,新的综合类券商将有2个通道数。主承销商的通道数就是其可以推荐申报的拟公开发行股票的企业家数。通道制下股票发行"名额有限"的特点未变,但通道制改变了过去行政机制遴选和推荐发行人的做法,使主承销商在一定程度上承担起股票发行风险,同时也获得了遴选和推荐股票发行的权力。

2004年2月保荐制度实施后,通道制并未立即废止,每家券商仍需按通道报送企业,直至2004年12月31日彻底废止了通道制。因此,2004年2月至2004年12月为通道制与保荐制并存时期。

2) "保荐制"阶段(2004年至今)

2003年12月,证监会发布《证券发行上市保荐制度暂行办法》并规定于2004年2月1日起施行。保荐制下,企业发行上市不但要有保荐机构进行保荐,还需要具有保荐代表人资格的从业人员具体负责保荐工作。保荐工作分为两个阶段，即尽职推荐和持续督导阶段。从中国证监会正式受理公司申请文件到完成发行上市为尽职推荐阶段。证券发行上市后，首次公开发行股票的，持续督导期间为上市当年剩余时间及其后两个完整会计年度。保荐机构和保荐代表人在向中国证监会推荐企业发行上市前，要对发行人进行尽职调查和专业辅导培训，保荐机构要在推荐文件中对发行人是否符合发行上市条件，申请文件不存在虚假记载、误导性陈述或重大遗漏等事项作出承诺。证券发行上市后，保荐机构要持续督导发行人履行规范运作、信守承诺、信息披露等义务。保荐制的核心内容是进一步强化和细化了保荐机构的责任，尤其是以保荐代表人为代表的证券从业人员的个人责任。与"通道制"相比，保荐制度增加了由保荐人承担发行上市过程中连带责任的内容。保荐人的保荐责任期包括发行上市全过程，以及上市后的一段时期（比如两个会计年度）。

3）正在推进的"注册制"（2013年开始）

2013年11月15日，中共中央《关于全面深化改革若干重大问题的决定》明确指出，完善金融市场体系，推进股票发行注册制改革，多渠道推动股权融资。此举为"注册制"改革吹响了号角。2013年11月30日，中国证监会发布《中国证监会关于进一步推进新股发行体制改革的意见》，正式明确提出"推进股票发行注册制改革"。实行注册制，证监会发行监管部门和股票发行审核委员会依法对发行申请文件和信息披露内容的合法合规性进行形式审查，不对发行人的盈利能力和投资价值作出判断。2023年2月17日，中国证监会发布全面实行股票发行注册制相关制度规则，自公布之日起施行。自2023年3月4日起，沪深交易所开始接受主板新申报企业申请，纳入注册制。至此，我国的主板、科创板、创业板和北交所全面实行注册制。

注册制的一个显著特征是更加透明化、阳光化，市场行为以及审核的程序、规则、结果都是公开的。就我国资本市场而言，注册制是一场深刻的变革，强调市场对股票发行的决定权、充分的信息披露、严格的退市制度和投资者保护制度，是资本市场迈向市场化、法制化、国际化的重要一步。推动注册制改革走深走实，我国资本市场需进一步确立以投资者为中心的市场发展理念，促进投融资两端协调发展，持续提升资本市场吸引力和投资者长期回报。

四、股票发行条件

一国的法律法规对股票发行规定若干实质性的条件，这些条件因股票发行的不同类型而有所区别。我国的《证券法》及相关的法规对首次公开发行股票，上市公司配股、增发、发行可转换债券、非公开发行股票，以及首次公开发行股票并在创业板上市的条件方面分别作出规定。

(一) 首次公开发行股票的条件

我国的《证券法》规定,公司首次公开发行新股,应当具备健全且运行良好的组织机构,具有持续经营能力,最近3年财务会计报告被出具无保留意见审计报告,发行人及其控股股东、实际控制人最近3年不存在贪污、贿赂、侵占财产、挪用财产或者破坏社会主义市场经济秩序的刑事犯罪,经国务院批准的国务院证券监督管理机构规定的其他条件。

为规范首次公开发行股票并上市的行为,中国证监会于2006年5月制定并发布《首次公开发行股票并上市管理办法》,对首次公开发行股票并上市公司的主体资格、独立性、规范运行、财务指标作出规定。

首次公开发行的发行人应当是:依法设立并合法存续的股份有限公司;持续经营时间应当在3年以上;注册资本已足额缴纳;生产经营合法;最近3年内主营业务、高级管理人员、实际控制人没有重大变化;股权清晰;发行人应具备资产完整、人员独立、财务独立、机构独立、业务独立的独立性。发行人应规范运行。

发行人的财务指标应满足以下要求:最近3个会计年度净利润均为正数且累计超过人民币3 000万元,净利润以扣除非经常性损益后较低者为计算依据;最近3个会计年度经营活动产生的现金流量净额累计超过人民币5 000万元,或者最近3个会计年度营业收入累计超过人民币3亿元;发行前股本总额不少于人民币3 000万元;最近一期末无形资产(扣除土地使用权、水面养殖权和采矿权等后)占净资产的比例不高于20%;最近一期末不存在未弥补亏损。

在中小板首次公开发行股票也须符合《首次公开发行股票并上市管理办法》规定的发行条件。

(二) 创业板首次公开发行股票的条件

根据《首次公开发行股票并在创业板上市管理暂行办法》(以下简称《管理办法》),首次公开发行股票并在创业板上市主要应符合如下条件:

(1) 发行人应当具备一定的盈利能力。为适应不同类型企业的融资需要,创业板对发行人设置了两项定量业绩指标,以便发行申请人选择:第一项指标要求发行人最近两年连续盈利,最近两年净利润累计不少于1 000万元,且持续增长;第二项指标要求发行人最近一年盈利,且净利润不少于500万元,最近一年营业收入不少于5 000万元,最近两年营业收入增长率均不低于30%。

(2) 发行人应当具有一定的规模和存续时间。根据《证券法》第五十条关于申请股票上市的公司股本总额应不少于3 000万元的规定,《管理办法》要求发行人具备一定的资产规模,具体规定是:最近一期末净资产不少于 2 000 万元,发行后股本不少于 3 000 万元。规定发行人具备一定的净资产和股本规模,有利于控制市场风险。

《管理办法》规定发行人应具有一定的持续经营记录,具体要求发行人应当是依法设立且持续经营 3 年以上的股份有限公司。有限责任公司按原账面净资产值折股整体变更为股份有限公司的,持续经营时间可以从有限责任公司成立之日起计算。

(3) 发行人应当主营业务突出。创业企业规模小,且处于成长发展阶段,如果业务范围分散,缺乏核心业务,既不利于有效控制风险,也不利于形成核心竞争力。因此,《管理办法》要求发行人集中有限的资源主要经营一种业务,并强调符合国家产业政策和环境保护政策。同时,要求募集资金只能用于发展主营业务。

(4) 对发行人公司治理提出从严要求。根据创业板公司的特点,在公司治理方面参照主板上市公司从严要求,要求董事会下设审计委员会,强化独立董事职责,并明确控股股东责任。

发行人应当保持业务、管理层和实际控制人的持续稳定,规定发行人最近两年内主营业务和董事、高级管理人员均没有发生重大变化,实际控制人没有发生变更。

发行人应当资产完整,业务及人员、财务、机构独立,具有完整的业务体系和直接面向市场独立经营的能力。发行人与控股股东、实际控制人及其控制的其他企业间不存在同业竞争,以及严重影响公司独立性或者显失公允的关联交易。

发行人及其控股股东、实际控制人最近 3 年内不存在损害投资者合法权益和社会公共利益的重大违法行为。发行人及其控股股东、实际控制人最近 3 年内不存在未经法定机关核准,擅自公开或者变相公开发行证券,或者有关违法行为虽然发生在 3 年前,但目前仍处于持续状态的情形。

(三) 上市公司公开发行证券的条件

为规范上市公司证券发行行为,中国证监会于 2006 年 5 月制定并发布《上市公司证券发行管理办法》,对上市公司发行证券的一般性条件及上市公司配股、增发,发行可转换债券、认股权证和债券分离交易的可转换公司债券以及非公开发行股票的条件作出了规定。

(1) 上市公司公开发行证券条件的一般规定。包括上市公司组织机构健全、运行良好;上市公司的盈利能力具有可持续性;上市公司的财务状况良好;上市公司最近 36 个月内财务会计文件无虚假记载、不存在重大违法行为;上市公司募集资金的数额和使用符合规定;上市公司不存在严重损害投资者的合法权益和社会公共利益的违规行为。

(2) 向原股东配售股份(配股)的条件。除一般规定的条件以外,还有以下条件:拟配售股份数量不超过本次配售股份前股本总额的30%;控股股东应当在股东大会召开前公开承诺认配股份的数量;采用《证券法》规定的代销方式发行。

(3) 向不特定对象公开募集股份(增发)的条件。除一般规定的条件以外,还有以下条件:最近3个会计年度加权平均净资产收益率平均不低于6%,扣除非经常性损益后的净利润与扣除前的净利润相比以低者为计算依据;除金融类企业外,最近一期末不存在持有金额较大的交易性金融资产和可供出售的金融资产、借予他人款项、委托理财等财务性投资的情形;发行价格应不低于公告招股意向书前20个交易日公司股票均价或前一交易日的均价。

(4) 发行可转换公司债券的条件。可转换债券按附认股权和债券本身能否分开交易可分为分离交易的可转换债券和非分离交易的可转换债券。前者是指认股权可以与债券分开且可以单独转让,但事先要确定认股比例、认股期限和股票购买价格等条件;后者是指认股权不能与债券分离,且不能单独交易。

除一般规定的条件以外,公开发行可转换债券还必须满足以下条件:最近3个会计年度加权平均净资产收益率平均不低于6%,扣除非经常性损益后的净利润与扣除前的净利润相比以低者为计算依据;本次发行后累计公司债券余额不超过最近一期末净资产额的40%;最近3个会计年度实现的年均可分配利润不少于公司债券1年的利息。

发行分离交易的可转换债券应当具备以下条件:公司最近一期末经审计的净资产不低于人民币15亿元;最近3个会计年度的年均可分配利润不少于公司债券1年的利息;最近3个会计年度经营活动产生的现金流量净额平均不少于公司债券1年的利息;本次发行后累计公司债券余额不超过最近一期末净资产额的40%,预计所附认股权全部行权后募集的资金总量不超过拟发行公司债券金额。

(四) 非公开发行股票的条件

上市公司非公开发行股票应符合以下条件:发行价格不低于定价基准日前20个交易日公司股票均价的90%;本次发行的股份自发行结束之日起,12个月内不得转让;控股股东、实际控制人及其控制的企业认购的股份,36个月内不得转让;募集资金使用符合规定;本次发行导致上市公司的股权发生变化的,还应当符合中国证监会的其他规定。非公开发行股票的发行对象不得超过10名。发行对象为境外战略投资者的,应当经国务院相关部门事先批准。

五、股票发行价格

(一) 股票发行价格的种类

股票的价值表现形式有很多种,最常见的是股票面额和发行价格。股票面额是印在股票票面上的金额,表示每股所代表的资本额;股票的发行价格是新股票有偿发售时投资者实际支付的价格。按照股票面额和发行价格的关系,股票的发行价格一般有以下几种:

1. 平价发行

又称面额发行,即以股票面额为发行价格。如某公司股票面额为1元,采用平价发行的股票售价也是1元。由于股票上市后的交易价格通常要高于面额,平价发行能够使投资者得到交易价格高于发行价格时所产生的额外收益,因此,大多数的投资者都乐于接受。平价发行的优点在于较为简单易行,费用较低,且发行价格不易受到市场行情波动的影响。但平价发行的缺点也是很明显的,发行人筹集资金量较少,不能反映股票的市场情况。平价发行在证券市场不发达的国家和地区较为普遍。

2. 溢价发行

指发行人按高于面额的价格发行股票,可以使公司用较少的股份筹集到较多的资金,降低筹资成本。溢价发行又可分为时价发行和中间价发行。

1) 时价发行

时价发行也称为市价发行,是指以同种或同类股票在流通市场上的价格(即时价)为基础来确定股票的发行价格。如果公司为首次公开发行股票,通常会以同类公司股票在流通市场上的价格作为参照来确定自己的发行价格;而当公司在增发新股时,会按本公司已发行股票在流通市场上的价格水平来确定增发新股的发行价格。需要注意的是,时价发行的发行价格一般并不简单地等于市价,而是在近期市价基础上,综合考虑公司净资产、盈利水平、发展潜力、行业特点、发行数量、股市状态及趋势等因素来确定。时价发行是成熟证券市场最基本、最常用的方式,通常在公募发行或第三者配售时采用。

2) 中间价发行

中间价发行是指以市价和面值之间的某个值作为发行价格。这个值既可以更接近面值,也可以更接近市价。通常是在以股东配股形式发行股票时采用,这样不会改变原来的股份构成,而且可以把差价收益的一部分归原股东所有,一部分归公司所有用于扩大经营。通常实行中间价格发行股票必须经股东大会的特别决议通过。

3. 折价发行

即按照股票面额打一定的折扣作为发行价格。其折扣的大小由发行公司和证券承销商双方决定，主要取决于发行公司的业绩。如某公司股票面额为1元，如果发行公司与承销商之间达成的协议折扣率为5%，那么该股票的发行价格为每股0.95元。采用折价发行的国家不多，我国《公司法》也规定股票发行价格不得低于票面金额。

（二）股票发行价格的确定方法

股票发行价格的确定关系到发行人与投资者的切身利益，同时也会影响到股票上市后的表现，所以是股票发行计划中最重要的内容。如果发行价过低，将难以满足发行人的筹资需求；如果发行价过高，又增大了投资者的风险。所以发行公司及承销商必须对公司的资产和盈利状况、一级市场的供求关系、二级市场的股价水平、宏观经济因素等进行综合考虑，然后确定合理的发行价格。股票发行定价常用的方法主要有以下几种：

1. 议价法

指股票发行公司直接与股票承销商议定承销价格和公开发行价格。承销价格与公开发行价格的差额即为承销商的报酬。大多数股份公司发行新股时都采用这一方法来确定发行价格。

议价法在不同的国家（或地区）有不同的做法，最为典型的是市场询价方式和固定价格方式。市场询价方式又称累积订单方式、公开定价发行。一般分为两个阶段：第一，根据新股的投资价值、股票发行时的大盘走势、流通盘大小、公司所处行业股票的市场表现等因素确定一个价格区间；第二，主承销商协同上市公司的管理层进行路演（Road Show），向投资者介绍和推荐该股票，并向投资者征集在各个价位上的需求量，通过对投资者认购订单的统计，承销商和发行人对最初的发行价格进行修正，最后确定新股的发行价格。若市场反应热烈，则最后定价靠近价格区间的上限，反之则靠近价格区间的下限。这种方式在美国较为普遍。

固定价格方式是承销商与发行人在发行前商定一个价格，然后根据此价格进行公开发售。采用这种方式的国家和地区有英国、日本及我国香港特别行政区等。由于发行公司和承销商都难以判断在特定价位上投资者对该股票的需求量究竟有多少，为保证发行成功，承销商通常倾向于将发行价格定得比较低。相比较而言，累积订单方式更好地反映了市场供求状况，较有弹性，有利于发行人以较高的发行价格筹集更多资金，因此被越来越多的国家和地区所采用。

2. 竞价法

指投资者或股票承销商以投标方式相互竞争股票并确定股票发行价格的方

法。参与竞价招标的可以是公众投资者,也可以是股票承销商,在后一种情况下,中标的股票承销商再将股票发售给公众投资者。其具体做法是,股票发行公司将其股票发行计划和招标文件向社会公众或股票承销商公告,所有投资者或股票承销商在规定时间内根据自己的判断申报申购价格和数量,申购结束后,发行公司对所有有效申购价格从高到低进行累计,累计申购达到新股发行量的价位即中标价格,在此价格上的所有申报都中标。按中标价格成交的为"单一价格拍卖方法",又称"美国式拍卖法",所有中标者按同一价格购买股票。按申报价格成交的为"差别价格拍卖法",又称"荷兰式拍卖法",不同的中标者最终是按多种不同价格(各自申报价格)购买股票。

3. 定价法

指按照某一客观或固定的依据来确定股票发行价格的方法。定价法与议价法的区别在于,议价法中最终发行价格的确定受到发行公司和证券承销商双方谈判能力等主观因素的影响,而定价法则仅取决于某些客观或确定的标准。

1) 市盈率法

是通过市盈率确定股票发行价格的方法。市盈率又称本益比(Price to Earnings Ratio,P/E),是指股票市场价格与每股收益的比率。

市盈率法的操作步骤是:第一,根据注册会计师审核后的盈利预测计算出发行人的每股净盈利。确定每股净盈利可用完全摊薄法,也可用加权平均法,采用不同方法会得到不同的结果;第二,根据二级市场的平均市盈率、发行人同类公司的股票市盈率、发行人的经营情况及成长性等拟定发行市盈率;第三,依发行市盈率与每股盈利之乘积决定发行价。

发行价计算公式为:

$$股票发行价 = 每股预测盈利 \times 发行市盈率 \tag{5.1}$$

2) 净资产倍率法

又称资产现值法,指通过资产评估(物业评估)和相关会计手段确定发行人拟募股资产的净现值和每股净资产,然后根据证券市场的状况将每股净资产值乘以一定倍率或折扣,以此确定股票发行价格的方法。净资产倍率法常用于房地产公司或资产现值有重要商业意义的股票发行。计算公式为:

$$股票发行价 = 每股净资产 \times 溢价(折扣)倍率 \tag{5.2}$$

六、股票发行程序

各国对股票发行都定有严格的法律程序,任何未经法定程序发行的股票都不具有法律效力。不同的国家、不同的证券市场,其股票发行的程序各有不同。另外,由于股票的发行目的、发行方式不一,发行程序也有所差异。一般可以将它们概括为两类:一类是为成立股份公司发行新股票程序,另一类是现有公司增发股票程序。

1. 公司成立发行股票的程序

公司成立发行股票的程序,也是股份公司以募集方式成立时发行股票的程序。

(1) 发起人在被准予注册登记取得独立的法人资格后,订立招股章程,内容包括企业名称、负责人、经营范围及可行性预测分析、募集股票总额及各发起人认领的股份额、股票种类、每股面额、发行价格、发行期限及逾期的处理等,主要目的是供公众阅览,以便了解情况,作为认购股票的参考。

(2) 发起人向发行主管部门提交招股申请书,除了上述招股章程的内容以外,还要列出已联系好的股票推销机构的名称及地点、开户银行的名称及地点、注册会计师证明等。

(3) 主管部门同意后,公司与证券发行中介机构签订委托募集合同,内容包括推销募集方法、发行价格、推销股数、委托手续费等。

(4) 投资者认购。公司或发行中介机构用广告或书面通知等方式招股,投资者在认购书上填写认购股额、金额、交款方式、住址等,然后签名盖章。有时为了保证认购者按时缴纳股金,还要预交一定比例的保证金。

(5) 股票交割。投资者在认购以后,必须在规定的日期缴纳股金,才能领取股票,同样,发行者必须在认购后的规定日期交付所卖的股票,才能收受股金款,这种一手缴纳股金一手交付股票的活动称之为交割。股票从交割的翌日产生效力。

(6) 登记。股票交割后一定时期(如 1 个月)公司董事会应向证券管理部门登记,内容包括发行总额和每股金额,募集期和股金收足日期,股东名单、公司董事和监事名单等,为日后增发新股和上市审查作准备。

2. 公司增发股票的程序

增发股票的程序即现有股份公司增加股票发行的程序。

(1) 制定新股发行计划,说明发行新股的目的,并就发行目的进行经济环境和市场预测,对人、财、物等条件和可能遇到的困难作出估价;在考虑了投资者的需求或偏好、股市行情及股东权益等因素后,拟订所发行股票的种类、发行方式和价格。

(2) 形成董事会决议。增发股票的数额如果是在股东大会授予董事会的权限之内,只需要召开董事会讨论发行计划,对新股发行的有关事项作出决议即可。但若股票发行量超过原定董事会发行权限的范围,必须先召开股东大会,变更原有章程,规定新的增股数量界限,授予董事会增发股票的权限,然后再由董事会具体执行。

（3）向证券主管部门提交发行申请书，为认购者编制增股说明书。

（4）如果在现有股东之间进行分摊，则要冻结股东名簿，停止办理股票转让后的过户手续。

（5）签订委托推销合同。

（6）向现有股东发出通知或公告。

（7）股东认购或公开发行。

（8）股票交割。

（9）处理零股或失权股。零股是指按现有股东的持股比例分摊不足一股的份额，发行者可将所有零股集中起来出售，将所得款项按股东拥有的份额再加以分配。失权股是指有新股认购权的股东自动放弃认购权的那部分股票，对此种失权股票发行者多采用公开发行的方式处理。

（10）向证券管理部门报告发行情况和结果。

第三节　债券发行市场

债券发行市场是债券发行人初次出售新债券的市场，债券在此市场实现由发行者手中到投资者手中的转移。与股票发行市场一样，债券发行市场具有筹集资金的基本功能，是政府、企业、金融机构及公共团体筹集稳定性资金的重要渠道。债券发行市场为投资者提供了一种新的具有流动性与盈利性的金融商品。此外，对于特定发行主体，债券发行市场还具有特定的功能。

一、债券发行影响因素

债券发行影响因素是债券发行者在以债券形式筹集资金时所必须考虑的有关因素，包括发行金额、期限、偿还方式、票面利率、付息方式、发行价格、收益率、发行费用、税收效应以及有无担保等多项内容。这些因素直接影响到发行者发行债券的收入及成本。

1. 发行金额

债券的发行额是根据发行人所需资金数量、发行人偿债能力和信誉、资金市场承受能力、国家法定发行限额等来决定的。如果发行额定得过高，会造成销售困难，发行后对债券的转让也会产生不良的影响。发行额太小，又不易满足筹资的需求，增加了单位资金的筹集成本。

2. 期限

从债券的发行日起到偿清本息止的这段时间称为债券的期限。债券的期限根据发行人资金需求的性质、未来市场利率水平的发展趋势、流通市场的发达程度、物价的变动趋势、债券市场上其他债券的期限构成以及投资者的投资偏好等因素来确定。一般而言,当资金需求量较大,债券流通市场较发达,利率有上升趋势时,可发行中长期债券,否则,应发行短期债券。

3. 债券的偿还方式

债券偿还方式会直接影响到债券的收益高低和风险大小,在偿还方式中,要规定偿还金额、偿还日期以及偿还形式等。按照偿还日期的不同,偿还方式可以分为期满偿还、期中偿还和延期偿还三种;按照偿还形式,可以分为货币偿还、债券偿还和股票偿还三种。

4. 票面利率

债券的票面利率是指发债者 1 年向投资者支付的利息占票面金额的比率。票面利率可分为固定利率和浮动利率两种。票面利率的高低直接影响着债券发行者的筹资成本。在确定票面利率时,一般要考虑债券期限的长短、市场利率水平的高低、债券的信用等级、利息支付方式以及证券管理当局对票面利率的管理和指导等因素。

5. 付息方式

债券的付息方式是指发行者在债券的有效期间内,一次或按一定的时间间隔分次向债券持有人支付利息的方式。债券的付息方式一般分为一次性付息和分期付息两类,而一次性付息又可分为利随本清方式和利息预扣方式两种。发行者在选择债券付息方式时,应把降低筹资成本与增加债券对投资者的吸引力结合起来,如对中长期债券可采取分期付息方式,按年、半年或按季度付息等,对短期债券可以采取一次性付息方式等。

6. 发行价格

债券的发行价格是指债券投资者认购新发行的债券时实际支付的价格。债券的发行价格可以分为平价发行、折价发行、溢价发行。在面值确定的情况下,调整债券的发行价格,目的在于使投资者得到的实际收益率与市场收益率水平相匹配。

7. 收益率

债券的收益率是指投资者获得的收益同投资总额的比率。决定债券收益率的因素主要有利率、期限和购买价格。一般来说,收益率是投资者在购买债券时考虑的首要因素。

8. 债券的税收效应

债券的税收效应主要是指对债券的收益是否征税。涉及债券收益的税收有利息预扣税和资本税收。利息预扣税也叫收入所得税,是支付利息的人在向债券持有人支付利息时预先扣除债券持有人应向政府缴纳的税款,并将此税款集中上缴当地税务部门。一般来说,政府债券免征利息预扣税,其他债券则不一定。资本税是指出售债券时对卖出价格(或到期时偿还价格)与买入价之间的差额收益所征收的资本收益税,这主要是针对自然人征收的。债券的税收效应直接影响债券的收益率,因此投资者在购买债券时,在把纳税债券与不纳税债券的收益率进行适当的折算之后,才能判断收益率的高低。

9. 发行费用

发行费用是指债券发行者支付给有关债券发行中介机构、服务机构的各种费用,包括最初费用和期中费用两种。最初费用包括承销商的手续费、登记费、印刷费、审计评级费、担保费、广告费、律师费、上市费等;期中费用包括利息支付费、每年上市费、本金偿还支付费等。债券发行者应尽量减少其发行费用,降低发行成本,如在保证发行成功和有关服务质量的前提下,选择发行费用较低的中介机构和服务机构。

10. 有无担保

发行的债券有无担保是债券发行的重要条件之一。由信誉卓著的第三者担保或用发行者的财产做抵押担保,有助于增加债券的安全性,减少投资风险。一般来说,政府、大金融机构、大企业发行的债券多是无担保债券,而那些信誉等级稍差的中小企业一般多发行有担保的债券。

11. 有无选择权

附有选择权的债券指在债券发行中发行者给予持有者一定的选择权,如可转换公司债券、有认股权证的公司债券、可退还的公司债券等。一般来说,有选择权的债券利率较低,也易于销售。但可转换公司债券在一定条件下可转换成公司发行的股票,有认股权证的债券持有人可凭认股权证购买所约定的公司的股票等,因而会影响到公司的所有权。可退还的公司债券在规定的期限内可以退还给发行人,因而增加了企业的负债和流动性风险。企业可根据自身资金需求情况、资信状况、市场对债券的需求情况以及现有股东对公司所有权的要求等选择是否发行有选择权的债券。

二、债券发行方式

与股票发行一样,债券发行有多种方式。

1. 公募发行和私募发行

按照发行对象不同,分为公募发行和私募发行。一般发行量大、信用水平高的发行主体,如政府发行的国债及著名大公司发行的债券大都采用公募发行方式,知名度较低、不符合公募发行条件的企业则只能采用私募发行方式。

2. 直接发行和间接发行

按照是否借助中介机构，分为直接发行和间接发行。间接发行进一步分为代销和包销。代销是指债券承销商代发行人发售债券，在承销期结束时，将未售出的债券全部退还给发行人的承销方式。承销机构不负承购剩余债券的责任，发行风险由发行公司自己承担。包销则是指债券承销商将发行人的债券按照协议全部购入，或者在承销期结束时将售后剩余债券全部自行购入的承销方式。包销方式可以使得发行人不承担发行风险，但不利之处是发行费用较高。

3. 协议发行和招标发行

按照发行条件如何确定，分为协议发行和招标发行。协议发行是发行者与承销商相互磋商确定承销资格和发行条件的发行方式。采取协议方式可以使双方通过充分的交流与合作设计出满意的发行方案，但它受人为因素（如双方的谈判能力）的影响较大，不利于得到公平的市场价格。

招标发行是通过竞拍招标方式来确定承销商和发行条件。其特点是采用竞争机制来确定价格，因而有利于发行者以低资金成本筹集资金。根据标的物不同，招标发行又可分为价格招标和收益率招标。价格招标主要用于贴现债券的发行，收益率招标主要用于附息债券发行，原理与股票竞价发行相似。美国的国债发行主要采用招标发行。

我国公司债券发行采用保荐制度。2007年中国证券监督管理委员会颁布的《公司债券发行试点办法》规定，"发行公司债券，应当由保荐人保荐，并向中国证监会申报。"我国国债发行以国债一级自营商承购包销方式为主。（一级自营商是指具备一定资格条件、经政府主管机关批准的银行、证券公司、信托投资公司等金融机构，它们有责任包销每次国债发行量的一定比例，再通过各自的市场销售网络开展分销与零售业务。）凭证式国债主要由商业银行承销并利用银行营业网点分销。记账式国债则由证券承销商通过证券交易所发行。从1995年开始，我国也采用招标方式发行国债，从而在国债发行过程中真正引入了市场竞争机制。

三、债券发行价格

债券发行利率与发行价格之间有一定差别，确定发行利率及发行价格是债券发行市场极为重要的环节。

（一）债券的发行利率

债券的发行利率，一般指债券的票面利率，也就是债券票面所载明的利率。债券的发行利率是债券发行人根据债券本身的性质、期限、信用等级、利息支付方式及对市场供求的分析等因素来确定的，而不是主观盲目确定。总的来讲，确定

债券的发行利率,主要依据以下几个方面的因素:

1. 债券的期限

一般来讲,债券的期限越长,发行利率就越高;反之,期限越短,发行利率就越低。这是因为,期限越长,信用风险、利率风险、通货膨胀风险等潜在的风险就大,投资者需要予以回报的利率就较高。但在个别情况下,债券期限与利率水平也有反向情况发生。

2. 债券信用等级

债券信用等级的高低,在一定程度上反映债券发行人到期支付本息的能力。债券等级越高,投资者承担的风险就越小;反之,投资者承担的风险就越大。债券发行人可根据债券信用等级来确定债券的发行利率水平,如果等级高,就可相应降低债券的利率;反之,就要相应提高债券的利率。

3. 有无可靠的抵押或担保

抵押或担保是对债券还本付息的一种保障,是对债券投资风险的一种防范,是对投资者信心的一种保护。在其他情况一定的条件下,有抵押或担保,投资的风险就小一些,债券的利率就可低一些;如果没有抵押或担保,投资的风险就要大些,债券的利率就要提高。

4. 当前市场状况

如果当前市场银根很紧,市场利率可能会逐步升高,银行存款、贷款利率及其他债券的利率水平比较高,债券发行人就应考虑确定较高的债券发行利率;反之,债券发行人就可确定较低的债券发行利率。

5. 债券利息的支付方式

实行单利、复利和贴现等不同的利息支付方式,对投资者的实际收益率和发行人的筹资成本,有着不同的影响。一般来讲,单利计息的债券,其票面利率应高于复利计息和贴现计息债券的票面利率。

6. 金融管理当局对利率的管制结构

例如,有些国家直接规定债券利率水平或最高上限,有些国家规定债券利率的浮动幅度,有些国家规定债券利率要与受到管制的存款利率挂钩,有些国家对债券利率不加任何管制,使其完全决定于债券发行人信誉、债券期限、市场条件及投资者选择。

应当注意的是,债券的发行利率并不是投资债券的实际收益率。如果投资者以债券票面价格购进,而且持有到债券到期日,其票面利率等于实际收益率;如果投资者以低于票面的价格购进债券,且持有到债券到期日,其实际收益率要高于债券票面利率;而如果是高于票面价格购进债券,实际收益率就要低于债券票面利率。

第五章 证券发行市场

债券的发行利率一旦确定,就要被正式印在债券的票面上。在债券的有效期内,无论市场上发生了什么变化,发行人必须按此利率向债券持有人支付利息。但问题是,债券的印制、发行到投资者实际认购中间有一段时间间隔,当债券发行时,市场利率已经发生了变动,如不调整债券的收益率,就会影响债券的销售或成本,但债券的期限和利率已经确定并印制好,已难以改动,这时债券发行人就应调整债券的发行价格,以调整债券的实际收益率。

(二)债券的发行价格

按发行价格与票面金额的关系,债券的发行价格有三种:平价发行,即发行价格与票面金额相一致;溢价发行,即发行价格高于票面金额;折价发行,即发行价格低于票面金额。

如果是采取溢价发行,意味着投资者要按高于债券票面金额的价格认购债券。例如,要支付 102 元认购票面金额为 100 元的债券,当债券到期时,只能按 100 元收回本金,由此就会相应降低债券投资的实际收益率。而如果投资者以低于票面金额的价格购进债券,例如,支付 98 元购进票面金额为 100 元的债券,债券到期时,投资者将按 100 元票面金额收回本金,这样就等于提高了债券投资的实际收益率。债券发行者也正是通过调整债券的发行价格来调整债券的实际收益率,使之与市场利率保持一致。

从投资者的角度来看,是否认购某种债券,主要考虑债券发行价格及实际收益率,而债券的实际收益率水平则主要决定于债券偿还期限、债券票面利率和债券的发行价格。

四、债券发行条件与程序

(一)债券发行条件

世界各国对债券的发行都作出了规定,必须达到一定的条件方可发行。

《公司法》第 154 条规定,"本法所称公司债券,是指公司依照法定程序发行、约定在一定期限还本付息的有价证券。公司发行公司债券应当符合《中华人民共和国证券法》规定的发行条件。"

《证券法》第 16 条规定,公开发行公司债券必须符合下列条件:

(1)股份有限公司的净资产不低于人民币三千万元,有限责任公司的净资产不低于人民币六千万元;

(2)累计债券余额不超过公司净资产的百分之四十;

(3)最近三年平均可分配利润足以支付公司债券一年的利息;

(4) 筹集的资金投向符合国家产业政策；

(5) 债券的利率不超过国务院限定的利率水平；

(6) 国务院规定的其他条件。

《上市公司证券发行管理办法》还对可转换公司债券发行条件作出了详细规定。

（二）债券发行程序

以公司债券公募发行为例，其发行程序如下：

（1）债券发行单位与证券承销商双向选择，签订承销协议，明确双方责任和义务。

（2）完成债券发行申请和审批。发行企业在主承销商的协助下向中国人民银行交送有关文件，提出申请，中国人民银行对其进行审批，审批通过，方可发行。

（3）发布公告。在获得发行批复后，主承销商应当至少在发行前10日在中国人民银行指定的报纸上刊登公告，公布债券发行报告，公告信息不得与经中国人民银行审定的内容有任何不同。

（4）承销团成员利用自己的销售网络，向金融机构、企事业单位及个人投资者销售。

【延伸阅读】

宁波银行发行新股

宁波银行股份有限公司成立于1997年4月10日，是一家具有独立法人资格的股份制商业银行，注册资本为人民币25亿元。2007年6月22日宁波银行获证监会批准在深市中小板进行首次公开发行，成为我国中小板的首只银行股。

宁波银行首次公开发行新股基本情况如下：

新股发行网上申购日：2007年7月12日，新股发行网下配售日：2007年7月11日，发行方式：网下向配售对象累计投标询价与网上资金申购定价发行相结合，发行价格：9.2元/股，申购上限：270 000 000股，全面摊薄发行市盈率：36.39倍，发行数量：450 000 000股，路演时间：2007年7月11日，路演网站：smers.p5w.net，中签号公布日：2007年7月17日，主承销商：高盛高华证券有限责任公司。

宁波银行首次公开发行新股的重要时间安排：

7月11日 刊登《初步询价结果及发行价格区间公告》、《网下发行公告》和《网上资金申购发行公告》，网下申购缴款起始日（9:00—17:00），网上路演（14:00—17:00）。

7月12日 网下申购缴款截止日（9:00—15:30），网上资金申购日（9:30—11:30，13:00—15:00）。

第五章 证券发行市场

7月13日 确定发行价格,冻结网上资金,确定是否启动网上网下回拨机制,确定回拨后(如有)的网上网下最终发行数量,网上申购配号。

7月16日 刊登《定价、网下发行结果及网上中签率公告》,网下申购资金退款,网上发行摇号抽签。

7月17日 刊登《网上资金申购摇号中签结果公告》,网上申购资金解冻。

上市以来,宁波银行取得了较好绩效。截至2024年4月10日,宁波银行总股本达66.04亿股;截至2024年9月末,宁波银行总资产为3.07万亿元。

重要概念

证券市场 证券发行 证券发行市场 公募发行 私募发行 直接发行 间接发行 首次公开发行 增资发行 公募增资 定向增发 无偿增资发行 股票发行注册制 股票发行核准制 平价发行 溢价发行 折价发行 累积订单方式 固定价格方式 协议发行 招标发行

思 考 题

1. 简述证券发行市场的基本功能及特征。
2. 简析证券发行市场的基本结构。
3. 证券发行的方式有哪些?股票发行有哪些特定的方式?
4. 我国主板市场和创业板市场首次公开发行股票的条件分别是什么?
5. 股票发行价格有几种?如何确定股票发行价格?
6. 试比较股票发行管理的注册制和核准制。
7. 债券发行影响因素有哪些?它们如何影响债券发行的价格及成本?
8. 如何理解债券发行利率与发行价格之间的关系?
9. 结合本章内容谈谈目前我国股票发行市场的基本状况。

第六章 证券流通市场

第一节 证券交易所市场

一、证券流通市场的概念与功能

（一）证券流通市场的概念

证券流通市场是已经发行的证券按时价进行转让、买卖和流通的市场。由于它是建立在发行证券的初级市场的基础上，因此又称作二级市场。证券流通市场和证券发行市场共同构成了证券市场这个不可分割的整体。

就两者的关系而言，证券发行市场和流通市场既互相区别又互相联系，互为条件，相辅相成。区别在于，证券发行市场是通过一种纵向关系将发行者和投资者联系起来，而证券交易市场则是通过一种横向关系，将同是投资者（或投机者）的证券买卖双方联系起来。证券发行市场的扩张代表了社会资本存量的增加，而证券交易市场的交易量只代表现有证券所有权的转移，不代表社会资本存量的变动。

两者的关联主要表现在两个方面：一方面，证券发行市场是证券流通市场的前提和基础，没有发行市场，就不会有流通市场。发行市场通过新证券的创造，为流通市场提供买卖交易的对象。发行市场的规模和品种决定了流通市场的规模与交易品种，有时还会影响流通市场的交易价格；另一方面，证券流通市场是证券发行市场得以存在和发展的条件，对发行市场有着重要的促进和推动作用。通过流通市场可以使证券投资具有流动性，可以使风险分散化、长期投资短期化，保证投资者能够随时出售所持有的证券，从而使有价证券成为投资者愿意选择的金融资产，使证券发行市场对投资者更有吸引力。

（二）证券流通市场的功能

证券流通市场包含了证券流通的一切活动，具有以下重要功能：

1. 增强证券投资的流动性和安全性

证券流通市场的存在和发展使投资者可以根据自己的投资计划和市场变动情况随时买卖证券。投资者在资金多余时,可以购买证券进行投资,把消费资金转化为生产资金,在资金短缺时,可以把证券卖掉变成现金以解决即期支付之需。

2. 促进社会闲散资金的筹集与利用

流通市场的发展与发达解除了投资者所持证券不能随时变现的后顾之忧,促使投资者踊跃认购新发行证券,从而有利于公司筹措长期资金,为证券发行者创造了有利的筹资环境。从整个社会看,则是将短期储蓄资金转变为长期生产资金,有利于社会闲散资金的筹集与有效利用。

3. 提供经济分析和管理决策的重要参考指标

证券流通市场的价格是反映经济动向的"晴雨表",能灵敏地反映出资金供求、市场供求、行业前景和政治经济形势的变化,是进行经济预测分析的重要指标和政府宏观经济政策及金融政策调整的重要依据之一。对于企业来说,流通市场上股权的转移和行市的涨落是其经营状况的指示器,能为企业及时提供大量信息,有助于它们的经营决策和经营管理的改善。

二、证券交易所

根据具体组成形式不同,交易市场分为证券交易所市场和场外交易市场两种基本形式。随着证券交易日益发达,世界各国证券市场结构不断分化,先后出现了"第三市场"和"第四市场"。

(一)证券交易所的特征与功能

证券交易所又称场内交易市场,是指有组织、有固定地点的集中买卖证券的场所。证券交易所本身不参加证券交易,也不决定证券价格,仅为证券交易提供场所、设备和服务,以便证券交易顺利进行,同时也兼有管理证券交易的职能。它与证券公司、信托投资公司等非银行金融机构不同,是非金融性的组织机构。

1. 证券交易所的特征

证券交易所市场是证券交易市场的核心。它具有如下特点:

(1)证券交易所是有组织的市场。它必须是经政府许可成立的,具有严密管理、组织健全、设备完善的独立组织机构。

(2)证券交易所是有形、集中的市场。证券交易所的交易一般都集中在交易所大厅或交易室进行。

(3)证券交易所只进行上市证券的交易。上市证券是一级市场所发行证券中的一部分,一般都是由规模大、影响大的机构、公司发行的证券。其他非上市证券在场外市场交易或暂不交易。

（4）证券交易所的交易是间接交易。投资者不能自行和其他投资者直接进行交易，而必须委托证券经纪人在交易所进行交易。交易所内的交易大部分是在买方经纪人和卖方经纪人之间达成的(证券自营商的交易除外)。

（5）证券交易所具有较高的成交速度和成交率，但交易费用较高。

2. 证券交易所的功能

具体来看，证券交易所的基本职能包括：提供证券交易场所和设施；制定业务规则，如上市、清算、交割、过户等各项规则；接受上市申请，审查、筛选并安排证券上市；组织、监督证券交易，并对会员和上市公司进行监管；搜集、编制和公布市场信息。

通过执行上述基本职能，证券交易所实现了下列重要功能：

1) 提供持续性的证券交易的场所

证券交易所交易时间的固定性以及大量交易者的集中，使证券买卖随时可以成交，保证证券交易持续不断地进行。证券交易所交易规则的统一性有利于很好地发挥供求机制、竞争机制和价格机制的自动调节作用，使价格充分反映供求关系。证券交易所内的证券交易成交量大、买卖频繁、进出报价差距小、价格波动小、交易完成迅速，创造了一个具有高度流动性、高效率和连续性的市场。

2) 形成较为合理的价格

证券交易所和交易所的会员都无权决定交易价格。交易所内的证券交易价格是在充分竞争的条件下，由买卖双方集中公开竞价形成的，它不仅是交易厅内双方公开竞价的结果，而且也是通信网络连接各委托交易网点综合报道市场行情的结果。由于是公开竞价而形成的价格，它既能反映供求关系，也能体现证券的真实投资价值，是在市场机制调节下所产生的均衡价格。

3) 引导社会资金合理流动，优化资源配置

证券交易的价格和成交量实际上体现了市场对某一证券的评价。交易所每天公布其行情变化，投资者可以据此选择和调整投资方向。交易所交易行情变化由此可以自动调节社会资金流向，促使社会资金向高效率的方向流动。

4) 预测反映经济动态

证券价格的变动受企业的利润前景等多种因素的影响，而交易行情的好坏又从侧面反映了这些因素的变化。由于股价循环一般先于商业循环而发生，因而证券价格波动往往成为经济周期变化的先兆，成为社会经济活动的晴雨表。通过证券价格的变动，可以预测企业及生产部门的经济动态和整个社会经济的发展状况。

（二）证券交易所的组织形式

1. 公司制

公司制证券交易所是银行、证券公司、投资公司以及其他企业共同出资，按照股份公司的原则设立的以营利为目的的企业法人。作为企业法人，公司制证券交易所本身不参与证券交易，只向投资者提供交易场所和交易设施，以便证券交易顺利进行。公司制证券交易所由注册的证券商进行交易，证券商与交易所签订合同，并缴纳营业保证金。公司制证券交易所必须遵守公司法的各项规定，在政府主管机构的管理和监督下运行，其最高权力机构是股东大会，执行机构是董事会，并由董事会选聘与任命经理对各职能部门进行日常管理。公司制证券交易所本身也要通过发行股票来筹集资金，其股票可在除自身之外的其他证券交易所上市交易。目前世界上采用公司制组织形式的交易所并不多。2021年，我国成立的北京证券交易所采用的是公司制组织形式。

2. 会员制

会员制证券交易所作为社团组织，通常由证券公司、投资公司等证券商自愿组成，这些证券商即为交易所的会员。只有具有会员资格的证券商，才能进入交易所参与证券交易活动。

会员制证券交易所的运转不以营利为目的，收取各种资金和费用都严格按照规定用途使用，并制定专项管理规则进行管理，交易所的收益结余不分配给会员。

会员大会和理事会是会员制证券交易所的决策机构。会员大会是最高权力机构，决定交易所经营的基本方针。理事会为执行机构，其主要职能是：审查会员资格；决定会员人数；根据证券交易法起草交易所章程，交会员大会通过，并呈报有关部门审批；审查和决定证券的上市、报价；按章程规定，定期召开会员大会，处理交易所的一些重大问题以及其他日常事务。会员制交易所在法律上又分为法人和非法人两种。东京证券交易所是法人会员制证券交易所，它不但适用证券交易法，也适用民法的规定。纽约证券交易所是非法人制交易所，是一种自愿组合的非法人团体，其章程是会员之间的契约，而会员的权利和义务是交易所赋予的。目前世界上绝大多数国家的证券交易所是会员制交易所。我国的上海、深圳证券交易所也采取会员制组织形式。

（三）我国证券交易所市场的层次结构

1. 主板市场

主板市场是一个国家（地区）证券发行、上市交易的主要场所，一般而言，各国主要的证券交易所代表着国内主板市场。主板市场对发行人的营业期限、股本大小、盈利水平、最低市值等方面的要求标准较高,上市企业多为大型成熟企业,具有较大的资本规模以及稳定的盈利能力。主板市场是资本市场中最重要的组成部分,很大程度上能够反映经济发展状况,有"宏观经济晴雨表"之称。上海证券交易所(简称"上交所")和深圳证券交易所(简称"深交所")主板、中小板块是我国证券市场的主板市场。2004年5月,深圳证券交易所在主板市场内设立中小企业板块市场。设立中小企业板块的宗旨是为主业突出、具有成长性和科技含量的中小企业提供直接融资场所。2021年4月6日,深交所主板与中小板合并正式实施。两板合并的总体思路是"两个统一、四个不变",即统一业务规则,统一运行监管模式,保持发行上市条件不变,投资者门槛不变,交易机制不变,证券代码及简称不变。

2. 二板市场

二板市场是与主板市场相对的概念,专门为暂时无法在主板上市的中小成长型新兴公司而设立。最初深市的创业板被称为"二板市场",之后的沪市科创板具有相似特征,因此也被纳入二板范畴。二板是一国资本市场的关键构成部分,与主板相比,具有前瞻性、高风险、监管要求严格、高技术产业导向明显等特点,且上市条件略宽松。深沪两市二板的发行条件、信息披露原则要求、监管处罚等方面基本一致,但创业板与科创板在定位上有较大区别。

1) 创业板市场

创业板市场又被称为"二板市场",是为具有高成长性的中小企业和高科技企业进行直接融资服务的场所。创业板市场是不同于主板市场的独特的资本市场,具有前瞻性、高风险、监管要求严格以及明显的高技术产业导向的特点。与主板市场相比,在创业板市场上市的企业规模较小、上市条件相对较低,中小企业更容易上市募集发展所需资金。因而,建立创业板市场是完善风险投资体系,为中小高科技企业提供直接融资服务的重要一环,也是多层次资本市场的重要组成部分。

2) 科创板

科创板是在主板市场之外的另一新设板块,于2019年6月13日在上交所设立。科创板主要为符合国家战略、拥有关键核心技术、科技创新能力突出、具有稳定商业模式、市场认可度高、成长性较强的科技创新企业提供长期资本融通。2019年1月30日,证监会发布的《关于在上海证券交易所设立科创板并试点注册制的实施意见》中强调,科创板坚持面向世界科技前沿、面向国民经济主战场、面向国家重大需求,主要服务于符合国家战略、突破关键核心技术、市场认可度高的科技创新企业。重点支持新一代信息技术、高端装备、新材料、新能源、节能环保以及生物医药等高新技术产业和战略性新兴产业,推动互联网、大数据、云计算、人工智能和制造业深度融合,引领中高端消费,推动质量变革、效率变革、动力变革。

3. 三板市场

三板市场作为中国多层次证券市场体系的一部分,主要支持中小企业发展,先后经历了旧三板、新三板和"升级版"新三板等三个重要阶段。

旧三板,全称"股权代办转让系统",2001年7月16日正式开办,一方面为退市后的上市公司股份提供继续流通的场所,另一方面解决了原全国证券交易自助报价系统和全国电子交易系统历史遗留的数家公司法人股的流通问题。

新三板,全称为"全国中小企业股份转让系统",主要针对的是中小微企业,经营范围为组织安排非上市股份公司股份的公开转让,为非上市股份公司融资、并购等相关业务提供服务等。新三板起源于2006年中关村科技园区非上市股份公司进入代办转让系统进行股份报价转让。2012年9月,试点6年的新三板正式扩容。2013年1月16日,全国中小企业股份转让系统正式揭牌运营,与主板、中小板、创业板形成了明确的分工,旨在为处于初创期、盈利水平不高的中小微企业提供资本市场服务。新三板市场又分为基础层、创新层和精选层,不同资质的公司在这三个不同的平台挂牌。

"升级版"新三板,由北交所、创新层、基础层一起组成,以2021年9月北交所成立为契机。北交所是全国中小企业股份转让系统有限责任公司(股转公司)的全资子公司。北交所以新三板精选层公司为基础组建,总体平移精选层各项基础制度,同步试点证券发行注册制,并且这些公司进入A股市场进行交易买卖。从隶属关系上,可以理解为精选层改名为北交所。北交所、创新层、基础层仍然都在股转公司旗下,但北交所不只是精选层改名,还配套有政治和法律地位的提高。精选层的公司是未上市公众公司,平移到北交所后,成为上市公司、公众公司。升级后的新三板,维持新三板基础层、创新层与北交所"层层递进"的市场结构。

(四)证券交易所的运作系统

现代证券交易所的运作普遍实现了高度的无形化和电脑化,建立了安全、高效的电脑运作系统,并跨越了场所、区域的限制。以我国上海证券交易所、深圳证券交易所为例,交易所的集中交易系统由交易系统、结算系统、信息系统和监察系统组成(如图6.1所示)。除集中交易系统外,又发展起大宗交易系统、固定收益证券综合电子平台、综合协议交易平台、融资融券交易系统等。

1. 集中竞价交易系统

1)交易系统

交易系统通常由撮合主机、通信网络和柜台终端三部分组成,其基本结构如图6.2所示。

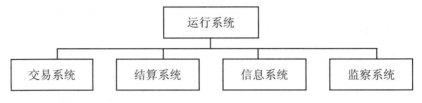

图 6.1　证券交易所的基本运行架构

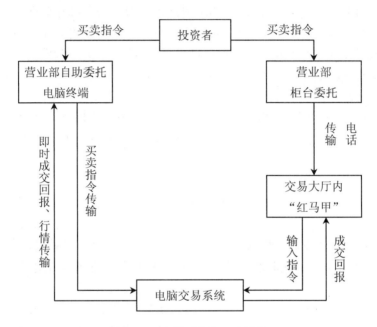

图 6.2　交易系统的基本结构

（1）撮合主机。撮合主机是整个交易系统的核心，它将通信网络传来的买卖委托读入计算机内存进行撮合配对，并将成交结果和行情通过通信网络传回证券商柜台。我国上海证券交易所撮合主机使用的是美国惠普大型计算机，深圳证券交易所的撮合主机使用的是美国 TANDEM 容错计算机，撮合能力均可达到日处理委托 700 万笔，成交 500 万笔以上，比较适合我国散户多、委托量大、撮合次数多的特点。

（2）通信网络。通信网络是连接证券商柜台终端、交易席位和撮合主机的通信线路及设备，如单向卫星、双向卫星和地面数据专线等，用于传递委托、成交及行情等信息。

不同的交易席位需要使用不同的通信方式。证券商申请会员资格后，通过在交易所购买交易席位进行交易。席位原指交易所交易大厅中的座位，座位上有电话、传真等通信设备，可以和证券商柜台传递委托与成交信息。随着交易过程的电子化和通信技术的现代化,交易方式由手工竞价模式发展为电脑自动撮合,交易席位的形式也发生了很大变化,演变为与撮合主机联网的报盘终端和参与交易的权利。

我国上海、深圳证券交易所为证券商提供的交易席位包括有形席位和无形席位两种。有形席位指交易所交易大厅内与撮合主机联网的报盘终端。证券商使用有形席位所采用的通信方式是由柜台工作人员通过热线电话,将投资者的委托口述给交易大厅内的出市代表(即"红马甲"),出市代表用席位上的报盘终端,再将委托输入撮合主机参与交易,证券商柜台利用单向卫星系统接收行情和成交数据。

无形席位实际上是交易所为证券商提供的与撮合主机联网用的通信端口,不具有席位的原始形式。在交易所看不到席位,如果全部采用无形席位交易,甚至连交易大厅也不需要。其通信方式是,证券商利用现代通信技术,将柜台电脑终端与交易所撮合主机联网,直接通过通信网络将委托传送到交易所撮合主机参与交易,并通过通信网络接收行情和成交数据。

(3)柜台终端。证券商柜台电脑终端系统用于证券商管理客户证券账户和资金账户、传送委托、接收成交、显示行情等。网络操作系统多采用 Novell 网络操作系统,网上带有 2~3 台服务器和数十台工作站以及与交易所进行通信的传送机、行情接收机等。

2) 结算系统

结算系统是对证券交易进行清算、交收和过户,使买入者得到证券、卖出者得到资金的系统。各国证券市场都有专门机构进行证券的存管与结算。国外的证券结算与交收的过程通常要在交易结束后 5 天或 3 天才能完成,即通常所说的 T+5 交收或 T+3 交收。我国上海、深圳证券交易所实现了无纸化和电子化交易,结算系统较为高效、快捷,结算和交收于交易次日上午开市前即可完成,为 T+1 交收。

3) 信息系统

信息系统负责对每日证券交易的行情信息和市场信息进行实时发布。信息系统发布网络主要由交易通信网、信息服务网、证券报刊和英特网四个渠道组成。其中,交易通信网是通过交易系统的通信网络发布证券交易实时行情、股价指数和重大信息公告等,最为迅速快捷。

4) 监察系统

监察系统负责对市场进行实时监控。日常监控的主要内容如图 6.3 所示,包括对行情信息、交易情况、证券结算和资金交收等四个方面的监控。

(1)行情监控。对交易行情进行实时监控,观察股票价格、股价指数、成交量等的变化,如果出现股价或指数突然大幅波动或成交量突然放大等,监控人员可以及时掌握情况,作出判断。

(2) 交易监控。对异常交易进行跟踪调查,如果异常交易是由违规引起的,则对违规者进行处罚,如停牌、罚款、暂停交易。

(3) 证券监控。对证券卖出情况进行监控,如发现某证券账户中没有证券或数量不足而卖出证券,构成卖空,则对相应证券商进行处罚。

(4) 资金监控。对证券交易和新股发行的资金进行监控,如果证券商未及时补足清算头寸,构成买空,监控系统可以立即根据实际情况,作出判断。

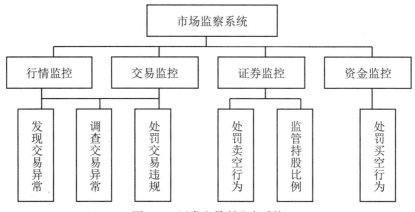

图 6.3　证券交易所监察系统

2. 大宗交易系统

大宗交易是指一笔数额较大的证券交易,通常在机构投资者之间进行。在交易所市场进行的证券单笔买卖达到交易所规定的最低限额,可以采用大宗交易方式。大宗交易在交易所正常交易日收盘后的限定时间进行,申报方式有意向申报和成交申报。有涨跌幅限制证券的大宗交易须在当日涨跌幅价格限制范围内;无涨跌幅限制证券的大宗交易须在前一日收盘价的±30%范围内(上交所、深交所)或当日竞价时间内已成交的最高和最低成交价格之间(上交所),由买卖双方采用议价协商方式确定成交价,并经证券交易所确认后成交。大宗交易的成交价格不作为该证券当日的收盘价,也不纳入指数计算,不计入当日行情,成交量在收盘后计入该证券的成交总量。

3. 固定收益证券综合电子平台

固定收益证券综合电子平台(简称"固定收益平台")是上海证券交易所设置的、与集中竞价交易系统平行的、独立的固定收益市场体系。该体系是为国债、企业债、资产证券化债券等固定收益产品提供交易商之间批发交易和为机构投资者提供投资与流动性管理的交易平台。固定收益平台所交易的固定收益证券包括国债、公司债券、企业债券、分离交易的可转换公司债券中的公司债券。固定收益平台设立交易商制度,符合条件的上海证券交易所会员和其他合格投资者可以申请交易商资格。交易商是指经上海证券交易所核准、取得资格的证券公司、基金管理公司、财务公司、保险资产管理公司及其他交易参与者。

4. 综合协议交易平台

综合协议交易平台是指深圳证券交易所为会员和合格投资者进行各类证券大宗交易或协议交易提供的交易系统。综合协议交易平台在原大宗交易平台各项业务集中整合的基础上发展而来,是一个主要服务于机构投资者的交易平台。

(五)证券交易所的参与者

正如前文所说,只有具备会员资格的证券商或注册合格的证券商才能在交易所内直接从事交易活动,而一般投资者只能委托证券商办理交易。证券商就是从事证券业务的中介机构,包括证券承销商、证券经纪商、证券自营商和做市商。其中证券承销商在发行市场上从事证券活动,后三者在交易所市场上开展交易活动,是证券交易所的主要参与者。

1. 证券经纪商

证券经纪商就是通常所说的经纪人,它是专门接受客户委托代理证券买卖业务以获得佣金收入的金融服务机构。证券经纪商自己不直接买卖证券,而只是接受、传递和执行投资者的委托单,交易佣金是其主要利润来源。证券经纪商是交易所的中坚力量,对证券交易市场的繁荣和发展有着十分重要的作用。

在证券经纪商中,接受一般投资者委托买卖证券的称为佣金经纪商,主要是证券公司和其他金融机构证券部在各地开设的证券营业部以及它们选派的证交所的会员。专门接受其他佣金经纪商的委托从事证券交易的人(即经纪商的经纪商)称为交易所经纪商,也称场内经纪人。这类经纪商自己不能单独接受证券交易所以外投资者的买卖委托,其佣金由佣金经纪商支付。另有一种专营经纪商,特指兼有证券经纪商和证券做市商双重身份的专营某些证券的交易商,他既可以为证交所内的佣金经纪商或自营商代理买卖证券,从中收取佣金,也可以运用自有资金自行买卖证券,发挥调节供求、稳定证券价格的作用,并从买卖证券中获取利润。

2. 证券自营商

证券自营商是指在证券交易所内以投资者身份直接为自己买进或卖出证券的证券商。证券自营商收入不是佣金而是证券价格差价。他们不接受他人委托,自行买卖,自担风险,自负盈亏,承担较大的风险。

证券自营商又可分为直接自营商和零股自营商两种。直接自营商是在交易所内注册的直接在交易大厅内买卖证券的自营商。他们随时根据证券价格变动不失时机地买进或卖出证券,从中获取差价利润。零股自营商是专门从事不足一个交易单位的证券买卖的证券自营商。当佣金经纪商接受零股交易委托时就再委托给零股自营商。零股自营商将接受委托的零股凑足一手后卖出,或买进一手化整为零再卖给他人。零股自营商的存在使小额投资者也有资格参加证券买卖。

3. 证券做市商

做市商是指运用自己的账户从事证券买卖,通过不断地买卖报价维持证券价格的稳定性和市场的流动性,并从买卖报价的差额中获取利润的金融服务机构。由于做市商是用自己的资金进行证券交易,从而承担了一定的价格风险,例如,他所持有的证券价格可能在卖出之前下跌。与经纪商不同,做市商不依靠佣金收入,而是靠买卖差价赚取收入。

第二节 场外交易市场

场外交易市场即证券交易所以外的市场。狭义的场外交易市场仅指证券交易商柜台市场。随着证券交易的发展,证券市场结构不断分化,在国外发达国家中诞生了"第三市场"和"第四市场"。因此,广义的场外交易市场由三个部分组成:场外市场、第三市场和第四市场。

一、场外交易市场的概念和特点

(一) 场外交易市场的概念

场外市场是指经纪人或自营商不通过有组织的证券交易所,而直接与顾客进行证券买卖的场所,又称店头市场或柜台市场,简称为 OTC 市场(Over-The-counter Market)。它实际上是由千万家证券商组成的抽象的证券买卖市场。

在场外市场内,每个证券商大都同时具有经纪人和做市商双重身份,随时与买卖证券的投资者通过直接接触或电话、电报等方式迅速达成交易。作为做市商,证券商具有创造市场的功能。证券商往往根据自身的特点,选择几个交易对象进行报价与买卖。作为经纪人,证券商代理顾客与某证券的交易商进行交易,不承担任何风险,只收少量的手续费作为补偿。

(二) 场外交易市场的特点

1. 挂牌标准相对较低

场外交易市场通常是各国和地区资本市场体系中较低的一个层次,在其中挂牌的公司通常是无法达到交易所上市要求的公司,这些公司的普遍特点是成长性较强,具有一定发展潜力,同时也存在规模较小、盈利能力差、经营状况不太稳定等情况。因此,场外交易市场在挂牌条件上通常不对企业规模和盈利情况设置门槛,更加注重企业的成长性。

2. 信息披露要求较低

为适应挂牌公司规模较小,对信息披露、财务审计等挂牌相关费用承受力弱的特点,场外交易市场通常对其信息披露频率和内容要求较低,监管较为宽松,市场透明度不及交易所市场。

3. 采用做市商制度

做市商制度也叫报价驱动制度,是指做市商向市场提供双向报价,投资者根据报价选择是否与做市商交易。相对于交易所市场常用的竞价交易制度,场外交易市场的投资者无论是买入还是卖出股票,都只能与做市商交易,即在一笔交易中,买卖双方必须有一方是做市商。近年来,随着计算机和网络通信等电子技术的应用,场外交易市场和交易所市场在交易方式上日益趋同,场外交易市场也具备了计算机自动撮合的条件。目前的场外交易市场早已不再单纯采用集中报价、分散成交的做市商模式,而是掺杂自动竞价撮合,形成混合交易模式。

二、场外交易市场的构成

(一)第三市场

第三市场是 20 世纪 60 年代才开创的一种证券交易市场,是指已在交易所挂牌上市的证券的场外交易市场。这一部分交易原属于柜台市场范围,近年来由于交易量增大,其地位日益提高,以致许多人都认为它实际上已变成独立的市场。

第三市场是为了适应大额投资者的需要发展起来的。一方面,机构投资者买卖证券的数量往往以千万计,如果将这些证券的买卖由交易所的经纪人代理,这些机构投资者就必须按交易所的规定支付相当数量的标准佣金。机构投资者为了减少投资的费用,于是便把目光逐渐转向了交易所以外的柜台市场。另一方面,一些非交易所会员的证券商为了招揽业务,赚取较大利润,常以较低廉的费用吸引机构投资者,在柜台市场大量买卖交易所挂牌上市的证券。由于这两方面的因素相互作用,使第三市场得到充分的发展。第三市场的交易价格,原则上是以交易所的收盘价为准。

第三市场并无固定交易场所,场外交易商收取的佣金是通过磋商来确定的,因而使同样的证券在第三市场交易比在证券交易所交易的佣金要便宜许多,所以第三市场一度发展迅速。直到一些国家取消了固定佣金制度,交易所会员可以自行决定佣金,投资者可选择佣金低的证券公司来进行证券交易,第三市场的发展势头才有所减缓。

第三市场的出现和发展对证券市场产生了一定的积极影响。对投资者有降低成本的好处,对证券业,由于上市证券出现了多层市场,加强了业务竞争,促进了证券研究和服务的深化。

(二) 第四市场

第四市场是投资者不通过经纪人,而是通过电子计算机网络直接进行大宗证券交易的场外交易市场。同第三市场一样,第四市场也是适应机构投资者的需要而产生的。当前,第四市场的发展仍处于萌芽状态。

第四市场的交易程序是:用电子计算机将各大公司证券的买进或卖出价格输入储存系统,机构交易双方通过租赁的数据线路与交易网络的中央主机联系,当任何会员将拟买进或卖出的委托储存在计算机记录上以后,在委托有效期间,如有其他会员的卖出或买进的委托与之相匹配,交易即可成交,并由主机立即发出成交证实,在交易双方的终端上显示并打印出来。由此可见,第四市场实际上是个大批量交易的通信网络,主要功能是为买卖双方提供相互沟通的途径,以方便其进行直接的交易谈判。

对第三市场及证券交易所来说,第四市场是一个颇具竞争性的市场。其优点在于:

(1) 交易成本低。买卖双方直接交易,节省了佣金。

(2) 价格满意、成交迅速。买卖双方直接洽谈成交,所以可望获得双方都满意的较好价格,成交也迅速。

(3) 可以保守交易秘密。无须通过经纪人进行交易,有利于机构投资者匿名进行证券交易。

(4) 不冲击证券市场。第四市场所进行的一般都是大宗证券交易,如果公开进行,可能会给证券市场的价格造成较大的影响,而在第四市场交易,因其不公开出价,可以避免对证券行情产生压力。

当然,第四市场也有其不利的一面,会给金融管理带来很大困难,连买卖交易的统计资料都很难获得,更不易对这类交易进行管理监督或制定行为规范。所以第四市场的存在和发展也对证券市场的管理提出了挑战。

三、我国的场外交易市场

(一) 四板市场

四板市场,即"区域性股权交易市场",是由地方政府管理,为特定区域内的中小微企业提供股权、债券转让和融资服务的私募市场,是我国多层次资本市场的重要组成部分。该市场对促进企业特别是中小微企业股权交易和融资,鼓励科技创新和激活民间资本,加强对实体经济薄弱环节的支持,具有积极作用。2017年1月,国务院办公厅发布《关于规范发展区域性股权市场的通知》,明确将区域性股权市场纳入中国多层次资本市场体系,主要服务其所在行政区域内的中小微企业,同时要求各省、自治区、直辖市仅可设立或保留1家运营机构。2019年12月,新《证券法》正式明确了区域性股权市场的法律地位。目前区域性股权市场已基本形成"一省一市场"的格局,截至2023年年底,除西藏外,全国已有35家区域性股权市场。

(二)五板市场

五板市场是小微企业进行资金融通的市场,包括天使投资、风险投资、股权众筹等股权投资市场。该市场没有固定的场所,没有规定的成员资格,没有严格可控的规则制度,没有规定的交易产品和限制,主要是交易对手通过私下协商进行一对一的交易。

(三)银行间债券市场

全国银行间债券市场是指依托于中国外汇交易中心暨全国银行间同业拆借中心(简称"交易中心")和中央国债登记结算有限责任公司(简称"中央登记公司")的,面向商业银行、农村信用联社、保险公司、证券公司等金融机构进行债券买卖和回购的市场。各金融机构完成联网、交易人员培训和在中央登记公司开立债券托管账户后,即可在银行间债券市场进行交易。该市场中的债券托管结算和资金清算分别通过中央登记公司和中国人民银行支付系统进行。实行见券付款、见款付券和券款对付三种清算方式,清算速度为 $T+0$ 或 $T+1$。

第三节 证券交易流程

一般来说,投资者通过经纪人在证券交易所买卖证券是证券交易的主导形式。以投资者选定一家信誉优良、收费合理的证券公司作为经纪人代理自己在证券交易所买卖证券为开端,一笔完整的证券交易要经过以下4个基本步骤:开户、委托、成交、结算。

一、开户

所谓开户,就是投资者在证券公司开立委托买卖的账户。现代证券交易不再是一手交钱一手交货的实物形式,证券和资金都记录在账户中,证券交易以转账的方式完成。因此,投资者买卖证券,必须首先开户。开户包括开设证券账户和资金账户。

1. 开设证券账户

证券账户是指证券登记机构为投资者设立的,用于准确记载投资者所持有的证券种类、名称、数量及相应权益和变动情况的一种账册。投资者在开设证券账户的同时,即已委托证券登记机构为其管理证券资料,办理登记、结算和交割业务。

我国的证券账户分为个人账户和法人账户两种。个人投资者开户,必须持有效身份证件,一般为居民身份证。法人开户所需证件有:有效法人证明文件(营业执照)及其复印件,法定代表人证明书及其身份证、法人委托书及代办人身份证。

一般证券账户只能进行 A 股、基金和债券现货交易;进行 B 股交易和债券回购交易需另行开户和办理相关手续。按照规定,每个投资者只能凭居民身份证开设一个证券账户,不得重复开户,法人不得使用个人证券账户进行交易。

投资者买卖上海或深圳证券交易所上市证券,应当分别开设上海或深圳证券账户。证券账户全国通用,投资者可以在开通上海或深圳证券交易业务的任何一家证券营业部委托交易。

2. 开设资金账户

投资者开设证券账户后,不能直接进入证券交易所买卖证券,还必须到证券公司营业部开设资金账户。资金账户是证券商为投资者设立的账户,用于记录证券交易资金币种、余额和变动情况。资金账户由证券商管理,投资者可以查询和打印资金变动情况。投资者如果委托其他证券商代理买卖,需要重新开设资金账户。

投资者到证券营业部开设资金账户,必须持证券账户和有效身份证件,并交纳一定数量的资金作为保证金,各证券商营业部对最低保证金有不同的规定。证件及资金经证券商审核、清点无误后,即为投资者开设资金账户,设置交易密码。证券商在为投资者开户时,会与投资者签订协议,订立条款,接受投资者的委托,到证券交易所代理证券买卖,并到证券登记结算机构代理相应证券与资金登记、结算与交收。

开立账户之后,投资者与证券公司作为授权人和代理人的关系就基本确定。投资者作为授权人委托证券公司代理买卖证券,证券公司作为代理人负有认真执行客户的委托的责任,并为客户的委托事项保守秘密。任何一方如果失信,将承担违约责任。

二、委托

投资者向证券商下达买进或卖出证券的指令,称为委托。证券商没有收到明确的委托指令,不得动用投资者的资金和账户进行证券交易。

(一) 委托种类

投资者向证券商下达的委托指令有很多种,按委托价格分为市价委托、限价委托、止损委托等;按委托时效分为当日、当周、当月委托等。

1. 市价委托、限价委托和止损委托

1) 市价委托

市价委托是投资者委托经纪商按交易市场的市价买进或卖出证券,投资者不自行规定价格的委托。市价委托最大的优点在于成交快捷。投资者可以确信指令将被执行,但对执行的价格却没有把握。一般地,证券价格的下降要比上升快得多,因此市价委托在下降市场中要显得比在上升市场中更重要,用于出卖委托比用于购进委托更有用。

2) 限价委托

限价委托是客户委托经纪人按其限定的价格买卖证券的委托。此时,客户规定最高买入价或最低卖出价,但允许经纪人用比规定价格更低的价格买进,比规定价格更高的价格出售。它是委托买卖基本方式之一。其优点是对买卖价格有明确的规定,有利于减少委托人与被委托人之间在价格上的纠纷。

3) 止损委托

止损委托是投资者通过证券经纪人在证券的价格上升或下降超过所指定的限度时,便按照市场价格来购买和卖出一定量证券的方式。止损委托有两个基本的用途:保障既得的利益,限制可能的损失。

以保障既得利益为例。当客户预计某种证券的价格将上升,以每股 50 元的市价购入 100 股。假设以后该证券的价格正如他预料的那样上升,每股市价高达 60 元。这时客户将获得每股 10 元的账面利润。此时客户希望该证券的价格继续上升,以便获取更大的利润,但根据当时的实际情况分析,证券价格却有下跌的趋势,为了防止证券价格突然下跌使客户已经获得的账面利润减少,甚至导致亏损(如果价格猛跌到 50 元以下时),可以向证券公司发出止损出售指令,要求证券公司在证券价格下跌到 58 元时,立刻卖出所有的证券,从而保证客户每股可得 8 元(58-50=8)的利润。

2. 当日有效委托、当周有效委托、当月有效委托、撤销前有效委托

大部分指令发出后不是立即成交,而是等待交易条件相匹配的对方指令出现。等待截止到当天收盘时指令失效的即为当日有效委托,等待一周之内有效的委托为当周有效委托,有效时间为一个月的为当月有效委托。以上三种均为限时委托。还有一种不明确规定时间的委托,其有效时间从客户发出委托起一直到客户主动撤销委托前一直有效,称为撤销前有效委托。

我国证券交易中的合法委托是当日有效的限价委托。

(二) 委托内容

投资者可以亲自到证券公司营业场所填写委托单来进行委托,也可以通过电话、电脑等方式进行委托。买卖证券的委托单一般包括以下几项内容:

(1) 买入或卖出证券的名称、代码。

(2) 委托买入还是委托卖出,委托买卖的数量。

(3) 出价方式及委托价格,即是市价委托还是限价委托。

(4) 交易方式。有现金交易与信用交易之分。

(5) 委托有效期。即指是当日有效委托、当周有效委托,还是当月有效委托、撤销前有效委托等。

(6) 交割方式。有普通日交割、当日交割、特约日交割几种。

(7) 其他。除上述内容外,还有投资者姓名、身份证号码、证券账户号、联系地址、委托日期和时点、保证金金额等。

委托单一经接受,投资者和证券公司之间就建立起受法律约束和保护的委托和受托关系。证券公司作为受托人,要忠实地执行委托指令,在委托有效期内按指令要求买卖有价证券,不得以任何方式损害委托人的利益。投资者作为委托人,在发出委托指令前应对自己所下的委托指令及可能的后果有足够的认识,委托指令一旦执行,在有效期内,不管证券行情如何变化,委托人必须履行交割清算的责任。

三、成交

证券公司接受客户委托后,利用终端机或专线电话将委托买卖内容通知交易所的经办人员,于是开始了交易所内的交易——成交。这一环节是通过交易所的交易系统来完成的。交易系统撮合主机先对接收的委托进行合法性检测,然后按照竞价规则,对同一种证券进行竞价,确定成交价格,自动撮合成交。成交后,立即通过地面通信线路或双向卫星将成交回报传送给证券商。不能成交的委托按"价格优先、时间优先"的原则排队,等候与其后进来的委托成交,直到有效期结束。

（一）竞价原则

交易所内的证券交易按照"价格优先、时间优先"原则竞价交易。

1. 价格优先

成交时价格优先的原则为：较高价格买入申报优先于较低价格买入申报，较低价格卖出申报优先于较高价格卖出申报。

2. 时间优先

成交时间优先的原则为：买卖方向、价格相同的，先申报者优先于后申报者。先后顺序按证券交易所交易主机接受申报的时间确定。

（二）竞价方式

目前，我国证券交易所采用两种竞价方式：集合竞价和连续竞价。上海证券交易所规定，采用竞价交易方式的，每个交易日的9:15—9:25为开盘集合竞价时间，9:30—11:30、13:00—15:00为连续竞价时间。深圳证券交易所规定，采用竞价交易方式的，每个交易日的9:15—9:25为开盘集合竞价时间，9:30—11:30、13:00—14:57为连续竞价时间，14:57—15:00为收盘集合竞价时间。

1. 集合竞价

集合竞价是指投资者在规定时间段内按自己的心理价格，在规定的涨跌幅范围内（新股上市首日除外），自由地进行买卖申报，交易系统撮合主机对该时间段内全部有效委托进行一次性集中撮合处理的过程。

集合竞价的基本做法是：首先，在有效价格范围内选取使所有有效委托产生最大成交量的价位。如有两个以上这样的价位，则依以下规则选取成交价位：高于选取价格的所有买方有效委托和低于选取价格的所有卖方有效委托能够全部成交；与选取价格相同的委托的一方必须全部成交。如果满足以上条件的价位仍有多个，则选取离上日收市价最近的价位。其次，进行集中撮合处理。所有买方有效委托按照委托限价由高到低的顺序排列，限价相同者按照进入撮合主机的时间先后排列。所有卖方有效委托按照委托限价由低到高的顺序排列，限价相同者按照进入时间先后排列。依序逐笔将排在前面的买方委托与卖方委托配对成交，即按照"价格优先，同等价格下时间优先"的成交顺序依次成交，直至成交条件不满足为止。所有成交都以同一成交价成交。

2. 连续竞价

集合竞价中未能成交的委托，自动进入连续竞价。连续竞价是交易系统撮合主机对投资者申报的委托进行逐笔连续撮合处理的过程。当新进入一笔委托时，若能成交，即根据下述成交价格确定规则进行竞价撮合；若不能成交，则以"价格优先、时间优先"的顺序排队等待。对于已进入撮合系统的有效委托,根据下述成交价格确定规则逐笔撮合,直至系统内已有的所有买卖委托不能产生成交,即已有买卖盘达到平衡状态为止。然后,再逐笔处理新进入系统的委托。这样循环往复,直至收市。

成交价格确定规则:对于新进来的一笔买单委托,选取排在队列最前面的最低叫卖单有效委托;对于新进来的一笔卖单委托,选取排在队列最前面的最高叫买单有效委托。若参与该次竞价的买进委托限价大于或等于卖出委托限价,则可竞出一个新的最近成交价,产生一笔成交。这时的成交价格确定规则为:对新进入的一个买进有效委托,若能成交,其成交价格取卖方叫价;对新进入的一个卖出有效委托,若能成交,其成交价格取买方叫价。参与该次竞价的能够成交的买卖双方以选取的成交价成交。图6.4是对连续竞价基本流程的示意。

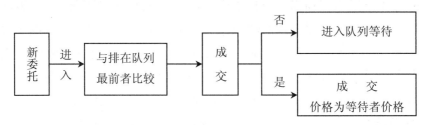

图 6.4　连续竞价的基本流程

竞价成交环节集中体现了证券市场的市场属性,正是这种竞价成交机制使证券市场成为最接近充分竞争和高效、公开、公平的市场,也使市场成交价成为最合理、公正的价格。

(三) 竞价结果

经过竞价之后会出现全部成交、部分成交、不成交等三种可能结果。

1. 全部成交

委托买入或卖出的证券全部成交,这里的关键是买入或卖出的证券数量。委托全部成交后,证券经纪商应及时通知委托人按规定的时间办理交割手续。

2. 部分成交

委托买入或卖出的证券未能全部成交,经纪商在委托有效期内可继续执行,直到有效期结束。目前,上海证券交易所、深圳证券交易所的场内委托只在当日有效,如果第二天要继续执行,需重新办理委托。

3. 不成交

客户的委托如果未能成交,证券经纪商在委托有效期内可继续执行,等待机会成交,直到有效期结束。对客户失效的委托,证券经纪商需及时将冻结的资金或证券解冻。

（四）交易费用

1. 佣金

佣金是投资者在委托买卖证券成交后按成交金额一定比例支付的费用,是证券经纪商为客户提供证券代理买卖服务收取的费用。此项费用由证券公司经纪佣金、证券交易所手续费及证券交易监管费等组成。

2. 过户费

过户费是委托买卖的股票、基金成交后,买卖双方为变更证券登记所支付的费用,属于中国结算公司所有,由证券经纪商在同投资者清算交收时代为扣收。上海证券交易所和深圳证券交易所在过户费的收取上略有不同,前者单独收取A股的过户费,前者的过户费包含在交易经手费中,不向投资者单独收取。基金交易通常不收过户费。

3. 印花税

印花税是根据国家税法规定,在A股和B股成交后对买卖双方投资者按照规定的税率分别征收的税金。我国税收制度规定,股票成交后,国家税务机关应向成交双方分别收取印花税。为保证税源,简化缴款手续,通行做法是由证券经纪商在同投资者办理交收过程中代为扣收,然后在证券经纪商同中国结算公司的清算、交收中集中结算,最终由中国结算公司统一向征税机关缴纳。

四、结算

证券交易结算包括清算和交收两个方面。证券交易成交后,需要对应收应付的证券种类和资金数量进行核定计算,这一过程属于清算。清算包括资金清算和证券清算。清算结束后,需要完成证券由卖方向买方转移和对应的资金由买方向卖方转移,这一过程属于交收。对于记名证券而言,除了清算和交收,还有一个登记过户的环节,只有完成了登记过户,证券交易过程才告结束。

（一）清算与交收

1. 清算、交收的含义

证券清算是指证券交易所的清算中心或所属的清算公司将各证券经纪商之间发生的证券买卖数量与价款分别予以轧抵,对证券和资金的应收或应付净额进行计算的处理过程。

2. 清算和交收的联系和区别

(1) 联系。从时间发生及运作的次序看,清算是交收的基础和保证,交收是清算的后续与完成。清算结果正确才能确保交收顺利进行;而只有通过交收,才能最终完成证券或资金收付,结束整个交易过程。

(2) 区别。清算和交收最根本的区别在于:清算是对应收、应付证券及价款的计算,其结果是确定应收、应付数量或金额,并不发生财产实际转移;而交收则是根据清算结果办理证券和价款的收付,发生财产实际转移。

(二) 滚动交收和会计日交收

按照时间安排,证券交易结算可以分为滚动交收和会计日交收。滚动交收要求某一交易日成交的所有交易有计划地安排距成交日相同营业日天数的某个营业日进行交收。例如,在 T+3 滚动交收中,要求 T 日成交的证券交易的交收在成交日之后的第 3 个营业日(T+3)完成。与滚动交收相对应的是会计日交收,即在一段时间内的所有交易集中在一个特定日期交收。滚动交收被各国(地区)证券市场广泛采用。从现实情况来看,各国市场采用的滚动交收周期时间长短不一,美国证券市场采取 T+3,我国香港市场采取 T+2,我国内地市场目前存在两种滚动交收周期,即 T+1 与 T+3。T+1 滚动交收适用于 A 股、基金、债券、回购交易等,T+3 滚动交收适用于 B 股。

(三) 清算与交收原则

1. 净额清算原则

一般情况下,通过证券交易所达成的交易需采取净额清算方式。净额清算又称差额清算,是指在一个清算期中,对每个结算参与人价款的清算只计其各笔应收、应付款项相抵后的净额,对证券的清算只计每一种证券应收、应付款项相抵后的净额。

净额清算又分为双边净额清算和多边净额清算。双边净额清算指将结算参与人相对于另一个交收对手方的证券和资金的应收、应付额加以轧抵,得出该结算参与人相对于另一个交收对手方的证券和资金的应收、应付净额。多边净额清算是指将结算参与人所有达成交易的应收、应付证券或资金予以充抵轧差,计算出该结算参与人相对于所有交收对手方累计的应收、应付证券或资金的净额。

目前,通过证券交易所达成的交易大多采取多边净额清算方式。净额清算方式的主要优点是可以简化操作手续,减少资金在交收环节的占用。应该注意的是,在实行滚动交收的情况下,清算价款时同一清算期内发生的不同种类证券的买卖价款可以合并计算,但不同清算期发生的价款不能合并计算;清算证券时,只有在同一清算期内且同种的证券才能合并计算。

2. 共同对手方制度

为保证多边净额清算结果的法律效力,一般需要引入共同对手方的制度安排。共同对手方是指在结算过程中,同时作为所有买方和卖方的交收对手并保证交收顺利完成的主体,一般由结算机构充当。如果买卖中的一方不能按约定条件履约交收,结算机构也要依照结算规则向守约一方先行垫付其应收的证券或资金。共同对手方的引入,使得交易双方无须担心交易对手的信用风险,有利于增强投资信心和活跃市场交易。事实上,由于结算机构充当共同对手方,卖出证券的投资者相当于将证券卖给了结算机构,买入证券的投资者相当于从结算机构买入了证券,买卖双方可以获得的证券或款项得到了保证。对于我国证券交易所市场实行多边净额清算的证券交易,证券登记结算机构(即中国结算公司)是承担相应交易交收责任的所有结算参与人的共同对手方。

3. 货银对付原则

货银对付又称款券两讫或钱货两清。货银对付是指证券登记结算机构与结算参与人在交收过程中,当且仅当资金交付时给付证券,证券交付时给付资金。根据货银对付原则,一旦结算参与人未能履行对证券登记结算机构的资金交收义务,证券登记结算机构就可以暂不向其交付买入的证券,反之亦然。货银对付通过实现资金和证券的同时划转,可以有效规避结算参与人交收违约带来的风险,大大提高证券交易的安全性。目前,货银对付已经成为各国(地区)证券市场普遍遵循的原则。我国证券市场目前已经在权证、ETF 等一些创新品种上实行了货银对付制度,但 A 股、基金等老品种的货银对付制度还在推行当中。《证券法》和中国证监会发布的《证券登记结算管理办法》已经要求在实行净额结算的品种中贯彻货银对付原则。

4. 分级结算原则

证券和资金结算实行分级结算原则。证券登记结算机构负责其与结算参与人之间的集中清算交收,结算参与人负责办理结算参与人与客户之间的清算交收。但结算参与人与其客户的证券划付,应当委托证券登记结算机构代为办理。实行分级结算,意味着对证券公司接受投资者委托达成的证券交易,证券公司需承担相应的证券或资金的交收责任。实行分级结算原则主要是出于防范结算风险的考虑。证券登记结算机构与客户没有直接业务联系,很难衡量客户的资质和风险,同时,由于客户数量较多、地区分布较分散,在出现交收违约时,证券登记结算机构也很难处理。而对于数量相对较少、实力相对较强、取得结算参与人资格的证券公司或其他机构而言,证券登记结算机构则可以有效采取风险管理措施。

（四）过户

证券交易使得证券的所有权发生变更，证券的过户就是记录证券所有权从原所有者移转给新所有者的过程。记名证券必须办理过户手续，而不记名证券可以自由转让，无须办理过户。我国上海、深圳证券交易所实行电脑自动过户办法，投资者不需要再另外办理过户手续。

办理完过户手续，整个证券交易过程就全部结束了。

【延伸阅读】

我国加快创业板市场建设

我国证监会于 2009 年 3 月 31 日发布《首次公开发行股票并在创业板上市管理暂行办法》（以下简称《办法》），标志着经过十年筹备的创业板市场终于启航了。继《办法》公布之后，4 月 17 日，中国证监会就修改后的《中国证券监督管理委员会发行审核委员会办法》和《证券发行上市保荐业务管理办法》向社会公开征求意见。修订后的"发审委办法"明确了单设独立的创业板市场发审委，专司拟在创业板上市公司的发行审核；新的"保荐办法"则提出，原有的"发行人上市当年营业利润比上年下滑 50% 以上的，将对相关保荐代表人采取相应监管措施"的规定，不适用于创业板。6 月 5 日深圳证券交易所颁布了《深圳证券交易所创业板股票上市规则》。6 月 8 日，证监会、深交所和证券业协会同时分别发布了《创业板市场投资者适当性管理暂行规定》、《深圳证券交易所创业板市场投资者适当性管理实施办法》、《创业板市场投资风险揭示书必备条款》。随着各项配套规则渐次出台，创业板已进入倒计时。

对于广大创投和私募股权投资（PE）机构来说，创业板的开启对打通投资退出渠道无疑具有里程碑的意义。创投和 PE 有望成为推动中国技术创新、经济结构升级的民间新兴力量。

创业板作为 PE 投资高新项目的主退渠道，一旦成功疏通，就会示范性地带动新一轮的高新项目投资热，大大改善目前的经济结构和产业结构，从而形成良性循环。

由于我国 A 股市场当前尚处于敏感的复苏期，不少人担心创业板此时推出，将分流主板资金，进而冲击股市稳定。但多位业界人士认为，当前不管是从宏观信心，还是从微观实质，推出创业板对市场供求层面都不会带来实质性冲击。从实际发行规模看，创业板融资对主板市场"分流效应"也属有限。自 2004 年 5 月我国启动中小板市场以来，平均首发融资额约为 3.35 亿元，首发融资总额约为 743 亿元，不足同期整个市场首发融资总额的 11%。2007 年我国中小板市场 101 家企业整个融资规模也仅为 300 多亿元。据业内人士测算，创业板企业推出后，平均首发融资额预计在 1 亿元到 2 亿元之间，而在推出初期，其融资规模可能更小，因此不会对股票市场的供需关系产生实质性影响。另一方面，市场闲置的社会资金很充裕，创业板这个新的投资市场，可能吸引更多社会增量资本

第六章　证券流通市场

而非仅仅从主板市场分一杯羹。

我国创业板市场大事记：
- 1998年12月，原国家计委向国务院提出"尽早研究设立创业板块股票市场问题"。
- 1999年1月，深交所向中国证监会正式呈送《深圳证券交易所关于进行成长板市场的方案研究的立项报告》，并附送实施方案。3月，中国证监会第一次明确提出"可以考虑在沪深证券交易所内设立科技企业板块"。
- 2000年4月，周小川表示，中国证监会对设立二板市场已作了充分准备，一旦立法和技术条件成熟，我国将尽快成立二板市场。
- 2003年10月，党的十六届二中全会通过《中共中央关于完善社会主义市场经济体制若干问题的决定》指出，推进风险投资和创业板市场建设。
- 2004年1月31日，国务院发布《关于推进资本市场改革开放和稳定发展的若干意见》指出：分步推进创业板市场建设，完善风险投资机制，拓展中小企业融资渠道。
- 2009年3月31日，中国证监会发布《首次公开发行股票并在创业板上市管理暂行办法》，明确创业板的上市发行门槛不变，仍采用两套上市财务标准。《暂行办法》自2009年5月1日起实施。

重 要 概 念

证券流通市场　证券交易所　主板市场　创业板市场　科创板　三板市场　四板市场　五板市场　证券经纪商　证券自营商　做市商　场外交易市场　第三市场　第四市场　清算　净额清算　共同对手方

思 考 题

1. 简述证券流通市场的基本功能，证券流通市场与发行市场之间有何关系？
2. 证券交易所具有哪些特点？具备哪些功能？
3. 证券交易所市场由哪些子市场组成？各子市场服务的企业是什么？
4. 简述证券交易所交易系统的构成内容。
5. 简述场所交易所的特点及我国场外交易所市场的构成。
6. 简述证券交易的基本流程。
7. 我国证券二级市场有何特点？

第七章 证券市场交易制度、方式与规则

证券交易是指证券持有人依照交易规则,将证券转让给其他投资者的行为。证券交易需要在一定的交易制度下借助于一定的交易方式来完成。为确保证券交易的安全、快捷,维护资本市场的交易秩序,各国都以立法的形式确定了各自的证券交易制度、交易规则及禁则,同时设立监管机关进行监管。以证券交易从订约到履行合约的期限关系和交易双方的选择权限作为划分依据,证券交易的方式主要有现货交易、期货交易、期权交易和信用交易。现货交易是证券交易的最基本形式。

第一节 证券上市、退市制度

一、证券上市制度

(一) 证券上市

证券上市是指公开发行的有价证券,依据法定条件和程序,在证券交易所或其他依法设立的交易市场公开挂牌交易的行为。在证券交易所内买卖的有价证券,称为上市证券,发行上市证券的公司称为上市公司。证券上市制度,是指有关证券上市的标准和程序、上市证券的暂停与终止等一系列规则的总称。

证券上市的意义在于,证券上市是联结证券发行市场和证券交易市场的桥梁。对于上市公司来说,有利于其提高知名度和信誉度,为其今后进一步筹措资金,开拓新的市场领域提供了有利条件,并能促使其改善经营管理,提高经济效益。对于投资者来说,由于证券上市有利于形成公正的证券价格,促进证券流通,从而有利于其减少投资风险,保护投资者的利益。

(二) 证券上市条件

证券上市条件也称证券上市标准,是指由证券交易所制定的、证券发行人获得上市资格的基本条件和要求。为保证证券的流通性和交易的安全性,证券必须

符合一定的条件方可挂牌上市。各国证券法对证券上市的条件规定宽严不同,但基本标准大致相同,通常包括上市公司的资本额、资本结构、盈利能力、偿债能力、股权分散状况、公司财务情况、开业时间等。这里主要介绍我国股票和公司债券的上市条件。

1. 股票上市条件

股票上市是指符合条件的上市公司的股票,依据法定条件和程序,在证券交易所进行的挂牌交易行为。由于市场定位不同,股份公司申请股票在证券交易所主板上市和创业板上市的标准有所不同。

（1）在上海证券交易所和深圳证券交易所主板市场申请上市的公司股票应当符合下列条件:① 股票经国务院证券监督管理机构核准已向社会公开发行;② 公司股本总额不少于人民币5 000万元;③ 公开发行的股份达公司股份总数的25%以上,公司股本总额超过人民币4亿元的,公开发行股份的比例为10%以上;④ 公司在最近3年无重大违法行为,财务会计报告无虚假记载。证券交易所可以规定高于上述规定的上市条件,并报证券监督管理机构批准。

（2）在深圳证券交易所创业板市场申请上市的公司股票应当符合下列条件:① 股票已公开发行;② 公司股本总额不少于3 000万元;③ 公开发行的股份达到公司股份总数的25%以上,公司股本总额超过4亿元的,公开发行股份的比例为10%以上;④ 公司股东人数不少于200人;⑤ 公司最近3年无重大违法行为,财务会计报告无虚假记载;⑥ 深圳证券交易所要求的其他条件。

2. 债券上市条件

公司申请公司债券上市交易,应当符合下列条件:① 经有权部门批准并发行;② 公司债券的期限为1年以上;③ 公司债券实际发行额不少于人民币5 000万元;④ 债券须经资信评级机构评级,且债券的信用级别良好;⑤ 公司申请债券上市时仍符合法定的公司债券发行条件。

证券上市后,上市公司应遵守我国《公司法》《证券法》《证券交易所股票上市规则》等法律法规的规定,并履行信息披露的义务。上市公司必须定期公开财务状况和经营状况,公开披露年度报告、中期报告和临时报告,并应履行及时披露所有对上市公司股票价格可能产生重大影响的信息,确保信息披露的内容真实、准确、完整而没有虚假、严重误导性陈述或重大遗漏的基本义务。

（三）证券上市程序

证券上市程序是指证券发行人申请证券上市,证券上市的审核机构对其证券上市的条件进行审核,并依法核准该证券在证券交易所公开挂牌交易的步骤。因证券种类不同,其在上市程序上亦有差别,股票上市程序较公司债券上市程序要复杂些,但主要程序基本相同,即两者均须经过申请核准程序,方可安排上市。

1. 股票上市程序

股票上市程序包括以下几个步骤:

(1) 申请核准。根据我国《证券法》的规定,股份有限公司申请股票上市交易,应当报经国务院证券监督管理机构核准。证券监管机构可以授权证券交易所,依照法定条件和法定程序核准股票上市申请。股份有限公司向国务院证券监督管理机构提出股票上市交易申请时,应提交下列文件:① 上市报告书;② 申请上市的股东大会决议;③ 公司章程;④ 公司营业执照;⑤ 经法定机构验证的公司最近3年的或公司自成立以来的财务会计报告;⑥ 法律意见书和证券公司的推荐书;⑦ 最近一次的招股说明书。

(2) 签署上市协议。签署上市协议是股票上市的必要程序,也是必经程序。按照国际惯例,上市公司应与证券交易所签订上市协议,以明确相互权利义务关系。上市公司须承诺接受证券交易所的管理,遵守交易所的规则,履行上市协议中应承担的义务。在我国,上市协议的签署应符合《证券交易所管理办法》规定的要求。

证券上市交易申请经国务院证券监督管理机构核准后,其发行人应当向证券交易所提交核准文件和申请文件。证券交易所自接到核准文件和申请文件之日起6个月内安排该股票上市。

(3) 上市公告。上市公司应当在股票上市交易的5日前公告其经核准的股票上市的有关文件,并将该文件置备于指定场所供公众查阅。上市公司除公告上市申请文件外,还应公告下列事项:① 股票获准在证券交易所交易的日期;② 持有公司股份最多的前10名股东的名单和持股数额;③ 董事、监事、经理及有关高级管理人员的姓名及其持有本公司股票和债券的情况等。

(4) 挂牌交易。挂牌交易是股票上市的最后一道程序。股票在证券交易所挂牌交易,标志着股票正式上市,除法定持股人在持股期限内不得转让股票外,其他持股人均可通过证券交易所转让其股票,转让之后也可再行买入;所有二级市场的投资者均可买卖挂牌交易的股票。

2. 公司债券上市程序

公司债券上市程序包括以下几个步骤:

(1) 申请核准。根据我国《证券法》的规定,公司申请其发行的公司债券上市交易,应当报经国务院证券监督管理机构核准,证券监管机构可以授权证券交易所依照法定条件和程序核准公司债券上市申请。

公司向证券监管机构提出其公司债券上市交易申请时,应提交以下文件:上

第七章 证券市场交易制度、方式与规则

市报告书;申请上市的董事决议;公司章程;公司执照;公司债券募集办法;公司债券的实际发行数额。

(2)安排上市。公司债券上市交易申请经国务院证券监督管理机构核准后,其发行人应当向证券交易所提交核准文件和申请文件。证券交易所应当自接到公司债券发行人提交的核准文件之日起3个月内安排该债券上市。

(3)上市公告。公司债券上市交易申请经证券交易所同意后,公司债券发行人应当在公司债券上市交易5日前公告公司债券上市报告、核准文件及申请文件,并将其有关文件置备于指定的场所供公众查阅。这样公司债券就可以上市了。

二、证券退市制度

公司股票的上市资格并不是永久的,当其不能满足证券交易所关于证券上市的条件时,上市交易将会受到限制,严重者上市资格甚至会被取消。交易所停止某公司的股票交易,叫终止上市或停牌。证券退市制度,是指有关证券退市的标准和程序、退市证券的暂停与终止等一系列规则的总称。

(一)证券上市暂停与终止

1. 证券上市暂停与终止的概念及意义

证券上市暂停,是指证券发行人出现了法定原因时,其上市证券暂时停止在证券交易所挂牌交易的情形。暂停上市的证券因暂停的原因消除后,可恢复上市。

证券上市的终止,是指证券发行人出现了法定原因后,其上市证券被取消上市资格,不能在证券交易所继续挂牌交易的情形。上市证券被终止后,可以在终止上市原因消除后,重新申请证券上市。上市证券依法被证券管理部门决定终止上市后,可继续在依法设立的非集中竞价的交易场所继续交易。

证券上市的暂停与终止是两个既有联系又有区别的概念。前者一旦暂停上市的情形消除,证券即可恢复上市。因此,证券上市暂停时,该证券仍为上市证券。后者被终止上市后,其证券不能恢复上市,只能在被终止的情形消除后,重新申请上市,故终止上市的证券不再属于上市证券,而是退市证券。

证券上市的暂停与终止是证券上市制度的重要组成部分,它构成了证券上市的退出机制,使得证券市场上的证券有进有出,形成优胜劣汰的机制,促使上市公司依法经营,并努力提高经营业绩,否则将面临退市风险。同时,证券上市的退出机制有助于提高投资者的证券投资风险意识,促进投资者的理性投资,从而更好地保护投资者的利益。此外,还有助于化解证券市场的系统风险,使证券市场永

远保持竞争活力。

2. 我国股票上市暂停与终止条件

我国《证券法》规定,上市公司丧失公司法规定的上市条件的,其股票依法暂停上市或终止上市。上市公司有下列情形之一的,由证券交易所决定暂停其股票上市交易:

(1) 公司股本总额、股权分布等发生变化,不再具备上市条件;

(2) 公司不按照规定公开其财务状况,或者其财务会计报告有虚假记载,可能误导投资者;

(3) 公司有重大违法行为;

(4) 公司最近3年连续亏损;

(5) 证券交易所上市规则规定的其他情形;

上市公司有下列情形之一的,由证券交易所决定终止其股票上市交易:

(1) 公司股本总额、股权分布等发生变化,不再具备上市条件,在证券交易所规定的期限内仍不能达到上市条件;

(2) 公司不按照规定公开其财务状况,或者其财务会计报告有虚假记载,且拒绝纠正;

(3) 公司最近3年连续亏损,在其后一个年度内未能恢复盈利;

(4) 公司解散或者被宣告破产;

(5) 证券交易所上市规则规定的其他情形。

(二) 我国股票特别处理制度(ST 与 *ST)

上市公司出现异常状态,异常期间实施特别处理制度,特别处理须在股票前加注"ST"字样,另行公布和限定5%的涨跌幅度,且必须审计公司的中期报告。根据沪深证券交易所《股票上市规则》规定,出现以下情况之一实施特别处理:

(1) 上市公司连续两年亏损;

(2) 每股净资产低于每股面值;

(3) 发生其他异常状况导致投资者对该公司前景难以判定,可能损害投资者的情形。

股票交易特别处理不是对上市公司的处罚,只是对上市公司目前状况的一种风险揭示,以提示投资者注意风险。

*ST——公司经营连续三年亏损,退市预警。

第七章　证券市场交易制度、方式与规则

第二节　委托经纪制度与做市商制度

交易市场有两种典型的交易制度,即委托经纪制度和做市商制度。不同的交易市场实施不同的交易制度,不同的交易制度有不同的交易要求。作为场内交易市场的交易所一般选择委托经纪制度,如我国沪深两家交易所都实施委托经纪制度。做市商制度在美国较为盛行,其中纳斯达克的做市商最为典型。

一、证券交易的委托经纪制度

委托经纪制度也称为委托代理制度。委托代理是根据被代理人的委托授权而产生的代理关系。证券交易委托是指投资者通过向证券经纪人发出清晰、准确的证券买卖指令,委托经纪人代为买卖证券的行为。在委托代理制度中投资者和经纪商签订委托代理合同,投资者通过输入交易信息发出委托指令进行交易。委托经纪制度以竞价机制为基础,投资者的买单和卖单直接撮合成交。

委托经纪制度一般应包括委托方式、委托种类和委托内容等方面。委托方式指投资者为买卖证券向证券公司发出委托指令的传递方式,主要有以下几种:

(1)递单委托。递单委托也就是柜台委托,指投资者到证券公司营业部的柜台填写委托单,核对无误后签字,当面交给柜员输入电脑的委托方式。由于不便,目前采用这种方式的投资者数量在减少。

(2)电话委托。电话委托指投资者通过电话的方式表明委托意向,完成证券买卖和有关信息查询的委托方式。电话委托又分为电话转委托和电话自助委托。电话转委托是指投资者将委托要求通过电话报给证券经纪商,证券经纪商根据电话委托内容代为填写委托书并将内容输入交易系统的方式。电话自助委托是指投资者根据电话语音系统的提示,通过按键输入委托指令完成证券买卖的委托方式。这种方式在实践中更为普遍。

(3)磁卡自助委托。投资者办理磁卡委托手续后,直接在刷卡机上进行自助委托。这种方式更安全、快捷,受到投资者喜爱。

(4)网上委托。网上委托是指投资者利用电脑终端,通过互联网,凭借交易密码进入证券经纪商电脑交易系统,自行将委托内容输入电脑交易系统,完成证券交易的委托方式。近年来,网上委托方式发展迅速。

(5)传真委托和函电委托。传真和函电委托指委托人填写委托内容后,将委托书采用传真或函电方式发送给证券公司,证券公司接到传真委托书或函电委托书后,代为填写委托书,并经核对无误后及时将委托内容输入交易系统申报进场,同时要将传真件或函电件作为附件附于委托书后。

关于委托种类和委托内容在第六章已作了介绍,这里不再赘述。

二、做市商制度

(一) 做市商制度的含义及特点

做市商制度是指合格的证券交易商就某种或某些证券提供买卖双向报价,并以其自有资金和证券按报价与公共投资者进行交易的制度。实际上,做市商制度也可以理解为是一种报价驱动交易机制,是指在一定监管体系下,证券市场的买卖价格均由某些特别的机构(做市商)给出,买卖双方的委托不直接配对成交,而是通过与做市商之间买卖证券完成交易并产生交易价格。所谓做市商,即承担某一只股票买进和卖出的交易组织者,相当于合法的庄家。做市商存在于有组织的证券交易所和场外交易市场,但主要存在于场外交易市场。

做市商有两种形式:一种是纽约证券交易所采用的特许交易商制,或称单一做市商制;另一种是以 NASDAQ 市场为代表的多元做市商制。

纽约证券交易所的特许交易商身兼经纪人和自营商两个角色,实行单一做市商制。在美国主板市场,交易主要以竞价为基础的最低卖价和最高买价的自动撮合方式进行,由佣金经纪人在交易所内执行客户指令;同时,交易所对一只股票指定一个特许交易商,特许交易商是垄断做市商,接受佣金经纪人无法立即执行的买卖委托,并在条件合适时执行。当公众不愿要价或出价时,特许交易商就得以自己名义发出要价或出价,以保证市场的连续及稳定。显然,纽约证券交易所是竞价制和做市商制的混合。由于主板市场本身就交投活跃,因此维持市场连续及稳定的特许交易商处于配角地位。

NASDAQ 市场采用多元做市商模式。在这一交易机制下,相互竞争的做市商为其所负责做市的证券挂出买卖双向报价,投资者即按此价以做市商为对手进行交易。每只股票必须有两名以上的做市商,他们互为竞争对手。做市商必须在看到订单前报出买卖双向价格,而公众投资者在看到报价后,才下订单,正是在这个意义上,做市商制也被称为报价驱动制。自 1997 年起,NASDAQ 市场实施《交易指令处理规则》,在此之前,只有做市商可以看到限价指令簿,但新规则则要求客户的限价令必须显示在做市商和电子交易网络 ECNS 的报价中。由此,NASDAQ 市场单纯的"报价驱动"变为"报价与指令"联合驱动的混合交易制度,但以做市商制为主。

做市商具有如下特征:所有投资者的订单都必须由做市商用自己的账户买进或卖出,投资者订单之间不直接进行交易;做市商就某只或某几只特定的证券做市,对该类证券给出双向报价,接受客户的订单,并在交易完成后的 90 秒内报告有关市场情况,以便向公众公布;做市商有义务维护其所做市证券的连续交易、流动性和价格稳定性;做市商与客户进行交易时不收取佣金,而是通过买卖价差来赚取利润;多元做市商的最高买方报价必须低于最低卖方报价。

(二)做市商的功能

1. 有利于保持市场的流动性

投资者可按做市商报价立即进行交易,而不必等待交易对手的买卖指令。因此,做市商保证了市场进行不间断的交易活动,能确保大宗交易在约定时间内迅速完成,对于市值较低、交易量小的证券亦尤为重要。

2. 有利于保持市场的透明度

由于做市商对各种相关信息进行汇总分析,并提供给投资者,以利于其承销股票,客观上提高了市场的透明度。

3. 具有价格发现功能,有利于价格回归实际价值

做市商作为专业证券分析者得出报价,并将该报价交由投资者判断,市场对报价的接受程度反过来又促进报价向真实价值不断趋近。同时,多个做市商提供竞争性价格报价,促使做市商不断提高自身的分析研究能力,缩小买卖报价间的差异,使价格趋向一致。

4. 有利于维持市场价格的稳定,抑制过度投机和操纵股价行为

做市商报价要有连续性,对其报价的价差幅度也有限制。在买卖盘不均衡时,做市商及时处理大额指令的做法,可平抑价格波动。做空机制也有利于稳定价格。由于多个做市商对做市的股票有一定的持仓量,使得投机炒作者不敢妄为,操纵者因担心做市商抛压、抑制股价,也不愿意"抬轿"。

5. 有利于分散市场风险

做市商制度下的市场是一种双层网状构造,做市商的利润来源于双向报价相对差额,不在于价格的绝对高低,价格涨跌均可获利;而投资者的目标是获取单向预期差价,价涨才可获利,二者市场行为是不同质的,这样市场风险冲击被分散于两个层次上。

6. 有利于保持市场交易的连续性

当市场过于沉寂、持续无市时,做市商可以通过不断地降低报价,甚至低于做市商的买入价,来吸引客户,直至出现成交记录。美国做市商具有维持连续交易、活跃股市、稳定市场的义务。

(三)纳斯达克的做市商制度

现代证券做市商制度以美国纳斯达克最为典型。纳斯达克于1971年2月28

日正式开始运作,通过与全国范围做市商终端系统相连接,实现了自动撮合场外证券市场交易,这是世界上第一个电子股票市场,现已成为全球最大的无形交易市场。

在纳斯达克市场,做市商必须是美国证券交易商协会的会员,其做市商资格应向美国证券交易商协会注册申请,并受到美国证券交易委员会、美国证券商协会监管公司及纳斯达克市场监管部的三重管理。满足特定的资本要求是获取做市商资格的必要前提,同时,做市商也要承担相应的义务,并按一定的报价规则进行交易。做市商必须报出有效的买入和卖出价,买卖差价是做市商的利润,限定在全美证券交易商协会定期发布的最大买卖价差范围之内,一般不超过证券价格5%。

做市商需先建立做市证券的足够库存,并随时准备在其所报价位上接受投资者的买卖要求,当接到投资者卖出某种证券的指令时,以自有资金执行买入;当接到投资者购买某种证券的订单时,用其库存证券执行卖出,如果数量不够就需要向其他做市商买足,以完成其交易承诺。由于投资者与做市商之间是一种交易关系,而不是委托代理关系,因此投资者在一家做市商处买卖证券,只要一次性交付98美元的费用即可,不需要支付给做市商手续费。在每笔交易成交后90秒内,做市商通过计算机终端网络向全美证券交易商协会报出该种证券有效的买入价和卖出价以及成交情况,买卖数量和价格的交易信息随即转发到世界各地的计算机屏幕以向投资者公布。

为了规范做市商的行为,在1987年以前,纳斯达克对违规的做市商勒令其退出做市2个交易日。在1987年股市暴跌后,严格了处罚规定,将禁止违规做市商重新进入市场的期限延长为20天。这不但提高了做市商持续履行职能的标准要求,而且更重要的是确保了市场的应有秩序。

纳斯达克市场的做市商基本上包括机构型、批发型、区域型、跨国型等四种类型。目前,在该市场登记的做市商共有520多家。做市商可以同时为多只证券做市,每一只证券按市值不同,需要做市商的数量不同,按照现行规定,凡是在纳斯达克上市的股票,至少要有4家做市商共同为其做市,以限制垄断价格的出现,并保证市场足够的流动性。从1987年以来有关统计数据来看,平均每一种证券拥有的做市商基本上在10家左右,最多的微软公司达52家。

做市商制度在纳斯达克市场逐步发展与完善起来并不是偶然的。纳斯达克市场是由场外交易市场演化和发展而来的。当初的美国证券市场远不像今日之发达,加之在这一市场上交易的公司规模都比较小,所以这些上市公司股票的流动性明显不足,从而影响了投资者的投资热情,同时股票交易不活跃也影响了证券商的收益,这样才使做市商制度逐步建立和发展起来。

第三节 证券交易方式与交易规则

一、证券交易方式

(一)现货交易

1. 现货交易的概念

现货交易也称现金交易,是指在证券买卖双方成交后,即时履行合同办理实券交收和资金清算手续的交易方式。在交易达成后,买方应及时向卖方付款,而卖方则应及时向买方支付证券。证券交易不同于一般的商品交易,要通过证券商并借助于一定的交易系统来完成,因此,在现货交易中,从证券成交到交割需要一定的时间间隔,间隔的具体时间由证券交易所规定,各个国家和地区实行允许钱货两清的交割的期限,有 T(Time)+0、T+1、T+4、T+5 等多种制度。我国股票交易清算交割 A 股采取 T+1 的交割制度,即当天交易,第二天交割(即第二天才能取出现金)。

我国《证券法》第 35 条规定:"证券交易以现货进行交易。"

2. 现货交易的特点

(1) 现货交易是最基本的证券交易方式,也是最古老的交易方式。最早的物物交换即是一种现货交易方式,随着社会经济的发展,商品交换的广度不断扩大,现货交易方式的具体做法也不断增多。证券市场出现后,现货交易就成为主导的交易方式。

(2) 交易技术简单、灵活方便,易于操作,但随机性较大。

(3) 交收的时间短,成交和交割基本上同时进行。现货交易通常是即时成交,货款两清,或在较短的时间内实行商品的交收活动。这是现货交易区别于远期合同交易与期货交易的根本所在。

(4) 成交的价格信号短促。现货交易买卖双方成交的价格只能反映当时的市场行情,不能反映未来市场的变动情况,因而现货价格不具有指导生产与经营的导向作用。如果生产者或经营者以现货价格安排未来的生产与经营活动,要承担很大的价格波动风险。现货交易的这一特点是它的不足之处。

(5) 现货交易是远期合同交易和期货交易产生与发展的基础。从时间上来看,远期合同交易与期货交易只有 100 多年的历史,它们都是在现货交易发展到一定程度的基础上才产生的,可以说,没有现货交易,远期合同交易和期货交易便无从发展。

(二) 信用交易

1. 信用交易的含义及种类

信用交易也称保证金交易,有广义和狭义之分。广义的信用交易泛指投资者通过缴纳一定数量的保证金,利用资金杠杆作用进行的证券交易,包括期权交易和期货交易。狭义的信用交易是指证券经纪商向客户提供信用而进行的证券交易,即客户凭借自己的信誉,通过缴纳一定数额的保证金取得经纪人的信用,在委托买进证券时,由经纪人贷款,或者在委托卖出证券时,由经纪人贷给证券来实现证券买卖的交易方式。

从交割时限上看,广义信用交易既包括现货交易,也包括期货、期权交易,狭义信用交易属于现货交易。以下主要介绍狭义信用交易。

信用交易主要有两种形式,即保证金买长交易(又称保证金买空 buy shot)和保证金卖短交易(又称保证金卖空 sell shot)。

保证金买长交易是指当投资者预测某种证券行市看涨时,希望买进一定数量的该证券,但又无足够的资金,通过缴纳一定数量的保证金,由证券经纪商贷款,并代其购入所需证券,投资者按照约定缴纳一定的利息和交易费用的交易方式。这种交易也叫保证金买空交易,或者叫做多。

保证金卖短交易是指当投资者预测某种证券行市看跌时,希望卖出一定数量的该证券,但自己又没有该证券,通过缴纳一定数量的保证金,向证券经纪商借入一定数量的该证券,并代为卖出该证券,投资者在约定的期限内偿还等量的证券,并缴纳相应的利息和交易费用的交易方式。这种交易也叫保证金卖空交易,或者叫做空。

目前,我国证券市场上将上述两种交易分别称为融资交易和融券交易。

2. 信用交易的利弊

信用交易利弊共存。对于投资者来说,可以用较少的资金进行较大额度的投资,增加了投资者投资获利的机会,但一旦证券价格预测相反,投资者也将承担较大的风险。对于证券商来说,利用这种方式一方面可以扩大交易量,增加手续费收入,同时通过提供融资、融券赚取利差。但券商也要增加管理成本。从整个证券市场来说,信用交易可以吸引更多的投资者参与交易、活跃交易,增加流动性。但是,过度的信用交易会造成股市的虚假繁荣,甚至引发信用膨胀,同时还增大了市场投机的成分,这就对证券监管提出了更高的要求。

3. 保证金账户及其管理

保证金是证券管理机构规定的在投资者以信用方式进行证券投资时,必须按一定比例向证券经纪商交存的作为借贷偿还保障的资产。作为保证金的资产可以是现金,也可以是其他动产、不动产,但主要是现金。保证金是投资者进行信用交易的财力保证,证券经纪商要通过对保证金账户的清算及时向投资者提出预警信号,以控制信用交易的风险。

投资者要进行信用交易,首先要选择一家证券公司开立保证金账户。开立保证金账户时,投资者必须与证券公司签订一份协议,通过协议确定信用交易者要遵守证券管理机构、证券交易所和开户公司的有关规定,证券公司有权以客户保证金账户上的证券作抵押向银行贷款,有权将客户保证金账户内的有价证券在不影响其交易的情况下借给保证金卖空的客户。

保证金账户分为借方与贷方,见表 7.1。借方记载客户对证券经纪商的负债,主要项目有购买证券价款、应付税金、手续费、向证券商借款应付的利息、客户

表 7.1 保证金账户

借　　方	贷　　方
购买证券价款	存入现金
佣金税余	出售证券价款
贷款利息	股息利息收入
提取现金	存款利息

提取的现金。贷方记载客户在证券经纪商处的资产,主要有客户存入的保证金、保证金账户中证券分配的股息和利息收入、客户存款余额应得的利息收入和出售证券的价款。

如果保证金账户是贷方余额,则证券公司要向客户支付利息,如果是借方余额,则投资者要向证券公司支付利息。由于信用交易主要是投资者向证券公司融资,所以一般表现为借方余额。证券公司每天按收盘价计算客户保证金账户的保证金实际余额。如果保证金账户中证券市值变化而出现贷方余额,该账户的投资者可以从账户中提取现金或无须追加保证金而认购新股;如果保证金账户中的证券价格变化而使实际保证金低于规定的最低限度时,证券经纪公司要向客户发出追加保证金的通知,客户必须追加保证金以满足规定的要求。

4. 信用交易保证金比率的确定

保证金比率是指保证金与投资者买卖证券的市值之比。保证金比率有法定保证金比率、保证金实际维持率和保证金最低维持率之分。

(1) 法定保证金比率。法定保证金比率又称初始保证金比率,由中央银行规定,投资者按法定保证金比率缴纳的保证金叫原始保证金,它由法定保证金比率和买卖证券的市值决定,必须在以信用方式买卖证券之前交足。法定保证金比率是中央银行货币政策的辅助工具,央行根据货币供应、通货膨胀和证券市场的实

际情况,相应调整法定保证金比率,当央行根据经济形势实施紧缩的货币政策时,与其他货币政策相搭配,可提高法定保证金比率,减少信用交易的规模;反之,则降低法定保证金比率。目前世界各国保证金比例高低不一,低到10%以下,高达100%,且经常调整,但一般维持在50%左右。

(2)保证金实际维持率。投资者在交存了初始保证金并取得经纪商融资买卖证券后,由于证券市场价格在不断变化,投资者买卖的证券市值也随之变化并使投资者的实际保证金率相应发生变化,这一比率有时会高于法定保证金比率,有时可能又会低于法定保证金比率。投资者交存保证金的实际价值与证券市值的比率称为保证金实际维持率。证券经纪商要随时计算投资者的保证金实际维持比率,了解盈亏并及时通知客户。

(3)保证金最低维持率。由于保证金交易涉及证券经纪商的融资或融券,当投资者投资失误出现亏损时,首先蚀去其保证金,而如果亏损进一步扩大就会危及证券经纪商的利益,增加券商融资或融券的风险,因此,券商对投资者的保证金账户一般设有最低限度的要求,即保证金实际维持率不得低于某一比率,这一比率称为保证金最低维持率。其目的是向投资者发出预警信号,避免投资者的损失给券商带来损失,同时,也使投资者及早采取措施制止损失扩大。当保证金实际维持率低于最低限值比率时,券商要向投资者发出追加保证金的通知,当投资者接到通知后,必须追加保证金,以达到法定保证金的要求。如果投资者无力追加保证金,可通知券商结清差额,了结该保证金账户;如果投资者在规定时间内不补足保证金,券商可出售客户账户上的证券以保证券商贷款能够收回,避免损失。

5. 保证金买长交易及其盈亏管理

1)保证金买长过程及盈亏计算

当投资者预期某证券价格会上涨,可做保证金买长交易。

例如,某投资者经过分析预计A公司股票价格会上涨,准备做保证金买长交易。其自己有本金1万元,A股票目前的市场价格为10元,假定法定保证金比率为50%。投资者可以将自己的1万元存入券商保证金账户,向券商贷款1万元,购买市值为2万元、2 000股A公司股票。过一段时间后,如果A公司股票果真如其所料,涨到12元一股,投资者委托券商卖出2 000股股票,可得12×2 000=24 000元,若不考虑手续费和借款利息,归还1万元后可获利4 000元,为投资者本金的40%。显然,使用保证金方式买入股票,在价格上升时投资者可用较少的本金获得较大的盈利,具有杠杆效应;但是如果价格与投资者的预期相反而下降,保证金交易给投资者带来的损失也会放大。

在不考虑手续费和借款利息的情况下,保证金买长的盈亏计算公式如下:

$$盈利(亏损) = 抵押证券市值 - 借款额 - 本金 \qquad (7.1)$$

$$\text{收益率} = \text{盈利(亏损)}/\text{本金} \tag{7.2}$$

公式中抵押证券市值是指投资者交存保证金并取得经纪商贷款后委托经纪商买入的证券市值,该证券作为贷款抵押品存放于经纪商处,抵押证券的市值随证券价格的涨跌而变化。

2) 保证金实际维持率及超额保证金的计算

由于证券价格经常变化,证券经纪商在每个营业日收盘后都要计算每一个保证金账户的抵押证券市值和保证金实际维持率。

保证金实际维持率=(抵押证券市值-借款额)/抵押证券市值×100%

当投资者只有一种股票时,公式可以表示为:

$$a_m = \frac{n \cdot m_p - [(1-i_m) \cdot p_p \cdot n]}{n \cdot m_p} \tag{7.3}$$

式中,a_m 为保证金实际维持率;i_m 为初始保证金比率;m_p 为计算时证券市价;p_p 为证券的购买价格;n 为投资者拥有的股票数量。$(1-i_m) \cdot p_p \cdot n$ 是投资者从证券商处的借款额,它等于投资者共计购入的证券市值减去其交存的初始保证金。若已知投资者交存的初始保证金以及初始保证金比率,则两者相除就是投资者共计可以购入的证券市值。

仍按上例,当 A 公司股票价格上涨到 12 元时,抵押证券市值增至 24 000 元,借款额不变,此时,保证金实际维持率为:

$$a_m = \frac{2\,000 \times 12 - (1-50\%) \times 10 \times 2\,000}{2\,000 \times 12} = 58.33\%$$

保证金实际维持率大于初始保证金比率要求,说明保证金账户上有超额保证金,投资者可以以现金的方式提走超额保证金,也可以追加购买股票而无须追加保证金。那么,超额保证金是多少呢?下面简要推导超额保证金。

由式:
$$i_m = \frac{n \cdot m_p - [(1-i_m) \cdot p_p \cdot n] - x}{n \cdot m_p} \times 100\% \tag{7.4}$$

得到: $x = (m_p - p_p) \cdot n \cdot (1-i_m)$,$x$ 为超额保证金

即: 超额保证金 = 账面盈利 × (1-法定保证金比率) (7.5)

(7.5)式说明,投资者不能把账面盈利全部提走,而只能提取相当于超额保证金的现金。这是因为证券市值提高后,为了满足法定保证金比率的要求,保证金也要相应提高,所以账面盈利不能全部提走。同时,由于投资者买入的证券并未实际售出,所取得的盈利也仅是账面盈利,投资者据此提走现金相当于再向经纪商借款,并记在保证金账户借方,保证金账户借方余额会相应增加,根据规定,投资者提走现金后的保证金实际维持率不得低于法定保证金比率要求。

上例中,当 A 公司股票价格涨到 12 元时,账面盈利为:

账面盈利=(12-10)×2 000=4 000(元)

超额保证金＝4 000×(1－50％)＝2 000（元）

也就是说,在法定保证金率为 50％时,投资者只能提取账面盈利的 50％,即 2 000 元,另外 2 000 元要补充保证金。投资者提取现金后,保证金账户借款额增加 2 000 元,保证金实际维持率为 50％,正好满足法定比率要求。

$$保证金实际维持率=\frac{12\times 2\,000-[(1-50\%)\times 10\times 2\,000+2\,000]}{12\times 2\,000}\times 100\%=50\%$$

投资者如果不提取现金,可利用账面盈利作为保证金追加购买证券,这种新买证券的金额称为购买力。购买力的计算公式为:

$$购买力 = 超额保证金 / 法定保证金比率 \times 100\% \qquad (7.6)$$

上例中,购买力＝2 000/50％×100％＝4 000（元）。可再委托经纪商购买市值为 4 000 元的 A 公司股票。此时,投资者买入的证券市值为(24 000＋4 000),保证金账户借款额为(10 000＋4 000),保证金实际维持率为 50％,正好满足法定保证金率要求。

$$保证金实际维持率=\frac{24\,000+4\,000-(10\,000+4\,000)}{24\,000+4\,000}\times 100\%=50\%$$

从上述购买力公式可以看出,投资者追加购买证券的金额超过超额保证金,所以,在保证金账户有账面盈利的情况下,投资者可以利用超额保证金去追加投资购买更多的股票,而提取现金则要少得多,只相当于超额保证金的一部分。

3）保证金最低维持率和抵押证券最低市值的计算

做保证金买长的投资者在股票价格上涨时可获得高于股票价格上涨率的回报率,但是如果股票价格下跌,则投资者的损失也会扩大。投资者的亏损体现为保证金绝对数额和保证金实际维持比率的下降。假如在上面的例题中,A 公司股票价格从 10 元跌至 8 元,跌幅为 20％时,投资者买入的证券市值是 8×2 000 元＝16 000 元,此时,投资者的亏损和保证金实际维持率分别为:

亏损＝抵押证券市值－借款额－本金＝16 000－10 000－10 000＝－4 000（元）

$$保证金实际维持率=\frac{8\times 2\,000-[(1-50\%)\times 10\times 2\,000]}{8\times 2\,000}\times 100\%=37.5\%$$

当保证金实际维持率低于最低标准时,经纪商就要向客户发出追加保证金的通知,经纪商必须计算出对应保证金最低维持率的抵押证券最低市值和最低市价,其计算公式为:

$$\begin{aligned}抵押证券的最低市值 &= 借款额/1-保证金最低维持率\\ &= (1-i_m)\cdot p_p\cdot n/1-m_m\end{aligned} \qquad (7.7)$$

$$\begin{aligned}抵押证券的最低市价 &= 抵押证券的最低市值/抵押证券数量\\ &= (1-i_m)\cdot p_p/1-m_m\end{aligned} \qquad (7.8)$$

式中,m_m 为保证金最低维持率。

上例中,若保证金最低维持率为25%,则

抵押证券的最低市价 $=(1-50\%)\times 10/(1-25\%)=6.67$(元)

当股价跌至每股6.67元时,经纪商要向客户发出追加保证金的通知。如果投资者认为在短期内,股价还有回升的希望,他可能会追加保证金,保留账户内的证券;如果投资者对短期内证券价格回升不抱希望,则会通知经纪商出售账户内证券,还清贷款,付清手续费及相关费用,结清保证金账户。当股价下跌幅度不大,投资者的保证金实际维持率低于法定比率要求,但又高于最低维持率时,投资者的保证金账户要受到限制,称为限制性账户,此时,任何可能导致其账户保证金进一步下降的资产动用如提取现金、追加购买证券等都将受到限制。

总之,保证金买长投资是具有杠杆效应的一种投资,如果投资者对证券行情预测准确,则可以获得较大的利润,如果预测失误,则会导致较大的损失。

保证金卖短交易与保证金买长交易的操作原理一致,效果相同,但方向相反,本书在此不再单独赘述。

(三) 期货交易

期货交易和期权交易是金融衍生品的两种主要交易方式。与传统的证券交易方式相比,期货交易和期权交易有其独特的交易规则、运行机制和市场功能。对它们的概念特征表述前面章节已有介绍,本节不再展开,下面主要从运行机制和交易策略方面进行阐述。

1. 期货交易运行机制的主要环节

1) 期货结算中心

为了确保期货交易能够顺畅运作,每个期货交易所都有一家与之相配合的结算中心对交易双方进行结算。结算中心也称作清算所,它可能是一家独立的公司,也可能是交易所的一个下属机构。

交易者实际上只与清算所进行交易。对于每个买(卖)方,清算所都扮演着卖(买)方的角色。这意味着期货交易中每个交易者仅对清算所负担履约的承诺,当然也预期清算所会负担相应的履约承诺。这样,由于清算所的居中介入,每个交易者的交易对象实质上都是清算所,因此无须担心其他交易者的信用问题,只需考虑清算所的可靠性。

清算所通常都是由资本雄厚的大型金融机构组成,而且清算所不会主动在市场上建立头寸,而是被动地介入每笔交易的当事人之间。在期货市场中,买进的合约张数必定等于卖出的合约张数,所以结果的合约张数必定为零。清算所有义务对买方交割期货卖出期货,同时对卖方也有交割期货按同样价格买进期货的义务。这两项义务相互冲销而净头寸为零,所以它的风险很小。事实上,如果清算所不能履行它所提供的担保的话,就可能导致整个期货市场完全瓦解。

2) 保证金制度

正式从事交易之前,交易者必须在经纪商账户中存入一笔资金,这笔资金相当于履约的担保存款,用来确保交易者履行合约,因此称为保证金。保证金总共有三种类型:初始保证金、维持保证金和变动保证金。

初始保证金即最初的存款,其额度大约等于相关合约的每天最大价格波动,一般不会超过标的物价值的50%。初始保证金仅需要用来应付每天的价格波动。交易者在持仓过程中,会因市场行情的不断变化而产生浮动盈亏(即合约结算价与市场每天成交价之差),因而保证金账户中实际可用来弥补亏损和提供担保的资金每天都会发生增减。浮动盈利将增加保证金账户余额,浮动亏损将减少保证金账户余额。当保证金余额低于某种程度——维持保证金时,交易者就必须补缴保证金,让保证金的额度恢复到起始水平。交易者必须补缴的现金称为变动保证金。维持保证金通常设定为初始保证金的75%。

3) 逐日结算制度

由于保证金一般要比整个合约的价值小很多,这就给交易者带来一个很大的杠杆效应。为了保证交易者不违约,控制杠杆效应的风险,期货交易还采用逐日结算(或称逐日盯市)制度。

逐日结算制度是指交易所每天都对交易者的账户进行盈亏结算并采取措施维持交易者的保证金在一定水平的制度。在每个交易日结束时,交易账户都必须根据当天的收盘价进行结算,同时反映出当天的盈亏。如果交易商的交易账户发生亏损,就需要补缴保证金。不论任何理由,只要没有补缴所规定的变动保证金,则经纪人有权强制结束其相关的头寸,将损失从初始保证金中扣除,然后退还余额。每天根据市价进行结算保持维持或变动保证金的措施,可以保障期货市场的有效运作。

4) 期货交易的结束方式

期货合约可以通过3种方式来结束头寸:交割、平仓和期货转现货。

交割是指在到期日进行实物交割或现金结算,其中实物交割适用于商品期货,而大多数金融期货采用现金结算。实物交割就是用实物交收的方式来履行期货交易的责任。采用现金结算是指当合约到期时,交易者仅需要利用现金结清其头寸的盈亏,不需要做现货交割。不论是采用实物交割还是现金结算,都是在到期时结束期货合约。可是,很少有期货合约会真正通过实物交割或现金结算的方式来结束头寸。

大部分期货合约都是通过平仓来结束头寸的。平仓是指在到期日或到期日之前通过买入与原来合约方向相反的同等合约进行对冲,即反向平仓。此时应注意同等合约指除了持有头寸的方向外,其他条件都相同的两个合约。

此外,交易者还可以通过期货转现货(EFP)的方式完成期货合约的义务。在一笔 EFP 中,两位交易者同意同时交换某种特定商品的现货与期货合约,由于期货转现货并不发生在交易大厅,而是在场外交易,而根据法律和交易所的规定,所有的期货交易必须发生在交易大厅。但 EFP 是个例外,有时也被称为针对现货的交易。

2. 期货交易的基本策略

交易者参与期货交易的目的主要是套期保值和投机获利。因此,期货交易的基本策略分为套期保值策略和套利策略。

1) 套期保值策略

套期保值是指在现货市场某一笔交易的基础上,在期货市场上做一笔资产数量相当、期限相同但方向相反的交易,以期保值。从定义不难看出,套期保值不是在期货市场上对期货进行保值,而是对期货的相应标的物的现货进行保值。套期保值之所以能够达到规避价格风险的目的,其基本原理有两个:

(1) 同一品种的商品,其期货价格与现货价格受到相同的因素的影响和制约,虽然波动幅度会有所不同,但价格的变动趋势和方向有一致性。

(2) 随着期货合约到期日的临近,期货价格和现货价格会逐渐聚合。在到期日,基差(即现货价格减去期货价格的差)接近于零,两价格大致相等。

套期保值按其操作手法的不同,可以分为卖出(空头)套期保值和买进(多头)套期保值。其在期货市场的操作可分两步:第一步,交易者根据现货交易情况,通过买进或卖出期货合约建立第一个期货头寸;第二步,在期货合约到期前,通过建立另一个相反的头寸将先前的合约平仓。

套期保值所选用的期货合约是影响保值效果的一个关键因素。而期货合约的选择通常包括两个方面:选择期货合约的标的物和交割月份。对于标的物的选择,通常要求期货合约的期货价格与打算保值的资产价格的相关性最好。对于交割月份的选择,应尽量选择最接近套期保值到期的那个交割月份,且交割月份应选择稍迟于套期保值到期日的月份。这是因为套期保值的到期日与合约交割月份之间的时间越长,则基差越大。之所以不选择当月交割合约是因为交割月份的期货价格非常不稳定。同时,在交割月份中持有合约的多头套期保值者,还面临着不得不接受实物资产交割的风险,这不仅会加大成本而且极不方便。

在确定了用何种期货合约作为套期保值工具后,还要确定套期保值所需的期货合约的规模,即要决定使用多少张这样的期货合约才能达到预期的套期保值目的,亦即套期保值比率的确定。所谓套期保值比率是指保值者持有期货合约的头寸大小与需要保值的标的资产大小之间的比率。实际上就是每一单位现货头寸

保值者所建立的期货合约单位。经过用最小方差法可估计出最佳套期保值比率为:

$$h = \sigma \cdot \frac{\sigma_S}{\sigma_F} \tag{7.9}$$

式中,σ_S 为在套期保值期限内现货价格改变量 ΔS 的标准差;σ_F 为在套期保值期限内期货价格改变量 ΔF 的标准差;σ 为 ΔS 和 ΔF 之间的相关系数。

2) 套利策略

所谓套利策略是指同时买进和卖出两张不同类型的期货合约,以期从中赚取变动价差的交易。交易者之所以进行套利是因为他发现某两个合约之间存在着不合理的价格关系,即市场的漏洞,以期从中获利。但实际进行套利操作中,交易者并不能一看到这种不合理的价格关系就进行套利,这是因为还必须考虑交易成本、买入/卖出价差、借贷款的利率差以及卖空的限制等不完全市场方面的影响,否则,套利操作的最终效果可能是得不偿失的。根据交易时的期货合约的不同种类,可以把套利分为三类:跨期套利、跨市套利和跨品种套利。

需要强调的是,这里的套利是有一定风险的,是投资者凭自己对市场的预测,认为与可能获得的收益相比,其风险很小或者微不足道。而平常所说的套利是无风险的,即在套利时不承担未来任何价格变动的风险。但正如前面所述的无套利定价原则,只要这种无风险套利机会一出现,所有的投资者都会进行套利操作,从而使得套利机会消失。所以,这种无风险套利机会的寻找是很困难的,而寻找这种机会也正是金融工程所要实现的基本功能之一。

3. 股票指数期货

1) 股票指数期货的概念和特点

股票指数期货简称股指期货,是以股票市场的指数为标的物的期货。具体地讲,是指期货交易所同期货买卖者签订的、约定在将来某个特定的时期,买卖者向交易所结算中心收付等于股价指数若干倍金额的合约。

股指期货一方面是期货的一种,在期货市场上进行买卖,另一方面由于它所买卖的是与股票有关的指数,又与股票市场有关。它的主要特点是以现金结算而不进行实物交割。

尽管股指期货交易很多时候被认为是导致股票市场混乱的原因,或至少是影响因素,但它仍然是 20 世纪 80 年代最重要的金融创新成果之一。现在在国际金融市场上每天都有成千上万份股指期货合约的交易。股指期货之所以能获得成功主要源于它具有如下的好处:便捷的交易手段和很高的杠杆效应、较低的交易成本、较高的市场流动性、没有卖空限制等。

2) 股指期货的主要内容

股票指数期货合约的报价行情常刊登在《华尔街日报》上。股指期货合约的种类很多,都以合约的标的指数的点数报价,合约的价格是由这个点数与某一个固定的金额相乘而得。例如,对标准普尔500股票指数期货合约的价格是当时指数的500倍,假如标准普尔500股票指数某日的报价为230点时,一份标准普尔500股票指数期货合约的价格为115 000美元(500美元×230点)。再例如,香港恒生股票指数期货合约的价格是当时指数的50倍,若某时恒生股票指数期货的报价是5 000点,则一张恒生股票指数期货合约的价格就是25万港元(50港元×5 000点)。

3) 股指期货的交易策略

由于股指期货的标的物就是由数十到数百种成分股票组成的资产组合计算得到的指数,它基本消除了股价的不规则变动,仅反映股市走势,这样就使大额投资者(如养老基金等)可专心应付系统风险。况且持有股指期货就等价于间接地持有成分股票组合,卖出股指期货就相当于卖出成分股票组合。所以通过买卖股指期货,就可以代替在股票市场进行大范围的市场运作,而且交易费用也要低得多。因此,股指期货已被投资者,特别是机构投资者广泛用作套期保值和进行资产配置的有效工具。

可以用股指期货进行套期保值的风险有:① 已持有的股票价格下跌;② 大量现货股票上市引起的股价下跌;③ 拟购股票价格上涨。

此外,也可以利用股指期货进行投机交易,利用不同时期、不同品种或期货与现货之间的差异进行套利,赚取利润,并可用于投资组合,加强财务管理。

(四) 期权交易

1. 期权的交易策略

期权是一种复杂的交易技术。在现实的金融市场中,存在着无数种不同的交易策略,不同的交易策略有着不同的适用范围和适用动机,从而产生出不同的交易结果。期权交易的精妙之处就在于可以通过不同的期权品种构筑成众多具有不同盈亏分布特征的组合,即期权交易具有产生不同损益状态的功能。这样,投资者就可以根据各自对未来标的物现货价格概率分布的预期以及各自的风险、收益偏好,选择最适合自己的期权组合。下面对此给予简单的分析,并在分析中假定所有的期权均为欧式期权,且同组合中期权的标的物均相同。

1) 期权的基本交易策略

最基本的期权为看涨期权和看跌期权。而在期权交易中,投资者又可分为多头(买进)和空头(卖出)两种基本的交易者。我们将这两种基本期权类型和两类基本交易者进行不同的组合,就形成期权交易的4种基本策略:多头看涨期权、空头看涨期权、多头看跌期权和空头看跌期权。

（1）多头看涨期权和空头看涨期权。当投资者预期某种标的物的市场价格将上涨但又担心预测失败时，他可以买进该标的物的看涨期权。到期时，该投资者的损益状况如图 7.1(a)所示。不难看出，该投资者在 $K+C$ 处的利润为零；当标的物价格 $S>K+C$ 时，该投资者开始盈利，其大小为 $\max\{S-K,0\}-C$；当 $S<K$ 时，该投资者就放弃行使期权，此时遭受的损失为购买期权的期权费；当 $K<S<K+C$ 时，该投资者可执行期权，虽然此时他仍有损失，但损失比放弃期权要小。而看涨期权的出售者则预期该标的物的市场价格只会在较小幅度内波动，即使上涨也不会超过其所得的期权费，所以他卖出期权以获得期权费。其盈亏如图 7.1(b)所示，正好与多头看涨期权相反。在图形上表现为二者互为对方的镜像，即一方的盈亏正好是另一方的亏盈。

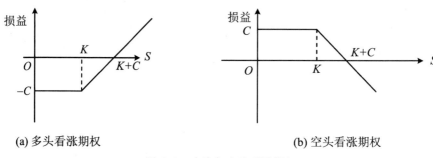

图 7.1　多头与空头看涨期权

（2）多头看跌期权和空头看跌期权。若某投资者预期某种标的物的市场价格将下跌但又担心预测失败时，他可以买进该标的物的看跌期权。而出售该期权的一方即空头方则预期价格不会下跌或仅仅只是略有下跌，但不会超过其所得的期权费，所以他卖出期权以获得期权费。对二者的损益状况可进行同样的分析，如图 7.2 所示。

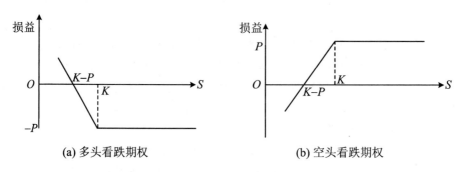

图 7.2　多头与空头看跌期权

2) 不同类型期权的组合交易策略

(1) 现货与期权的组合交易。如果交易者在买入一份看跌(看涨)期权的同时买入(售出)现货标的物,就建立了一个合成看涨(看跌)期权。其效果相当于买入一份看涨(看跌)期权。图 7.3 所示的是合成看涨期权。

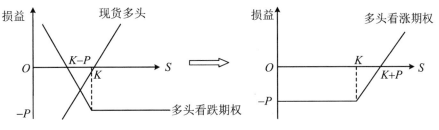

图 7.3 合成看涨期权

(2) 合成多头与合成空头。如果交易者买进一份看涨期权的同时再卖出一份看跌期权,就建立一种类似现货多头的期权头寸,称为合成多头(参见图 7.4);如交易者买进一份看跌期权的同时再卖出一份看涨期权,就建立一种类似现货空头的期权头寸,称为合成空头。这类交易策略多见于利用期权进行套利。例如,在建立一个合成多头头寸的同时再卖出一笔现货或期货,就形成一个不受标的物价格变动影响的头寸。如果现货市场或期货市场与期权市场间的价格存在差异,就能形成无风险的利润。

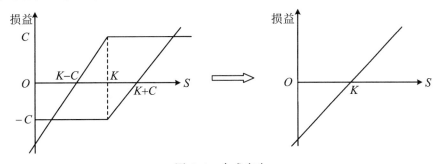

图 7.4 合成多头

二、交易规则

证券交易所采用经纪制交易方式。投资者必须委托具有会员资格的证券经纪商在交易所内代理买卖证券,经纪商通过公开竞价形成证券价格,达成交易。证券交易以现券交易、回购交易、融资融券交易和经中国证监会批准的其他交易方式进行。我国《证券法》规定,证券交易遵循公开、公平、公正的原则。投资者交易行为应当遵守法律、行政法规、部门规章以及证券交易所有关业务规则的规定,遵循自愿、有偿、诚实信用原则。证券交易所依照证券法律、行政法规制定上市规则、交易规则、会员管理规则和其他有关规则，并报国务院证券监督管理机构批准。下面主要介绍证券交易所基本交易规则和特殊交易事项规则。

（一）基本交易规则

1. 交易时间

交易所有严格的交易时间，在规定的时间内开始和结束集中交易。上海证券交易所、深圳证券交易所规定，采用竞价交易方式的，每个交易日的 9:15—9:25 为开盘集合竞价时间。上海证券交易所 9:30—11:30、13:00—15:00 为连续竞价时间；深圳证券交易所 9:30—11:30、13:00—14:57 为连续竞价时间，14:57—15:00 为收盘集合竞价时间；大宗交易时间延长至 15:30。

2. 交易单位

交易单位是交易所规定每次申报和成交的交易数量单位，以提高交易效率。一个交易单位俗称"一手"，委托买卖的数量通常为一手或一手的整数倍。上海证券交易所、深圳证券交易所规定，通过竞价交易买入股票、基金、权证的，申报数量应当为 100 股（份）或其整数倍。卖出股票、基金、权证时，余额不足 100 股（份）的部分，应当一次性申报卖出。股票、基金、权证交易单笔申报最大数量应当不超过 100 万股（份）。

3. 证券交易的计价单位和申报价格最小变动单位

不同证券的交易采用不同的计价单位。股票为"每股价格"，基金为"每份基金价格"，权证为"每份权证价格"，债券现货为"每百元面值债券的价格"，债券质押式回购为"每百元资金到期年收益"，债券买断式回购为"每百元面值债券的到期购回价格"。申报价格最小变动单位是交易所规定每次报价和成交的最小变动单位。

4. 报价方式

传统的证券交易所用口头叫价方式并辅以手势作为补充，现代证券交易所多采用电脑报价方式。无论何种方式，交易所均规定报价规则。上海证券交易所、深圳证券交易所采用电脑报价方式，接受会员的限价申报和市价申报。

5. 价格决定

交易所按连续、公开竞价方式形成证券价格，当买卖双方在交易价格和数量上取得一致时，便立即成交并形成价格。上海证券交易所、深圳证券交易所的证券竞价交易采取集合竞价和连续竞价方式。集合竞价是指将在规定的时间内接受的买卖申报一次性撮合。集合竞价期间未成交的买卖申报自动进入连续竞价。

6. 涨跌幅限制

为保护投资者利益，防止股价暴涨暴跌和投机盛行，证券交易所可根据需要对每日股票价格的涨跌幅度予以适当的限制。高于涨幅限制的委托和低于跌幅限制的委托无效。上海证券交易所、深圳证券交易所对股票、基金交易实行价格涨跌幅限制,涨跌幅比例为10%,其中ST股票和※ST股票价格涨跌幅比例为5%。但是,有下列情形之一者,首个交易日无价格涨跌幅限制:首次公开发行上市的股票;首次公开发行上市的封闭式基金(上海证券交易所);增发上市的股票(上海证券交易所);暂停上市后恢复上市的股票;中国证监会或交易所认定的其他情形。

7. 挂牌、摘牌、停牌与复牌

交易所对上市证券实行挂牌交易。证券上市期届满或依法不再具备上市条件的,交易所终止其上市交易,并予以摘牌。股票、封闭式基金交易出现异常波动的,交易所可以决定停牌,直至相关当事人作出公告当日的上午10:30予以复牌。交易所可以对涉嫌违法违规交易的证券实施特别停牌并予以公告,相关当事人应按照交易所的要求提交书面报告。

8. 交易行为监督

我国《证券法》规定,证券交易所对证券交易实行实时监控,并按照国务院证券监督管理机构的要求,有权在证券市场出现异常情形时采取临时停市措施或对出现重大异常情况的账户限制交易。交易所对下列行为予以重点监控:涉嫌内幕交易、操纵市场等违法违规行为;买卖证券的时间、数量、方式受限行为;可能影响证券交易价格或数量的异常交易行为;证券交易价格或交易量明显异常的情形;证券交易所认为需要重点监控的其他事项。对情节严重的异常交易行为,交易所可以视情采取下列措施:口头或书面警示;约见谈话;要求相关投资者提交书面承诺;限制相关证券账户交易;报请中国证监会冻结相关证券账户或资金账户;上报证监会查处。

9. 交易异常情况处理

因发生不可抗拒、意外事件、技术故障或交易所认定的其他异常情况,导致部分或全部交易不能进行的,交易所将及时向市场公告,并可视情需要单独或者同时采取技术性停牌、临时停市、暂缓进入交收等措施。交易所采取上述措施的,应及时报告中国证监会。对技术性停牌或临时停市的决定,交易所通过网站及相关媒体及时予以公告。技术性停牌或临时停市原因消除后,交易所可以决定恢复交易,并向市场公告。

10. 交易信息发布

证券交易所发布每个交易日的证券交易即时行情、证券价格指数、证券交易公开信息等交易信息,包括开盘集合竞价期间的即时行情和连续竞价期间的即时行情。交易所编制综合指数、成分指数、分类指数等证券指数,随即时行情发布,以反映证券交易总体价格或某类证券价格的变动和走势。交易所对出现异常波动情形的股票、封闭式基金以及实施特别停牌的证券可以根据需要公布证券交的相关信息。

(二) 特殊交易事项规则

1. 开盘价与收盘价

一般而言,开盘价和收盘价分别是交易日证券的首、尾买卖价格。根据我国现行的交易规则,证券交易所证券交易的开盘价为当日该证券的第一笔成交价。证券的开盘价通过集合竞价方式产生。不能产生开盘价的,以连续竞价方式产生。按集合竞价产生开盘价后,未成交的买卖申报仍然有效,并按原申报顺序自动进入连续竞价。

在收盘价确定方面,上海证券交易所和深圳证券交易所有所不同。前者证券交易的收盘价为当日该证券最后一笔交易前1分钟所有交易的成交量加权平均价(含最后一笔交易)。当日无成交的,以前收盘价为当日收盘价;后者证券交易的收盘价通过集合竞价的方式产生,收盘集合竞价不能产生收盘价或未进行收盘集合竞价的,以当日该证券最后一笔交易前1分钟所有交易的成交量加权平均价(含最后一笔交易)为收盘价。当日无成交的,也以前收盘价为当日收盘价。

2. 挂牌、摘牌、停牌与复牌

挂牌是指证券被列入证券牌价表,并允许进行交易。摘牌是指将证券从证券牌价表中剔除,不允许再进行交易。停牌是指证券仍然位于证券牌价表中,但停止进行交易。复牌是指处于停牌中的证券恢复交易。在我国,证券交易所对上市证券实施挂牌交易,证券上市届满或依法不再具备上市条件的,证券交易所要终止其上市交易,予以摘牌。

股票、封闭式基金交易出现异常波动的,证券交易所可以对相关证券实施停牌。证券交易所还可以对涉嫌违法违规交易的证券实施特别停牌并予以公告,相关当事人应按照证券交易所的要求提交书面报告。停牌及复牌的时间和方式由证券交易所决定。此外,证券交易所也可以按规定针对出现的特定的证券交易情形,实施盘中临时停牌措施。

3. 分红派息与除权除息

分红派息是指上市公司向其股东派发红利和股息。分红派息的形式主要有现金红利和股票股利两种。目前深圳证券交易所、上海证券交易所上市证券的分红派息主要通过中国结算公司的交易系统进行。

1) 上市公司年度利润分配的程序

(1) 上市公司董事会根据公司盈利情况,提出一个年度分红预案并在年报中公布,该预案须提交股东大会审议通过。

(2) 上市公司召开股东大会后,公布股东大会决议,定下分红派息方案,再报有关主管部门审批。

(3) 经有关主管部门批准后,定下具体的分红派息时间,如股权登记日、除权除息日、分红办法等,并予以公告。

(4) 分红并除权、除息。若投资者关心某只股票的利润分配情况,并想参加该公司年度分红时,需注意公司的三个公告:董事会公告、股东大会决议公告和分红派息公告。

2) 红股和转赠股

红股是上市公司免费派送给股东的股份。投资者可将红股视为股息的一部分,但红股会摊薄每股盈利、每股派息以及股价。转赠股同样是免费送予股东的股份,与送红股不同的是红股是利润分配所得,转赠股则从资本公积金转成股本。

上市公司的分红将自动划到投资者账户上,到账时间为股权登记日的第三天($R+2$日,R为股权登记日)。公众股及转配股的红股则是在$R+1$日收市后,证券营业部通过结算通信系统接收结算数据包中的红股明细数据,$R+2$日,红股到账,可流通红股上市交易。

3) 股权登记日、除权除息日

上市公司送股、派息或配股时,需要定出某一天,界定哪些股东可以参加分红或参与配股,定出的这一天就是股权登记日。在股权登记日,仍持有或买进该公司股票的投资者是可以享有此次分红或参与此次配股的股东,这部分股东名册由证券登记公司统计在案,届时将所应送的红股、现金红利或者配股权划到他们的账户上。如果投资者想得到公司的分红、配股权,应弄清股权登记日,否则就会失去分红、配股的机会。

股权登记日后的第一天就是除权日或除息日,这一天购入该公司股票的股东是不同于可以享有上一年度分红的"新股东",不再享有公司此次分红配股。

4) 除权与除息

除权是指除去股票中领取股息和取得配股权的权利,除息是指除去股票中领取现金股息的权利。公司在进行分红派息和配股时,会规定某一交易日为股权登记日或股息登记日(R日),只有在该日收盘后持有该股票的投资者才有获得分红派息和配股的权利,股权登记日和股息登记日的下一个交易日为除权或除息基准日($R+1$日),该日交易的股票已被除权或除息处理,不再享有分红派息和配股的权利,该日被除权或除息的股票,沪市用 XR 表示除权,XD 表示除息,DR 为同时除权和除息,深市无标记。

我国的证券交易所是在股权(债权)登记日(B股为最后交易日)的次一交易日对该证券作除权、除息处理。除权(息)日该证券的前收盘价改为除权日除权价。股票的除权(息)价的具体计算方法,请同学们参见第一章第三节中的相关内容。

【延伸阅读】

我国股指期货产生的背景

　　股指期货作为一种金融衍生产品,自1982年在美国堪萨斯期货交易所首次推出以来,便由于其在规避风险方面的有效作用而在国际市场上得到快速发展,它也被认为是规避股市风险最为有效的风险管理工具之一,目前许多国际知名的期货交易所都开展了股指期货交易。我国由于金融市场发展滞后,金融衍生品的发展也远远落后于世界发达国家。因此,作为降低市场风险的重要工具,发展我国股指期货交易对我国的金融市场发展具有十分重要的意义。

　　我国股指期货的发展经历了漫长的过程。1993年3月,海南证券交易中心就推出了深圳股指期货交易,包括深圳综合指数和深圳A股指数两种期货合约,每种又分为当月、次月、隔月3个不同月份,一共6种标准合约。然而由于当时我国股票市场的发展并不成熟,投资者对于股指期货也知之甚少,因此,深圳A股指数期货合约并没有得到市场的认可,交易合约也仅集中在当月的合约上,且只在临近月末时次月交易量才有所增加。当年9月初,深圳证券市场又出现了收市前5分钟大户联手打压股指的行为,有关方面据此认为股指期货交易加大了市场的投机性,因此决定关闭股指期货。我国股指期货的第一次尝试便以此结束。

　　随后在我国香港先后出现了以所谓的"红筹股"为股指构成的红筹股指数期货和MSCI摩根士丹利中国外资自由投资指数期货。红筹股指数是香港恒生指数服务有限公司编制和发布的,于1997年6月6日正式推出,样本股包括32只符合其条件的股票。然而,东南亚金融危机随后爆发,红筹股持续低迷了六七年,红筹股指期货成交量也逐步萎缩,香港交易所遂于2001年8月31日取消了该产品。2001年5月7日,MSCI摩根士丹利中国外资自由投资指数期货推出,简称MSC(中国指数期货),在香港交易所正式上市交易。该产品所涉及的指数的成分股包含了30个股票,分属上证B股、深证B股、香港H股、红筹股和N股,MSCI中国指数企业所选取的公司大都处于各行业的领先地位,因此被认为能够代表中国经济发展的真实情况,也能够很好地代表中国概念股的市场表现,然而从实际运行结果来看,MSCI中国外资自由投资指数期货并不能很好地符合市场需求,交易量也日趋清淡,因此香港交易所于2004年3月29日停止了该交易。

　　2003年12月8日,香港交易所又推出了H股指数期货。H股指数期货以恒生中国企业指数(HSCEI)为交易标的,它由恒生指数服务有限公司根据成分股的市值加权编纂而成,并于2004年8月8日推出,该指数包括32只成分股,成分股每半年调整一次,主要用来反映H股的整体表现。H股指数期货推出后,成交量稳步上升,港交所遂又于2004年6月14日推出了H股指数期权。这说明,H股指数期货的推出基本上是成功的。因此有人认为,H股指数期货的推出是H股市场上的里程碑式事件,有助于H股市场的发展完善,扩大了H股及其指数的影响。

第七章 证券市场交易制度、方式与规则

2006年9月初,新加坡交易所(SGX)推出新华富时A50指数期货合约。新华富时A50指数是以沪深两市按流通比例调整后市值最大的50家A股公司为样本,以2003年7月21日为基期,以5 000点为基点,每年1月、4月、7月和10月对样本股进行定期调整。新华富时A50股指期货是全球第一个针对我国A股市场的指数期货。A50指数与上证指数的相关性达0.93,与我国即将推出的首只股指期货标的沪深300指数相关性高达0.96。新华富时A50指数与沪深300指数属于高度竞争性指数,它完全可以替代国内指数期货。由于有富时公司参与编制,因此在国际市场上,新华富时A50指数的影响力远远超过中证指数公司编制的沪深300指数。

新华富时A50指数的推出引起了国内的极大关注,一度引发了关于中国金融市场定价权的讨论,国内金融界对设立我国自己的股指期货的呼声越来越高。接着,我国加快了建立自己的股指期货的步伐。2006年9月8日,中国金融期货交易所在上海挂牌成立,这是我国内地成立的首家金融衍生品交易所,它承担着今后我国金融衍生品交易的重任。9月,中证指数有限公司对沪深300和中证100等指数编制规则作出修订,为即将推出的股指期货做好了制度铺垫,中国自己设计的股指期货合约已是呼之欲出。

重 要 概 念

证券上市　挂牌交易　证券退市制度　上市暂停　上市终止　委托经纪制度　做市商制度　现货交易　信用交易　保证金　套期保值　套利策略　股票指数期货　多头看涨期权　空头看涨期权　多头看跌期权　空头看跌期权　合成多头　合成空头　除权　除息

思 考 题

1. 简述股票上市的条件和程序。
2. 简述证券上市暂停和终止的含义及我国股票上市暂停和终止的条件。
3. 做市商具有哪些功能?
4. 如何理解信用交易的保证金作用?并说明如何进行保证金买长交易的盈亏管理。
5. 试述期货交易的基本策略操作思路。
6. 试述期权交易策略组合的类型及其特点。
7. 证券交易的基本规则包括哪些内容?

第八章 证券市场监管

证券市场是高风险的市场,同时又是公众的市场,为了保护投资者的利益,保证证券市场公开、公平、公正和高效地运行,对证券市场加以监管是十分必要的。各国的证券市场监管模式和监管的宽严程度不尽相同,但监管的原则和内容却有相似之处。

第一节 证券市场监管理论和原则

一、证券市场信息不对称问题

从本质上讲,证券是一种信息的载体,这种信息应该在证券市场上以合适的方式被及时、有效地传递,因而证券市场也就天然地具备了信息公开披露的功能。信息披露制度作为证券市场制度的核心,其原因在于证券产品是一种特殊的商品,其特殊性主要在于证券产品特殊的价值决定方式。目前我国证券市场的信息不对称,集中体现在信息公开披露制度。信息公开披露制度的目的,是为了实现证券市场信息的完全对称,是保持证券市场有效性的充分必要条件。但是,在现实证券市场运行过程中,存在大量的、种类繁多的信息不对称现象。概括起来,我国证券市场的信息不对称反映在证券发行、上市、交易,以及上市公司重组、信息混淆和相关政策变动等证券市场运行的多个环节和层面。

1. 证券发行、上市的信息不对称

在目前我国以间接融资为主体的融资模式下,证券市场上的直接融资仍然是一种进入门槛很高的融资方式。一方面当前企业具有迫切的融资需求和无法硬化的预算约束,而另一方面居民投资渠道狭窄、投资工具欠缺,股票融资自然成为一种稀缺资源。在这种情况下,一些企业为达到证券发行、上市和配股、增发新股的目的,甚至是为了与企业的经营目标不相符的一些目标,往往与证券承销商、会计师事务所、律师事务所串通、策划、编制投资项目,虚造财务报表,操纵利润。同时,利用各种信息发布渠道传播与企业的真实发展情况不相符的虚假信息,造成了严重的人为的信息不对称问题,由此而给投资者造成了巨大的投资损失。

2. 证券交易的信息不对称

在目前我国证券市场上,上市公司、券商与一般投资者之间存在着很深的利益不一致的问题。从某种意义上讲,上市公司与券商之间的合谋成本更低,而且其收益也更高。一般的投资者作为一个群体在目前的市场环境下,各自本身利益的不一致很容易造成"搭便车"等现象的发生,因而他们的集体谈判能力相对而言是比较弱的,也难与其他市场主体主动达成一致行动来维护自身的合理要求。在这种状况下,前两者就会利用证券交易信息方面的天然优势来进行牟利活动。因而,这些信息不对称、信息获得质量、数量不均匀的现象就很难避免了。证券市场上广大的中、小投资者因此也就必然容易出现投资决策失误、投资风险增加的问题。

3. 上市公司重组的信息不对称

基于以上对信息不对称问题的分析,可以得出上市公司重组问题的原因。在一个市场信誉建设不完备、无法形成一种市场各个主体之间进行反复博弈的制度下,上市公司必然有动力以优化公司的资源配置、提高企业的经营业绩为名,利用信息披露制度的漏洞,依靠各种不正当的手段造成虚假的公司重组信息,诱导投资者,从中渔利。

4. 信息混淆

目前我国证券市场的信息混淆表现在以下方面:

(1) 宏观政策信息的混淆。由于有关证券市场发展方面的政策信息的传播存在着天然的不对称的问题,一些市场交易者会利用这种不对称的现象来混淆视听,谋取利益。

(2) 上市公司财务信息的混淆。由于公司的财务报表的形成往往需要专业技能,财务数据和指标的确定本身会有一定的灵活调整的空间。也有人会因此将公司财务数据和指标进行重新整合、公告,混淆视听。投资者依据这些信息形成的财务报告进行投资难免会造成损失。

从以上分析可以看出,证券市场之所以存在大量市场违规操纵行为,其根源就在于市场参与者在信息的拥有和传播的位势方面存在巨大差异。在一个市场各方利益无法通过合适的制度得以统一,而相互之间的利益侵害又无法得到有效惩处的证券监管制度下,信息不对称这一证券市场与生俱来的问题就会演化成为毁灭整个市场交易基础的利器。正是由于信息操纵者拥有大多数投资者不拥有的信息,而他们又无法通过现有的证券监管制度得到有效的管制,才会利用这些不对称信息对市场进行操纵,损害大多数投资者的利益和证券市场的公平及有效性。

因此,必须进行强制性的信息披露,改变信息不对称的状况,减少因此产生的证券市场违规行为的发生,重新树立中国证券市场的信用基础,以便真正地发挥证券市场本身的功能。

二、证券市场监管的必要性

上述分析表明,证券市场的信息不对称问题直接影响证券市场的公平、公正与有效性,加强证券市场的监管是解决这一问题的重要环节。所谓证券市场监管,是指证券管理机关运用法律、经济手段以及必要的行政手段,对证券的发行、交易等行为以及证券投资中介机构的行为进行监督管理。对证券市场的监督管理是一国宏观经济监督管理体系中不可缺少的组成部分,对证券市场的健康发展意义重大。

证券市场监管的目的在于运用、发挥证券市场机制的积极作用,限制其消极影响;保护投资者利益,保障合法的证券交易活动,监督证券中介机构依法经营,防止人为操纵、欺诈等不法行为,维持证券市场的正常秩序;根据国家宏观经济管理的需要,运用灵活多样的方式,调控证券发行与交易规模,引导投资方向,使之与经济发展相适应。

证券市场是集投资主体的广泛性、投资客体的多样性、投资活动的复杂性、风险性和投机性于一体的市场,它既有促进国民经济发展的积极作用,同时,也容易出现欺诈、操纵、过度投机等不良行为,一旦证券市场出现这些不良行为,就会陷于混乱,对社会经济影响极大。因此,证券市场的特殊性决定了必须加强对证券市场的严格管理,以保障证券市场的健康发展。

1. 加强证券市场管理是保障广大投资者权益的需要

投资者是证券市场的支撑者,投资者涉足证券市场是以取得某项权益和收益为前提的。为了保护投资者的利益,必须坚持"公开、公平、公正"的原则,加强对证券市场的监管。只有这样,才有利于投资者充分了解证券发行者的资信、证券价值和风险状况,从而使投资者比较正确地选择投资对象。

2. 加强证券市场管理是有效控制风险,维护市场良好秩序的需要

证券市场参与者多、投机性强、敏感度高,是一个高风险的市场,而证券市场的风险又具有突发性强、影响面广、传播速度快的特点。同时,在现有的经济基础和市场条件下,难免存在蓄意欺诈、垄断行市、内幕交易、操纵股价的不法行为。因此,必须对证券市场进行检查监督,以便及时发现和处理各种异常情况,有效防范和化解市场风险,并对非法的证券交易活动进行严厉查处,以保护正当交易,维护证券市场的正常秩序。

3. 加强证券市场管理是发展和完善证券市场体系的需要

完善的市场体系,能够促进证券市场融资功能的发挥,有利于证券行市的稳定,增强投资者信心,促进资本的合理流动,从而推动社会经济的发展。

4. 加强证券市场管理是提高证券市场效率的需要

及时、准确和全面的信息是证券市场参与者进行证券发行和交易决策的重要依据。一个发达、高效的证券市场必定是一个信息灵敏的市场,它既要有现代化的信息通信设备系统,又必须有组织严密的信息网络机构,既要有收集、分析、预测和交换信息的制度与技术,又要有与之相适应的、高质量的众多信息人才。这些只有通过国家统一组织管理才能实现。

三、证券市场监管的基本原则

保护投资者利益是证券市场监管的核心任务。投资者是证券市场的支柱,投资者对证券市场的信心,是证券市场存在和发展的保证。保护投资者的利益,关键是要建立起公平合理的市场环境,为投资者提供平等的交易机会,使投资者能在理性的基础上,自主地决定交易行为。因此,建立和维护证券市场的公开、公平、公正原则,是保护投资者合法利益不受侵犯的基础,是证券市场监管的基本原则,也是证券市场规范化的基本要求。

1. 公开原则

公开原则又称信息公开原则,它的核心是实现市场信息的公开化,使证券市场具有充分的透明度。证券市场的信息是投资者作出合理预期的基础,对证券投资活动有决定性的影响。证券市场的各类参与主体在取得和占有信息的地位上往往是不对称的,证券发行人对自身经营信息的了解具有天然的优势,而投资者尤其是中小投资者则处于不利地位。要保护投资者利益,必须真正实现公开原则。公开原则要求信息披露应及时、完整、真实、准确。只有信息公开,投资者才能公平地作出投资决策,才能防止各种证券欺诈和舞弊行为,保证市场公正。

2. 公平原则

证券市场的公平原则,是指证券发行、交易活动中所有参与者有平等的法律地位,各自的合法权益能够得到公平的保护。公平原则的核心目的是创造一个所有市场参与者进行公平竞争的环境。按照公平原则,证券市场的所有参与者,不论其身份、地位、经济实力、市场职能有何差异,都应按照公平统一的市场规则进行筹资、投资或中介服务活动,不应受到任何不公平的待遇。只有证券市场有关各方都能遵守公平原则,投资者的利益才能真正得到保护。

3. 公正原则

公正原则是要求证券监管机构在公开、公平原则的基础上,对一切被监管对象予以公正的待遇。公正原则是实现公开、公平原则的保障。根据公正原则,证券立法机构应当制定体现公平精神的法律、法规和政策,证券监管部门应当根据法律授予的权限公正履行监管职责,要在法律的基础上对一切证券市场参与者给予公正的待遇。

四、证券监管的目标和手段

证券监管有三个目标:一是保护投资者;二是透明和信息公开;三是降低系统风险。证券市场监管的目标在于保护投资者的合法权益,保障合法的证券交易活动,监督证券中介机构依法经营;运用、发挥证券市场机制的积极作用,限制其消极影响;防止人为操纵、欺诈等不法行为,维持证券市场的正常秩序;根据国家宏观经济管理的需要,运用灵活多样的方式,调控证券发行与交易规模,引导投资方向,使之与经济发展相适应。

证券市场监管的手段主要有法律手段、经济手段和必要的行政手段。法律手段是指通过建立完善的证券法律、法规体系和严格执法来实现监管目标。这是证券市场监管的主要手段,具有较强的威慑力和约束力。经济手段是指通过运用利率政策、公开市场业务、信贷政策、税收政策等经济手段。对证券市场施加影响。这种手段比较灵活,但调节过程可能较慢,存在时滞效应。行政手段指通过对证券市场进行行政性的干预实现监管目标。这种手段比较直接,但运用不当可能违背市场规律,无法发挥作用甚至遭到惩罚。一般多在证券市场发展初期,法制尚不健全、市场机制尚未理顺或遇突发性事件时使用。

第二节 证券市场的监管模式

由于各国的政治体制、经济体制、证券市场发育程度和历史传统习惯不同,随着证券市场监管实践的发展,各国证券市场监管体制形成了不同的模式,基本上可以分为三种类型。

一、集中型监管模式

集中型监管模式也称集中立法型监管模式,是指政府通过制定专门的证券法规,并设立全国性的证券监督管理机构来统一管理全国证券市场的一种模式。在这种模式下,政府积极参与证券市场管理,并且在证券市场监管中占主导地位,而各种自律性的组织,如证券业协会等则起协助政府监管的作用。集中型监管模式的代表是美国。此外,加拿大、巴西、日本、韩国、印度尼西亚等国家也实行集中型监管模式。

（一）集中型监管模式的特点

1. 有一整套全国性的证券市场管理法规

以美国为例,除有《公司法》对组建公司的行为进行规范外,还有证券管理的专门立法:《1933年证券法》《1934年证券交易法》《1940年投资公司法》《1940年投资咨询法》《1970年证券投资保护法》等。此外,各州都有一些与证券管理有关的法律,这些法律大体可分为三类:州的《公司法》,用于规范公司的组建和经营;州的《证券法》(总称《蓝天法》),大多是重复联邦法律中的禁止条款;关于证券转让的法律,主要是联邦法律《统一商法典》第八篇的重复。

2. 设有全国性的管理机构负责管理、监督证券市场

这种管理机构有的是专职管理机构,有的是政府的一个职能部门,因此按管理者划分,集中型监管模式又可分为三类:

（1）以独立监管机构为主体。这一类型的典型代表是美国。美国根据《1934年证券交易法》,设立了专门管理机构——证券交易委员会(SEC),它由总统任命、参议院批准的5名委员组成,对全国的证券发行、证券交易所、证券商、投资公司等实施全面管理监督的权力。SEC下设全国市场咨询委员会、联邦证券交易所、全国证券商协会,SEC本身的组织机构则包括公司管理局、司法执行局、市场管理局、投资银行管理局等18个部门和纽约、芝加哥、洛杉矶等9个地区证券交易委员会。SEC有权制定为贯彻执行《1933年证券法》和《1934年证券交易法》所需要的各种行政法规,并监督其实施。这些行政法规,在某些场合,具有与法律同等的效力。SEC的超脱地位和广泛的权力成为各国证券管理机构的楷模,大多数拉美国家都实行这种管理体制。这种管理体制的优点是证券市场的监督者可以站在较超然的地位监督证券市场,避免部门本位主义,并可协调各部门的立场和目标,但它要求监督者有足够的权力,否则难以解决各部门的扯皮现象。

（2）以中央银行为主体。这种类型国家的证券监督机构就是该国中央银行体系的一部分,其代表是巴西。巴西证券市场的监督机构是证券委员会,它根据巴西国家货币委员会(巴西中央银行的最高决策机构)的决定,行使对证券市场的监管权力。这种体制使一国宏观金融的监督管理权高度集中于中央银行,便于决策和行动的协调和统一,有利于提高管理效率。不足之处是过分集权将导致过多的行政干预和"一刀切"现象,以致忽视不同意见的吸取和缺乏有针对性的管理。

（3）以财政部为主体。这类的管理体制是指由财政部为监管主体或完全由财政部直接建立监管机关,其代表有日本、韩国、印度尼西亚等。日本的证券管理机构是大藏省的证券局。日本的《证券交易法》规定,证券发行人在发行有价证券前必须向大藏省登记,证券交易的争端由大藏大臣调解。

(二)集中型管理模式的优点

集中型管理模式具有以下优点:

(1)具有超脱于证券市场参与者之外的统一管理机构,能较公平、公正、客观、有效、严格地发挥其监督作用,并能起到协调全国各证券市场的作用,防止出现群龙无首、过度竞争的混乱局面。

(2)具有专门的证券法规,使证券行为有法可依,提高证券市场监管的权威性。

(3)由于管理者的超脱地位,较注重保护投资者的利益。

(4)自律性作用得以发挥。

(三)集中型管理模式的缺点

集中型管理模式也存在不少问题,主要缺点是:

(1)容易产生对证券市场过多的行政干预。

(2)在监管证券市场的过程中,自律组织与政府主管机构的配合有时难以完全协调。

(3)当市场行为发生变化时,有时不能作出迅速反应并采取有效措施。

二、自律型监管模式

自律型监管模式是指政府除了一些必要的国家立法之外,很少干预证券市场,对证券市场的监管主要由证券交易所、证券商协会等自律性组织进行监管,强调证券业者自我约束、自我管理的作用,一般不设专门的证券市场监管机构。在很长一段时间内,自律型监管模式的典型代表是英国。此外,荷兰、爱尔兰、芬兰、挪威等国家也实行自律管理。

(一)自律型监管模式的特点

(1)通常没有制定单行的证券市场管理法规,而是通过一些间接的法规来制约证券市场的活动。以英国为例,它没有证券法或证券交易法,但有一些间接的法规,如《1958年防止欺诈(投资)法》、1976年《公平交易法》、1976年《限制性交易实践法》、1984年《证券交易所(上市)条例》和1985年《公司法》。

(2)没有设立全国性的证券管理机构,而是靠证券市场及其参与者进行自我管理。例如,英国的证券市场,没有单行法律,多以"君子协定"和"道义劝告"等方式进行管理。其自律管理体系由证券业理事会、证券交易所协会及企业收购和合并问题专门小组三家机构组成。证券业理事会是 1978 年根据英格兰银行的提议成立的自律管理机构,其主要职责是制订并执行有关证券交易的各项规章制度,如《证券交易商行动准则》《基金经理个人交易准则》《大规模收购股权准则》等。该理事会下设一个常设委员会,负责调查证券业内人士根据有关规章制度进行的投诉。证券交易所协会管理着伦敦及其他 6 个地方性证交所的业务,实际上管理着全国日常的证券交易活动,该协会制订的规章主要有"证券交易所管制条例和规则""关于批准证券上市及发行公司须进行连续陈述的规则"及"关于特殊情况下的行动规则"。企业收购和合并专门小组于 1978 年由参加"伦敦城工作小组"的 9 个专业协会发起组成,负责解释和执行"伦敦城关于收购和合并的准则",并进行咨询和发布消息等活动。

(二) 自律型管理模式的优点

(1) 它既可提供较充分的投资保护,又能充分发挥市场的创新和竞争意识,从而有利于市场的活跃。

(2) 它允许证券商参与制订证券市场管理条例,而且鼓励它们模范地遵守这些条例,从而使市场管理更切合实际。

(3) 由市场参与者制订和修订证券管理条例比由议会制定证券法具有更大的灵活性,效率更高。

(4) 自律组织对现场发生的违法行为能作出迅速而有效的反应。

(三) 自律型管理模式的缺点

(1) 自律型管理通常把重点放在市场的有效运转和保护证券交易所会员的利益上,对投资者提供的保障往往不充分。有鉴于此,实行自律型的国家通常都公布了投资保护法规以补不足。如英国颁布了《1958 年防止欺诈(投资)法》《1973 年公正交易法》《1976 年限制性交易实践法》等。

(2) 管理者的非超脱性难以保证管理的公正。

(3) 由于没有专门的管理机构,难以协调全国证券市场的发展,容易造成混乱状态。

由于自律管理模式具有诸多缺陷,因此实行自律型管理的国家也纷纷仿效集中型监管模式的某些做法,朝着政府管制与市场自律相结合的方向发展。例如,1986 年英国颁布了《金融服务法》,这是英国第一次以国家立法形式对证券业进行直接管理。该法案提出"立足业者,依靠法规"作为管理投资业务的新体制,将投资业的自我管理和法令制约结合起来,同时成立了证券和投资委员会,负责执行该法规,并掌管所有证券的投资业务。该法案的一个突出特点是既顾及自律组织的利益,又顾及投资者利益,从而使英国投资业管理得到相当程度的加强和完善。

三、中间型监管模式

中间型监管模式是指既强调集中立法管理又强调自律管理,可以说是集中型管理体制模式和自律型监管体制模式互相结合、相互渗透的产物。中间型监管模式又称分级管理型监管模式,它包括二级监管和三级监管两种子模式。二级监管是中央政府和自律型机构相结合的监管;三级监管是指中央、地方两级政府和自律机构相结合的监管。最早实行中间型监管的国家有德国、泰国等。目前,由于集中型和自律型两种监管体制模式都存在一定的缺陷,因此有些以前实行集中型或者自律型监管模式的国家开始逐渐向中间型监管模式过渡。

第三节 证券市场监管的主要内容

一、证券市场监管的重点

1. 信息披露

制定证券发行信息披露制度的目的是通过充分和公开、公正的制度来保护公众投资者,使其免受欺诈和不法操纵行为的损害。

信息披露的基本要求:① 全面性。信息披露义务人应当充分披露可能影响投资者投资判断的有关资料,不得有任何隐瞒或重大遗漏;② 真实性。信息披露义务人公开的信息资料应当准确、真实,不得有虚假记载、误导或欺骗;③ 时效性。向公众投资者公开的信息应当具有最新性、及时性,公开资料反映的公司状态应为公司的现实状况,公开资料交付的时间不得超过法定期限。

对信息披露的监管主要是制定证券发行与上市的信息公开制度,包括证券发行信息的公开、证券上市信息的公开、持续信息公开制度及信息披露的虚假或重大遗漏的法律责任。

2. 操纵市场

证券市场中的操纵市场,是指某一组织或个人以获取利益或者减少损失为目的,利用其资金、信息等优势,或者滥用职权,影响证券市场价格,制造证券市场假象,诱导或者致使投资者在不了解事实真相的情况下作出证券投资决定,扰乱证券市场秩序的行为。

对操纵市场行为的监管包括事前监管和事后处理。事前监管是指在发生操纵行为前,证券管理机构采取必要手段以防止损害发生。事后处理是指证券管理机构对市场操纵行为者的处理及操纵者对受损当事人的损害赔偿,主要有对操纵行为的处罚和操纵行为受害者可以通过民事诉讼获得损害赔偿。

3. 欺诈行为

欺诈行为是指以获取非法利益为目的,违反证券管理法规,在证券发行、交易及相关活动中从事欺诈客户、虚假陈述等行为。对欺诈行为的监管主要包括禁止任何单位或个人在证券发行、交易及其相关活动中欺诈客户;证券经营机构、证券登记或清算机构以及其他各类从事证券业的机构有欺诈行为的,将根据不同情况,限制或者暂停证券业务及其他处罚;因欺诈行为给投资者造成损失的,应当依法承担赔偿责任。

4. 内幕交易

内幕交易,又称知内情者交易,是指公司董事、监事、经理、职员、主要股东、证券市场内部人员或市场管理人员,以获取利益或减少经济损失为目的,利用地位、职务等便利,获取发行人未公开的、可以影响证券价格的重要信息,进行有价证券交易,或泄露该信息的行为。

对内幕交易的监管包括界定内幕交易的行为主体、内幕信息、内幕交易的行为方式及内幕交易的法律责任。

二、对证券发行市场的监管

证券发行市场管理是指金融管理部门对新证券发行的审查、控制和监督。证券发行的管理是加强证券市场管理的重要环节,对证券市场的稳定、健康发展具有重要意义。

对证券发行的管理,首要的是对证券发行资格的审核。只有具备了证券发行条件,才能进入市场发行证券。世界各国对证券发行审核的方式主要有两种:一是注册制,以美国联邦证券法为代表;二是核准制,以欧洲各国的公司法为代表。

注册制下发行人只需充分披露信息,在注册申报后的规定时间内,未被证管部门拒绝注册,即可进行证券发行,无须政府批准。证券发行注册的目的是向投资者提供证券投资的有关资料,并不保证发行的证券资质优良、价格适当等。

证券发行核准制采用实质管理原则,即证券的发行不仅要以真实状况的充分公开为条件,而且必须符合证券管理机构制定的若干适合于发行的实质条件。只有符合条件的发行公司,经证券管理机关批准方可在证券市场上发行证券,取得发行资格。实行核准制的目的在于,尽管理部门所能,保证发行的证券符合公共利益和社会安定的需要。

现在很多国家都倾向于综合运用这两种制度,以达到保护投资者利益和促进企业融资的双重目的。

这两种管理方式的具体内容在第五章已作了详细介绍,这里不再赘述。

三、对证券流通市场的管理

1. 证券交易所的管理

证券交易所设立的管理一般采用三种不同的管理方式：一是特许制,即证券交易所的设立须经主管机构的特许方可设立。世界上大部分国家采取特许制；二是登记制,即只要交易所的规章符合有关法规,即可登记成立。美国主要采用登记制；三是承认制,即政府设有专门的审批交易所的机构,只要得到证券交易所协会的承认即可,但必须提供遵守证券交易规章制度的保证及交易所本身的规则。英国采用的是承认制。我国采用的是特许制。

各国证券交易法均明确规定,证券交易主管机关对证券交易所的场内交易具有检查监督管理权,其措施主要有：审查交易所的章程、细则和决议的内容；对交易所进行定期的检查或要求其提交规定的营业与财务报告；交易所如有违法行为,损害公共利益,主管当局可给予警告、令其停业,甚至解散的处分。

2. 证券上市制度的管理

对证券交易市场的监管主要通过证券上市制度来实施。证券上市制度是证券交易所和证券主管部门制定的有关证券上市规则的总称。政府债券一般可以不经过有关机构审核而直接上市。公司债券和股票上市必须由发行人提出申请,并满足证券交易所规定的条件,经批准后方可在证券交易所公开买卖。

证券获准上市,上市公司应与证券交易所订立上市契约,作为确定上市公司与证券交易所各自权利和义务的依据。依此契约,上市公司承诺接受证券交易所的管理,承担上市契约或交易所自律规章中规定的信息披露等义务；同时,上市公司的证券有权在证券交易所内挂牌交易,享受交易所提供的服务；已上市的证券若不再满足上市条件或遇有特殊情况将暂停上市或终止上市。

暂停上市又称"停牌",有法定暂停上市、申请暂停上市和自动暂停上市；终止上市又称"摘牌",有法定终止上市、自动终止上市和申请终止上市。

四、对上市公司的监管

对上市公司监管的重点是贯彻执行国家证券法规,规范上市公司及其关联人在股票发行和交易中的行为,督促其按照法规要求,及时、准确、完整地履行信息披露义务。各国的证券法规均以强制方式要求上市公司披露信息,其目的是通过充分和公正、公开的制度来保护公众投资者,使其免受欺诈和不法操纵的损害。上市公司的信息披露制度包括证券发行信息披露和上市后的持续披露两方面。证券发行信息披露制度要求发行人通过招股说明书等信息披露文件,公开股份公司的经营业绩、财务资料、管理人员及大股东的情况等股票发行的有关资料。股票上市后,上市公司有持续披露信息的义务,信息持续披露文件包括定期报告和临时报告。定期报告有年度报告、中期报告和季度报告,主要内容包括期内公司经营情况和财务会计资料,是投资者进行投资分析的主要依据。临时报告包括常规公告、重大事件公告、收购合并公告、股东持股变更公告等,主要是在上市公司发生可能对公司股票价格产生重大影响的事件时,向公众投资者披露相关的信息。上市公司的信息披露文件是向证券监管机构或公众投资者提交或交付的法律文件,证券发行人和与信息披露文件制作、鉴证相关的机构应对信息公开文件的真实性、准确性、完整性承担相应的法律责任。

五、对证券中介机构的监管

(一) 对证券经营机构的设立监管

对证券经营机构的设立监管主要有特许制和注册制。

1. 以日本为代表的特许制或许可制

日本的证券经营机构在经营业务之前,必须先向大藏省提出申请。大藏省根据不同的经营业务种类授予不同的特许。证券商申请特许,必须具备一定的条件,例如,拥有足够的资本,具有相当的经营证券业务的知识和经验,信誉良好等条件。大藏省根据实际情况,确定发给证券商带有附加条件的特许。

2. 以美国为代表的注册制

美国的证券交易法规定,所有经营全国性证券业务的投资银行(包括证券承销商、经纪商、自营商等)都必须向证券交易委员会登记注册,取得注册批准后,还得向证券交易所申请会员注册,只有同时取得证券交易委员会的注册批准和证券交易所的会员资格的投资银行才能经营证券业务。

目前,我国对证券经营机构的管理实行审批制。设立证券公司必须经国务院证券监督管理机构审查批准,对证券公司实行分类管理。

(二) 对证券经营机构的行为监管

对证券经营机构的行为监管包括对证券承销商、经纪商、自营商的资格确认和监督检查制度;对承销商、经纪商和自营商的行为规范与行为禁止制度;证券经营机构的定期报告制度和财务保证制度等。

(三) 对证券服务机构的监管

主要包括对从事证券业务的律师事务所、资产评估机构、证券市场信息传播机构的资格管理和日常业务监督。我国对从事证券相关业务的会计师事务所和注册会计师实行许可证管理制度,对从事资产评估的机构也实行许可证制度,对律师及律师事务所从事证券法律业务实行资格确认制度,并由国务院证券监督管理机构和有关部门对它们的日常业务加以监督管理。

六、对证券从业人员的监管

证券从业人员是指证券中介机构(包括证券公司、证券清算登记机构、证券投资咨询机构以及其他可经营证券相关业务的机构)中一些特定岗位的人员,可分为管理人员和专业人员两类。对证券从业人员的监管主要有证券从业人员资格考试和注册认证制度,并对他们的日常业务行为规定有行为规范和禁止行为的范围。

七、对投资者的监管

对投资者的监管主要是监督证券市场的投资者依照法规和市场规则公平进行投资活动,禁止内幕交易、操纵市场等证券欺诈活动,维护市场的正常交易秩序,保护全体投资者的利益。

【延伸阅读(一)】

构建以市场透明度为核心的资本市场秩序

以资本市场为基础而形成的现代金融正在成为现代经济的核心。资本市场的核心作用源于金融活动市场化和全球化基础上的强大的资本配置功能。资本市场通过改善储蓄—投资转化机制,提高储蓄—投资的转化效率和全社会资源的流动性,整合传输复杂的经济信息,分散并转移经济体系的巨大风险,从而引导实体经济有序运行,促进经济高质量发展。

资本市场秩序的核心是维护市场透明度,即市场信息的真实性和及时性。在资本市场秩序的形成过程中,市场透明度维护的许多环节正面临多方面挑战。在信息披露环节,市场透明度面临的主要问题是上市公司的虚假陈述。虚假陈述直接损害了证券市场的公开原则,严重损害了投资者利益,危害了资本市场秩序的道德基础。在信息过滤与发布环节,面临的主要问题是缺乏独立、公正精神的中介机构合谋欺骗行为。在信息整合环节,面临的主要问题是内幕交易和操纵市场。内幕交易是对证券市场公平原则的直接损害,还将引发证券市场的道德风险,严重损公众的投资信心。而市场操纵者通过直接控制证券市场的供求关系,扭曲证券交易价格,从而影响资本的自由流动,严重侵害投资者的合法权益,直接扰乱证券市场正常的交易秩序。

上述行为严重扰乱了资本市场秩序，极大地损害了市场透明度原则，破坏了资本市场"三公"原则的实现基础，是严重的违法行为，也是世界各国证券监管部门监管的重点。为了构建和完善资本市场秩序，从法律事后制度的角度分析，可以归纳为对三大证券违法行为的认定及法律控制（包括行政、民事和刑事控制），而从更为市场化的事前规制角度进行分析，资本市场秩序的构建和完善可能依赖于如下五个方面：

第一，规范的公司治理是资本市场秩序的微观基础。公司治理存在缺陷是上市公司虚假陈述发生的制度原因。股东与经理人之间的利益冲突会导致"内部人控制"现象，大、小股东之间的利益冲突会导致"隧道效应"。为了从上市公司信息披露的初始环节就开始加以有效控制，从而实现维护市场透明度的目标，就必须规范上市公司的治理结构。

第二，尽职的中介机构是资本市场秩序的必备要素。要加强对中介机构及其从业人员的监管，明确中介机构与政府的分工、加强行业自律以及鼓励中介机构之间进行合并。

第三，符合现代经济活动的会计准则是资本市场秩序形成的技术基础。随着未来我国资本市场的发展和会计师水平的提高，会计准则必然经历一个逐步完善的过程，将越来越符合经济活动规律，更加真实、充分地反映上市公司的经营绩效和未来发展前景，从而为市场透明度的形成和资本市场秩序的维系提供更加规范的技术基础。

第四，有效的监管体系是资本市场秩序构建的宏观环境。未来证券监管制度的完善，首要任务是将"维护市场透明度"作为监管工作的核心任务。同时，进一步厘清证监会、交易所和行业协会之间的职责边界，未来应努力推动监管方式从以行政监管为基础逐步转向以自律为基础，建立以法律为依据的市场监管型运行机制。应补充监管机构实施有效监管所必需的人力、物力，赋予其相应的权利。

第五，不断完善的法律体系是资本市场秩序形成的法律基础。中国证券法律体系的完善应以"维护市场透明度"为核心，按照责任、权利对称的原则，完善三大证券违法行为的法律责任，对部分欠合理的法律内容进行调整，建立和完善有效的证券民事责任追究机制以及对英美法系的某些先进经验进行学习。

（来源：吴晓求主编《证券投资学》（第四版）P.109-110，本书引用时作了适当修改。）

【延伸阅读（二）】

光大证券"乌龙指"事件

一、何谓"乌龙指"

所谓"乌龙指"是指股票交易员、操盘手、股民等在交易时，不小心敲错了价格、数量、买卖方向等事件的统称。

"乌龙指"和"老鼠仓"都会引起股价在瞬间内的急剧波动，两者不同的是，"乌龙指"是无意识的错误交易行为，而"老鼠仓"则是有意识的利益输送行为。

二、光大证券"乌龙指"事件过程

(1) 2013年8月16日11:02—11:05,以银行股为代表的大盘股在大单拉升下迅速涨停,包括中石油、中石化及工行、农行等14只银行股,共涉及70余个股早盘一度涨停,并带动沪指盘中上涨5.96%。

(2) 光大证券在异常交易事件发生后,根据公司《策略交易部管理制度》中关于"系统故障导致交易异常时应当进行对冲交易"的规则,开始卖空IF1309股指期货合约(截至中午休市卖空235张),并向部门总经理杨剑波汇报。同时,光大证券接到上交所问询,开始内部核查。

(3) 11时20分左右,计划财务部总经理沈诗光向杨剑波询问情况后,向总裁徐浩明汇报大盘暴涨可能和策略投资部的操作有关。

(4) 11时59分左右,光大证券董事会秘书梅键在对事件情况和原因并不了解的情况下,轻率地向记者否认市场上"光大证券自营盘70亿元乌龙指"的传闻,误导信息在12时47分发布并被各大门户网站转载。

(5) 午间,上交所发布公告,光大证券因重要事项未公告,当天下午(13时)起临时停牌。经过法定的披露程序,14时22分,光大证券公告"当天上午公司策略投资部门自营业务在使用其独立的套利系统时出现问题"。信息披露前,11时40分至12时40分左右,徐浩明、杨赤忠(助理总裁、分管策略投资部)、沈诗光、杨剑波等人紧急商定卖空股指期货合约、转换并卖出ETF对冲风险,责成杨剑波负责实施。13时至14时22分,光大证券卖空IF1309、IF1312股指期货合约共6 240张,获利7 414万元。同时,转换并卖出180ETF基金2.63亿份、50ETF基金6.89亿份,规避损失1 307万元。以上两项交易获利和避损合计8 721万元。14时22分以后,光大证券继续卖空IF1309股指期货合约(截至收市新增卖开750张,买平200张)。

评点:光大证券内控缺失、管理混乱,自营业务套利系统存在的技术设计缺陷导致异常交易发生。

三、证监会对光大事件的认定

1. 事件性质

(1) 证监会认定光大证券异常交易构成内幕交易、信息误导、违反证券公司内控管理规定等多项违法违规行为。

(2) 光大证券异常交易事件是我国资本市场建立以来首次发生的一起因交易软件缺陷引发的极端个别事件,对证券期货市场造成的负面影响很大。

2. 事件原因

(1) 经查,该事件是光大证券自营的策略交易系统存在设计缺陷,连锁触发后生成巨额订单导致的。光大证券策略投资部自营业务使用的策略交易系统包括订单生成系统和订单执行系统两个部分,均存在严重的程序设计错误。其中,订单生成系统中ETF套利模块的"重下"功能(用于未成交股票的重新申报),在设计时错误地将"买入个股函数"写成"买入ETF一篮子股票函数"。订单执行系统错误地将市价委托订单的股票买入价

第八章 证券市场监管

格默认为"0",系统对市价委托订单是否超出账户授信额度不能进行正确校验。2013 年 8 月 16 日上午,交易员进行了三组 180ETF 申赎套利,前两组顺利完成。11 时 02 分,交易员发起第三组交易。11 时 05 分 08 秒,交易员想尝试使用"重下"功能对第三组交易涉及的 171 只权重股票买入订单中未能成交的 24 只股票进行自动补单,便向程序员请教,程序员在交易员的电脑上演示并按下"重下"按钮,存在严重错误的程序被启动,补单买入 24 只股票被执行为"买入 24 组 ETF 一篮子股票",并报送至订单执行系统。错误生成的订单中先后有 234 亿元订单陆续通过校验进入上交所系统等待成交。直到先成交订单的成交结果返回到订单执行系统、账户资金余额实时校验显示为负时,订单执行系统的账户可用资金额度校验才发挥作用。进入上交所系统的 234 亿元市价委托订单中,有 72.7 亿元实际成交。

(2) 这一事件暴露了光大证券在内部控制、风险管理、合规经营等方面存在很大问题。事件发生后,光大证券及其事件相关人员在考虑对冲风险、调剂头寸,降低可能产生的结算风险时,采取了错误的处理方案,构成内幕交易、信息误导、违反证券公司内控管理规定等多项违法违规行为。

四、对光大证券的行政处罚和行政监管、市场禁入措施

(1) 没收光大证券违法所得 87 214 278.08 元,并处以 5 倍罚款,罚没款金额总计 523 285 668.48 元。

(2) 对徐浩明、杨赤忠、沈诗光、杨剑波分别给予警告,罚款 60 万元并采取终身的证券市场禁入措施,宣布徐浩明、杨赤忠、沈诗光、杨剑波为期货市场禁止进入者。

(3) 对梅键责令改正并处以罚款 20 万元。

(4) 停止光大证券从事证券自营业务(固定收益证券除外),暂停审批光大证券新业务,责令光大证券整改并处分有关责任人员。

重 要 概 念

信息不对称　证券市场监管　摘牌　监管"三公"原则　证券市场自律特许制　集中型监管模式　自律型监管模式　中间型监管模式

思 考 题

1. 试运用信息不对称理论说明加强我国证券市场监管的必要性。
2. 简述证券市场监管的基本原则。
3. 各国证券市场有哪些监管模式?各种模式有何优缺点?
4. 论述证券市场监管的主要内容。
5. 中国证券市场的开放给中国证券监管带来了哪些机遇?又面临哪些挑战?应该如何应对?

第九章 证券投资的价值分析

掌握证券价值的评估方法是有效进行证券投资的重要前提。证券价值的评估理论和方法概括起来主要有三种：一是技术分析法，即从市场供求变化的角度来评估证券价值；二是 β 系数法，即按 β 值的大小来评估其价值的大小；三是内在价值理论。本章主要介绍债券、普通股、投资基金、可转换证券及认股权证价值的评估方法和应用。

第一节 债券价值分析

一、证券理论价值及一般估价模型

证券的理论价值的基本依据是现值理论。现值理论认为：人们之所以会购买证券这种本身无任何价值的凭证，其根本原因在于它能够为持有人带来预期收益。因此，证券的"价值"就取决于未来收益的大小。我们知道，用今天的现款购买证券换取未来的现金收入，由于受时间和利率等因素的影响，这两笔不同期的现金（即使金额相同）是不等值的。人们可将这笔现金存入银行或进行投资，一定时期后，这笔钱的本利和将大于今天的数额。人们评价一段时间后将获得的货币收入时，要估计在目前的利率水平下，未来的货币收入在今天能值多少钱。这笔未来的货币收入对于今天的投资者来说，叫作未来价值，简称将来值或终值。用当前的市场利率将终值（将来值）折算成现在的价值，叫作未来货币收入的现在价值，简称现值。如果我们能预测有价证券的未来收益流量，并按合理的贴现率和证券的有效期限折算成现值，就是证券的理论价值，或称内在价值（intrinsic value）。

由于所有的金融资产都是由各类预期的现金流量汇聚在一起构成的，因而从理论上说各类资产都可以用同一原理进行评估，此即一般估价模型。通常，一般估价模型对资产的评估可以分为以下几个步骤：

（1）评估现金流量状况，其中包括求出每一时期的现金流量和每期现金流量的风险值。

(2) 确定每期现金流量所要求的收益率。这个收益率既可以是一个固定值，也可根据每期的现金流量确定不同的收益率。

(3) 每期的现金流量按照所要求的收益率折现，然后将折现后得出的现值加总便求得该资产的总价值。上述过程用数学公式表示为：

$$V = \frac{C_1}{(1+r)} + \frac{C_2}{(1+r)^2} + \frac{C_3}{(1+r)^3} + \cdots\cdots + \frac{C_n}{(1+r)^n} = \sum_{t=1}^{n} \frac{C_t}{(1+r)^t}$$

(9.1)

式中，V 是证券的现值，即内在价值；C_t 是 t 时点预期能获得的现金流量；r 是对每期现金流量要求的收益率，是在一定风险水平下合理的贴现率；n 表示预期产生现金流量的期间次数。这种使用投资期内所能获得的预期收益流贴现的方法对证券的价值进行评估，被称为收入资本化法。

二、收入资本化法在债券价值分析中的运用

收入资本化法认为任何资产的内在价值决定于投资者对持有该资产预期的未来现金流的现值。将该原理运用到债券上，债券的内在价值就等于来自债券的预期货币收入的现值。根据资产的内在价值与市场价格是否一致，可以判断该资产是否被低估或高估，从而帮助投资者进行正确的投资决策。所以，考察债券的内在价值成为债券价值分析的核心。

债券的现金流量主要包括两部分：期间获得的利息与到期时支付的本金。利息支付的时期可以是每周、每月、每季、每半年和每年。有些国家债券的利息支付是每半年一次。通常我们只知道固定利率的利息支付，即现金流量，对于可提前兑付债券、抵押债券来说，现金流量是不可预知的。在确定债券的内在价值时，需要知道估计的预期货币收入（利息收入和买卖差价）与投资者要求的适当收益率（即必要收益率）。

（一）贴现债券（Pure Discount Bond）

贴现债券，又称零息票债券（Zero-Coupon Bond），或贴息债券，是一种以低于面值的贴现方式发行，不支付利息，到期按债券面值偿还的债券。债券发行价格与面值之间的差额就是投资者的利息收入。由于面值是投资者未来唯一的现金流，所以贴现债券的内在价值由以下公式决定：

$$V = \frac{A}{(1+r)^T}$$

(9.2)

式中，V 表示内在价值，A 表示面值，r 是市场利率，T 是债券到期时间。

假定某种贴现债券的面值为 1 000 元，期限为 20 年，利率为 10%，那么他的内在价值应该是：$V = 1\,000/(1+0.1)^{20} = 148.64$（元）。换言之，该贴现债券的内

在价值仅为其面值的15%左右。

(二) 直接债券(Level-Coupon Bond)

直接债券又称定息债券,或固定利息债券,按照票面金额计算利息,票面上可附有作为定期支付利息凭证的息票,也可不附息票。投资者不仅可以在债券期满时收回本金(面值),而且还可定期获得固定的利息收入。所以,投资者的未来的现金流包括了两部分,本金与利息。直接债券的内在价值公式如下:

$$V = \frac{c}{1+r} + \frac{c}{(1+r)^2} + \frac{c}{(1+r)^3} + \cdots + \frac{c}{(1+r)^T} + \frac{A}{(1+r)^T} \quad (9.3)$$

其中,c是债券每期支付的利息,其他变量与式(9.2)相同。

例如,我国政府2008年11月发行一种面值为100元,年利率为13%的4年期国债。假定债券利息每半年支付一次,即分别在每年的5月和11月支付利息,每次支付利息6.5元(13元/2)。那么,2008年11月购买该债券的投资者未来的现金流可用表9.1来表示。

表 9.1

2009.5	2009.11	2010.5	2010.11	2011.5	2011.11	2012.5	2012.11
6.5元	6.5元	6.5元	6.5元	6.5元	6.5元	6.5元	6.5元+100元

如果市场利率定为10%,那么该债券的内在价值为109.71元,计算过程如下:

$$V = \frac{6.5}{1+0.05} + \frac{6.5}{(1+0.05)^2} + \cdots + \frac{6.5}{(1+0.05)^8} + \frac{100}{(1+0.05)^8} = 109.71(元)$$

(三) 统一公债(Consols Consolidated Annuities, Consolidated Stock)

统一公债,是一种没有到期日的特殊的定息债券。最典型的统一公债是英格兰银行在18世纪发行的英国统一公债(English Consols),英格兰银行保证对该公债的投资者永久性地支付固定的利息。直至如今,在伦敦的证券市场上仍然可以买卖这种公债。历史上美国政府为了巴拿马运河融资时也曾发行过类似的统一公债。但是,由于在该种债券发行时含有赎回条款,后来,美国政府赎回了全部的这种债券。所以,美国的统一公债已经退出了流通。因为,优先股的股东可以无限期地获得固定的股息,所以,在优先股的股东无限期地获取固定股息的条件得到满足的条件下,优先股实际上也是一种统一公债。统一公债的内在价值的计算公式如下:

$$V = \frac{c}{1+r} + \frac{c}{(1+r)^2} + \frac{c}{(1+r)^3} + \cdots = \frac{c}{r} \quad (9.4)$$

例如，某种统一公债每年的固定利息是 30 美元，假定市场利率水平为 6%，那么，该债券的内在价值为 500 美元，即：

$$V = \frac{30}{0.06} = 500（美元）$$

（四）一次性还本付息债券

对于一次性还本付息债券来说，其预期货币收入是期末一次性支付利息和本金。其内在价值的计算公式为：

$$V = \frac{A(1+i)^m}{(1+r)^T} \tag{9.5}$$

式中，i 是债券的票面利率，m 是从发行日至到期日的时期数，其余符号的含义与上面相同。

例如，某面值 100 元的 5 年期债券的票面利率为 8%，2007 年 11 月 1 日发行，在发行满两年时（2009 年 10 月 31 日）买入。假定当时该债券的必要收益率为 6%，求此时该债券的内在价值。

由(9.5)式得该债券的内在价值为：

$$V = \frac{100 \cdot (1+0.08)^5}{(1+0.06)^3} = 123.37（元）$$

该例反映了在债券的必要收益率和所剩到期时间变化时债券的估价方法。

从上述的计算公式中可以看出，影响债券内在价值的直接因素有：

(1) 债券的必要收益率，即贴现率。就是投资者对不同等级及不同期限的债券所要求的投资收益率。由于发行人信用等级发生变化引起债券的必要收益率发生变化，进而影响到债券的内在价值。在其他条件不变的情况下，债券内在价值的变动与必要收益率的变动呈反向关系。

(2) 面值与票面利率。在其他条件不变的情况下，债券面值和票面利率与债券内在价值呈正比例关系。

(3) 债券的期限。在其他条件相同的情况下，债券的期限与债券的内在价值呈反比例关系。另外，随着债券到期日的临近，会使原来以升水或贴水交易的债券价格日益接近债券的到期价值(面值)。

三、债券内在价值评估方法的应用

下面以直接债券为例，说明如何根据债券的内在价值与市场价格的差异，来判断债券价格属于低估还是高估。

第一种方法，比较两类到期收益率的差异。上述四个公式中的 r 是市场的利率水平，即根据债券的风险大小确定的到期收益率（Appropriate Yield-to-Maturity);另外一类到期收益率,是债券本身承诺的到期收益率(Promised Yield-to-Maturity),用 y 表示。

假定债券的价格为 P,每期支付的利息为 c,到期偿还本金(面值)A,那么,债券价格与债券本身承诺的到期收益率之间存在下列关系:

$$P = \frac{c}{1+y} + \frac{c}{(1+y)^2} + \cdots + \frac{c}{(1+y)^n} + \frac{A}{(1+y)^n} \qquad (9.6)$$

如果 $r>y$,则该债券的价格被高估;如果 $r<y$,则表现为该债券的价格被低估;当 $r=y$ 时,债券的价格处在比较合理的水平。

例如,某种债券的价格为 900 元,每年支付利息 60 元,3 年后到期偿还本金 1 000 元,根据式(9.6),可以算出该债券承诺的到期收益率 y 为 10.02%。如果市场利率为 9%,那么,这种债券的价格是被低估的。具体计算过程如下:

$$900 = \frac{60}{1+y} + \frac{60}{(1+y)^2} + \frac{60+1\,000}{(1+y)^3}$$

第二种方法,比较债券的内在价值与债券价格的差异。我们把债券的内在价值(V)与债券的价格(P)两者的差额,定义为债券投资者的净现值(Net Present Value,NPV)。当净现值大于零时,意味着内在价值大于债券的价格,即市场利率低于债券承诺的到期收益率,该债券被低估,具有投资价值;反之,当净现值小于零时,该债券被高估,不具有投资价值。

$$NPV = V - P \qquad (9.7)$$

沿用第一种方法中的例子,可以发现该债券的净现值为 24.06 元,所以该债券的价格被低估了,具体计算如下:

$$NPV = \left[\frac{60}{1+0.09} + \frac{60}{(1+0.09)} + \frac{60}{(1+0.09)^3} + \frac{1\,000}{(1+0.09)^3}\right] - 900$$
$$= 24.06(元)$$

当 NPV>0 时,对于投资者来说是一个买入信号。相反,如果市场利率不是 9%,而是 11%,那么,该债券的 NPV<0(-22.19 元),表明它被高估了,对于投资者来说是一个卖出信号。当市场利率近似地等于债券承诺的到期收益率时,债券的价格处于一个比较合理的水平。

第二节 普通股价值分析

如前所述,优先股的内在价值评估可以采用统一公债的内在价值评估方法,因而,这里仅考察普通股的内在价值。

一、收入资本化法在普通股价值分析中的运用

由于投资普通股可以获得的预期未来的现金流主要是股息和红利,所以,用

收入资本化法评估股票内在价值的模型又称股息贴现模型(Dividend Discount Models,DDMS)。运用股利估价模型的关键是必须掌握股利增长的动态模式,即股利呈零增长还是按固定比率增长,或者是按一个高低变化的比率在增长。

(一)股息贴现的基本模型——威廉斯公式

根据现值理论,股票的价值应等于该股票持有者预期能得到的现金流的现值。根据这一观点,因为普通股永无到期日,即 t 趋向于无穷大,在股票存续期间投资者仅获得股息收入,因此,普通股的内在价值就是这些股息收入的现值,用公式表示如下:

$$V = \frac{D_1}{1+r} + \frac{D_2}{(1+r)^2} + \frac{D_3}{(1+r)^3} + \cdots = \sum_{t=1}^{\infty} \frac{D_t}{(1+r)^t} \qquad (9.8)$$

式中,V 代表普通股的内在价值,D_t 是普通股第 t 期支付的股息(红利),r 是一定风险水平下股息的适当贴现率,又称资本化率(Capitalization Rate)或必要收益率。

从公式(9.8)可以看出,股票的内在价值等于其所有未来股息的现值之和。该公式是1978年由英国投资理论家威廉斯在《投资价值理论》一书中提出的,因此,又被称为威廉斯公式,以纪念他在证券价值评估方面作出的贡献。该公式试图以无穷股息流的形式来探索股票的价值,是股息贴现模型的基础,以后很多的证券价值评估模型都是从这个公式出发的。

股息贴现模型假定股票的价值等于它的内在价值,而股息是投资股票唯一的现金流。但事实上,绝大多数投资者在投资之后并非永久性地持有所投资的股票,即在买进股票一段时间之后可能抛售该股票。所以,根据收入资本化法,卖出股票的现金流收入也应该纳入股票内在价值的计算。那么股息贴现模型如何解释这种情况呢?

假定某投资者在第三期期末卖出所持有的股票,根据式(9.8),该股票的内在价值应该等于:

$$V = \frac{D_1}{1+r} + \frac{D_2}{(1+r)^2} + \frac{D_3}{(1+r)^3} + \frac{V_3}{(1+r)^3} \qquad (9.9)$$

式中,V_3 代表在第三期期末出售该股票时的价格。根据股息贴现模型,该股票在第三期期末的价格应该等于当时该股票的内在价值,即:

$$V_3 = \frac{D_4}{1+r} + \frac{D_5}{(1+r)^2} + \frac{D_6}{(1+r)^3} + \cdots = \sum_{t=1}^{\infty} \frac{D_{t+3}}{(1+r)^t} \qquad (9.10)$$

将式(9.10)代入式(9.9),得到:

$$V = \frac{D_1}{1+r} + \frac{D_2}{(1+r)^2} + \frac{D_3}{(1+r)^3} + \frac{D_4/(1+r)^1 + D_5/(1+r)^2 + \cdots}{(1+r)^3}$$

$$(9.11)$$

因为 $\dfrac{D_{t+3}/(1+r)^5}{(1+r)^3} = \dfrac{D_{t+3}}{(1+r)^{t+3}}$,所以,式(9.11)可以简化为:

$$D = \dfrac{D_1}{1+r} + \dfrac{D_2}{(1+r)^2} + \dfrac{D_3}{(1+r)^3} + \dfrac{D_4}{(1+r)^{3+1}} + \dfrac{D_5}{(1+r)^{3+2}} + \cdots$$

$$= \sum_{t=1}^{\infty} \dfrac{D_t}{(1+r)^t} \tag{9.12}$$

由此可以看出,式(9.9)与式(9.8)是完全一致的,证明股息贴现模型选用未来的股息代表投资股票唯一的现金流,并没有忽视买卖股票的资本利得对股票内在价值的影响。如果能够准确地预测股票未来每期的股息,就可以利用(9.8)式计算股票的内在价值。

在运用股息贴现模型评价股票内在价值时有个基本困难,就是投资者必须对股票未来每期股息进行预测。由于普通股没有固定的生命周期,所以为便于计算股票的内在价值,通常要给无穷多个时期的股息流加上一些假定。这些假定始终围绕股息增值率 g_t。一般假定相邻两个时期的股息 D_{t-1} 与 D_t 之间满足下列关系:

$$D_t = D_{t-1}(1+g_t)$$

也可以写为:

$$g_t = \dfrac{D_t - D_{t-1}}{D_{t-1}} \tag{9.13}$$

根据对股息增长率的不同假定,股息贴现模型可以分成零增长模型、不变增长模型、三阶段增长模型和多元增长模型等形式。

(二)利用股息贴现模型指导证券投资

所有的证券理论和证券价值分析,都是为投资者进行投资服务的。换言之,股息贴现模型可以帮助投资者判断某股票的价格属于低估还是高估。像判断债券的价值一样,评价股票价格高估或低估的方法主要也有两种:

第一种方法:计算股票投资的净现值。如果净现值大于零,说明该股票被低估,具有投资价值;反之,该股票被高估,不具有投资价值。用数学公式表示为:

$$NPV = V - P = \sum_{t=1}^{\infty} \dfrac{D_t}{(1+r)^t} - P \tag{9.14}$$

式中,NPV 代表净现值,P 代表股票的市场价格。当 NPV 大于零时,可以逢低买入;当 NPV 小于零时,可以逢高卖出。

第二种方法:比较贴现率与内部收益率的差异。如果贴现率小于内部收益率,证明该股票的净现值大于零,即该股票被低估;反之,当贴现率大于内部收益率时,该股票的净现值小于零,说明该股票被高估。内部收益率(Internal Rate of Return,IRR),是当净现值等于零时的一个特殊的贴现率,即:

第九章 证券投资的价值分析

$$NPV = V - P = \sum_{t=1}^{\infty} \frac{D_t}{(1+IRR)^t} - P = 0 \qquad (9.15)$$

二、几个重要的股息贴现模型

(一) 零增长模型(Zero-Growth Model)

1. 基本假定

零增长模型是股息贴现模型的一种特殊形式。假定股利增长率等于零,即 $g_t = 0$,也就是说未来的股利按一个固定数量支付。零增长模型不仅可以用于普通股的价值分析,而且适用于统一公债和优先股的价值分析。

2. 公式推导

股息不变的数学表达式为:

$$D_0 = D_1 = D_2 \cdots D_\infty \qquad 或者 \qquad g_t = 0$$

将股息不变的条件代入式(9.8),得到:

$$V = \sum_{T=1}^{\infty} \frac{D_t}{(1+r)^t} = D_0 \sum_{t=1}^{\infty} \frac{1}{(1+r)^t}$$

当 $r>0$ 时,$\frac{1}{(1+r)}<1$,按照数学中无穷级数的性质,可知,

$$\sum_{t=1}^{\infty} \frac{1}{(1+r)^t} = \frac{1}{r}$$

所以零增长模型可以简化为:

$$V = \frac{D_0}{r} \qquad (9.16)$$

(9.16)式即为零增长模型的表达式。

3. 案例与应用

假定某公司在未来无限期支付的股息将永久性地固定为 1.00 元/股,其必要收益率为 8%,可知该公司股票的内在价值等于 12.50 元,计算过程如下:

$$V = \frac{D_0}{r} = \frac{1}{0.08} = 12.50(元)$$

如果该公司股票当前的市场价格等于 14.50 元,说明它的净现值等于 −2 元。由于其净现值小于零,所以该公司的股票被高估了 2 元。如果投资者认为其持有的该公司股票处于高估的价位,他们可能抛售该公司的股票。相应地,可以使用内部收益率的方法,进行判断。将式(9.16)代入式(9.15),可以得到:

$$NPV = V - P = \frac{D_0}{r} - P = 0 \qquad 或者 \qquad IRR = \frac{D_0}{P}$$

可见,该公司股票的内部收益率等于6.9%(即1.00/14.50),低于8%的贴现率。因此,该公司的股票是被高估的。

零增长模型的应用受到许多限制,而且,假定某一种股票永远支付固定的股利显然也不符合实际。但在特定的情况下,在决定某些股票(尤其是优先股)的价值时,这种模型相当有用。因为大多数优先股支付的股利不会因每股收益的变化而改变,而且由于优先股没有固定的生命期,预期支付显然能永远进行下去。

(二)不变增长模型(Constant-Growth Model)

不变增长模型是股息贴现模型的第二种特殊形式。这个模型最初由 M. J. Gorden 1962 年发表的 *The Investment, Financing and Valuation of the Corporation* 一文中提出,因而,不变增长模型又称为戈登模型(Gorden Model),又译为"固定增长模型"。

1. 基本假定

戈登模型有三个基本假定:

(1)股息的支付在时间上是永久性的,即(9.8)式中的 $t \to \infty$。

(2)股息的增长速度是一个不为零的常数,也就是(9.13)式中的 g_t 等于常数($g_t = g$)。

(3)模型中的贴现率高于股息增长率,即(9.8)式中的 $r > g$。

2. 公式推导

根据上述3个假定条件,可以将式(9.8)改写为:

$$\begin{aligned} V &= \frac{D_1}{1+r} + \frac{D_2}{(1+r)^2} + \frac{D_3}{(1+r)^3} + \cdots \\ &= \frac{D_0(1+g)}{(1+r)} + \frac{D_0(1+g)^2}{(1+r)^2} + \cdots + \frac{D_0(1+g)^\infty}{(1+r)^\infty} \\ &= D_0 \left[\left(\frac{1+g}{1+r}\right) + \left(\frac{1+g}{1+r}\right)^2 + \cdots + \left(\frac{1+g}{1+r}\right)^\infty \right] \\ &= D_0 \sum_{t=1}^{\infty} \frac{(1+g)^t}{(1+r)^t} \end{aligned}$$

因为 $r > g$,所以 $\frac{(1+g)^\infty}{(1+r)^\infty} \to 0$,根据无穷级数的性质可得:

$$\sum_{t=1}^{\infty} \frac{(1+g)^t}{(1+r)^t} = \frac{1+g}{r-g}$$

所以,不变增长模型可以写成:

$$V = \frac{D_0(1+g)}{r-g} = \frac{D_1}{r-g} \qquad (9.17)$$

(9.17)式是不变增长模型的函数表达形式,其中,D_0 和 D_1 分别是初期和第一期支付的股息。

当常数的股息增长率 g 大于贴现率 r 时,(9.8)式决定的股票的内在价值将趋向无穷大。也就是说,如果一个公司的股息增长率始终高于其必要收益率,则该股票万金难买。因为,无论出多高的价格都低于该股票的实际价值。但事实上,任何股票的股息增长率不可能永远高于贴现率,其内在价值及其价格也不会无限制地增长。

3. 案例与应用

某公司股票初期的股息为 1.8 元/股。经预测该公司股票未来的股息增长率将永久性地保持在 5% 的水平,假定贴现率为 11%。那么,该公司股票的内在价值应该等于 31.50 元。计算过程为:

$$V = \frac{1.8 \cdot (1+0.05)}{(0.11-0.05)} = \frac{1.89}{(0.11-0.05)} = 31.50 (元)$$

如果该公司股票当前的市场价格等于 40 元,则该股票的净现值等于 -8.50 元,说明该股票处于被高估的价位。投资者可以考虑抛出所持有的该公司股票;利用内部收益率的方法同样可以进行判断,并得出完全一致的结论。首先将式(9.17)代入式(9.15),得到:

$$NPV = V - P = \frac{D_0(1+g)}{r-g} - P = 0$$

可以推出,内部收益率 $IRR = \frac{D_1}{P} + g$。将有关数据代入,可以计算出当该公司股票价格等于 40 元时的内部收益率为 9.72%。因为该内部收益率低于贴现率(11%),所以该公司股票是被高估的,建议当前持有该股票的投资者出售该股票。

虽然不变增长模型是用来估计股票价值的一种简单、有效的方法,但是它的运用只限于以一稳定增长率增长的公司。运用该模型需要选择一个合理的稳定增长率。从理论上讲,公司不可能在长时间内以一个比公司所处宏观经济环境总体增长率高得多的速度增长。这样,如果一家公司以 10% 的速度持续增长,而宏观经济环境总体的增长率为 4%,那么最后公司将变得比宏观经济总量还要大。所以,不变增长模型适用于一个与经济增长率相当或稍低的速度增长的稳定公司。

零增长模型实际上是不变增长模型的一个特例。因为,当增长率等于零时,即股利永远按固定数量支付时,不变增长模型就变成了零增长模型。所以,零增长模型是不变增长模型的一种特殊形式。

从以上两种模型来看,虽然不变增长的假设比零增长的假设有较小的应用限制,但在许多情况下仍然被认为是不现实的。然而,不变增长模型是多元增长模型的基础,所以,这种模型极为重要。

(三) 三阶段增长模型(Three-Stage-Growth Model)

三阶段增长模型是股息贴现模型的第三种特殊形式。最早由莫洛多夫斯基(N. Molodovsky)提出,现在仍然被许多投资银行广泛使用。

1. 基本假设

该模型假设股息的增长可以分成三个不同的阶段:

第一个阶段(期限为 A),股息的增长率为一个常数(g_a)。

第二个阶段(期限为 $A+1$ 到 B)是股息增长的转折期,股息增长率以线性的方式变动。

第三阶段(期限为 B 之后,一直到永远)股息以固定的比率 g_n 增长,该增长率是公司长期的正常的增长率。显然,如果 $g_a > g_n$,则在转折期内表现为递减的股息增长率;反之,表现为递增的股息增长率。因为,在现实生活中常见的是第二阶段股息呈递减趋势的情况,所以,这里仅介绍在第二阶段股息增长率递减的三阶段增长模型,读者可以考虑在第二阶段股息增长率递增的三阶段增长模型如何表达。

2. 转折期的股息增值率及模型

股息增长的三个阶段,可以用图 9.1 表示。

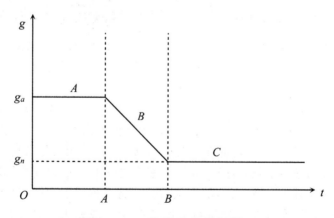

图 9.1 三阶段股息增长模型

在图 9.1 中,在转折期内任何时点上的股息增长率 g_t 可以用式(9.18)表示。例如,当 t 等于 A 时,股息增长率等于第一阶段的常数增长率;当 t 等于 B 时,股息增长率等于第三阶段的常数增长率。

$$g_t = g_a - (g_a - g_n)\frac{t-A}{B-A} \quad (g_a > g_n) \tag{9.18}$$

在满足三阶段增长模型的假定条件下,如果已知 g_a, g_n, A, B 和初期的股息水平 D_0,就可以根据式(9.18)计算出所有各期的股息;然后,根据贴现率,计算股票的内在价值。三阶段增长模型的计算公式为:

$$V = D_0 \sum_{t=1}^{A} \left(\frac{1+g_a}{1+r}\right)^t + \sum_{t=A+1}^{B} \left[\frac{D_{t-1}(1+g_t)}{(1+r)^t}\right] + \frac{D_B(1+g_n)}{(1+r)^B(r-g_n)} \quad (9.19)$$

式(9.19)中,等右边三项分别对应于股息的三个增长阶段。

3. 案例与应用

假定某公司的股票初期支付的股息为 1.2 元/股,在今后两年的股息增长率为 8%,股息增长率从第 3 年开始递减,从第 6 年开始每年保持 4% 的增长速度。若投资该股票的必要收益率为 8%,而该公司股票当前的市场价格等于 40 元,问投资者是否应该购买该股票?

已知:$A=2, B=5, g_a=8\%, g_n=5\%, r=8\%, D_0=1, P=40$,将已知条件代入式(9.18),得到:

$$g_3 = 0.08 - (0.08 - 0.05) \times \frac{3-2}{5-2} = 7\%$$

$$g_4 = 0.08 - (0.08 - 0.05) \times \frac{4-2}{5-2} = 6\%$$

$$g_5 = 0.08 - (0.08 - 0.05) \times \frac{5-2}{5-2} = 5\%$$

将上述数据代入式(9.19),可以算出该股票的内在价值等于 45.60 元,即:

$$V = 1.2 \cdot \sum_{t=1}^{2} \left(\frac{1+0.08}{1+0.08}\right)^t + \sum_{t=3}^{5} \frac{D_{t-1}(1+g_t)}{(1+0.08)^t} + \frac{D_5(1+0.05)}{(1+0.08)^5 \cdot (0.08-0.05)}$$

$$= 45.60 (元)$$

因为该公司股票当前的市场价格等于 40 元,则根据净现值的判断原则,可以证明该股票的价格被低估了,投资者应该购买该股票。

这一模型适合具有下列特征的公司:公司当前收益以很高的速度增长,这一增长速度预期将保持一段时间,但当公司的规模越来越大并开始失去其竞争优势时,公司预期的增长率将会下降,最后逐渐达到稳定增长阶段的增长率。

与零增长模型和固定增长模型不同,在三阶段增长模型中,很难运用内部收益率的指标判断股票的低估或高估。因为根据式(9.19),在已知当前市场价格的条件下,无法直接解出内部收益率。而且式(9.19)中的第二部分,即转折期内的现金流贴现计算也比较复杂。为此,佛勒(R. J Fuller)和夏(C. C. Hsia)1984 年在三阶段增长模型的基础上,提出了 H 模型,大大简化了现金流贴现的计算过程。

（四）H 模型

1. 佛勒和夏的基本假定

佛勒和夏假定：股息的初始增长率为 g_a，然后以线性的方式递减或者递增；从 $2H$ 期之后，股息增长率成为一个常数 g_n，即长期的、正常的股息增长率；在股息递减或者递增的过程中，在 H 点上的股息增长率恰好等于初始增长率 g_a 和常数增长率 g_n 的平均数。当 g_a 大于 g_n 时，在 $2H$ 点之前的股息增长率为递减，参见图 9.2。

2. 模型的表达式

在图 9.2 中，当 $t=H$ 时，$g_H=\dfrac{1}{2}(g_a+g_n)$。在满足上述假定条件情况下，佛勒和夏证明了 H 模型的股票内在价值的计算公式为：

$$V=\frac{D_0}{r-g_n}[(1+g_n)+H(g_a-g_n)] \qquad (9.20)$$

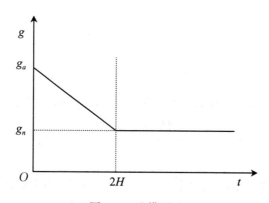

图 9.2　H 模型

图 9.3 形象地反映了 H 模型与三阶段增长模型的关系。

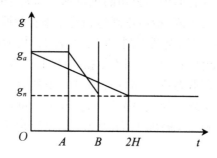

图 9.3　H 模型与三阶段增长模型的关系

3. H 模型的特点

与三阶段增长模型相比,H 模型有以下几个特点:

(1) 在考虑了股息增长率变动的情况下,大大简化了计算过程。

(2) 在已知股票当前市场价格 P 的条件下,可以直接计算内部收益率,即:

$$\text{NPV} = V - P = \frac{D_0}{\text{IRR} - g_n}[(1+g_n) + H(g_a - g_n)] - P = 0$$

可以推出

$$\text{IRR} = \frac{D_0}{P}[(1+g_n) + H(g_a - g_n)] + g_n \qquad (9.21)$$

(3) 在假定 H 位于三阶段增长模型转折期的中点的情况下,H 模型与三阶段增长模型的结论非常接近。

沿用三阶段增长模型的例子。

已知 $D_0 = 1.2$(元),$g_a = 8\%$,$A = 2$,$B = 5$,$g_n = 5\%$,$r = 8\%$,假定 $H = \frac{1}{2} \times (2+5) = 3.5$,代入式(9.20),可以得出该股票的内在价值:

$$V = \frac{1.2}{0.08 - 0.05} \times [1.05 + 3.5 \times (0.08 - 0.05)] = 46.20 \text{(元)}$$

(4) 当 $g_a = g_n$ 时,式(9.20)等于式(9.17),所以,不变股息增长模型也是 H 模型的一个特例。

(5) 如果将式(9.20)改写为:

$$V = \frac{D_0(1+g_n)}{r - g_n} + \frac{D_0 H(g_a - g_n)}{r - g_n} \qquad (9.22)$$

可以发现,股票的内在价值由两部分组成:(9.22)式右边的第一项是根据长期正常的股息增长率决定的现金流贴现价值;第二项是由超常收益率 g_a 决定的现金流贴现价值,并且这部分价值与 H 成正比例关系。

4. 案例与应用

假定某公司股票 2009 年 1 月 30 日的市场价格为 60 元。经预测该公司股票在此后的 4 年间将保持 11% 的股息增长速度,从第 5 年开始股息增长率递减,但是从第 16 年起该公司股票的股息增长率将维持在 5% 的正常水平。若 2008 年该公司支付的股息为 4.26 元/股,投资该公司股票的期望的收益率等于 12.25%,预期通货膨胀率为 2%。试判断此时该股票是否具有投资价值。

已知:$2H = 16$,$g_a = 11\%$,$g_n = 5\%$,$D_0 = 4.26$ 元,$H = 8$,$r = 12.25\% + 2\% = 14.25\%$,将以上数据代入式(9.20),得:

$$V = \frac{D_0}{r - g_n}[(1+g_n) + H(g_a - g_n)]$$

$$= \frac{4.26}{(0.1225-0.05)} \times [(1+0.05) + 8 \times (0.11-0.05)] = 89.90 \text{（元）}$$

即该股票的内在价值等于 89.90 元，远高于该公司股票的市场价格。换言之，该公司股票的净现值大于零。所以该公司股票价格被低估了。同样道理，可以利用式(9.21)求出该公司股票的内部收益率等于 16.05%。具体过程如下：

$$\text{IRR} = \frac{D_0}{P}[(1+g_n) + H(g_a - g_n)] + g_n$$

$$= \frac{4.26}{59} \times [1.05 + 8 \times (0.11 - 0.05)] + 0.05 = 16.05\%$$

因为，内部收益率(16.05%)高于贴现率(14.25%)，同样可以得出该公司的股票价格是被低估的结论。所以，此时该股票具有投资价值，投资者可以逢低买入该公司的股票。

（五）多元增长模型

前面介绍的几个股息贴现模型都是股息贴现模型的特殊形式。这里介绍股息贴现模型的最一般的形式——多元增长模型(Multiple-Growth Model)。多元增长模型是最普遍被用来确定普通股票内在价值的贴现现金流模型。

1. 基本假设

根据企业生命周期理论，公司的发展会遵循一个稳定的生命周期。在公司处于成长时期，股息高速增长；当公司进入成熟期后，股息的增长就趋向稳定。因此，计算股息非稳定增长下的股票内在价值的著名的多元增长模型是两个时期模型。该模型将股息变动分为两个时期并假设股利的变动在一段时间内(从期初到 T 的一段时间)并没有特定的模式可以遵循，需要逐年进行预测。在此段时间以后，股利按不变增长模型进行变动。

2. 模型的推导

多元增长模型是将股利分为两个部分并分别将它们进行贴现，然后再求和得来的。具体过程如下：

先求出在股利无规则变化时期的所有预期股利的现值，可以用下式来表示：

$$V_{T-} = \sum_{t=1}^{T} \frac{D_t}{(1+r)^t}$$

再求出第二时期的所有预期股利的现值。该期内股利按不变增长率变动，因此，股票在时间 T 期后的价值(V_T)可通过不变增长模型的方程求得：

$$V_T = \frac{D_{t+1}}{r-g}$$

注意，上面用不变增长模型计算出的 T 期之后的现值是以 T 为基期的，还应该进一步将其贴现与第一部分相同的基期，即 $t=0$ 期：

$$V_{T+} = \frac{V_T}{(1+r)^T} = \frac{D_{t+1}}{(r-g)(1+r)^T}$$

综上所述,将两部分股息的现值加总可得到多元增长模型的内在价值计算公式:

$$V = \sum_{t=1}^{T} \frac{D_t}{(1+r)^t} + \frac{D_{T+1}}{(r-g)(1+r)^T} \tag{9.23}$$

(9.23)式即为多元增长模型的表达式。

3. 案例与应用

假定 A 公司上年支付的每股股利为 0.75 元,本年预期支付的每股股利为 2 元,而下一年预期支付的股利为 3 元/股,从此之后,预期在未来无限时期,股利都将按每年 10% 的速度增长。假定该公司的必要收益率为 15%,该股票目前的价格为 54 元/股。试判断该公司的股票是否被高估。

已知:$D_0=0.75, D_1=2, D_2=3, T=2, g=10\%, P=55$,则

$$D_{T+1} = D_3 = D_2(1+g) = 3 \times 1.1 = 3.3(元)$$

将上面的数据代入(9.23)式:

$$V = \sum_{t=1}^{T} \frac{D_t}{(1+r)^t} + \frac{D_{T+1}}{(r-g)(1+r)^T}$$
$$= \frac{2}{(1+0.15)} + \frac{3}{(1+0.15)^2} + \frac{3.3}{(0.15-0.10)(1+0.15)^2}$$
$$= 53.92(元)$$

从净现值来看,该股票的内在价值与目前每股 54 元的价格比较接近,市价基本反映了股票的内在价值,即该股票高估的程度不大。

再从内部收益率来看。零增长模型和不变增长模型都有一个简单的关于内部收益率的公式,而对于多元增长模型而言,不可能得到如此简捷的表达式。虽然我们不能得到一个简捷的内部收益率的表达式,但是仍可以运用试错法,计算出多元增长模型的内部收益率。基本思路是在建立方程之后,代入一个假定的 IRR 后,如果方程右边的值大于 P,说明假定的 IRR 太小;相反,如果代入一个选定的 IRR 值,方程右边的值小于 P,说明选定的 IRR 太大。继续试选 IRR,最终能找到使等式成立的 IRR。

下面通过例子加以说明。在多元增长模型中用市价 P 代替 V,用内部收益率 IRR 替换 r,则公式(9.23)变成:

$$P = \sum_{t=1}^{T} \frac{D_t}{(1+\text{IRR})^t} + \frac{D_{T+1}}{(\text{IRR}-g)(1+\text{IRR})^T} \tag{9.24}$$

将例子中的数据带入(9.24)得:

$$54 = \frac{2}{(1+\text{IRR})} + \frac{3}{(1+\text{IRR})^2} + \frac{3.3}{(\text{IRR}-0.10)(1+\text{IRR})^2}$$

首先假定 IRR=14%,计算出等式右边的值等于 67.54>55,则应提高 IRR

的值。让 IRR＝15％，算出等式右边的值＝53.92＜54，应减小 IRR 的值。按照这种试错方法，可以得到 A 公司股票的内部收益率是 14.99％。把给定的必要收益 15％和该近似的内部收益率 14.99％相比较,可知,该公司股票的市价基本反映了股票的内在价值。

有时投资者会使用二元模型和三元模型。二元模型假定在时间 T 以前存在一个不变增长速度 g_1，在时间 T 以后，假定有另一个不变增长速度 g_2。两元增长模型适合具有下列特征的公司：公司当前处于高增长阶段，并预期在今后的一段时间内仍将保持较高的增长率，在此之后，支持高增长率的因素消失。两元增长模型实际上假设公司从较高的增长率一下子下降到稳定的增长率，虽然这种增长率的突然转变在实际中可能会发生，但是如果认为从超常增长阶段到稳定增长阶段的增长率变化是随时间逐步发生的，则更符合现实。

三元模型假定在 T_1 时间前，不变增长速度为 g_1，在 T_1 和 T_2 时间之间，不变增长速度为 g_2 或以线性的方式变动，在 T_2 时间以后，不变增长速度为 g_3。设 V_{T+} 表示在最后一个增长速度开始后的所有股利的现值，V_{T-} 表示这以前所有股利的现值，可知这些模型实际上是多元增长模型的特例。而如果将 T_2 之前的时期看作是 0，则多元增长模型就成了固定增长模型，因而，固定（不变）增长模型也是多元增长模型的特例。特别地，如果固定（不变）增长模型的增长率为 0，固定（不变）增长模型就是零增长模型。所以零增长模型也是多元增长模型的一个特例。因此从本质上说，前面所讲的几个股息增长模型都是多元增长模型的特例。

第三节　投资基金价值分析

与股票相比，基金的价值决定有其独特之处，也就是说作为受益证券的基金与作为权益证券的股票具有不同的价格决定方式。在考虑基金的价值时，除了要注意现值的计算外，还要注意其自身的特点，就是基金的净资产值即净值。基金的净值是衡量一个基金经营好坏的主要指标，同时它也是开放型投资基金单位买卖价格的计算依据。一般地，投资基金经理公司必须定期公布基金的净产价值。因此，基金的估值十分重要。

一、投资基金资产估值

对基金资产估值的目的是客观、准确地反映基金资产是否得到了保值与增值。被估值的对象包括基金依法拥有的股票、债券、股息红利、债券利息和银行存款本息等资产。新型证券投资基金每个工作日都要对基金资产进行估值。

基金的价值就是指在某一时点上运用一定方法计算出的基金净资产的价值。

基金净资产是基金单位的内在价值,是进行基金价值分析的重要依据之一。投资基金的净资产是指在某一时点上每单位基金实际代表的价值。它是基金的资产值扣除了各项应支付的费用后,再除以该基金单位的总数所得出的单位价值。基金经理人定期估算基金资产的价值,然后按照已发行在外的基金单位平均分割,计算出每个基金单位的资产净值。

对基金的资产进行估值所采用的方法主要是按照国际公认的会计平衡等式:基金资产净值等于基金资产总额减去基金负债总额。视基金持有资产性质的不同,估值的具体方法也有所变化。对投资于上市股票、认股权证或上市债券的基金资产来说,每次估值要计算出证券投资盈亏及基金所持有的证券组合情况,按照每天证券交易所的收市价格(或是以估值日前5个交易日所有投资证券的收市价格的平均值)来计算;而对于未上市的公司内部股票、认股权证或其他方面的投资等的资产净值的估值,一般由指定的会计师事务所或资产评估机构来计算;未上市债券及银行存款以本金加计至估值日为止的应计利息额计算;派发的股息红利、债券利息,以至估值日为止的实际获得额计算(不含已宣布但未发放的股利)。基金的日常估值由管理人进行并经托管人复核。

(一)基金资产净值的计算

不管是开放型基金还是封闭型基金,在发行基金份额时,其单位基金是等额的,代表着发行时每份基金的价值量。在投资基金运用基金资产进行投资时,基金的资产净值伴随着基金持有证券的价格变动而变动。为了能正确反映单位基金的价值,就必须在某时点上对基金资产价值进行估算,资产价值的估算过程如下:

首先,确定估算日。根据各国基金管理制度的规定,基金管理机构必须定期计算并公布基金资产净值。出于各国的具体情况不同,有每天计算、每周计算或每月计算一次,只有在节假日、暂停营业、投资者巨额赎回,以及客观无法抗拒的因素使估值无法正确计算时,才可暂停估值。

其次,计算基金资产总值。根据基金所持证券估算日的收报价,分别计算其市值并汇总,再加上基金的库存现金即为基金总资产。计算公式为:

$$\text{基金资产总值} = \text{所持证券市值总额} + \text{现金} + \text{应计利息收入} \quad (9.25)$$

(二)基金净资产的计算

在确定了基金在估算上的资产总额后,进一步计算基金资产净值总额和单位基金净资产。基金资产净值总额根据一般公认的会计原则,其计算方法如下:

$$\text{基金资产净值总额} = \text{基金资产总额} - \text{基金负债总额} \quad (9.26)$$

式中,基金负债总额包括应付税金、应付利息以及应付基金资产管理者的佣金。

单位基金净资产价值则是以基金资产净值总额除以投资基金发行的总份额。某基金在 t 期的单位基金资产净值(Net Asset Value,NAV) NAV_t 可由下列公式算出:

$$NAV_t = \frac{P_t - L_t}{N_t} \tag{9.27}$$

式中,P_t、L_t 和 N_t 代表基金资产市场价值(总资产)、负债总量(总负债)以及发行在外的基金份额(股份数)。

例如,假设某投资公司到 2008 年 11 月 5 日止发行在外的基金份额为 1 000 万份,所持股票总市场价值为 1 600 万元,总负债为 500 万元,此时,投资基金的资产净值将为 1.10 元/基金单位,计算过程如下:

$$V_t = \frac{P_t - L_t}{N_t} = \frac{1\,600 - 500}{1\,000} = 1.10(元/基金单位)$$

二、开放型基金的价格决定

开放型基金的发行总额不固定,投资者可随时在基金承销机构处购入基金份额或赎回基金份额,基金承销机构则根据估值日的每份基金净资产来计算基金的赎回价和认购价,来主持每天的基金交易,因此,开放型基金的交易价格代表着每份基金的内在价值。

开放式基金由于经常不断地按客户要求购回或者卖出自己基金的份额,因此,开放式基金的价格分为两种,即申购价格(认购价)和赎回价格。

(一)申购价格

投资者在购入开放式基金时,除了支付资产净值之外,还要支付一定的销售附加费用。也就是说,开放型基金的申购价格包括资产净值和弥补发行成本的销售费用,该附加费一般保持在 1%~2%的水平上,通常为 1.5%,并且在投资者大量购买时,可给予一定的优惠。开放式基金的申购价格、资产净值和附加费之间的关系可用下式表示:

$$申购价 = 单位基金净资产 + 销售费用 \tag{9.28}$$

或

$$认购价 = 单位基金净资产 /(1 - 销售费用率) \tag{9.29}$$

公式(9.29)反映了销售费用是以认购价为基础计提的,而不是依据单位基金净资产而计提的,即:

$$销售费用率 = 销售费用/认购价$$

例如,某基金单位的净资产为 1.17 元,销售费用率为 2.5%,根据公式(9.29),得:

$$认购价 = 1.17/(1 - 2.5\%) = 1.20(元)$$

第九章　证券投资的价值分析

但是,对于一般投资者来说,该附加费是一笔不小的成本,增加了投资者的风险。因此,出现了一些不收费的开放式基金,其销售价格直接等于资产净值,投资者在购买该种基金时,不需交纳销售费用,也就是说:

$$申购价格 = 资产净值$$

可见,无论是收费式还是不收费的开放式基金,其申购价格都与其资产净值直接相关,而且成正比例关系。

(二) 赎回价格

开放式基金承诺可以在任何时候根据投资者的个人意愿赎回其份额。承销机构的赎回价则根据赎回时是否收费,以及收费时是否根据持有者的持有年份享受优惠等条件所定,一般有下列两种计价方式:

(1) 赎回时收费。有些开放式基金赎回时是收取费用的,费用的收取是按照基金投资年数不同而设立不同的赎回费率,持有基金券时间越长,费率越低。按基金持有者的持有的份额计算赎回费用,再加上算出的单位基金净资产作为赎回价。

$$赎回价 = 单位基金净资产 + 固定赎回费用 \times (1 - 折扣率) \quad (9.30)$$

当然也有一些基金收取的是统一费率。在这种情况下,开放式基金的赎回价格与资产净值、附加费的关系是:

$$赎回价格 = 资产净值 + 附加费$$

(2) 赎回时不收费。这种基金以估算日的单位基金净资产作赎回价,即

$$赎回价 = 单位基金净资产 \quad (9.31)$$

可见,开放式基金的价格仅与资产净值密切相关(在相关费用确定的条件下),只要资产净值估算准确,基金的申购和赎回没有任何问题。

三、封闭式基金的价格决定

封闭型基金的理论价格是该类基金的内在价值的表现。由于开放型基金和封闭型基金在投资者的变现方式以及基金的存续期上存在着差别,因此其价格定价方式也有较大区别。对于封闭式基金而言,在基金净值决定价格的基础上还有几个不可忽视的因素影响基金价格。

(一) 基金的收益率与投资者的预期

不同的基金管理公司的管理水平存在一定的差异,这种差异主要表现在能实现的收益率不同上。对于那些年收益率远高于基金平均投资报酬率的明星基金,投资者愿意支付较高的价格。因此,这种基金一般能以高出净值的价格进行交易。此外,如果投资者预期某一基金将来的收益会大幅增加,投资者也会大量买

入该基金,从而会推动该基金价格的上升。

(二) 同期无风险利率

作为受益证券的基金,其回报率是不稳定的,即投资有一定的风险。因而投资者对其收益率的期望是在无风险利率的基础上加一定的风险升水。我们知道,国债是以国家信用为支持的,支付给投资者的同期国债利率可以被看作是一种无风险收益率。因此,投资者常会将基金的收益率与国债利率相比较。一旦国债利率上升到或接近于基金的收益率,资产选择的行为就会发生。理性的投资者将增加金融资产中国债的比重而减持基金的数量,基金的价格会下降。

(三) 杠杆效应

封闭式基金的价格除受到上述因素影响以外,还受到杠杆效应高低程度的影响。封闭式基金发行普通股是一次性的,即基金的资金额筹集完后就封闭起来,不再发行普通股。但是由于管理上的需要,这类公司亦可以通过发行优先股和公司债券,作为资本结构的一部分,形成未偿优先债券,并且能获得银行贷款。这对公司的普通股股东来说,他们的收益要受到杠杆作用的影响。优先证券对资产和收益有固定的权利。因此,当公司资产和收益总值(利息和优先股股息支付的收益)上升时,普通股的股东收益就会增加,他不仅可以得到更多的股息,而且还能获得资本收益。也就是说,当基金资产价值提高时,基金普通股增长更快;反之,当基金资产价值下降时,基金普通股也下降更快。这种杠杆效应往往使某些封闭式基金公司的普通股市场价值的增减超过总体市场的升降。封闭式基金由于不承担购回其股票的义务,其股票只有在公开市场上出售才能回收,以及有时由于杠杆效应的影响,使得封闭式基金的普通股价格不如开放式基金的普通股价格稳定,它们价格就如同一个商业性公司的股票价格一样,其单股资产价值与市场价值之间存在着一个显著的离差。封闭式基金的价格决定可以利用普通股票的价格决定公式进行。

第四节 可转换证券与认股权证价值分析

一、可转换证券的价值评估

可转换证券是指在规定时间内能按固定的转换比例和转换价格转换成公司普通股的固定收益证券,通常包括可转换债券和可转换优先股。公司在其所发行的有价证券上附有可转换的条件,一是从增强所发证券的吸引力或降低筹资成本的角度考虑的。对公司可转换债券而言,到时可转换成普通股,使投资者增加一种选择,因为公司普通股市场价格上升的想象空间较大,这使得可转换债券较受投资者欢迎。同样原因,在发行债券时,可降低付息利率。而到期转成普通股,又可免除还本付息的压力。二是从吸引大资金的角度考虑的。大多数国家都禁止金融机构直接投资普通股,而债券和优先股则不在禁止之列。公司发行可转换证券,可使金融机构名正言顺地购入可转换证券,到时自然转换成普通股,从而合法地拥有普通股,享有公司高速发展所带来的巨大投资收益。

(一) 可转换证券的要素

(1) 转换期限。转换期限是指可转换证券转换成普通股的起讫日期。通常在可转换证券的发行公告中都予以规定,在转换有效期内,持有者可按公司规定的转换条件转换成普通股,过期则失效。为鼓励投资者不放弃转换权,一些公司在发行可转换证券时还附有赎回条款。在赎回条款中,公司规定的赎回价格略高于证券面额。当证券市场价格高于赎回价格时,公司开始行使赎回权,这将迫使持有者执行转换的权利,把可转换证券转换成公司普通股。

(2) 转换价格。转换价格是指可转换证券转换为普通股时每股的价格,其公式如下:

$$\text{转换价格} = \text{可转换证券面额} / \text{转换比例} \qquad (9.32)$$

(3) 转换比例。转换比例又称转换比率,是指一单位的可转换证券可转换到普通股的数量。如100:1,则说明一单位可转换证券可转换成100股普通股。

(二) 可转换证券的价值

(1) 理论价值。可转换证券的理论价值是指可转换证券失去转换特性时的价值。估计可转换证券的理论价值,必须首先估计与它具有同等资信和类似投资特点的不可转换证券的必要收益率,然后利用这个必要收益算出它未来现金流量的现值(可以参考本章第一节中有关债券估价部分)。

(2) 转换价值。可转换证券的转换价值是指转换成普通股的市场价值。如果一种可转换证券可以立即转让,它可转换的普通股票的市场价值与转换比率的乘积便是转换价值,即:

$$\text{转换价值} = \text{普通股票市场价值} \times \text{转换比率} \qquad (9.33)$$

式中,转换比率为债券持有人获得的每一份债券可转换的股票数。

(三) 可转换证券的市场价格

可转换证券的市场价格受市场供需状况的影响。在转换期间,可转换证券的市场价随普通股价格的涨跌而波动。一般来说,由于投资者存在着股票价格上升的预期,可转换证券的市场价格经常保持在其理论价值和转换价值之上。因为,如果价格在理论价值之下,该证券价格低估;如果可转换证券价格在转换价值之下,购买该证券并立即转化为股票就有利可图,从而使该证券价格上涨直到转换价值之上。但在普通股价格大幅度下跌时,可转换证券的市场价也会低于其理论价格,这时,持有者到期将放弃转换权。

(1) 转换平价。转换平价是可转换证券持有人在转换期限内可以依据把债券转换成公司普通股票的每股价格,除非发生特定情形如发售新股、配股、送股、派息、股份的拆细与合并,以及公司兼并、收购等情况下,转换价格一般不作任何调整。上文所说的转换比率,实质上就是转换价格的另一种表示方式。

$$转换平价 = 可转换证券的市场价格 / 转换比率 \quad (9.34)$$

转换平价是一个非常有用的指标,因为一旦实际股票市场价格上升到转换平价水平,任何进一步的股票价格上升肯定会使可转换证券的价值增加。因此,转换平价可视为一个盈亏平衡点。

(2) 转换升水和转换贴水。一般来说,投资者在购买可转换证券时都要支付一笔转换升水。每股的转换升水等于转换平价与普通股票当期市场价格(也称为基准股价)的差额,或说是可转换证券持有人在将债券转换成股票时,相对于当初认购转换证券时的股票价格(即基准股价)而作出的让步,通常被表示为当期市场价格的百分比,公式为:

$$转换升水 = 转换平价 - 基准股价 \quad (9.35)$$
$$转换升水比率 = 转换升水 / 基准股价 \times 100\% \quad (9.36)$$

而如果转换平价小于基准股价,基准股价与转换平价的差额就被称为转换贴水,转换贴水的出现与可转换证券的溢价程度相关。计算公式为:

$$转换贴水 = 基准股价 - 转换平价 \quad (9.37)$$
$$转换贴水比率 = 转换贴水 / 基准股价 \times 100\% \quad (9.38)$$

(3) 转换期限。可转换证券具有一定的转换期限,即该证券持有人在该期限内,有权将持有的可转换证券转化为公司股票。转换期限通常是从发行日之后若干年起至债务到期日止。

例如,某公司的可转换债券,年利率为 8%,2010 年 12 月 31 日到期,其转换价格为 30 元,其股票基准价格为 25 元,该债券价格为 900 元。

$$转换比率 = 900/30 = 30$$
$$转换升水 = 30 - 25 = 5$$
$$转换升水比率 = 5/25 \times 100\% = 20\%$$

二、认股权证的价值评估

认股权证是一种允许其持有者在规定的期限内以事先确定的价格认购一定数量普通股票的权利。认股权证通常和其他有价证券(优先股、债券)共同发行,即按其他有价证券的面额附有一定比例的认股权证。其目的是提高其他有价证券的吸引力或降低筹资成本,而投资者买入其他有价证券的同时,也无偿取得了一定数量的认股权证。债券和优先股出售时有时附有长期认股权证。认股权证可以是分开的,也可以是不分开的,其有效期可以是有限的也可以是无限的。

表面上看,认股权证与优先认股权很相似,但二者本质上是不相同的。认股权证是公司在发行债券或优先股时为吸引投资者购买而奉送的,使其持有者有按优惠价格购买本公司股票的机会和选择。它是对债权人和优先股而不是对普通股的股东提供的优惠权。认股权证过去一般与业绩不佳的投机性公司相联系,而且本身也具有投机性。

(一)认股权证的要素

(1)认股期限。认股权证的有效期限一般较长,通常为3~10年,有的公司则发行无期限(即永远没有到期日)的永久性认股权证。在认股权证的有效期内,持有者可随时按规定的认股价格和认股数量购买公司普通股,超过期限,认股权证自动作废。

(2)认股价格。认股价格即执行价格。认股权证发行时所规定的认购价格,一般高于该股票市场价格。因此,认股权证最初不具有价值,只有当普通股市价高于执行价时,认股权证才具有价值。可见,认股权证实质上是一种长期的看涨期权。一般地,认股价格在公司股票除权除息时,也要作相应的调整,以维护持有者的利益。

(3)认股数量。认股数量是招认股权证可以认购的股票数量,通常以每一单位认股权证可以认购多少公司普通股的股数来表示。

(二)认股权证的理论价值

在认股权可以公开交易时,它们就有自己的市场。有的在交易所上市,有的通过场外市场进行交易。认股权证的价值是由其内在价值和时间价值所组成的。股票的市场价格与认股权证的预购股票价格之间的差额就是认股权证的内在价值。认股权证的内在价值由下式决定:

$$V_w = (P - E) \cdot N \qquad (9.39)$$

式中,V_w 为认股权证的内在价值,P 为普通股市场价格,E 为认股价格(执行价格),N 为每份认股权证可认购的普通股数量。

从公式(9.39)可知,认股权证的内在价值与普通股市价、认股权证认购价与认购数量有关。若普通股市价上升、认股价较低或认股数量较多,则认股权证内在价值较大;反之,则相反。

认股权证的市场价格不可能低于其内在价值,两者之差是认股权证的时间价值,又被称为认股权证的溢价。

$$\text{时间价值(溢价)} = P_w - V_w$$
$$= P_w - P + E \quad (9.40)$$

式中,P_w 为认股权证的市场价格。

时间价值受认股权证有效期限的影响。距到期日较远的认股权证,其时间价值较大;随着期限的临近,时间价值逐渐消失。另外,时间价值也受普通股市价的活跃程度的影响。认股权证和看涨期权一样,股价大幅度上升,权证价格也同步上升;而股价下跌,权证价格却不会跌至负数,即股价大幅度变动对权证的利要大于弊。因此,股性活跃的股票,其认股权证的价格要高于股性不活跃的股票。

(三)认股权证的杠杆作用

认股权证的杠杆作用是指认股权证的价格要比其可选购的股票价格的增长或减少的速度快得多。比如说,如果公司股票报价为 20 元,未清偿的认股权证允许持有者以 25 元价格购买股票。此时,该认股权证没有理论价值。但是如果公司收益改善的前景使认股权证具有 5 元的市场价值,这时股票的价格上升到 45 元,股价上涨 25 元,则认股权证的理论价值上升到 45 元 — 25 元 = 20 元,上涨 400%,或者说其市场价格最低也会上涨 100%。

杠杆作用在这里可用普通股的市场价格与认股权证的市场价格的比率表示。在上述例子中,此比率为 45∶25 = 180%。对于某一认股权证来说,其溢价越高,杠杆作用就越低;反之,如果认股权证的市场价格相对于普通股的市场价格降低时,其溢价就会降低,杠杆作用就会提高。

三、优先认股权的价值分析

优先认股权是普通股股东的一项特权,又叫股票先买权,是股份公司增发新股时人为保持原有股东的权益而赋予原有股东优先购买增发新股的权利,以此来保持原有股东的股权不变,或弥补因增发新股所引起的原有股东权利的流失。优先认股权是一种选择权,其实质是一种短期的看涨期权。

其做法是给每个股东一份证书,写明他有权购买新股票的数量,其数量可以根据股东现有股数乘以规定比例求得。一般来说,新股的定价低于该股票的市价,从而使优先认股权具有价值。股东可以行使该权利,也可以转让他人。

(一) 优先认股权的要素

公司在增资发行前,由公司股东大会通过并公布本次增资发行的认股期限、认股价格、认股数量。

(1) 认股期限。与认股权证的认股期限不同的是,优先认股权的认股期限都较短,一般是在2周至30天。较短的认股期限,是为了保证公司在短期内完成筹资任务。享有优先认股权的股东在认股期限内可作出下列选择:一是放弃权利,让其作废;二是出售优先认股权,在股权宣布日至除权日之前,优先认股权就附在股票上进行交易;三是按照规定的认股价,在到期前购入股票。

(2) 认股价格。和认股权证的认股价格不同的是,优先认股权的认股价格比公司普通股的市价低,其作用主要是弥补原有股东因股本扩大使每股收益稀释所造成的损失。

(3) 认股数量。一般而言,每一股股票都拥有一份优先认股权。优先认股权的认股数量可以每一股股票可认购新股的数量来表示,也可以认购一股新股所需股权数来表示。

(二) 优先认股权的价值

1. 附权优先认股权的价值

在股权除权日前,优先认股权是附于股票上进行交易的,称附权股票。在此之前购买的股东享有优先认股权,或说此时的股票的市场价格含有分享新发行股票的优先权,因此称为"附权优先认股权"。这时,优先认股权的价值依附于股票的市场价格,其理论价值如(9.41)式所示。

$$V_1 = (P - P_t)/(1 + N) \tag{9.41}$$

式中,V_1为一个附权优先认股权的价值;P为附权股票市价;P_t为新股认购价;N为买一股新股所需股权数。

该式可作如下解释:投资者在股权登记日前购买1股股票,应该付出市价P,同时也获得1股权;投资者也可购买申购1股新股所需的若干股权,价格为$V_1 N$,并且付出每股认购价P_t的金额。这两种选择都可获得1股股票,唯一差别在于,前一种选择多获得1股权。因此,这两种选择的成本差额,即$P-(V_1 N + P_t)$,必然等于股权价值V_1,即:

$$V_1 = P - (V_1 N + P_t)$$

整理得:

$$V_1 = (P - P_t)/(1 + N)$$

例如，如果某公司发行优先认股权，该公司股票现在的市价是每股 13.60 元，新股发行的优惠认购价是每股 10 元，买一股新股票需要 5 个优先认股权，则每个优先认股权的理论价值为：

$$V = (13.6 - 10)/(1+5) = 0.60 (元)$$

于是，无优先认股权的股票价格将下降到：

$$13.6 - 0.6 = 13 (元)$$

2. 除权优先认股权的价值

股票除权后，优先认股权与股票价格剥离，即股票的市场价格中将不再含有新发行股票认购权的价值，其优先认股权的价值也按比例下降，此时就被称为"除权优先认股权"。从理论上讲，股票除权后，投资者买入一股股票的价格应等于买入一股股票所需的优先认股权的数量和认购价格之乘积。因此，除权优先认股权的价值如(9.42)式所示。

$$V_1 = (P_1 - P_t)/N \qquad (9.42)$$

式中，V_1 为除权优先认股权价值；P_1 为除权股票市价。

(9.42)式原理与公式(9.41)完全一致。投资者可在公开市场购买 1 只股票，付出成本 P_1，或者，他可购买申购 1 只股票所需的认股权，并付出 1 股的认购金额，其总成本为 $V_1 N + P_t$。这两种选择完全相同，都是为投资者提供 1 股股票，因此成本应是相同的，其差额为 0，即：

$$P_1 - V_1 N + P_t = 0$$

整理得：

$$V_1 = (P_1 - P_t)/N$$

我们知道，股票除权后，其市场价格会下降，下跌幅度等于一个优先认股权的价值，所以：

$$P_t = P_1 - V_1$$

在上例中，股票除权后，优先认股权的理论价值应为：

$$V_1 = (13.6 - 0.6 - 10)/5 = 0.60 (元)$$

（三）优先认股权的杠杆作用

优先认股权的主要特点之一就是它能提供较大程度的杠杆作用，就是说优先认股权的价格要比其可购买的股票的价格的增长或减小的速度快得多。比如说，某公司股票在除权之后价格为 10 元，其优先认股权的认购价格为 5 元，认购比率为 1∶4，即买一股新股票需要 4 个优先认股权，则其优先认股权的价格为 (10−5)/4=1.25(元)。假定公司收益改善的良好前景使股票价格上升到 30 元，增长 200%，则优先认股权的价格为(30−5)/4=6.25(元)，增长(6.25−1.25)/

$1.25=400\%$,远快于股票价格的增长速度。

【延伸阅读】

考虑外部因素的股票收益率模型

市盈率是股票市场常用的用于衡量股票投资价值的重要指标之一。借助个股市盈率的概念,引入行业市盈率和市场市盈率,并分别用$(P/E)_{行业}$和$(P/E)_{市场}$表示,个股市盈率则用$(P/E)_{公司}$表示。行业市盈率受行业景气度和行业成长性的影响,一般说来,行业有投资价值,行业中的公司一般也具有投资价值,投资平均回报较高的行业中的公司通常也能得到较高的回报。反之,如果行业的平均回报较差,行业中公司的期望回报就会比较低。

市场市盈率是一个与资本市场结构有关的变量。资本市场结构合理,债券市值所占的比例较大,市场市盈率就维持在一个较低的水平;反之,如果资本市场结构不合理,债券市值所占的比例过小,股票市值所占的比例太大,会导致市场市盈率过高,产生股市泡沫。

假设资本市场中只有股票和债券两类资产,其他暂时忽略不计。资本市场结构即指股票和债券的比例关系。在构建模型之前,先做如下处理:

定义1:公司领先系数等于公司市盈率与所处行业市盈率的比值,其意义是公司在整个行业中估值地位的变化。令k表示公司领先系数的期末与期初的比值。对于行业领先公司来说,假设其在行业中所处的领先估值地位没有发生本质性的变化,则$k=1$。

定义2:行业领先系数是行业平均市盈率与市场市盈率的比值,行业领先系数随着经济周期的波动而变化。令m表示行业领先系数(或者称为投资吸引度)的期末与期初的比值,它是经济周期波动的函数。当某行业被市场看好时,$m>1$;反之,当该行业不被市场看好时,$m<1$;当该行业在市场中的地位保持不变时,$m=1$。

采用股票的内部收益率作为股票投资价值的替代指标。当使用NPV法来计算某只股票的内部收益率时,现值、终值与年金之间存在以下的关系:

$$NPV = \frac{FV}{(1+I)^N} + \sum_{t=1}^{N}\frac{M}{(1+I)^N} - PV = 0 \qquad (F9.1)$$

其中,PV为现值,这里指期初的股价;FV为终值,这里指期末的股价;M是指每年的平均股息;N为投资的年限;$I(IRR)$为内部投资回报率,也就是股票的收益率。

现值和终值可以分别由对应的市盈率与每股收益的乘积表示,即:

$$PV = EPS_0 \times (P/E)_{公司0} \qquad (F9.2)$$
$$FV = EPS_N \times (P/E)_{公司N} \qquad (F9.3)$$

对于成长性公司,为简单计,可以假设盈利按一定的增长率g增加,即有

$$EPS_N = EPS_0 \times (1+g)^N \qquad (F9.4)$$

由于我国上市公司分红较少,股息率平均较低,因此可以忽略M的影响。令$M=0$,将式(F9.2)、(F9.3)、(F9.4)代入式(F9.1)后化简可得:

$$\ln(1+I) = \ln(1+g) + \frac{1}{N}\ln\frac{(P/E)_{\text{公司}N}}{(P/E)_{\text{公司}0}} \tag{F9.5}$$

令 $a = \frac{(P/E)_{\text{市场}N}}{(P/E)_{\text{市场}0}}$，表示期末与期初时的市场市盈率之比，代表了期间内市场估值的变化。对于行业领先公司，$k=1$。当 I,g 较小时，由式(F9.5)可得：

$$I = g + \frac{1}{N}\ln(m \cdot k \cdot a) \tag{F9.6}$$

从长期看，为简化研究，可以假设期末的市场市盈率为一个定值 J，原因是国际上理性成熟市场(如纽约、伦敦)的市场市盈率一般在[12,30]这一区间波动，并且波动的幅度不大。令 J 是一个已知的常数(其数值看作以往的市场市盈率的算术加权平均)，考虑交易费用，则将(F9.6)式变形为：

$$I = g + \frac{1}{N}\{\ln m + \ln J - \ln(P/E)_{\text{市场}0}\} - tR - c \tag{F9.7}$$

其中，t 为印花税，R 为换手率，c 为佣金率(单笔交易佣金除以单笔交易数量，一般可忽略不计)。

式(F9.7)就是考虑了外部因素的股票收益率模型，也即该股票的投资价值模型。

重 要 概 念

货币的时间价值　现值　复利终值　收入资本化法　内部收益率　贴现率(必要收益率)资本化率　证券的理论价值　股息贴现模型　零增长模型(戈登模型)　不变增长模型　三阶段增长模型　H模型　多元增长模型　净现值　证券投资基金净值　申购价格(认购价)　赎回价格　可转换证券　转换平价　转换升(贴)水

思 考 题

1. 请比较收入资本化法在贴现债券、直接债券和统一公债运用中的差异。
2. 请比较判断债券价格高估或低估的两类方法之间的区别与联系。
3. 为什么说二元模型和三元模型是多元增长模型的理论简化？
4. 根据股息贴现模型决定的股票内在价值是否忽视了买卖股票的资本利得？为什么？
5. 在股票的价值决定过程中股利和收益分别扮演何种角色？
6. 三阶段股息增长模型与H模型的区别与联系是什么？
7. 试比较开放型基金与封闭型基金在价值决定上的异同点。
8. 如何分析可转换证券、优先认股权与认股权证的内在价值？

第十章　证券投资基本分析

证券投资的基本分析，就是指从影响证券行情变动的敏感性因素出发，分析研究公司外部的经济环境和公司内部的各种因素，揭示证券的内在价值，为投资者进行投资决策提供依据。按照层次不同，证券投资基本分析包括宏观经济分析、行业分析、公司分析和投资者分析，它由大到小，由宏观到微观，由证券市场到证券发行人再到投资者，试图探究证券价格变动的一般规律。

第一节　证券投资的宏观经济分析

一、宏观经济变量分析

证券市场与宏观经济密切相关，尤其是证券市场素有国民经济晴雨表之称，所以宏观经济分析对证券投资来说非常重要。上市公司的生产经营活动总是在一定的经济环境中运行的，其运行的效果理所当然受到宏观经济的影响和制约，因此证券价格会随宏观经济运行状况的变动而变动。宏观经济因素对证券市场的影响具有根本性、全局性和长期性。所以要成功地进行证券投资，首先必须认真研究宏观经济状况及其走向。影响证券市场的宏观经济变量主要有国内生产总值、失业率、通货膨胀与通货紧缩、利率、汇率、国际收支等。

（一）国内生产总值

国内生产总值（GDP）是测度一国宏观经济状况最综合、最主要的指标之一。它是一国或地区一定时期内所生产的产品和提供的劳务的价值总和，其中包括一部分外国的生产要素在国内生产的价值。政府每年都要定期公布国内生产总值的数据。国内生产总值分为名义和实际两种，实际国内生产总值是扣除通货膨胀影响之后得出的，投资者只有对实际国内生产总值进行比较才有意义。证券行情是经济活动的晴雨表，这样，如果经济保持实际增长，那么证券价格就应上升；另一方面，如果预测名义国内生产总值将大幅度增长而同时又伴随着高通货膨胀，证券价格就会下跌。实际国内生产总值的变动与证券市场之间的变动有着紧密的联系,即证券市场的变化快于实际国内生产总值的变化。因为,国内生产总值的变动是宏观经济发生变动的最好指标,宏观经济的变动又通过影响公司的经营业绩进而由利润影响到人们对证券价格的预测。当投资者预测到宏观经济将由衰退期的低谷进入繁荣期时,将会大量购买证券,从而推动证券价格指数上升;同理,当投资者预测到宏观经济即将达到繁荣期的顶点从而进入衰退期时,将会大量卖出证券,从而使证券价格指数下降。

(二)失业率

失业率与经济增长率之间具有很强的相关关系,高经济增长率意味着高就业水平,低失业率。因此,失业率的高低可以从一个侧面衡量宏观经济的好坏。显然,失业率高说明国家经济发展速度缓慢甚至处于停滞状态,公司也不景气,国民收入降低,证券市场投资者就会减少,从而使证券价格降低。反过来失业率低,则表明经济增长迅速,公司处于扩充和发展阶段,大量需要劳动力,国民收入增加,证券市场的资金流入也因此增加,证券价格也随之上升。

(三)通货膨胀与通货紧缩

通货膨胀对证券价格走势的影响比较复杂,既有刺激证券价格上涨的作用,也有抑制证券价格的作用。由于股票代表对公司的所有权,公司中的实物资产会随着通货膨胀而升值;另外,公司还可以通过提高产品的售价来弥补原材料的价格上升。这样,公司利润就不会受到通货膨胀的影响。所以,一般来说,在适度通货膨胀的情况下。股票具有一定的保值功能。适度的通货膨胀还可以造成有支付能力的有效需求增加,从而刺激生产的发展和证券投资的活跃。但是,通货膨胀达到一定限度就会损害经济的发展,严重的通货膨胀会导致货币加速贬值,人们将资金用于囤积商品保值,这时人们对经济发展的前景产生悲观,对政府提高利率以抑制通货膨胀的预期增强,许多证券投资者可能退出证券市场,这样就导致证券市价下跌。同时,公司成本上升,盈利水平下降,公司破产数量增多,经济形势进一步恶化,导致社会恐慌心理加重,从而加深了证券市场不景气的状况。

通货紧缩是物价水平普遍持续下降的经济现象,物价水平下跌提高了货币购买力,但商品销售减少,公司收入减少,利润下降,投资随之减少,导致证券价格下跌。通货紧缩初期,由于货币购买力提高,消费投资会有所增加,证券市场的兴旺只是短暂的;随着就业机会的减少,公众预期收入减少,消费投资低迷,从而使证券市场低迷。

(四)利率

利率是货币资金的价格,反映了市场上资金的供求状况,因此证券价格对利率波动十分敏感。在宏观经济变量中,利率对证券市场的作用最为直接,影响也最大。当利率升高时,公司借款成本增加,利润率下降,证券价格自然下跌;同时利率上升使债券和股票投资的机会成本增大,吸引部分资金从证券市场特别是股票市场转向银行储蓄,导致证券需求下降,证券价格下跌。特别重要的是,市场基础利率水平决定证券"内在价值",二者呈反比例关系。

影响利率变动的因素有很多,对宏观经济的分析可以为预测利率提供基础,从而为判断证券市场的价格走势提供依据。

(五)汇率

由于世界经济一体化趋势逐步增强,包括证券市场在内的各国金融市场的相互影响日益加深,一国汇率的波动也会影响其证券价格。汇率上升,本币贬值,将导致资本流出本国,于是本国证券市场需求减少,价格下跌。另一方面,汇率上升,本币贬值,本国产品的出口竞争力增强,出口型公司将受益,因而其证券价格就会上升;相反,进口型公司将因成本增加而受损,其证券价格就会下跌。但是,这种影响对国际性程度较低的证券市场来说比较小。

(六)国际收支

我们已经知道,在开放型经济条件下,社会总需求由消费需求、投资需求和出口以及资本流入所构成。国际收支是用货币反映一国全部对外经济活动的重要变量,国际收支差额是反映国际收支状况的综合指标,由经常项目差额与资本项目差额组成。因此,国际收支差额的大小与一国总需求的增减有着密切联系。国际收支差额为零,则总需求与总供给相等,对总需求没有影响;国际收支为顺差,则总需求增加;反之,国际收支逆差,则总需求减小。总需求的增减变化最终体现为对国内产品和服务需求的增加或减少,从而影响到产品市场、劳务市场和资本市场的均衡。如国际收支顺差,造成国外资本流入,成为国内政府、公司、国民的可支配收入,其中一定比例用于消费或用于购买投资品,进行投资,形成对消费市场和投资市场的旺盛需求,从而促使相关公司销售收入增加,利润率提高,这部分公司的证券价格必然也趋于上升。反之则出现相反的情形。

1. 经常项目对证券价格的影响

经常项目是国际收支最重要的部分,包括贸易收支、劳务收支、转移收支等,这三项收支都会影响到证券市场的变动:

(1)从贸易收支看,在贸易顺差的情况下,并非所有公司发行的证券都会同步上升。公司业务同进出口联系的程度不同,其利润同一国贸易收支联系的程度也不尽相同。一般而言,出口产值占总产值比重大的公司,其证券价格会因贸易顺差的出现而上升。同时,出口公司利润的上升,必然会带动相关产业的发展,从而带动这些产业公司的证券价格上升。但受时滞的影响,关联公司证券价格的上升要比出口公司晚。反之,贸易逆差,会使出口公司证券价格下跌也会早于其关联公司。

(2) 从劳务收支和转移收支来看,两者的顺差和逆差都会直接增加或减少政府、公司和国民的可支配收入,从而影响他们对证券市场投资的额度,进而影响证券市场供求关系,最终影响证券市场的波动。

2. 资本项目对证券价格的影响

资本项目反映以货币表示的债权、债务在国际上的流动,分为私人资本项目和政府资本项目两类,就证券市场而言,前一类的影响是主要的、直接的,后一类的影响是次要的、间接的。私人资本项目可以直接从证券市场上进行了解。如果是资本流入,也并不是所有公司发行的证券都会立即同步上升。因为任何投资者都是有一定方向的。但外国资本投资的证券的价格一定会在短期内上升。这有两个原因:一是外国资本的投入直接增加了对该种公司证券的需求,其价格也必然上升。二是外资的流入会促进公司的技术改造、设备更新、产品升级换代和结构调整等,从而增加公司的竞争力,证券价格必然上升。

二、经济周期分析

国民经济从来都是在收缩与扩张的周期性交替变化中运行的。这种周期性交替变化表现在许多宏观经济统计数据的周期性波动上,如国民生产总值(GNP)、工业增加值、消费总量、投资总额、失业率等。不同的统计数据对经济周期变动的灵敏度有差异,但基本一致。对采用哪种统计数据来预测和判断证券市场价格波动更加合适,不同的市场会有不同的答案。例如,研究表明美国股票市场对工业生产周期的敏感程度就要超过国民生产总值周期。国民经济周期一般经历四个阶段:高涨、衰退、萧条、复苏。当经济从衰退和萧条中开始复苏,继而进入又一个高涨阶段,这就是所谓的经济周期循环即景气变动。

(一) 经济周期分析指标

要预测和衡量经济周期性的波动,要借助于一系列相关指标。按照时间的先后来划分,这些指标可以分为先导指标、同步指标和滞后指标三类。

1. 先导指标

又称先行指标,指在总体经济活动发生波动之前,先行达到峰顶和谷底的经济指标。先导指标一般能在总体经济活动发生变化之前 6 个月达到峰顶和谷底。正由于先导指标具有这一特点,投资者采用该指标可以事先判断经济波动的转折点,从而采取恰当的投资策略。先行指标包括货币政策指标、财政政策指标、劳动生产率、消费支出、住宅建设、建筑业许可证发放数量和商品订单等。

2. 同步指标

又称重合指标,是指与经济活动同时达到峰顶与谷底的经济指标。同步指标达到峰顶与谷底的时间大致与总体经济活动变化的时间相同。投资者采用同步指标预测经济周期性变化,可以确定经济活动达到峰顶和谷底的具体时间。同步指标包括真实国民生产总值、公司利润率、工业生产指数和失业率等。

3. 滞后指标

又称后续指标,指在总体经济活动发生波动之后才到达峰顶或谷底的经济指标。滞后指标一般在总体经济活动发生变化后 6 个月到达峰顶和谷底,后续指标主要有优惠贷款利率、存货水平、资本支出和商品零售额等。

(二)经济周期变动分析

经济周期的变动对证券市场具有显著的影响。证券市场综合了人们对于经济形势的预期,投资者根据这种预期而表现出的对经济复苏来临的信心或对经济危机发生的恐慌,都会直接改变其投资决策和投资行为,从而影响证券市场的价格。从证券市场的情况来看,证券价格的变动大体和经济周期一致。但是,不同行业受经济周期影响的程度会有差异,有些行业(如钢铁、能源、耐用消费品等)受经济周期影响比较明显,而有些行业(如公用事业、生活必需品行业等)则受经济周期影响较小。

在复苏阶段,经济逐渐走出低谷,但由于萧条时期带来的不安,证券市场依然低迷。随着经济复苏的明朗,投资者已经预测经济将会好转,公司利润将会增加,而此时物价和利率仍处于较低水平。由于先知先觉的投资者的不断吸纳,证券价格实际上已经回升至一定水平,初步形成底部反转之势。随着各种媒介开始传播萧条已经过去、经济日渐复苏的信息,投资者的认同感不断增强,投资者自身的境遇亦在不断改善,从而推动证券价格不断走高,完成对底部反转趋势的确认。

在繁荣阶段,市场需求旺盛,公司产品库存减少,固定资产投资增加,导致公司利润明显增加,此时物价和市场利率也有一定程度的提高,但是生产的发展和利润的增加常会领先于物价和利率的上涨。由于经济的好转和证券市场上升趋势的形成得到了大多数投资者的认同,投资回报也在不断增加。因此,投资者的投资热情高涨,推动证券价格大幅上扬,并屡创新高,整个经济和证券市场均呈现一派欣欣向荣的景象。此时,一些有识之士在充分预测宏观经济形势的基础上认为经济高速增长的繁荣阶段即将过去,经济将不会再创高潮,因而悄悄地卖出所持的证券。

在衰退阶段,由于繁荣阶段的过度扩张,社会总供给开始超过总需求,经济增长减速,存货增加,银根开始紧缩,利率提高,物价上涨,使公司营运成本上升,加之市场竞争日趋激烈,公司业绩开始出现停滞甚至下降之势。当更多的投资者基于对衰退来临的共识,加入到抛售证券的行列时,证券价格形成向下的趋势。

在萧条阶段,经济下滑至低谷,百业不振,公司经营情况不佳,证券价格在低位徘徊。由于预期未来经济状况不佳,公司业绩得不到改善,大部分投资者都已离场观望,只有那些富有远见且在不断地搜集和分析有关经济形势并合理判断经济形势即将好转的投资者在默默地吸纳。

三、宏观经济政策分析

一国对经济的干预主要是通过货币政策和财政政策来实现的。根据宏观经济运行状况的不同特点,可以相应地实施扩张性或紧缩性的货币政策和财政政策,从而促进经济快速增长,保持物价稳定,实现充分就业和国际收支平衡。这些宏观经济政策的实施及其政策目标的实现均会影响到证券市场,但不同的政策手段对证券价格变动的影响程度是不同的。

(一)货币政策

中央银行主要通过三大货币政策工具来实现对宏观经济的调控,即存款准备金率、再贴现率和公开市场操作。当国家为了防止经济衰退、刺激经济发展而实行扩张性货币政策时,中央银行就会通过降低法定存款准备金率、降低中央银行的再贴现率或在公开市场上买入有价证券的方式来增加货币供应量,扩大有效需求和投资。当经济增长过热、通货膨胀压力较大时,则会通过采取相反的调控方式来减少货币供应量,紧缩信用,以实现社会总需求和总供给大体保持平衡。

货币政策对证券市场的影响是通过投资者和上市公司来实现的。对投资者来说,当增加货币供应量时,一方面证券市场的资金增多,另一方面通货膨胀也使人们为了保值而购买证券,从而推动证券价格上扬;反之,当减少货币供应量时,证券市场的资金减少,价格的回落又使人们对购买证券保值的欲望降低,从而使证券价格呈下降的趋势。对上市公司而言,放松的货币政策,一方面为公司发展提供了充足的资金,另一方面扩大了社会总需求,刺激了生产发展,提高了上市公司的业绩,证券价格随之上升;反之,紧缩的货币政策使上市公司的运营成本上升,社会总需求不足,上市公司业绩下降,证券价格也随之下跌。

(二)财政政策

财政政策是通过财政收入和财政支出的变动来影响宏观经济活动水平的经

济政策。财政政策的主要手段有三个:一是改变政府购买水平;二是改变政府转移支付水平;三是改变税率。总体上看,实行扩张性财政政策,增加财政支出,降低税率,可增加总需求,使公司业绩上升,经营风险下降,国民收入增加,从而使证券价格上涨;反之,实行紧缩性财政政策,减少财政支出,增加财政收入,可减少社会总需求,使过热的经济受到抑制,从而使得公司业绩下滑,国民收入减少,这样,证券价格就会下跌。具体来看,不同的财政政策手段对证券市场的影响是不相同的。

1. 税收调整

税收的调整包括税率的变化和税制的改革,税率的变化主要是降低或提高税率。在经济衰退时,政府常常会降低税率或向国民和公司退税,以减少国民和公司的支出,增加国民的支配收入和公司利润,从而增加消费和投资。反之,在宏观经济过热,经济面临通货膨胀威胁或已进入高通货膨胀时期,可以通过加税或提高税率的办法抑制消费和投资,但这容易遭到纳税人的反对,因而各国政府对此都比较谨慎。从投资者的角度看,减税或退税有助于消费和投资的增长,因而有助于经济的增长,进而推动证券价格的提高,而加税或提高税率则会导致证券价格的停滞或下跌。

2. 政府购买

政府购买是社会总需求的一个重要组成部分。扩大政府购买水平,增加政府在道路、桥梁、港口等非竞争性领域的投资,可直接增加对相关产业如水泥、钢铁、建材、机械等产业的产品需求;这些产业的发展又形成对其他产业的需求,以乘数的方式促进经济发展。这样,公司的利润增加,国民收入水平也得到提高,促使证券价格上扬;减少政府购买水平的效应正好与此相反。政府购买的流向还会影响不同部门、不同行业的发展速度。例如对某些行业的投资或者对某一地区的开发,会改善这些行业或地区的经济环境,提高相关公司的经营收益,对其证券价格产生正面效应。

3. 转移支付

改变政府转移支付水平主要从结构上改变社会购买力状况,从而影响总需求。提高政府转移支付水平,如增加社会福利费用、增加为维持农产品价格而对农民的拨款等,会使一部分人的收入水平得到提高,也间接地促进了公司利润的增长,因此有助于证券价格的上扬;反之,降低政府转移支付水平将使证券价格下跌。

4. 财政赤字

对政府财政政策净影响进行归纳总结的一个普遍方法是考察财政赤字。政府弥补财政赤字的方式主要有两种,一是发行货币,二是发行国债。前一种方法虽然简便,但是会马上带来通货膨胀,一般不会轻易采用。通过发行国债弥补财政赤字是多数国家常用的办法。一般地说,财政赤字是为了扩大内需,刺激经济的增长。譬如,2008年下半年,我国政府为了应对全球金融危机的冲击,实现国民经济持续较快增长,出台了4万亿元的经济刺激计划,其中包括大规模增加财政支出,扩大国债发行规模,允许地方政府发行地方债券等。发行国债以弥补财政赤字对宏观经济的影响是多种多样的,这些影响既有积极的,也有负面的,从而对证券市场的影响也具有不确定性。因此,财政赤字对于证券市场的影响应该具体情况具体分析。

四、政治因素分析

政治不但是经济的集中表现,而且还深刻影响着经济。一国的政局是否稳定对证券市场有着直接影响。政治因素对证券价格带来的影响往往具有突发性,它们来得突然,变化迅速,很难预测。政治因素包括的内容十分广泛,诸如政府更迭、国内战争、民族冲突、国内罢工、学潮、政治丑闻、重要政府官员的更换等,都可以使经济发展的方向和速度发生很大的改变,从而影响证券市场,投资者对这些问题要有清醒的认识。

具体而言,政治形势对证券市场的影响可从国内和国际两个高度进行考察。就国内政治局势而言,国家政局稳定,将为国内的经济发展和公司的经营提供良好的政治环境,也为证券投资者获得收益提供基本保证,从而有利于证券市场的平稳发展。相反,国家政局不稳,投资者就会对该国的经济失去信心,将资金转移到其他国家,使该国证券市场需求不足,证券价格下跌。

从国际政治环境来看,一国的对外开放程度越大,对其他国家依赖性越大,其证券市场受国际政治形势影响越大。在当前国际交往和合作日益加强的国际环境下,各国的政治、经济之间有着千丝万缕的联系,国际政治形势的变化更应详细纳入分析的视野,才能避免因分析的片面性导致错误的决策。如1990年8月6日,受中东危机的影响,香港股市大跌248.97点,创当年单日最大跌幅,亦为港股有史以来第六大点数下跌,此后数月,港股一直在疲软局面中徘徊。不少投资者因没有考虑到中东危机的影响而蒙受了巨大的损失。

第二节 证券投资的行业分析

行业分析就是通过对各行业市场结构、行业对经济周期的敏感性、行业生命周期、行业竞争性以及政府干预影响行业兴衰的外部因素等的分析和预测,弄清各个行业的风险与收益的关系,以选择风险小、有发展前景的行业作为投资对象。

一、市场结构分析

根据各行业中厂商的数量、产品属性、价格控制程度、新厂商进入该行业的难易程度以及是否存在非价格竞争等因素,可将行业分为完全竞争、垄断竞争、寡头垄断、完全垄断四种市场结构。这四种行业类型的行业特点如表10.1所示。

表10.1 行业的市场结构特征

市场结构	完全竞争	垄断竞争	寡头垄断	完全垄断
厂商数量	很多	较多	几个	一个
产品差异性	均质或相同	有些差异	相同或有差异	独特产品(无替代品)
控制价格的程度	没有	较小	较大	相当大
新厂商进入该行业的难易程度	很容易	较容易	很不容易	不可能
非价格竞争	没有	有	有	主要靠公共关系宣传
典型行业	农业	服装、鞋帽等轻工业	钢铁、汽车等重工业	地方性公用事业

从竞争程度看,这四种市场结构是依次递减的。一般说来,竞争程度较高的行业,公司倒闭的可能性较大,其产品价格和公司利润受供求关系的影响也较大,因此该行业的证券投资的风险也较大。

二、行业对经济周期的敏感性分析

我们在第一节的分析中已经知道,各个行业对经济周期的敏感程度是有差异的,因而不同行业在周期的不同阶段的业绩表现是有差异的。例如,烟草行业和汽车行业对经济周期的敏感程度就大相径庭。烟草的需求在经济周期的不同阶段通常没有什么变化,因为它的需求绝大部分是由习惯决定的。而汽车的需求可以因为经济繁荣而增购新车,也可以因为经济衰退而延长旧车的使用期限。美国的研究也表明,美国的烟草行业几乎不随经济周期的变化而变化;而其汽车行业却具有极大的波动性。上市公司对于经济周期的敏感程度反映在三个方面:

(1)销售额的多少。凡是对经济周期敏感程度较低的行业的销售额通常在经济周期的不同阶段没有太大的变化,而那些对经济周期十分敏感的行业的销售额在经济周期的不同阶段的变化却非常明显。

(2)经营杠杆的大小。即反映在该行业的公司固定成本与可变成本之间的比例关系上。如果该行业的可变成本较高,那么它对经济环境变化的敏感性就比较低,因为当经济衰退时,这些公司会由于销售量的降低而削减产量,这会使成本大大下降。而高固定成本行业对经济环境变化的敏感性比较高,因为当经济衰退时,这些公司的销售量降低,从而产量降低,但成本减少得相对有限,其利润水平就会受到很大的影响。因此,经济形势的任何细微波动都会对它们的盈利产生很大的冲击。

(3) 财务杠杆的高低。即公司债务占资产的比率。债务的利息支付可以看作是能提高净利润敏感度的固定成本,因此,财务杠杆高的行业对经济周期变化的敏感程度也高;反之,那些财务杠杆低的行业对经济周期变化的敏感程度则相对较低。

通过行业分析,投资者会倾向于在经济将要步入衰退之时投资那些对经济周期变化敏感程度较低的行业的股票;当经济走上复苏的上升轨道时,投资者则倾向于投资那些对经济周期变化敏感程度较高的行业。

三、行业生命周期

行业发展的各个阶段叫作行业生命周期。这种生命周期与人类的发展类似。一个典型行业的生命周期通常要经历初创期、成长期、成熟期和衰退期四个阶段。

1. 初创期

在初创期,新产品刚进入市场,行业初步形成,只有少量创业公司介入,公司数量少、集中程度高,加之技术不够成熟,产品品种单一,质量较低且不太稳定,销量较小,因而销售额增长缓慢。又由于产量有限,研发与生产的费用很高,公司对资金的需求量很大,但经营仍处在亏损阶段或只是稍有盈利,风险也很高。但是,高风险往往孕育着高收益,初创期行业具有获得巨大成功的可能性。敢于承担巨大投资风险的投资者,一旦投资于该行业中的具有良好成长前景的公司的证券,也可能获得十分丰厚的投资收益。

2. 成长期

进入行业生命周期的成长阶段,产品开始被市场认可,销售量迅速增加,同时行业的生产成本开始下降,利润增加,整个行业由亏损转为盈利,利润的增加又吸引了新竞争者的加入,竞争的加剧进一步地降低了全行业单位产品的价格。这一阶段是整个行业增长最快的时期,由于整个行业的发展还没有稳定下来,加之竞争激烈,破产率和合并率相当高,因此,证券投资风险仍然较大。但是,成长期应是投资公司证券的较佳时机,关键是投资者要能从中识别出高质量的公司,一旦选准则可投入较多资金并长期持有证券。

3. 成熟期

成熟期是行业发展的巅峰阶段。在这一时期,通过激烈的市场竞争和优胜劣汰而生存下来的少数大厂商基本上垄断了整个行业的市场,每个厂商都占有一定比例的市场份额,由于彼此势均力敌,市场份额比例发生变化的程度较小,因此,成熟期也是行业发展的稳定阶段。这时,产品销售虽继续增加,但比较缓慢,价格在降低,利润也只能达到平均水平。某些行业可能要长于其他行业。例如,电力行业就可持续许多年,而高技术行业可能只能维持一年或更短的时间。由于市场比较稳定,公司的证券价格可能达到生命周期中的最高水平,因而证券投资风险较小。

4. 衰退期

衰退期是行业生命周期的最后一个阶段。在这一阶段,行业产品的需求逐步下降,剩余的竞争者在缩小的市场上相互争夺,销售下降,价格下跌,利润继续变薄,甚至出现亏损。破产公司增加,有的公司开始退出,有的则寻求合并,从而公司数量变得越来越少,原行业趋于解体,逐渐被新的行业所取代。

证券投资的收益是通过公司业绩来实现的。公司的业绩与行业的发展直接相关。在生命周期的各个阶段上,因公司业绩的不同,证券价格和投资收益也会有所不同。在初创期,由于公司利润较少,甚至存在亏损,证券价格必然较低,而在成长期,特别是在稳定期,公司利润丰厚,证券价格节节攀升,到了衰退期,市场逐渐萎缩、利润停滞或下降,所以证券价格也下跌。因此,投资者在选择证券投资对象时,必须了解所投资的公司处于行业生命周期的哪一阶段,才能扩大收益和控制风险。当然,这一过程需要有具体的分析,因为在现实生活中,各行业受行业性质、政策管制、国际竞争及能源结构等因素的影响,会表现出不同的生命周期特点。而且,同一生命周期阶段中的公司业绩往往也不能一概而论,如成长期行业中有亏损的公司,而衰退期行业中也有盈利的公司。

四、行业竞争性分析

竞争决定了一个行业的利润水平。竞争规律体现为五种竞争的作用力:新的竞争对手入侵,替代品的威胁,客户的讨价还价能力,供应商的讨价还价能力,以及现有竞争对手之间的竞争。这五种竞争作用力共同决定了某行业中的公司获取超额收益率的能力。但这种作用力的作用随行业的不同而有差异,所以不同行业的内在盈利能力并不一致。在五种作用力都比较理想的行业中,例如,医药业、软饮料业,许多竞争者都赚取可观的利润。而在那些一种或多种作用力形成的压力强度很大的行业里,例如,水泥业、钢铁业,尽管管理人员竭尽全力,也很难有公司能获取令人满意的利润。

1. 新进入者的威胁

行业的新进入者会对价格和利润造成巨大的压力,甚至当其他公司还未真正进入该行业时。新进入者的威胁也会对价格施加压力,因为高价和利润率会驱使新的竞争者加入行业,所以进入壁垒是行业获利能力的重要因素。进入壁垒可以有多种形式,例如,通过长期的商业关系,现有公司已经和消费者及供应商建立了牢固的分销渠道,而这对一个新进入的公司来说成本是很大的。商标、版权等使进入者难以在新市场中立足,因为这会使不同公司遭受到严重的价格歧视。在为市场服务时,专有技术和专利保护让某些公司具有一定的优势。最后,市场中现有公司的奋斗经历可能也为其提供了优势,因为这是它通过长时间的磨合而获得的经验。

2. 现有公司之间的竞争

当在某一行业中存在一些竞争者时,由于它们力图扩大各自的市场份额,于是市场中会出现价格战,从而降低了利润。如果行业本身增长率缓慢,这些竞争会更加激烈。因为此时扩张意味着掠夺竞争对手的市场份额。高固定成本也会对价格产生压力,因为高固定成本将使公司利用其完全的生产能力来进行生产以降低单位成本。如果公司之间生产几乎相同的产品,那么它们就会承受相当的价格压力,因为此时公司就不能在区分产品的基础上进行竞争。

3. 替代品的压力

如果一个行业的产品存在替代品,那么这就意味着它将面临着与相关行业进行竞争的压力。替代品的存在无形地限制了厂商向消费者索取高价的能力。

4. 买方的讨价还价能力

如果一个采购者购买了某一行业的大部分产品,那么它就会掌握很大的谈判主动权,进而压低购买价格。

5. 供应商的讨价还价能力

如果关键投入品的供应厂商在行业中处于垄断地位,它就能对该产品索取高价,进而从需求方行业中赚取高额利润。决定卖方讨价还价能力的关键因素是需求方能否得到相关的替代品。如果替代品存在而且可以被买方获得,卖方就会失去讨价还价的资本,从而也就难以向买方索取高价。

在各类行业中,并非所有五种作用力都同等重要,某种因素的重要性依据结构不同而不同。每一个行业都有其独特的结构。五种作用力的框架能使证券投资者透过复杂的表象看到本质,准确揭示对行业至关重要的竞争因素,并识别那些最能提高行业及公司盈利能力的战略创新。

五、影响行业发展的其他因素分析

每个行业都处在一定的环境之下,不可避免地会受到外部环境的制约和影响,构成行业外部环境的因素很多,包括技术创新、政府管制、社会习惯、相关行业等,这些因素的变动会直接或间接地影响行业的兴衰。

1. 技术因素

技术是指科学在工业和商业上的应用。技术进步一方面创造新产品，开拓新领域，有力地推动了新兴行业的迅速崛起；另一方面采用新工艺，推动着现有行业的技术升级和更快发展。新技术在不断推出新兴行业的同时，也在不断地淘汰旧行业，如喷气式飞机代替了螺旋桨飞机、大规模集成电路计算机代替了晶体管电子计算机、通信卫星代替了海底电缆，等等。新技术的应用，新产品的出现，不断开辟出新的行业生长点。这些新产品在定型和大批量生产后，市场价格大幅下降，很快被消费者所接受，并将原有行业的陈旧产品挤出市场，原有行业的生存会因此受到极大的威胁。因此，投资者充分了解各种行业技术发展的状况和趋势显得十分重要。

2. 政府因素

每个行业都会受到不同程度的政府管制，直接或间接地受到政府的影响。政府管制和影响行业的目的在于维护经济的公平和自由竞争，保证经济的健康发展。政府对行业的管制和影响主要是通过补贴、税收、关税、信贷、价格等经济手段来实现的，其他手段还有规划指导、额度限制、市场准入、公司规模限制、环保标准限制、安全标准限制、直接行政干预等。

政府对某一行业的扶持或限制，常常意味着这一行业有更多更快的发展机会，或者被封杀了发展空间。在我国，政府对交通运输业（铁路、航空公司和空运公司、天然气管道）、金融行业（银行和非银行金融机构、保险公司、证券和商品经纪人及交易商）、公用事业（煤气、电力、自来水、下水管道等，电话和电报，无线电和电视、广播）采取管制政策，允许它们在一定范围内垄断经营，但也采取一定的政策法规如反垄断法等加以管理。在对它们的产品采取限价政策的同时，也让它们得到合理的利润水平。可见，这些行业被政府授予特许权而成为独霸一行的垄断者，但它并不能够因此而收取不合理的价格，它们的价格一般被定在足以为公司提供合理的收益率的水平上，而带有管制性特征的价格机制并不能保证这些行业就一定能盈利，成本增加、管理不善和需求转移都可能使其利润下降。对于投资者，必须认识到这一点。

产业政策是政府影响行业发展的另一个重要因素。产业政策是有关产业发展的一切政策与法令的总和。产业政策通过以下作用对投资活动产生直接的影响：一是促进和维护该国幼稚产业的发展；二是加快资源配置的优化过程，促使资本向有利于国民经济的产业流动；三是促进市场机制和市场结构的完善；四是给公司提供一个透明度较高的发展环境；五是使产业结构能不断适应世界科学技术的新发展等。产业政策的突出特点是有区别地对待不同行业，因此，了解国家不同时期产业政策的特点对于证券投资的决策有重要作用。对于国家积极支持发展的产业,由于受到政府各种优惠政策的扶持,往往会有良好的发展前景,证券投资者从长远考虑,应向这些产业投资;对于国家限制发展的产业,其前景将是暗淡的,在向这些产业投资时应十分慎重。

3. 社会因素

随着社会进步,人们生活水平和受教育程度的提高,消费心理、消费习惯、文明程度和社会责任感也随之发生变化,从而引起了对某些产品的需求变化,并进一步影响行业的兴衰,如工业化对环境的破坏,使人们逐渐认识到防治环境污染、保护生态平衡的重要性。这一认识一方面促使原来的重污染、低产值公司不得不通过关、停、并、转等方式退出原来行业,另一方面又推动了新兴环保行业的产生和崛起;人们在解决温饱问题后,更加注重追求生活质量的提高,对产品质量、售后服务等提出了更高的要求,人们需要更健康的食品、更便利的交通、更快捷的服务。同时,人们也不断提出新的需求,如物质生活富裕后会更加注重精神生活的充实和愉悦,这样,影视、娱乐、旅游等相关产业便成了新的消费热点。所有这些社会习惯、社会趋势、消费观念的变化都会促使一些不再适应社会发展、人们生活需要的行业衰退,同时又推动新兴行业的产生和发展。由于所有影响行业兴衰的因素最终都集中表现于对某一行业产品的供给和需求关系上,通过分析行业的供需关系,投资者可以对行业的发展前景有更深刻的了解,并据此作出正确的投资决策。

4. 相关行业

某个行业的相关行业主要有上游行业、下游行业、替代产品行业、互补产品行业,这些行业的变动会对本行业产生积极或消极的影响。

(1)上游行业。是指为本行业提供机器设备和原材料的行业。由于上游行业的产品是本行业的投入品,那么上游行业产品价格上升,必然会造成本行业的生产成本上升、利润下降。反之,本行业利润增加。利润的升降必然会引起公司证券价格相应的涨落,如钢材价格上涨,就可能会使生产汽车的公司股票价格下跌。

(2)下游行业。是指对本行业产品构成需求的行业。如果下游行业快速增长,对本行业产品的需求就会大幅增加,本行业公司利润上升,公司的证券价格相应呈上涨趋势。反之,公司利润就会下降,证券价格也随之下跌。如建筑行业的不景气,必然会影响建材行业的盈利,进而引起建材公司的证券价格下跌。

(3)互补产品行业。是指其产品与本行业产品构成互补关系的行业。如果互补产品行业的产品市场需求萎缩,必然会导致本行业产品的减少。反之,本行业的产品市场需求就会相应增加。如汽车和汽油互为互补产品,它们的需求量在一定程度即表现为同升同降的趋势。

(4)替代产品行业。是指产品能够替代本行业产品的行业。如果替代产品的价格上涨,消费者就可能转而购买本行业的产品,使本行业的市场需求增加,从而使本行业公司销量增加,利润上升。反之,如果替代产品价格下降,就会吸引一部分消费者转而购买替代产品,使本行业市场需求缩小,本行业公司销售量降低、利润减少,公司的证券价格也相应受到影响。

5. 国外因素

随着经济全球化的发展,一国行业对国外因素的影响越来越敏感。例如,美国经济金融状况与美国石油进口的数量密切相关。这种海外资源供求的异常变动会波及一国的许多行业。国内的行业会面临越来越多的国外竞争者的挑战。所以,应该着眼全球来评价某个行业,以反映全球经济自由化、一体化的趋势。

第三节 证券投资的公司分析

确定了理想的投资行业后,投资者还应对该行业各个公司的竞争能力、盈利能力、管理水平、财务状况进行分析,寻找高效益的公司作为投资对象。这是基础分析最为关键的一环。

一、公司竞争能力分析

公司竞争能力的强弱主要表现在其所占市场份额的大小上,因此可以通过公司的销售额、销售额增长率及其稳定性的分析来判断公司竞争力的大小。

(一)销售额及其增长率

销售额的大小是衡量公司竞争力大小的主要标志。一家公司相对于该行业其他公司来说,它的销售额越大,表明其所占市场份额越大,它对市场的影响力就越大。销售额在本行业前几名的公司通常被称为主导公司。主导公司对市场的影响力较大,而且它能够发挥规模经济的效应,盈利水平较高。主导公司规模庞大,因而在与其他公司的竞争中处于有利地位。

销售额指标主要是从静态的角度判断公司的竞争力状况,而销售额增长率则是从动态的角度考察公司的发展趋势。如果一家公司能长期保持较高的销售额增长率,它就能长期保持在同行业中的竞争地位;如果其销售额增长率超过行业平均水平,则它就是增长公司,增长公司有较大的发展潜力和良好的发展前景,随着销售额的快速增长,其利润额也会大量增加。因此,增长公司是较理想的投资对象。

（二）销售额的稳定性

销售额的稳定性在很大程度上决定了投资该公司风险的大小。当其他条件相同时，公司销售收入越稳定，投资者面临的风险就越小，对投资者的吸引力也就越大。公司销售收入的稳定程度与该公司所在行业有关。一般说来，提供基本劳务和生产生活必需品的公司，其销售收入较为稳定，而生产生产资料或耐用消费品的公司，销售收入的稳定性不一定太强。

（三）销售前景

投资者选择投资对象时往往更关心公司的未来发展前景，看公司能否继续保持雄厚的竞争实力和较快的增长速度。分析公司销售前景可结合产品知名度、用户构成、销售渠道等方面进行。产品知名度是指公司产品的商标或牌号的知名度。知名品牌对用户来说有重要含义。许多用户青睐知名品牌，因为他们认为这类产品的质量有保证，有良好的售后服务。公司产品的高知名度意味着公司在产品销售上有较强的竞争优势。对用户构成的了解涉及用户的职业、地位、年龄、信用、财力、购买动机等因素，一般来说，产品用户构成越稳定，公司的销售额就越有保证。此外，合理的销售渠道对公司销售的未来发展同样有着重要意义。公司产品是通过直销还是通过批发商和零售商销售，是否有完善的销售网点决定了产品能否安全、方便、及时地送到用户手中，以及用户需求等信息是否有合理的反馈渠道。

二、公司经营管理能力分析

经营管理能力的大小是决定一家公司竞争成败的关键因素，它直接体现为能否最充分地利用各个生产要素，并使之发挥出最佳效能。对公司经营管理能力的分析，主要从公司治理结构、公司管理层的素质与能力、公司管理风格及经营理念、经营效率、新产品开发能力等几个方面入手。

（一）公司治理结构分析

公司治理结构有狭义和广义两种定义。狭义上的公司治理结构是指有关公司董事会的功能、结构和股东的权利等方面的制度安排。广义上的公司治理结构是指有关公司控制权和剩余索取权分配的整套法律、文化和制度安排，包括人力资源管理、收益分配和激励机制、财务制度、内部制度和管理等。健全的公司治理机制至少体现在以下几个方面：

1. 规范的股权结构

股权结构是公司法人治理结构的基础，许多上市公司的治理结构出现问题都与不规范的股权结构有关。规范的股权结构表现为:股权集中度较低;流通股股权适度集中,发展机构投资者、战略投资者;股权的普遍流通性。

2. 完善的独立董事制度

引入独立董事制度有利于增强公司董事会的独立性,有利于董事会对公司的经营决策作出独立判断。2001年8月,中国证监会发布了《关于在上市公司建立独立董事制度的指导意见》,要求上市公司在2002年6月30日之前建立独立董事制度,这对于我国上市公司独立董事制度的建立无疑具重要指导意义。

3. 监事会的独立性和监督责任

一方面,应该加强监事会的地位和作用,增强监督制度的独立性和加强监督的力度,限制大股东提名监事候选人和作为监事会召集人;另一方面,应该加大监事会的监督责任。

4. 优秀的经理层

优秀的职业经理层是保证公司治理结构规范化、高效化的人才基础。而形成高效运作的经理层的前提条件是上市公司必须建立和形成一套科学的市场化和制度化的选聘制度和激励制度。

5. 相关利益者的共同治理

相关利益者包括员工、债权人、供应商和客户等主要利益相关者。相关利益者共同参与的共同治理机制可以有效地建立公司外部治理机制,以弥补公司内部治理机制的不足。

在我国的上市公司中,分析一家公司的管理是否有效率,公司治理结构是投资者必须考察的重要内容。我国上市公司普遍存在着公司治理结构不完善的问题,最典型的表现就是公司股权结构不甚合理,上市公司平均股权集中度偏高,这是造成我国目前上市公司综合绩效较低的一个重要原因,并影响着投资者的投资积极性。

(二) 管理层的素质和能力分析

公司的管理层一般分为决策层(如以董事长为首的董事会成员)、高层经理人员(如总经理及其主要助手)和中下层经理人员等不同层次。投资者所关注的应是决策层和高层经理人员的素质及其能力。考察决策层和高层经理人员能力的指标有:维持公司竞争地位的能力,业务拓展与创新能力,保持较高盈利的能力,合理融资的能力,协调公司与员工关系的能力,应用现代管理技术与方法的能力,吸收和培养新员工的能力,对外宣传、推销、联系的能力及谈判、处理有关法律事务的能力等。

三、产品与市场分析

(一) 产品的竞争能力分析

1. 成本优势

成本优势是指公司的产品依靠低成本获得高于同行业其他公司的盈利能力。在很多行业中,成本优势是决定竞争优势的关键因素。公司一般通过规模经济、专有技术、优惠的原材料和低廉的劳动力实现成本优势。

2. 技术优势

公司的技术优势是指公司拥有的比同行业其他竞争对手更强的技术实力及其研究与开发新产品的能力。这种能力主要体现在生产的技术水平和产品的技术含量上。公司新产品的研究与开发能力是决定公司竞争成败的关键因素,因此,公司一般都确定了占销售额一定比例的研究开发费用,这一比例的高低往往能决定公司的新产品开发能力。产品的创新包括研制出新的核心技术,开发出新一代产品,研究出新工艺,降低现有生产成本等。

3. 质量优势

质量优势是指公司的产品以高于其他公司同类产品的质量赢得市场,从而取得竞争优势。由于公司技术能力及管理等诸多因素的差别,不同公司之间相同产品的质量是有差别的。

消费者在购买产品时,质量始终是他们考虑的一个重要因素。质量是产品信誉的保证,质量好的产品会给消费者带来信任感。不断提高公司产品的质量,是提升公司产品竞争力的行之有效的方法。具有质量优势的公司往往在该行业中占据领先地位。

(二) 产品的市场占有率

考察公司产品的市场占有率可以从两个方面进行:一是公司产品销售市场的地域分布情况。产品的销售市场可以划分为本地、地区性、全国性和国际性四种类型。通过市场地域的范围能大致判断出一家公司的经营能力和实力。二是公司产品在同类产品市场上的占有率。市场占有率越高,表示公司的经营能力和竞争力越强,公司的销售和利润水平越好、越稳定。

(三) 品牌战略

品牌是产品质量、性能、满足消费者效用的可靠程度的综合体现。品牌竞争是产品竞争的深化和延伸,当产业发展进入成熟阶段,产业竞争充分展开时,品牌

第十章 证券投资基本分析

就成为产品及公司竞争力的一个越来越重要的因素,并成为投资者评判公司竞争力强弱的重要依据。

四、公司财务分析

(一) 财务分析的基本方法

财务分析的方法主要有趋势分析法、结构分析法、比率分析法、比较分析法和因素分析法。

1. 趋势分析法

趋势分析法就是将两个或两个连续时期的财务数据进行对比,计算出各项财务数据增减变动的方向、数额以及变动幅度的一种分析方法。采用该种方法可以从公司的财务状况和经营成果的发展变化中寻求其变动的原因、性质,并由此预测公司未来的发展趋势。趋势分析法又分为绝对数趋势分析和相对数趋势分析两种方式。

2. 结构分析法

结构分析法将各种财务报表中的各个项目财务数据与其总体项目数据进行对比,得出各个部分在总体中所占的比重的一种分析方法。通过计算不同科目之间的比重关系,有利于发现有明显问题的项目。

3. 比率分析法

财务比率是各会计要素的相互关系,反映各会计要素的内在联系。财务比率的计算比较简单,但对其会计含义进行解释则比较复杂。财务报表中有大量的数据,可以根据需要计算出很多有会计或经济意义的比率,透过这些比率可以观察公司经营管理的各个方面。

4. 比较分析法

比较分析法是将某家上市公司的有关会计项目或财务指标数据与同行业平均水平进行比较,以便找出差异以及产生差异的原因的一种分析方法。运用比较分析法可以判断公司的管理水平和经营业绩在同行业中所处的地位。

5. 因素分析法

因素分析是根据分析指标和影响因素的关系,从数量上确定各因素对指标的影响程度。只有将一个综合性的指标分解成各个构成因素,才能从数量上把握每一个因素的影响程度。因素分析最常用的方法是杜邦财务分析方法(要了解该法的具体内容,请读者阅读《会计学》等相关教材)。

上述五种财务分析方法从不同角度揭示公司的财务状况和经营管理的各个层面,各有利弊,投资者在具体分析时,只有将各种方法结合起来运用,才能掌握公司的财务和运营情况,准确预测其未来发展前景,正确判断公司的内在价值,从而作出明智的投资选择。下面将重点介绍财务比率分析方法。

(二) 财务比率分析法

1. 盈利能力比率

1) 销售毛利率

销售毛利率=(主营业务收入-主营业务成本)/主营业务收入(净销售额)

销售毛利率也称为主营业务利润率,它表示每1元主营业务收入或净销售额扣除主营业务成本后,有多少钱可以用于各项期间费用和形成盈利。销售毛利率是公司净利率的基础,没有足够高的毛利率就难以盈利。

2) 销售净利率

销售净利率=营业利润/主营业务收入(净销售额)

销售净利率又叫主营业务净利率,该指标表示每1元主营业务收入能够带来多少营业利润,反映主营业务收入的收益水平。

3) 税后利润率

税后利润率=净利润/主营业务收入(净销售额)

税后利润率表示每1元主营业务收入能够创造多少净利润,反映主营业务活力能力的大小。

4) 净资产收益率

净资产收益率=净利润/平均净资产

其中: 平均净资产=(期初净资产+期末净资产)/2

式中,分母是平均净资产,也可以采用期末净资产。根据中国证监会的规定,净资产收益率为净利润与年末股东权益之比。

净资产收益率表示公司净资产的增值程度,反映了股东的投资报酬率,因而是公司所有者(股东)最关心的指标,也是投资者分析公司财务状况的首要指标。

2. 偿债能力比率

1) 流动比率

流动比率=流动资产/流动负债

流动比率可以衡量公司的短期偿债能力。公司能否偿还短期债务,要看有多少负债,以及有多少可变现偿债的流动资产。流动资产越多,短期负债越少,则偿债能力越强。一般认为该指标的合理值是2。但具体分析时,只有将该指标和同行业平均水平、本公司历史水平进行比较,才能判断这个比率是高还是低。流动比率过低,会影响公司日常经营活动中资金的周转;过高,表明公司资金利用率低下,管理松懈,资金浪费,同时也表明公司过于保守,没有充分使用目前的借款能力。

2) 速动比率

$$速动比率=(流动资产-存货)/流动负债$$

由于存货在流动资产中的变现速度最慢,且存货估价还存在着成本与合理市价相差悬殊的问题,因此,把存货从流动资产总额中减去而计算出来的速动比率更能反映企业的短期偿债能力。通常认为,正常的速动比率为1~1.5,若低于1,则被认为是短期偿债能力偏低。但行业不同,速动比率会有很大的差异,如零售业因为几乎没有赊销的应收账款,所以速动比率低。可见没有绝对标准的速动比率。

3) 资产负债率

$$资产负债率=负债总额/资产总额$$

资产负债率反映公司资产对债权人权益的保障程度,用以衡量公司的长期偿债能力大小。该比率越低,说明公司的偿债能力越强。过去一般认为负债比率控制在30%~40%比较稳妥,但随着金融业的发展,大多数公司的负债率偏高,甚至有的高达80%以上。

4) 产权比率

$$产权比率=负债总额/股东权益$$

产权比率反映公司所有者权益对债权人权益的保障程度。该比率越低,表明公司的长期偿债能力越强,债权人权益保障程度越高。但也不能过低,否则公司不能充分发挥负债的财务杠杆作用。

公司的偿债能力并不是孤立的,它和盈利能力、资产运用能力、资本结构和现金流量等因素密切相关,投资者应全面考察。

3. 营运能力比率

1) 存货周转率

在流动资产中存货所占的比重较大,存货的流动性将直接影响公司的流动比率,因此必须特别重视对存货的分析。存货的流动性,一般用存货的周转速度指标来反映,即存货周转率或存货周转天数。

$$存货周转率=主营业务成本/平均存货$$

$$存货周转天数=365/存货周转率=(平均存货\times 365)/主营业务成本$$

存货周转率是衡量和评价公司购入存货、投入生产、销售收回等各环节管理状况的综合性指标。用时间表示的存货周转率就是存货周转天数。一般来讲,存货周转速度越快,存货的占用水平越低,流动性越强,存货转换为现金或应收账款的速度越快。提高存货周转率可以提高公司的变现能力,而存货周转速度越慢则变现能力越差。

2) 应收账款周转率

应收账款是客户因公司提供的货物或劳务而欠下的款项。是每一个公司进行日常经营活动的必然产物。分析应收账款周转率的目的,是对公司在不同年度的比率进行分析,并且通过应收账款平均余额与该年度净销售额的比较发现公司是否通过积极的促销活动而将制成品从公司转移到客户手中。如果应收账款周转率大幅度下降,则表明公司对应收账款的管理存在着某些问题,其中的原因可能很多,如经济环境恶化、公司托收工作不力、放宽对客户的信用条件等,都会使应收账款数额和收回时间延长。因此,及时收回应收账款,不仅可以增强公司的偿债能力,也反映出公司管理应收账款的效率。反映应收账款周转速度的指标是应收账款周转率和应收账款周转天数。

应收账款周转率＝主营业务收入(净销售额)/平均应收账款

应收账款周转天数＝365/应收账款周转率＝(平均应收账款×365)/主营业务收入

一般来说,应收账款周转率越高,平均收账期越短,说明应收账款的收回越快,否则,公司的营运资金会过多地呆滞在应收账款上,影响正常的资金周转。

3) 营业周期

营业周期＝存货周转天数＋应收账款周转天数

营业周期是指从取得存货开始到销售存货并收回现金为止的这段时间。它的长短取决于存货周转天数和应收账款周转天数。一般情况下,营业周期短,说明资金周转速度快;反之,说明资金周转速度慢。

4) 总资产周转率

总资产周转率＝主营业务收入/资产平均余额

资产平均余额＝(期初资产余额＋期末资产余额)/2

总资产周转天数＝365/总资产周转率＝(资产平均余额×365)/主营业务收入

总资产周转率可以用来分析公司全部资产的使用效率。如果公司总资产周转率高,说明其全部资产经营效率好,取得的收入高;相反,则说明公司资产经营效率差,取得的收入少,这些最终会影响公司的盈利能力。

4. 现金流量分析

1) 现金偿债能力比率

现金流量是公司能够用于偿还债务的最可靠保障,将现金流量与债务进行比较能更好地反映了公司直接偿还债务的能力。特别是在公司的应收账款和存货都抵押出去,或应收账款和存货的变现能力存在问题的情况下,计算现金流量更为有效。现金偿债能力比率主要有三个:

现金到期债务比率 ＝ 经营现金净流入 / 本期到期的债务

现金流动负债比率 ＝ 经营现金净流入 / 流动负债

现金债务总额比率 ＝ 经营现金净流入 / 债务总额

现金偿债能力比率越高,说明公司承担债务的能力越强。比如,在美国只要现金流动负债比率不低于20%,就认为公司的直接偿债能力不会有问题。

2) 财务弹性分析

财务弹性是指公司适应经济环境变化和利用投资机会的能力。这种能力来源于现金流量和支付现金需要的比较。现金流量超过需要,有剩余的现金,适应性就强。因此,财务弹性的衡量是用经营现金流量与支付现金需求进行比较。

(1) 现金满足投资比率:

现金满足投资比率=近5年经营现金净流量/(同期资本支出+存货增加+现金股利)

该比率越大,说明资金自给率越高。达到1时,说明公司可以用经营获取的现金能满足扩充所需资金;若小于1,则说明公司是靠外部融资来扩充。

(2) 现金股利保障倍数:

现金股利保障倍数=每股经营现金净流量/每股现金股利

该比率越大,说明支付现金股利的能力越强。若同业平均现金股利保障倍数大于公司的现金股利保障倍数,那么如果遇到经济不景气,则公司就没有现金维持当前的股利水平,或者要靠借债才能维持。

3) 收益质量分析

收益质量分析主要是分析会计收益和现金流量的比例关系。评价收益质量的财务比率是营运指数。

营运指数 = 经营现金净流量 / 经营所得现金

经营所得现金 = 经营活动净收益 + 非付现费用

经营活动净收益 = 净收益 - 非经营收益

小于1的营运指数,说明收益质量不够好。质量不好的原因是有一部分收益已实现而未能收到现金。未能收到现金,可能是应收账款增加或应付款减少所致,应收账款如不能收回,已实现的收益就会落空,即使能延迟收回,其收益质量也低于已收现的收益。

5. 股票收益分析

在公司的财务分析中,公司每股收益分析是一项核心内容,因为投资者往往是运用每股收益和股东权益报酬率对股票价值进行预测,从而找出被市场低估的股票。

1) 每股收益

每股收益等于可供普通股股东分配的利润(税后收益减去要求偿付的优先股股利)除以核算当年发行的普通股股数,即:

每股收益=(净利润-优先股股利)/普通股股数

2) 股利支付率

股利支付率=每股股利/每股收益

股利支付率反映了公司的股利分配政策和支付股利的能力。

3) 市盈率

$$市盈率＝股票市价/每股税后利润$$

市盈率是投资者用于判断股票投资价值的重要指标。市盈率倍数越低的股票,买进后股价下跌的风险越小,市盈率越高的股票,买进后股价下跌的可能性越大,因此,投资者应买入市盈率较低的股票,卖出市盈率较高的股票。发达国家的市盈率一般在 10 倍至 20 倍之间,发展中国家的市盈率较高,通常在 20 倍至 30 倍之间。此外,市盈率与经济增长率有非常密切的关系,经济增长前景好,股票价格也较强劲,市盈率就较高。相反,如果经济处于衰退之中,股票价格也就随之下挫,市盈率就较低。

在进行个别股票的市盈率分析时,若该股票的发行公司出现亏损,则市盈率无数字,因为市盈率不能为负。但是,如果某公司盈利水平接近于零,而该公司又有较多的盈利前景,那么由于市盈率的分母项接近于零,该股票的市盈率可能非常之高,有的甚至可能高达几千倍,因此,投资者在进行市盈率分析时,还应考虑该公司的发展潜力等因素,这样才能正确判断市盈率的高低。

4) 市净率

$$市净率＝每股市价/每股净资产$$

市净率是将每股股价与每股净资产相比,表明股价以每股净资产的若干倍在流通转让。市净率越小,说明股票的投资价值越高,股价的支撑越有保证;反之则投资价值越低。这一指标同样是投资者判断股票投资价值的重要指标。

(三) 财务分析应注意的问题

1. 财务报表本身具有局限性

财务报表是会计的产物,会计有特定的假设前提,并要执行统一的规范。投资者只能在会计制度所规定的意义上利用财务数据,不能认为报表揭示了公司的全部实际情况。财务报表本身具有局限性,表现在:① 以历史成本报告资产,不代表其现行成本或变现价值;② 假设币值不变,不按通货膨胀率或者物价水平调整;③ 稳健原则要求预计损失而不预计收益,有可能夸大费用,少计收益和资产;④ 按年度分期报告,是短期的呈报,不能提供反映长期潜力的信息。

因此,投资者在选择上市公司时,需要对公司的财务数据进行横向和纵向的比较,在进行财务数据的分析和比较中应特别注意所比较的财务数据的处理方式是否相同,是否可以直接进行比较,避免简单化和绝对化。下面以表 10.2 为例予以说明。

从表 10.2 中可以看出,根据标准普尔的评估,第一波士顿公司 1987 年的每股收益为3.12美元,而按价值线公司的评估,每股只有59美分。为什么两家公司评估结果的差别会如此大?这是因为价值线公司没有将第一波士顿公司出售其总部的利润计算在内,而标准普尔公司却计算了这笔利润。表10.2中的其他三家公司的评估值的差别也很大,考虑到这两家评估机构都是声誉卓著的公司,因此差别的主要原因是采用了不同的财务处理方法,标准普尔通常将一些偶发因素考虑进来,而价值线公司通常不考虑这些。例如,联合碳化物公司为它在印度博帕尔市的公司因化学品溢出造成数万人伤亡的诉讼,按每股40美分提取准备金,标准普尔从收益中减去了这些准备,但价值线公司仍将它们计入了公司的收益,因此价值线公司评估的收益水平要高出40美分。价值线公司的理念是不考虑那些非连续性经营与其他特殊性经营的获利或损失,认为这样的数据对那些关注公司未来盈利能力的投资者更有实际意义。而标准普尔公司的理念是让数据反映所有发生的经营活动,并且要在报告中解释它们的意义。

表10.2 标准普尔和价值线公司对几家上市公司股票收益的评估结果(1987)

	每股收益(美元)			
	美国铝公司	第一波士顿公司	美林集团	联合碳化物公司
标准普尔公司	2.52	3.12	3.58	1.76
价值线公司	4.14	0.59	1.52	2.16

资料来源:兹维·博迪.投资学[M].北京:机械工业出版社,2000:494.

2. 财务分析的可比性

从上面的分析可知,同一家公司的经营业绩,不同的会计处理方法就会导致不同的财务数据,这种影响在对存货和折旧的核算中表现得最为突出。

1) 存货估价的可比性

在通货膨胀的条件下,生产成本不断上升,在计算销售成本和存货价值时就有一个按什么价格计算销售成本和存货的问题。存货计价的方法通常有两种:先进先出法和后进先出法。前者是按存货中最早生产的那部分成本确定销售成本,按新生产成本确定存货价值,这意味着销售的是最早生产的货物,即先生产的先销售;后者是按当前的生产成本来确定销售成本,按先前的生产成本确定存货价值,这意味着销售的是最后或最新生产的货物,亦即后生产的先销售。现假定一公司存货中最先生产的每单位成本一直为1元,最新生产的单位成本刚上涨到1.20元,假定该公司有存货200万元,存货每年周转一次。根据后进先出法,公司的产品按新成本销售,因此销售成本为240万元(=200×1.2),存货按先前的成本计价,因此年末资产负债表中存货价值仍为200万元。由此可见,尽管后进先出法精确测度了当天的销售成本,但是它没有真实地给出在通货膨胀环境下存货的当前价值。而根据先进先出法,该公司的销售成本为 200 万元,年末资产负债表中存货的价值则按最新的成本计值,为 240 万元。这样,采用后进先出法的公司与采用先进先出法的公司相比较,前者有较低的报告利润及在资产负债表中有较低的存货价值。在计算收益时,前者比后者好,因为它使用当前价格来估计销售成本,可以得到更多的收益。后进先出法的缺陷是按原先成本确定存货价值,会使资产负债表发生扭曲,高估股本收益率,当然,先进先出法则会低估股本收益率。

2) 折旧的可比性

折旧是计算真实收益时的一个关键要素。折旧的计算是将取得某项资产时所付出的成本分摊到预期的该项资产的使用年限中,通常有两种方法,一种是直线折旧,即按固定的比率折旧;一种是加速折旧,即开始以较高的比率折旧,以后折旧比率逐渐下降。折旧方法对公司的收入和纳税数量有很大影响,因此折旧的会计核算方法往往成为上市公司调整利润的一种途径。它们通常采用加速折旧法来核算财务报表上的会计利润,而采用直线折旧法计算折旧作为应税利润的依据。分摊年限是公司在核算时可灵活掌握的变量,对分摊年限预期的不同会导致公司分摊到每年的折旧费用产生很大的差异,从而公司收益和股利分配大相径庭。例如,有一家公司购置了价值 100 万元的设备,其使用年限为 10 年,公司以直线折旧法按 5 年期折旧,每年折旧额为 20 万元,5 年之后,设备的账面价值已折旧完毕,但是实际设备还可以继续使用 5 年。这样在前 5 年,由于高估折旧,公司的财务收益被缩减。在后 5 年,由于未考虑折旧,财务收益被高估。如果另一家公司也购置了价值相同的同一设备,也采用了直线折旧法,只是折旧期为 10 年,与其使用寿命相同。若两公司其他情况相同,前者在前 5 年的收益会很低,红利水平也会很低,而在后 5 年的收益会提高,红利水平也会提高;后者的情形则相反,前 5 年红利相对较多,后 10 年红利相对较少。一般而言,加速折旧法比直线折旧法可以相对低估公司的收益水平。

【延伸阅读】

美国金融危机和中国的股市泡沫

对于 2007 年 4 月美国次贷危机引发的全球金融危机产生的根本原因,很多人认为是复杂金融产品,复杂金融产品搞得太复杂了,大家都看不懂了;也有人说产品太复杂就不能定价,从而导致了金融危机的爆发。这种说法并不十分准确,专业机构有这种倾向,但实际上还是可以定价的,因为创新金融产品的开发过程本身就是一个定价过程。现在出现了一个新名词,叫作华尔街的火箭科学家。华尔街火箭科学家的出现是因为美国冷战结束以后,很多原来搞军火的、搞火箭的物理学家、统计学家、数学家、力学家都到华尔街去搞金融产品了。但是火箭科学家只是一个泛称,实际上他们是搞非常复杂的金融建模和计算技术,然后设计开发和实施各种各样的创新金融产品,尤其是结构性的复杂金融产品。20世纪90年代后期,在格林斯潘主持美国联储工作的时候曾经采取了非常宽松的货币政策。而且那个时候在衍生金融产品上出现了新的产品。原来的衍生产品如期货、期权、远期、互换等,主要是转移市场风险的。但是20世纪90年代后期出现了一个新的衍生品种——信用衍生品。信用衍生品可以把商业银行的信贷产品所包含的信用风险,通过复杂金融产品的设计特别是结合资产证券化,形成了具有分层结构的和资产证券化结合起来的复杂产品。然后把信用风险从银行系统转移到全世界的资本市场管理,这样就出现了一系列问题:一是商业银行系统的道德风险问题。既然风险可以转移出去,那么商业银行对其所发放的欠债产品的风险监控,就比较放松了。二是当这些产品搞得非常复杂以后,大家在市场上交易的时候,包括住房按揭贷款、个人消费贷款都是跟个人的征信系统有关系的,其他的信贷产品和评级系统有关系。三大评级公司的信用评级是信贷产品风险定价非常重要的依据。但是这个信贷产品搞得很复杂,让人眼花缭乱。大家的关注点就脱离了最基础的东西。实际上,所有金融产品的定价都是建立在预期基础上的。金融市场在预期基础上的定价是建立在实体经济的基础上不是建立在主观意愿的基础上,而衍生品真正的作用是把问题放大了,因为衍生品的高杠杆性,很少的保证金可建立很大的仓位。还有衍生品的交易使得问题变得灵敏,因为如果你在高位买了一只股票,现在股价跌了,资金被套牢,只要不平仓,那就只是浮亏,不是实亏,如果股价又上去了,那么亏损可以补回来。但是衍生品不一样,衍生品是短期的,信用衍生品的合约虽然现在很复杂,但是约定了很多所谓的信用事件,信用事件触发马上要发生现金流交割,使问题变得灵敏,不能够硬撑着,到时就要平仓。

美国的货币金融战略是通过金融创新,通过复杂金融产品,把基础资产所承受的风险通过复杂金融产品资产交易,推向全球的金融资产,结果一旦美国出问题,各国都被拖下水,不得不帮它买单。真正的问题出在最基本的问题上,美国的预期是有问题的。格林斯潘在位时犯了一个错误,就是对金融创新采取了放任自流的态度,金融监管没有及时跟上。这样,我们可以看到金融经济学的垄断现在面临挑战。这个挑战就是原来在预期基础上的,预期建立在实体经济基础上,根据实际的需求和供给决定定价,还是完全建立在主观基础上的预期。这可能是现在的经济学和金融学所面临的最大问题。行为金融的真正含义是对传统古典理论所称的预期理论提出了重大的挑战,可以说现在经济学面临重大挑战,因为在美国学界已经有人说这是美国政府大规模的救市。20世纪80年代的自由主义经济学,新古典理论的一个政策指导问题,现在已经有人谈论新凯恩斯主义了。所以,美国金融危机真正的根源是其虚拟的金融经济和实体经济脱节,金融经济的运行与实际经济脱离。

中国股市的根本问题是什么?在股权分置改革以前,大家认为中国股市最大的问题是国有股流通的问题,因为国有股不能流通,就造成了流通股的股价被炒上去了,一旦国有股减持,股市马上就大跌。股权分置改革对中国股市发展的贡献,在于消除了市场投资者的一个心理障碍。可以说,如果没有股权分置改革,就没有2007年6000点的大牛市。但是,股权分置改革没有从根本上解决问题。根本问题在于中国股票市场股票的价格表现与上市公司的资产质量和真实的公司业绩表现二者是脱节的,业绩好的公司股价会跌,业绩差的公司股价可以猛涨。这实际上是很荒谬的。股票的价值表现不仅与上市公司的资产质量和业绩脱节,而且与宏观经济脱节,宏观经济非常好的时候,股市也一路走低,现在可以说中国股票又一次陷入困境。如果这个根本问题不解决好,所有的救市措施都只能起到暂时性的作用,不可能起到根本性的作用。

重 要 概 念

宏观经济分析　行业分析　公司分析　公司治理结构　财务弹性　市盈率
市净率

思 考 题

1. 试述宏观经济分析的主要方面及其对证券市场的影响。

2. 选择一家你所熟悉的上市公司,对它的生命周期以及它在行业中的竞争地位进行简要分析。

3. 选择一家你所熟悉的上市公司,对它的竞争能力和经营管理能力进行简要分析。

4. 上市公司的财务分析包括哪些方面？如何评价财务分析在证券投资中的作用？

5. 利用相关网站搜集一家上市公司的年度财务报表,了解其财务报表的种类与结构,并依据其中的财务数据计算分析该公司盈利能力和偿债能力方面的若干指标。

第十一章 证券投资技术分析

第一节 技术分析的基本问题

一、技术分析的含义

所谓技术分析是指直接对证券市场的市场行为所作的分析,通过对市场过去和现在的行为,应用数学和逻辑的方法,探索出一些典型的规律并据此预测证券市场的未来变化趋势。

市场行为包括四个方面:第一,价格的高低和价格的变化;第二,发生这些变化所伴随的成交量;第三,完成这些变化所经历的时间;第四,价格波动能够达到的范围。简单地说,就是价、量、时、空。

二、技术分析的三大假设

技术分析的理论基础是基于三条合理的市场假设:市场行为涵盖一切信息;价格沿趋势移动;历史会重演。

（1）第一条假设是进行技术分析的基础。其主要的思想是认为影响股票价格的每一个因素（包括内在的和外在的）都反映在市场行为中,不必对影响股票价格的因素具体是什么做过多的关心。如果不承认这一前提条件,技术分析所作的任何结论都是无效的。

（2）第二条假设是进行技术分析最根本、最核心的因素。其主要思想是股票价格的变动是按一定规律进行的,股票价格有保持原来方向运动的惯性。正是由于这一条,投资者才花费大量心血,试图找出股票价格变动的规律。

否认了第二条假设,即认为即使没有外部因素影响,股票价格也可以改变原来的运动方向,技术分析就没有了立足之本。股价的变动是遵循一定规律的,我们运用技术分析这个工具找到这些规律,才能对今后的股票买卖活动进行有效的指导。

（3）第三条假设是从人的心理因素方面考虑的。市场中进行具体买卖的是人,是由人决定最终的操作行为。人不是机器,他必然要受到人类心理学中某些规律的制约。一个人在某一场合,得到某种结果,那么,下一次碰到相同或相似的场合,这个人就认为会得到相同的结果。股市也一样,在某种情况下,按一种方法进行操作取得成功,那么以后遇到相同或相似的情况,就会按同一方法进行操作;如果前一次失败了,后面这一次就不会按前一次的方法操作。

股票市场的某个市场行为给投资者留下的阴影或快乐是会长期存在的,在进行技术分析时,一旦遇到与过去某一时期相同或相似的情况,应该与过去的结果比较,过去的结果是已知的,这个已知的结果应该是现在对未来作预测的参考。

在三大假设之下,技术分析有了自己的理论基础。第一条肯定了研究市场行为就意味着全面考虑了影响股价的所有因素;第二和第三条使得我们找到的规律能够应用于股票市场实际操作之中。

对这三大假设本身的合理性一直存在争论,不同的人有不同的看法。例如,第一个假设说市场行为包括了一切信息,但市场行为反映的信息只体现在股票价格的变动之中,同原始的信息毕竟有差异,损失信息是必然的。正因为如此,在进行技术分析的同时,还应该适当进行一些基本分析和别的方面分析,以弥补不足。再如,第三个假设为历史会重演,但股票市场的市场行为是千变万化的,不可能有完全相同的情况重复出现,差异总是或多或少地存在。

三、技术分析的要素

证券市场中价格、成交量、时间和空间是进行分析的要素,简称"价、量、时、空"。这几个因素的具体情况和相互关系是进行正确投资技术分析的基础。

1. 价和量是市场行为最基本的表现

市场行为最基本的表现就是成交价和成交量。过去和现在的成交价、成交量涵盖了过去和现在的市场行为。技术分析就是利用过去和现在的成交量、成交价资料,以图形分析和指标分析工具来分析、预测未来的市场走势。这样成交价、成交量就成为技术分析的要素。在某一时点上的价和量反映的是买卖双方在这一时点上共同的市场行为,是双方的暂时均势点。随着时间的变化,均势会不断发生变化,这就是价量关系的变化。

一般说来,买卖双方对价格的认同程度通过成交量的大小得到确认。认同程度小,分歧大,成交量大;认同程度大,分歧小,成交量小。双方的这种市场行为反映在价、量上就往往呈现出这样一种趋势:价升量增,价跌量减。根据这一趋势,当价格上升时,成交量不再增加,意味着价格得不到买方确认,价格的上升趋势就将会改变;反之,当价格下跌时,成交量萎缩到一定程度就不再萎缩,意味着卖方不再认同价格继续往下降了,价格下跌趋势就将会改变。成交价、成交量的这种规律关系是技术分析的合理性所在。因此,价、量是技术分析的基本要素,一切技术分析方法都是以价、量关系为研究对象的,目的就是分析、预测未来价格趋势,为投资决策提供服务。

2. 成交量与价格趋势的关系

(1) 股价随着成交量的递增而上涨,为市场行情的正常特性,此种量增价涨关系,表示股价将继续上升。

(2) 在一波段的涨势中,股价随着递增的成交量而上涨,突破前一波的高峰,创下新高后继续上涨,然而此波段股价上涨的整个成交量水准却低于前一波段上涨的成交量水准,价突破创新高,量却没突破创新水准,则此波段股价涨势令人怀疑,同时也是股价趋势潜在的反转信号。

(3) 股价随着成交量的递减而回升,股价上涨,成交量却逐渐萎缩,成交量是股价上涨的原动力,原动力不足显示股价趋势潜在反转的信号。

(4) 有时股价随着缓慢递增的成交量而逐渐上涨,渐渐地走势突然成为垂直上升的喷发行情,成交量急剧增加,股价暴涨。紧随着此波走势,继之而来的是成交量大幅度萎缩,同时股价急速下跌。这种现象表示涨势已到末期,上升乏力,走势力竭,显示出趋势反转的现象。反转所具有的意义将视前一波股价上涨幅度的大小及成交量扩增的程度而定。

(5) 在一波段的长期下跌,形成谷底后股价回升,成交量并没有因股价上涨而递增,股价上涨欲振乏力,然后再度跌落至先前谷底附近,或高于谷底,当第二谷底的成交量低于第一谷底时,是股价上涨的信号。

(6) 股价下跌,向下跌破股价形态趋势线或移动平均线,同时出现大成交量,是股价下跌的信号,预示趋势反转形成空头市场。

(7) 股价下跌一段相当长的时间,出现恐慌性卖出,随着日益扩大的成交量,股价大幅度下跌,继恐慌性卖出之后,预期股价可能上涨,同时恐慌性卖出所创的低价,将不可能在极短时间内跌破。恐慌性大量卖出之后,往往是空头的结束。

(8) 当市场行情持续上涨很久时,出现急剧增加的成交量,而股价却上涨乏力,在高档盘旋,无法再向上大幅上涨,显示股价在高档震荡,卖压沉重,从而形成股价下跌的因素。股价连续下跌之后,在低档出现大成交量,股价却没有进一步下跌,价格仅小幅变动,是进货的信号。

(9) 成交量作为价格形态的确认。在以后的形态理论中,如果没有成交量的确认,价格形态将是虚的,其可靠性也就差一些。

(10) 成交量是股价的先行指标。关于价和量的趋势,一般说来,量是价的先行者,当量增时,价迟早会跟上来;当价升而量不增时,价迟早会掉下来。从这个意义上,我们往往说"价是虚的,而只有量才是真实的"。

3. 时间在进行行情判断时有着很重要的作用

一个已经形成的趋势在短时间内不会发生根本改变，中途出现的反方向波动，对原来趋势不会产生大的影响。一个形成了的趋势又不可能永远不变，经过了一定时间又会有新的趋势出现。循环周期理论着重关心的就是时间因素，它强调了时间的重要性。

4. 空间是价格波动的范围

空间在某种意义上讲，可以认为是价格的一方面，指的是价格波动能够达到的极限。历史上的最高价和最低价对今后股价的变动具有约束作用，当股价接近历史最高价时，股价继续上涨的空间有限；当股价接近历史最低价时，股价继续下跌的空间有限。

四、技术分析方法分类和应用时应注意的问题

（一）技术分析方法的分类

在价、量历史资料基础上进行的统计、数学计算、绘制图表方法是技术分析方法的主要手段。从这个意义上讲，技术分析方法可以有多种。一般说来，可以将技术分析方法分为如下五类：指标类、切线类、形态类、K线类、波浪类。

1. 指标类

指标类要考虑市场行为的各个方面，建立一个计算公式，得到一个体现股票市场的某个方面内在实质的数字，这个数字叫指标值。指标值的具体数值和相互间关系，直接反映股市所处的状态，为我们的操作行为提供指导方向。指标反映的东西大多是从行情报表中直接看不到的。

目前，证券市场上的各种技术指标数不胜数。例如，相对强弱指标（RSI）、随机指标（KDJ）、趋向指标（DMI）、平滑异同移动平均线（MACD）、能量潮（OBV）、乖离率（BIAS）等。这些都是很著名的技术指标，在股市分析中长期广泛应用，而且，随着时间的推移，新的技术指标还在不断涌现。

2. 切线类

切线类是按一定方法和原则在由股票价格的数据所绘制的图表中画出一些直线，然后根据这些直线的情况推测股票价格的未来趋势，这些直线就叫切线。切线的作用主要是起支撑和压力的作用，支撑线和压力线的往后延伸的位置对价格趋势起一定的制约作用。一般说来，股票价格在从下向上抬升的过程中，一触及压力线，甚至远未触及到压力线，就会调头向下。同样，股价从上向下跌的过程中，在支撑线附近就会转头向上。另外，如果触及切线后没有转向，而是继续向上或向下，这就叫突破。突破之后，这条切线仍然有实际作用，只是名称和作用变

了,原来的支撑线变成压力线,原来的压力线变成支撑线。切线类分析主要是依据切线的这个特性。

切线的画法是最为重要的,画得好坏直接影响预测的结果。目前,画切线的方法有很多种,它们都是人类长期研究之后保留下来的精华。著名的有趋势线、通道线等,此外还有黄金分割线、甘氏线、角度线等。

3. 形态类

形态类是根据价格图表中过去一段时间走过的轨迹形态预测股票价格未来趋势的方法。前述第一条假设告诉我们,市场行为包括一切信息。价格走过的形态是市场行为的重要部分,是股票市场对各种信息感受之后的具体表现,用价格图的轨迹或者说是形态来推测股票价格的将来是很有道理的。从价格轨迹的形态中,我们可以推测出股票市场处在一个什么样的大环境之中,由此对我们今后的投资给予一定的指导。著名的形态有M头、W底、头肩顶、头肩底等十几种。

4. K线类

K线类的研究方法是侧重若干天K线的组合情况,推测股票市场多空双方力量的对比,进而判断股票市场多空双方谁占优势,是暂时的,还是决定性的。K线图是进行各种技术分析的最重要的图表,单独一天的K线形态有十几种,若干天K线的组合种类就无法计数了。人们经过不断地总结经验,发现了一些对股票买卖有指导意义的组合,而且新的研究结果正不断地涌现和运用。K线由日本人发明并在东亚地区广为流行,广大股票投资者进入股票市场后,进行技术分析时往往首先接触K线图。

5. 波浪类

波浪理论起源于1978年,美国人查尔斯·J·柯林斯(Charles J. Collins)发表的专著《波浪理论》。波浪理论的实际发明者和奠基人是艾略特(Ralph Nelson Elliott),他在20世纪30年代就有了波浪理论最初的想法。

波浪理论把股价的上下变动和不同时期的持续上涨、下跌看成是波浪的上下起伏。波浪的起伏遵循自然界的规律,股票的价格运动也就遵循波浪起伏的规律。

简单地说,上升是5浪,下跌是3浪。数清楚了各个浪就能准确地预见到跌势已接近尾声,牛市即将来临;或是牛市已到了强弩之末,熊市即将来到。波浪理论较之于别的技术分析流派,最大的区别就是能提前很长的时间预计到底和顶,别的流派往往要等到新的趋势已经确立之后才能看到。但是,波浪理论又是公认的最难掌握的技术分析方法,大浪套小浪,浪中有浪,在数浪的时候极容易发生偏差。事情过了以后,回过头来数这些浪,发现均满足波浪理论所陈述的,都能数对。一旦身处现实,真正能够正确数浪的人是很少的。

以上五类技术分析流派从不同的方面理解和考虑股票市场,有的有相当坚实的理论基础,有的就没有很明确的理论基础,很难说清楚为什么。但它们都有一个共同的特点,即都经过股票市场的实践考验。

这五类技术分析方法尽管考虑的方式不同,但目的是相同的,彼此并不排斥,在使用上可以相互借鉴。比如,在指标分析时,经常使用切线和形态学派中的一些结论和方法。

这五类技术分析方法考虑的方式不同,这样就导致它们在指导操作时所使用的方式不同,有的注重长线,有的注重短线;有的注重价格的相对位置,有的注重绝对位置;有的注重时间,有的注重价格。

(二)技术分析方法应用时应注意的问题

技术分析作为一种证券投资分析工具,在应用时,应该注意以下问题:

(1) 技术分析必须与基本面的分析结合起来使用,才能提高其准确程度,否则单纯的技术分析是不全面的。对于刚刚兴起的不成熟证券市场,由于市场突发消息较频繁,人为操纵的因素较多,所以仅靠过去和现在的数据、图表去预测未来是不可靠的,这方面的例子举不胜举。但是,不能因为技术分析在突发事件的到来时原来的预测受干扰就否定其功效。正如任何一种工具的使用都有其适用范围一样,不能因某种场合工具无用而责怪工具本身,扔掉工具更是不可取的。事实上,在中国的证券市场上,技术分析依然有非常高的预测成功率。这里,成功的关键在于不能机械地使用技术分析,除了在实践中不断修正技术分析参数外,还必须注意结合基本面分析。

(2) 注意多种技术分析方法的综合研判,切忌片面地使用某一种技术分析结果。投资者必须全面考虑各种技术分析方法对未来的预测,综合这些方法得到的结果,最终得出一个合理的多空双方力量对比的描述。实践证明,单独使用一种技术分析方法有相当的局限性和盲目性。如果每种方法得到同一结论,那么这一结论出错的可能性就很小;如果仅靠一种方法,得到的结论出错的机会就大。

(3) 前人和别人的结论要自己通过实践验证后才能放心地使用。由于股票市场能给人们带来巨大的收益,上百年来研究股票的人层出不穷,分析的方法各异,使用同一分析方法的风格也不同。前人和别人得到的结论是在一定的条件下和特定环境中得到的,随着环境的改变,前人和别人成功的方法在自己使用时有可能失败。

第二节 技术分析理论

一、K 线理论

（一）K 线概述

1. K 线图的画法

K 线又称日本线，它是日本古代的米市场计算米价每日涨跌所使用的图示方法，经引用至股票市场，效果不错，经过上百年的运用和改进，目前已经形成了一整套 K 线分析理论，是专门用来研究 K 线的形状和组合的重要方法。

K 线图是将股市每日、每周或每月的股价变动情形用图形表示，依照图形研判股价未来变动，它包括四部分：开盘价、收盘价、最高价、最低价。由于它的形状像蜡烛，故又称蜡烛图，也叫蜡烛曲线图，英文"蜡烛（Candle）"与"曲线（Curve）"前面的音都发"[K]"的音，因此，简称为 K 线图。如图 11.1 和图 11.2 所示。

图 11.1　阳线　　　　图 11.2　阴线

（1）日 K 线图的画法。日开盘价是指每个交易日的第一笔成交价格。日最高价和日最低价是每个交易日成交股票的最高成交价格和最低成交价格。日收盘价是指每个交易日的最后一笔成交价格，是多空双方经过一天的争斗最终达成的共识，也是供需双方当日最后的暂时平衡点，具有指明目前价格的非常重要的功能。四个价格中，收盘价是最重要的。画 K 线时，我们通常将开盘价与收盘价间的价位用长方形表示，成为实体部分。如果收盘价高于开盘价，用红色表示（书本中用白色代替），通称阳线。如果收盘价低于开盘价，用绿色（或蓝色，书本中用黑色代替）表示，通称阴线。阳线若收盘价与最高价不同时，用红细线将收盘价与最高价连接，称为上影线；用红细线将开盘价与最低价连接，称为下影线（如图11.1）。阴线则与阳线相反，开盘价与最高价间的绿细线（或蓝细线）成为上影线；收盘价与最低价间的绿细线（或蓝细线）称为下影线（如图 11.2）。每个交易日的 K 线连续不断地连接下去，就构成股票价格的日 K 线图。

(2) 周 K 线图等的画法。就是将每周一的开盘价(若周一休市,则选周二的开盘价)作为周开盘价,每周五的收盘价(若周五休市,则选周四的收盘价)作为周收盘价,一周内所出现的最高价为周最高价,所出现的最低价为周最低价。月 K 线的画法,是以每月第一个交易日开盘价为当月的开盘价,每月最后一个交易日收盘价为月收盘价,当月出现的最高价与实体连成上影线,最低价与实体连成下影线。

2. K 线的种类

K 线在实际应用中有许多分类,按时间周期不同可分为 5 分钟 K 线、10 分钟 K 线、30 分钟 K 线、60 分钟 K 线、日 K 线、周 K 线、月 K 线、年 K 线等;按 4 个价位的关系可分为阳线类、阴线类、非阳非阴类;根据开盘价与收盘价的波动范围可分为极阴、极阳、小阴、小阳、中阴、中阳和大阴、大阳等线型,它们一般的波动范围是:极阴线和极阳线的波动范围在 0.5% 左右;小阴线和小阳线的波动范围一般在 0.6%~1.5%;中阴线和中阳线的波动范围一般在 1.6%~3.5%;大阴线和大阳线的波动范围在 3.6% 以上。

为了便于理解和记忆,我们可以把多空双方想像成进行一场拔河比赛,多方向上拉,空方向下拉。开盘价是均衡点,多方胜利是阳线,空方胜利是阴线。

(二) 单根 K 线的主要形状及意义

1. 光头光脚阳线

当收盘价与最高价、开盘价与最低价相等时,就会出现这种 K 线,既没有上影线,也没有下影线。分为小阳与长阳(如图 11.3 所示)。

光头光脚小阳线常在上涨初期、回调结束或盘整的时候出现,上下价位窄幅波动,表示买方力量逐步增加,买卖双方多头力量暂时略占优势。

光头光脚长阳线经常出现在脱离底部的初期,回调结束后的再次上涨,及高位拉升阶段,有时也在严重超跌后的大力反弹中出现,买方占绝对优势,空方毫无抵抗。

2. 光头光脚阴线

当收盘价与最低价、开盘价与最高价相等时,就会出现这种 K 线,既没有上影线,也没有下影线。分为小阴与长阴(如图 11.4 所示)。

图 11.3　小阳与长阳　　　　　图 11.4　小阴与长阴

光头光脚小阴线在下跌初期、横盘整理或反弹结束时出现,表示卖方力量有所增加,空方力量略占优势。

光头光脚长阴线经常出现在头部开始下跌初期,反弹结束后或最后打压过程中,表示空方走势强劲,多方毫无抵抗。

3. 光头阳线

当收盘价与最高价相等时,就会出现这种 K 线,它没有上影线,如图 11.5 所示。

常常出现在底部或市场调整完毕,反映股价在低位获得支撑。

4. 光头阴线

当开盘价与最高价相同时,就会出现这种 K 线,它没有上影线,如图 11.6 所示。

图 11.5　光头阳线　　　　　图 11.6　光头阴线

常常出现在下跌途中、市场顶部或整理震荡行情中,表示空方力量强大,在下跌过程中受到了买方的抵抗。

5. 光脚阳线

当开盘价与最低价相同时,就会出现这种 K 线,它没有下影线,如图 11.7 所示。常出现在上涨途中、上涨末期或股价从低位启动遇到密集成交区,上影线和实体的比例可以反映多方遇阻的程度。

6. 光脚阴线

当收盘价与最低价相同时,就会出现这种 K 线,它没有下影线,如图 11.8 所示。庄家拉高出货常常会出现此种形态,通常此形态会出现在阶段性的头部和震仓洗盘中。

图 11.7　光脚阳线　　　　　图 11.8　光脚阴线

7. 十字型

当收盘价与开盘价相同时会出现此 K 线,其特点是没有实体,如图 11.9 所示。收盘价比昨日收盘价高时,用红"＋"字表示;与昨日收盘价相同时,若昨日为红实体,用红"十"字表示,昨日为绿实体,用绿"十"字表示。可分为上影线长于下影线和下影线长于上影线两种图形,表示多空双方力量处于平衡。

8. T字型与倒T字型

在十字型的基础上,如果加上光头和光脚的条件,就会出现这两种K线,如图11.10,它们没有实体,而且没有上影线或者没有下影线,形状像英文字母T。若收盘价高于昨日收盘,则是红"T";与昨日收盘价相同时,若昨日为红线时,今日则为红"T",昨日为绿线时,今日则为绿"T";低于昨日收盘价,以绿"T"表示。T字型常出现在市场的底部或顶部。倒T字型常出现在顶部或横盘整理中。

9. 一字型

这是一种比较特殊的形状,它的四个价格都相同。如图11.11所示,同十字型与T字型K线一样,没有实体。

图11.9　十字型　　　　图11.10　T字型与倒T字型　　　　图11.11　一字型

这种情况较少见,出现于交易非常冷清,全日交易只有一档价位成交。冷门股交易发生此类情形,或是行情呈现绝对看好或绝对看坏时,开盘便以涨停板或跌停板成交。若涨停板价维持至收盘,则是红"一"图形,而跌停板价维持至收盘,就是绿"一"图形。

(三) K线的组合应用

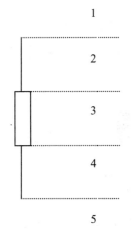

图11.12　K线区域划分

两根K线的组合情况非常多,但有些组合的含义是可以通过别的组合含义推测出来的。无论是两根K线还是三根K线,都是以两根K线的相对位置的高低和阴阳来推测行情的。将前一天的K线按数字划分成五个区域(如图11.12所示)。第二天的K线是进行行情判断的关键。简单地说,第二天多空双方争斗的区域越高,越有利于上涨;越低,越有利于下降,也就是从区域1到区域5是多方力量减少、空方力量增加的过程。结合前面的拔河例子,有助于理解和掌握K线组合理论。

我们只需掌握几种特定的组合形态,然后举一反三,就可推测别的组合的含义。

1. 上升行情的 K 线形态

1) 三个白武士

三个白武士是由三根短小的连续上升的阳 K 线组成(如图 11.13 所示)，K 线收盘价一日比一日高，表示武士勇敢前进，基础扎实，后市涨幅将加大。

2) 两阳夹一阴

两阳夹一阴的 K 线组合就是一根小阴线夹在两根阳线中间(如图 11.14 所示)，在实践中是一组非常实用的 K 线组合，这个组合出现后，股价继续上涨的概率极大。

图 11.13　三个白武士　　　　　　图 11.14　两阳夹一阴

3) 上升三步曲

这组 K 线组合出现在上升途中，由一根较大阳线接三根较小阴线，再接一根较大阳线组合(如图 11.15 所示)，预示后市将继续上涨。

2. 下跌行情的 K 线形态

1) 三只黑乌鸦

由三个短小的连续下跌的小阴实体组成(如图 11.16 所示)，K 线收盘一日比一日低，表示空方力量在逐步加强，后市看淡，下跌速度将加快。

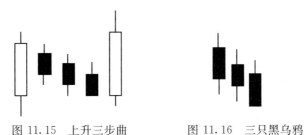

图 11.15　上升三步曲　　　　　　图 11.16　三只黑乌鸦

2) 两阴夹一阳

两阴夹一阳的 K 线组合就是一个阳线夹在两根阴线中间(如图 11.17 所示)，这通常是一个下跌途中的形态。表示股价下跌中，中间遇到小阳线的抵抗，但还是挡不住卖方的力量，股价将继续走下跌行情。

3) 下跌三步曲

一根长阴线后跟三根连续小幅上涨的小阳线，随后又是一根大阴线(如图 11.18 所示)，反映市场极度虚弱，小涨大跌，空方绝对占优的情况。

图 11.17　丙阴夹一阳

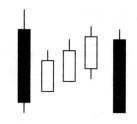
图 11.18　下跌三步曲

3. 震荡整理行情的 K 线形态

1) 底部区域的震荡整理形态

(1) 底部横盘整理。股价经过了较长时间的下跌,开始横盘整理,此时会出现小阴线和小阳线横排并行,上下空间不大(如图 11.19 所示),这是一种小幅震荡筑底形态。

(2) 双针探底。是由两个带一定下影线的锤头,中间隔有数根 K 线组成(如图 11.20 所示)。反映的是主力在低位两次刻意打压震荡,形成恐慌盘,随后又有惊无险筑成底部。双针探底也可以是一个锤头和一个十字星。

图 11.19　底部横盘整理　　　　　图 11.20　双针探底

2) 上升途中的震荡整理形态

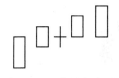

图 11.21　中继十字星

上升中继十字星。股价在上涨过程中,由于庄家要震仓洗盘,便会采用打压股价、上下震荡的做法,但庄家是假出货、真进货,盘中显示的是阴线,使投资者不看好后市,但尾市要把出去的筹码收回来,这便形成了上涨途中的中继十字星(如图 11.21 所示)。中继十字星,是继续形态,要和反转形态相区分。

4. 顶部反转

1) 穿头破脚

穿头破脚是指股价经过较长时间的上升,当日 K 线高开低走,收一根长阴线,这根长阴线将前一日或两日阳线全部覆盖掉(如图 11.22 所示),因此这根长阴线被称为穿头破脚。穿头破脚包含这样的信息:市场主力已将股价推至较高处,并借买方市场情绪高昂拉高出货,高开制造假象,吸引跟风盘,随后大肆出货,将所有跟风盘全部套牢。此种 K 线形态属于杀伤力极强的顶部反转形态,随后的下跌空间较大,遇此形态投资者应杀跌。

2) 乌云盖顶

乌云盖顶 K 线形态也属于拉高出货的一种顶部反转形态。发生的时间和情况与穿头破脚相似,只是在图形上乌云盖顶像黑云压城似的收出一根大阴线,但此根阴线的收盘切入到前一根阳线的三分之二处(如图 11.23 所示)。乌云盖顶的杀伤力仅次于穿头破脚,属于杀伤力极强的顶部反转形态,遇此形态应坚决出货。

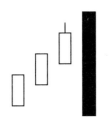

图 11.22 穿头破脚

图 11.23 乌云盖顶

3) 吊颈

吊颈是在高位出现的是小阴实体,并带有长长的下影线的 K 线形态,形状就像一具上吊的尸体(如图 11.24 所示)。此种 K 线形态表示主力在高位开始出货,盘中出现长阴,为了达到骗线,主力在尾市将股价拉起,形成长长的下影线,使投资者认为下档有强力支撑,而纷纷跟进。吊颈既有巨大的杀伤性,又有欺骗性,投资者应学会识别,以免入套。

4) 双飞乌鸦

双飞乌鸦是股价连续大幅上升后,在高位出现两个并排的小阴实体,像树枝上落了两只倒霉的乌鸦在呱呱乱叫(如图 11.25 所示),预示着股价已到了将大幅下跌时刻。

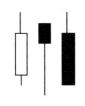

图 11.24 吊颈

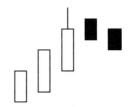

图 11.25 双飞乌鸦

5. 底部反转形态

1) 曙光初现

曙光初现常发生在股价连续大幅下跌,超跌严重,结果当日股价借下跌惯性跳空低开,随后股价在超跌买盘的介入下,当日收出阳线,阳线收盘的位置插入到前一日阴线实体的二分之一以上(如图 11.26 所示)。当曙光形态出现,表达黑暗已经过去,曙光已经开始,股价将展开反转的上升行情。

2) T 字型

T 字型也可以成为一种反转形态,前提是股价应经过较长时间的连续大幅下跌。当日股价开盘后,走势继续下跌,并带出最后一批抛盘,随后在盘中股价开始稳步上升,最后以开盘价的位置收盘(如图 11.27 所示)。T 字型在超低位出现,反映下档支撑极强,股价可能出现反转走势。

图 11.26　曙光初现　　　　　　　图 11.27　T 字型

3) 倒 T 字型

倒 T 字型和 T 字型的基本情况相同,只是股价开盘后因超跌开始上涨,随后遇到了小幅抛压,将股价压至开盘价的价位收盘(如图 11.28 所示)。虽然倒 T 字型带有上影线,反映有一定压力,但因在极度超跌的位置出现,应被视为卖方的强弩之末。

4) 锤头

锤头是一个小实体下面带有一定长度下影线的 K 线形态,形状就像锤子带有锤把(如图 11.29 所示)。在长期的下跌趋势中,锤头的出现预示着下跌趋势将结束,表达了市场正在用锤子来夯实底部,是较可靠的底部形态。

图 11.28　倒 T 字型　　　　　　　图 11.29　锤头

6. 星的基本形态

星的形态包括:十字星、早晨之星、黄昏之星、射击之星。

1) 十字星

(1) 底部十字星:当股价连续下跌了一段时间,或经过了数浪下跌,已产生了较大的跌幅,此时卖方做空的力量已经不足,下跌无动力,而买方因连续下跌的阴影影响,买入谨慎,但因超跌又有少量的买盘。此时,多空力量在一个极小的范围内达到了某种平衡,这便会出现开盘价和收盘价相同,并带有一定上下影线的十字星(如图 11.30 所示)。当底部十字星出现时,投资者可得到如下信息:连续下跌,卖方力量不足,投资者惜售情绪明显;买方力量还处于观望阶段,但因价位较低,已有抄底盘少量介入;买、卖双方力量达到暂时平衡;一旦多方力量增加,将可能出现变盘的情况。

(2) 顶部十字星:当股价连续上涨了一段时间,或经过数浪上涨已产生了较大涨幅,此时买方做多的力量已经不足,后续买盘跟不上,卖方在股价连续上涨的情况下还希望卖个更高价格。因此并不急于大幅抛售股票,这时多空双方在一个不大范围内达到了暂时的平衡。一旦空方发现股价不能继续上涨,将会加大抛盘压力,所以在此出现的十字星将可能是一个顶部十字星(如图 11.31 所示)。当在一个较高的位置出现十字星形态时,可以得到如下信息:因股价连续上涨,买方力量已不足;卖方因还想卖出更高价,卖压力量并不很大,但已有逢高出货盘;不大的买量和不大的卖量使多空双方暂时处于平衡;因股价处于高位,一旦空方力量增强,将可能出现向下的变盘。

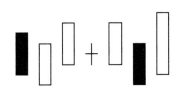

图 11.30 底部十字星

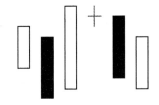

图 11.31 顶部十字星

2) 早晨之星

早晨之星是典型的底部形态,通常出现在股价连续大幅下跌和数浪下跌的中期底部或大底部。早晨之星由三根 K 线组成。第一根 K 线是一根长阴线;第二根是一个小小的实体,可带上下影线;第三根是一根阳线,它明显向上推到第一天阴线的实体之内(如图 11.32 所示)。早晨之星的含义是黑暗已经过去,曙光已经来临,多空力量对比已开始发生转变,一轮上升行情已经开始。

3) 黄昏之星

黄昏之星和早晨之星恰好相反,它通常出现在股价连续大幅上涨和数浪上涨的中期顶部和大顶部。它的出现预示着夜幕即将降临,一轮上涨行情已经结束。黄昏之星是反转形态,有很强的杀伤力。黄昏之星也是由三根 K 线组成:第一根

K线是一根长阳线;第二根K线是一个可带上下影线的小实体(阴、阳均可);第三根K线是一根阴线,它的实体插入到第一天的长阳线的内部(如图 11.33 所示)。当黄昏之星出现时,投资者应尽早离场。

4) 射击之星

射击之星又被称为倒转锤头,是一个小实体,上面带有一根上影线(如图 11.34 所示)。之所以叫作射击之星,是因为它的形状像枪的准星。有人解释为是拉弓射箭的形状。射击之星常出现在连续上涨或连续下跌后,它的出现常预示着转折点将出现。

图 11.32　早晨之星　　　图 11.33　黄昏之星　　　图 11.34　射击之星

(四) 应用K线组合应注意的问题

无论是一根K线,还是两根、三根线以至多根K线,都是对多空双方的争斗作出一个描述,由它们的组合得到的结论都是相对的,不是绝对的。对具体进行股票买卖的投资者而言,结论只是一种建议作用。有时候在应用时,会发现运用不同种类的组合得到了不同的结论。有时应用一种组合得到明天会下跌的结论,但是次日股价没有下跌,而是出现与事实相反的结果。这个时候的一个重要原则是尽量使用根数多的K线组合的结论,将新的K线加进来重新进行分析判断。一般说来,多根K线组合得到的结果不大容易与事实相反。

二、切线理论

股票价格运动是有趋势的,要"顺势而为",不要"逆势而动",已经成为被广泛接受的投资证券市场的准则。要准确地把握形势,了解大势的发展方向,是上升还是下降,是暂时上升,不久就会下降,还是趋势已经发生了逆转将产生一波中级行情,做到这一点是很困难的。大势的发展变动不是简单的上升下降,由于各种原因,在上升和下降的过程中一定要经过许多曲折。也就是说,上升的趋势中会有下降,下降的趋势中含有上升。这就给投资者在进行判断时造成很大的麻烦,往往容易在暂时反弹或回档,还是彻底转势这个问题上出现失误。

从总的趋势认识入手,应用切线理论的一些方法,有助于投资者提高判断大势的能力。

（一）趋势分析

1. 趋势的含义

趋势就是价格的波动方向，或者说是证券市场运动的方向。若确定了是一段上升（或下降）的趋势，则价格的波动必然朝着这个方向运动。在上升的行情里，虽然也时有下降，但是不影响上升的大方向，不断出现的新的高价会使偶尔出现的小幅度下降黯然失色。下降行情里情况相反，不断出现的新低会使投资者心情悲观失望，人心涣散。

技术分析的三大假设的第二条明确说明价格的变化是有趋势的，没有特别的情况，价格将沿着这个趋势继续运动。这一点就说明趋势这个概念在技术分析中占有很重要的地位，是我们应该注意的核心问题。

一般说来，市场变动不是朝一个方向直来直去，中间肯定要出现曲折，从图形上看就是一条曲折蜿蜒的折线，每个折点处就形成一个峰或谷。由这些峰和谷的相对高度，我们就可以看出趋势的方向。

2. 趋势的方向

趋势的方向有三个：上升方向、下降方向和水平方向。

如果股票运行过程中每个后面的峰和谷都高于前面的峰和谷，则趋势就是上升方向。这就是常说的一底比一底高，或底部抬高。如果股票运行过程中每个后面的峰和谷都低于前面的峰和谷，则趋势就是下降方向。这就是常说的一顶比一顶低或顶部降低。

如果价格图形中后面的峰和谷与前面的峰和谷相比，没有明显的高低之分，几乎呈水平延伸，这时的趋势就是水平方向。水平方向趋势是容易被大多数人忽视的一种方向，这种方向在市场上出现的机会是相当多的。就水平方向本身而言，也是极为重要的。大多数的技术分析方法在对处于水平方向的市场进行分析时都容易出错，或者说作用不大。这是因为这时的市场正处在供需平衡的状态，下一步朝哪个方向运动是没有规律可循的，可以向上也可以向下，而对这样的对象去预测它朝哪个方向运动是较为困难的。

3. 趋势的类型

按道氏理论的分类，趋势分为三个类型：

（1）主要趋势。主要趋势是趋势的主要方向，是证券投资者必须弄清楚的目标，了解了主要趋势才能做到顺势而为。主要趋势是价格波动的大方向，一般持续的时间比较长，这是技术分析第二个假设所叙述的。

（2）次要趋势。次要趋势是在主要趋势的过程中进行的调整。趋势不会一成不变地直来直去,总有局部调整的过程,次要趋势正是完成这一使命。

(3) 短暂趋势。短暂趋势是在次要趋势的过程中所进行的调整。短暂趋势与次要趋势的关系就如同次要趋势与主要趋势的关系一样。

这三种类型的趋势的最大区别是持续时间的长短和波动幅度的大小上的差异。以上三种划分可以解释绝大多数的行情,对于更复杂的价格波动过程,以上三种类型可能不够用,不过这不是很大的问题,可以继续对短暂趋势进行再细分。

(二) 支撑线与阻力线

1. 支撑线与阻力线的含义

支撑线又称为抵抗线,当价格跌到某个价位附近时,价格停止下跌,甚至有可能还会回升,这是因为多方在这个位置买入或持股人的惜售造成的,支撑线起到了阻止价格继续下跌的作用。如果我们在实战中能够比较准确地判断出支撑线所在的位置,也就把握了一次较好的买入时机。

压力线又称为阻力线,当价格上涨到某价位附近时,价格会停止上涨,甚至回落,这是因为空方在此抛出股票造成的,压力线起到了阻止价格继续上升的作用。这个起着阻止或暂时阻止价格继续上升的价位就是压力线所在的位置。如图 11.35 所示。

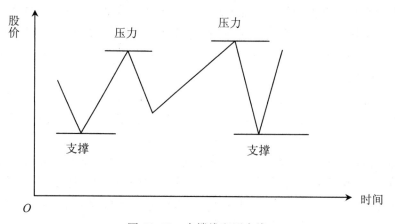

图 11.35 支撑线和压力线

不要产生这样的误解,认为只有在下跌行情中才有支撑线,只有在上升行情中才有压力线。其实,在下跌行情中也有压力线,在上升行情中也有支撑线。但是由于在下跌行情中人们最关注的是跌到什么地方才能结束,关心支撑线就多一些;在上升行情中人们更关注涨到什么价位股价会回调,所以关心压力线多一些。

最初的支撑和压力就是简单的指出价格位置,后来发展了支撑线和压力线的概念,支撑和压力扩大成了一个区域。常用的选择支撑线和压力线的方法是前期的高点和低点或成交密集区。

2. 支撑线和压力线的作用

支撑线和压力线的作用是阻止或暂时阻止股价向一个方向继续运动。股价的变动是有趋势的,要维持这种趋势,保持原来的变动方向,就必须冲破阻止其继续向前的障碍。比如说,要维持下跌行情,就必须突破支撑线的阻力和干扰,创造出新的低点;要维持上升行情,就必须突破上升的压力线的阻力和干扰,创造出新的高点。由此可见,支撑线和压力线迟早有被突破的可能,它们不足以长久地阻止股价保持原来的变动方向,只不过是使之暂时停顿而已。同时,支撑线和压力线又有彻底阻止股价按原方向变动的可能,当一个趋势终结了,它就不可能创出新的低价和新的高价,这样支撑线和压力线就显得异常重要。

在上升趋势中,如果下一次未创出新高,即未突破压力线,这个上升趋势就已经处在很关键的位置了;如果再往后的股价又向下突破了这个上升趋势的支撑线,这就产生了一个趋势有变的很强烈的警告信号,通常这意味着,这一轮上升趋势已经结束,下一步的走向是向下跌的过程。同样,在下降趋势中,如果下一次未创新低,即未突破支撑线,这个下降趋势就已经处于很关键的位置;如果下一步股价向上突破了这次下降趋势的压力线,这就发出了这个下降趋势将要结束的强烈的信号,股价的下一步将是上升的趋势。

支撑线与压力线可以相互转化,如果一条支撑线被跌破,那么这条支撑线将成为压力线;同理,如果一条压力线被突破,那么这一压力线将成为支撑线。这说明支撑线和压力线的地位不是一成不变的,改变的条件是它被有效的足够强大的股价变动所突破。

(三) 趋势线

1. 趋势线的概念

趋势线是在图形上每一个波浪顶部最高点间,或每一个谷底最低点间的直切线。在上升趋势中,将两个低点连成一条直线,就得到上升趋势线。在下降趋势中,将两个高点连成一条直线,就得到下降趋势线。见图11.36所示。

由图中看出上升趋势线起支撑作用,下降趋势线起压力作用,也就是说,上升趋势线是支撑线的一种,下降趋势线是压力线的一种。

2. 趋势线的作用

一条趋势线一经认可,接下来就是怎样使用这条趋势线来对价格进行预测?一般来说,趋势线有两个作用:

(1) 对价格今后的变动起约束作用,使价格总保持在这条趋势线的上方(上升趋势线)或下方(下降趋势线)。实际上,就是起支撑和压力作用。

(2) 趋势线被突破后,就说明价格下一步的走势将要向相反的方向运行。越重要越有效的趋势线被突破,其转势的信号越强烈。被突破的趋势线原来所起的支撑和压力作用,现在将相互交换角色,即原来是支撑线的,现在将起压力作用,原来是压力线的现在将起支撑作用。

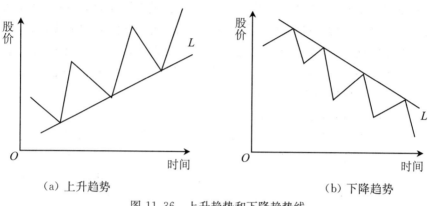

图 11.36　上升趋势和下降趋势线

3. 趋势线的应用

趋势线表明,当价格向其固定方向移动时,它非常有可能沿着这条线继续移动。

(1) 当上升趋势线跌破时,为出货信号。在没有跌破前,上升趋势线就是每一次回落的支撑。

(2) 当下降趋势线穿破时,为入货信号。在没有突破前,下降趋势线就是每一次回升的阻力。

(3) 一种股票价格随着固定的趋势移动时间越久,该趋势越可靠。因此,周线图和月线图的趋势线较日线图更值得信赖,太短时间所形成的趋势线的分析意义不大。

(4) 在形成上升趋势线的过程中,短期上升底部越多,这条线的技术性意义也就越大。例如行情第三次回落到趋势线上,在那里获得支撑,形成第三个短期低点后又复上升,其后又第四次在趋势线上再获得支撑上升,那么该趋势线的技术性意义越来越大,日后出现信号可靠性也越来越高。下降趋势线形成的过程,原理也一样。

(5) 平缓的趋势线,技术性分析意义较大,太陡峭的趋势线不能持久,分析意义也就不大。

（四）轨道线

1. 轨道线的概念

轨道线又称通道线或管道线，是基于趋势线的一种支撑压力线。在已经得到了趋势线后，通过第一个峰和谷可以作出这条趋势线的平行线，这条平行线就是轨道线。在两条平行的阻力线与支撑线之间所形成的范围，可称之为"趋势轨道"，也可分为"上升轨道"（上升趋势）与"下降轨道"（下降趋势），如图11.37所示。

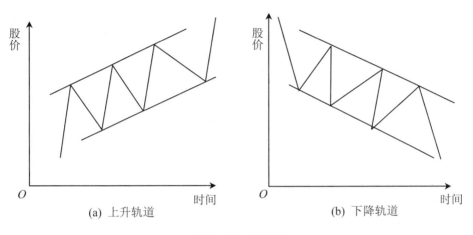

图 11.37　轨道线

两条平行线组成一个轨道，这就是常说的上升轨道和下降轨道。轨道的作用是限制价格的变动范围，让它不能远离得过分，变得太离谱。一个轨道一旦得到确认，那么价格将在这个通道里变动。如果上面的或下面的直线被突破，就意味着将有一个大的变化。与突破趋势线不同，对轨道线的突破并不是趋势反转的开始，而是原来趋势加速的开始，即原来的趋势线的斜率将会增加，趋势线的方向将会更加陡峭。

2. 轨道线的应用

利用趋势轨道可以决定买卖点：

（1）无论是在上升或下跌趋势轨道中，当股价触及上方的压力线时，就是卖出的时机；当股价触及下方的支撑线时，就是买进的时机。

（2）若在上升趋势轨道中，发现股价突破上方的压力线时，证明新的上升趋势线即将产生。

（3）同理，若在下跌趋势中，发现股价突破下方的支撑线时，可能新的下跌趋势轨道即将产生。

(4) 股价在上升行情时,一波的波峰会比前一波峰高,一波的波谷会比前一波谷高;而在下跌行情时,一波的波峰比前一波峰低,一波的波谷会比前一波谷低。

(5) 处于上升趋势轨道中,若发现股价无法触及上方的压力线时,即表示涨势趋弱了。

(五) 黄金分割线

黄金分割是一个古老的数学方法。对它的各种神奇的作用和魔力,数学上至今还没有明确的解释,只是发现它屡屡在实际中发挥着我们意想不到的作用。在股票的技术分析中,还有一个重要的分析流派——波浪理论中要用到黄金分割的内容。下面主要介绍黄金分割线的画法和应用。

1. 黄金分割线的画法

画黄金分割线时,要记住若干个特殊的数字:

0.191	0.382	0.618	0.809
1.191	1.382	1.618	1.809
2	2.618	4.236	

这些数字中,0.382、0.618、1.382 和 1.618 最为重要,股价极为容易在由这四个数产生的黄金分割线处产生支撑和压力。

(1) 黄金比 0.382 和 0.618 反映了股市变化的重要转折点。当股价涨势趋近或达到 38.2% 和 61.8% 时,反跌很可能出现。反之,当股价跌势趋近或达到 38.2% 和 61.8% 时,反弹的可能性很大。

(2) 当股价上升时,可按黄金率算出上升的空间价位。一般预计股价上升能力与反转价位点的数字是 0.191、0.382、0.618、0.809 和 1。当股价涨幅超过 1 倍时,反跌点数字为 1.91、1.382、1.618、1.809 和 2,以此类推。

例如:股市行情下跌结束后,股价最低价为 5.8,那么,股价上升时,可预算出股价上升后反跌的可能价位(如图 11.38 所示),即:

$5.8 \times (1+19.1\%) = 6.91$(元); $5.8 \times (1+38.2\%) = 8.02$(元);
$5.8 \times (1+61.8\%) = 9.38$(元); $5.8 \times (1+80.9\%) = 10.49$(元);
$5.8 \times (1+100\%) = 11.6$(元)

……

(3) 反之,当上升行情结束,下跌行情开始时,上述数字仍然可以预计反弹的不同价位。例如:当最高价为 21 元时,可能反弹的不同价位为(如图 11.39 所示):

$21 \times (1-19.1\%) = 16.99$(元)

$21×(1-38.2\%)=12.98$（元）
$21×(1-61.8\%)=8.02$（元）
$21×(1-80.9\%)=4.01$（元）
……

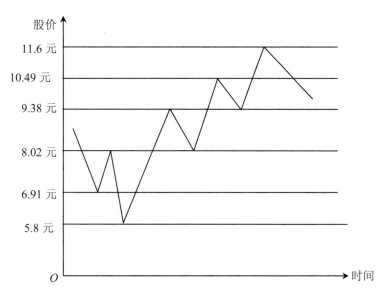

图 11.38　上升行情的黄金分割线

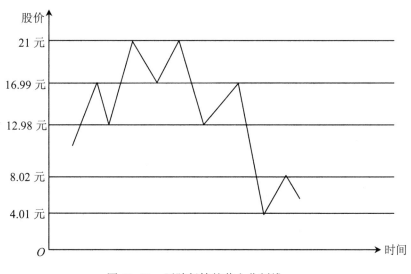

图 11.39　下跌行情的黄金分割线

2. 黄金分割线的应用

在股价预测中,根据这些黄金比有两种黄金分割分析方法。

第一种方法:以股价近期走势中重要的峰位或底位,即重要的高点或低点为计算测量未来走势的基础,当股价上涨时,以底位股价为基数,跌幅在达到某一黄金比时较可能受到支撑。当行情接近尾声,股价发生急升或急跌后,其涨跌幅达到某一重要黄金比时,则可能发生转势。

第二种方法:行情发生转势后,无论是止跌转升的反转或止升转跌的反转,以近期走势中重要的峰位和底位之间的涨额作为计量的基数,将原涨跌幅按 0.191、0.382、0.5、0.618 和 0.809 分割为五个黄金点,股价在反转后的走势将有可能在这些黄金点上遇到暂时的阻力或支撑。

(六)百分比线

百分比线考虑问题的出发点是人们的心理因素和一些整数的分界点。

当股价持续向上,涨到一定程度,肯定会遇到压力,遇到压力后,就要向下回撤,回撤的位置很重要。黄金分割提供了几个价位,百分比线也提供了几个价位。以这次上涨开始的最低点和开始向下回撤的最高点两者之间的差,分别乘上几个特别的百分比数,再加上最低点的价格,就可以得到未来支撑位可能出现的位置(如图 11.40 所示)。

设低点是 10 元,高点是 22 元。这些百分比数一共 10 个,它们是:

0.125(即 1/8,下同),0.25(2/8),0.375(3/8),0.5(4/8),0.625(5/8),0.75(6/8),0.875(7/8),1(8/8),0.33(1/3),0.67(2/3)。

按上面所述方法我们将得到如下 10 个价位。

$10+(22-10)\times 0.125=11.5$(元)　　$10+(22-10)\times 0.25=13$(元)

$10+(22-10)\times 0.375=14.5$(元)　　$10+(22-10)\times 0.5=16$(元)

$10+(22-10)\times 0.625=17.5$(元)　　$10+(22-10)\times 0.75=19$(元)

$10+(22-10)\times 0.875=20.5$(元)　　$10+(22-10)\times 1=12$(元)

$10+(22-10)\times 0.33=13.96$(元)　　$10+(22-10)\times 0.67=18.04$(元)

这些是未来可能获得支撑的价位。

这里的百分比线中,0.33 和 0.67 这两条线最为重要。在很大程度上,回撤到 0.33 是人们的一种心理倾向。如果没有回落到 0.33 以下,就好像没有回落够似的;如果已经回落了 0.67,人们自然会认为已经回落够了,因为传统的定胜负的方法是三局二胜,就是常说的二分法。

上面所列的 10 个特殊的数字都可以用百分比表示,之所以用上面的分数表示,是为了突出整数的习惯,这 10 个数字中有些很接近,对于下降行情中的向上反弹,百分比线同样也适用。其方法与上升情况完全相同。

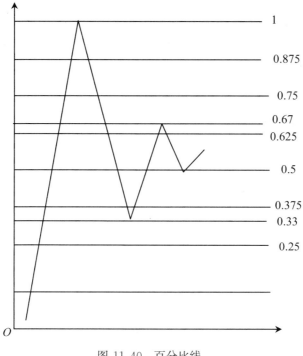

图 11.40　百分比线

(七) 扇形线

1. 扇形线的形态特征

当行情经过一段时间的上升,价格大多数会在其区域之间涨落争持,形成一些形态。如果我们将开始上升的低点(中期性低点)和高位徘徊的各个低点分别以直线连接起来,便可以画出多于一条的上升趋势线,这些趋势线像一把扇子一般,作出很规则的移动,每一条趋势线之间形成的角度大致相等,便把这些趋势线称之为"扇形线"。

下跌时情形也是一样,若把中期性高点与低位徘徊时的各个短期性高点分别以直线连接起来,也可以画出一组像扇子般散开的下降趋势线,也同样是"扇形线"(如图 11.41 所示)。

2. 扇形线的应用

大部分的"反转形态"都是在一定范围之内反复争持相当一段时间,若辅以不同的趋势线,就可以更加清楚估计到价格未来的变化,有助于进一步辨别形态的真伪和未来趋势。当突破一条维持多时、颇为陡峭的趋势线(上升或下降趋势线)

时,出现一次急速的短期性变动,但价格尚不足以扭转原来的趋势,很快地又维持原来的方向运动(即下跌时虽突破了下降趋势线,但回升不久后又再继续回落。上升时情况则是相反),形成新的趋势线。当这新的趋势线突破,再经过急速的短期性变动后,又一次回复原来的趋势,形成第三条趋势线。直到第三条趋势线也告突破,原来的趋势才真正逆转过来。这是中期(或长期)性趋势逆转的信号。

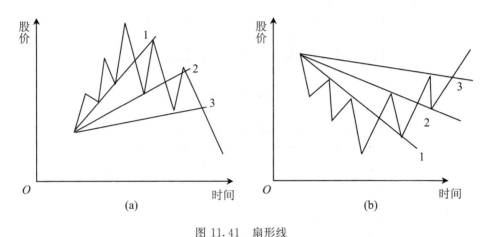

图 11.41 扇形线

3. 分析时应注意的问题

(1) 三条扇形线之间的角度十分接近,因此,当第二条扇形线形成时,已可估计到第三条扇形线出现的位置,从而预测阻力(或支撑)价位。

(2) 当第二条扇形线突破时,不宜采取任何买卖行动,宜等待第三条扇形线的突破才做买卖决策。

(八)速度线

同扇形原理考虑的问题一样,速度线(speed line)也是用以判断趋势是否将要反转的。不过,速度线给出的是固定的直线,而扇形原理中的直线是随着股价的变动而变动的。另外,速度线又具有一些百分比线的思想。它是将每个上升或下降的幅度分成三等分进行处理,所以有时速度线又被称为三分法。

1. 速度线的画法

首先,找到一个上升或下降过程的最高点和最低点(这一点与百分比线相同),然后将高点和低点的垂直距离三等分(如图 11.42 所示)。

第二步是连接高点(在下降趋势中)与 0.33 分界点和 0.67 分界点,或低点(在上升趋势中)与 0.33 和 0.67 分界点,得到两条直线,这两条直线就是速度线。

与别的切线不同,速度线有可能随时变动,一旦有了新高或新低,则速度线将随之发生变动,尤其是新高和新低离原来的高点低点相距很近时,更是如此,原来的速度线可以说一点用也没有。

速度线一经被突破,其原来的支撑线和压力线的作用将变换角色,这也是符合支撑线和压力线的一般规律的。

速度线最为重要的功能是判断一个趋势是被暂时突破还是长久突破(转势)。

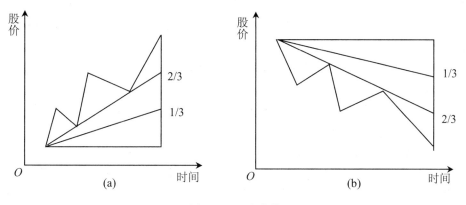

图 11.42 速度线

2. 速度线的应用

(1) 在上升趋势的调整之中,如果向下折返的程度突破了位于上方 0.67 的速度线,则股价将试探下方的 0.33 速度线。如果速度线被突破,则股价将一泻而下,预示这一轮上升的结束,也就是转势。

(2) 在下降趋势的调整中,如果向上反弹的程度突破了位于下方的 0.67 速度线,则股价将试探上方的 0.33 速度线。如果 0.33 速度线被突破,则股价将一路上行,标志这一轮下降的结束,股价进入上升趋势。

三、形态理论

(一) 形态分析及其意义

K 线理论已经告诉我们一些有关对今后股价运动方向进行判断的方法,它注重短线的操作,其预测结果只适用于往后很短的时期。我们将 K 线组成一条上下波动的曲线,反映股价在一段时间内移动的轨迹。这条曲线的上下波动实际上仍然是多空双方进行争斗的结果,不同时期多空双方力量对比的大小就决定了曲线是向上还是向下,这里的向上和向下所延续的时间要比 K 线理论中所说的向上和向下长得多。

形态理论正是通过研究股价所走过的轨迹,分析和挖掘出曲线告诉我们的一些多空双方力量的对比结果,进而指导我们的行动。

趋势的方向发生变化一般不是突然来到的,变化都有一个发展的过程。形态理论通过研究股价曲线的各种形态,判断股价正在进行的运行方向。

股价移动的规律是完全按照多空双方力量对比大小和所占优势的大小而行动的,根据多空双方力量对比可能发生的变化,可以知道股价的移动应该遵循这样的规律:第一,股价应在多空双方取得均衡的位置上下来回波动;第二,原有的平衡被打破后,股价将寻找新的平衡位置。可以用下面的表示方法具体描述股价移动的规律:

持续整理,保持平衡——→打破平衡——→新的平衡——→再打破平衡——→再寻找新的平衡——→……

股价的移动就是按这一规律循环往复,不断地进行的。股市中的胜利者往往是在原来的平衡快要打破之前或者是在打破的过程采取行动而获得收益的。原平衡已经打破,新的平衡已经找到,这时才开始行动,就已经晚了。

股价的移动主要是保持平衡的持续整理和打破平衡的突破这两种过程,我们把股价曲线的形态分成两个大的类型:持续整理形态(Continuation Patterns)、反转突破形态(Reversal Patterns)。前者保持平衡,后者打破平衡。

(二) 反转突破形态的研判

这里我们着重介绍双重顶(底)、三重顶(底)、头肩顶(底)和圆弧顶(底)四种反转形态。

1. 双重顶(Double Tops)

双重顶就是常说的 M 头,一共出现两个顶,也就是两个相同高度的高点,如图 11.43 所示。

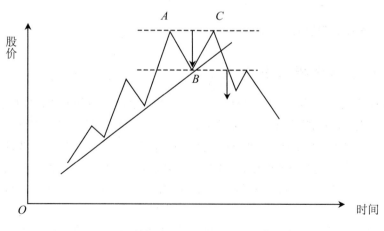

图 11.43 双重顶

(1) 双重顶的形成过程。在上升趋势过程的末期,股价在第一个高点 A 建立了新高点之后进行正常的回落,受上升趋势线的支撑,这次回落将在 B 点附近停止。其后继续上升,但是力量不够,上升高度不足,在 C 点(与 A 点几乎等高)遇到压力,股价向下,这样就形成了 A 和 C 两个顶的形状。

以 B 点作平行于 A、C 连线的平行线(如图 11.43 中间的一条虚线),就得到一条非常重要的直线——颈线(Neck Line)。A、C 连线是趋势线,颈线是与这条趋势线对应的轨道线,这些轨道线在这里起支撑作用。

(2) 未来趋势。M 头形成后,有两种可能的趋势:第一是未突破 B 点的支撑位置,股价在 A、B、C 三点形成的狭窄范围内上下波动,演变成以后介绍的矩形,成为整理形态。第二是突破 B 点的支撑位置继续向下,这种情况才是双重顶反转突破形态的真正出现。前一种情况只能说是一个潜在的双重顶。

(3) 双重顶的识别标准。有两个相同高度的高点(即两个头),并且第二个头部 C 的成交量比第一个头部 A 的成交量有较大的减少;还应该向下突破 B 点支撑,即突破颈线幅度超过该股市价的 3%,突破后至少两个交易日。

(4) 双重顶的测算功能。双重顶反转突破形态一旦得到确认,就可以用它进行对后市的预测了。从突破点算起,股价将至少要跌到与形态高度相等的距离。所谓形态高度就是从 A 或 C 到 B 的垂直距离,亦即从顶点到颈线的垂直距离。图 11.43 中右边箭头所指的将是股价至少要跌到的位置,换句话说,股价必须在这条线之下才能找到像样的支撑,它之前的支撑都不足取。

2. 双重底(Double Bottoms)

(1) W 底的形成。双重底就是常说的 W 底,只是将双重顶倒转过来,下跌趋势结束出现反弹,然后再度下跌,跌势趋于缓和,在前次低价附近止住,开始向上涨升(如图 11.44 所示)。

(2) W 底的趋势。W 底形成后,有两种可能的趋势:第一是未突破 B 点的压力位置,股价在 A、B、C 三点形成的狭窄范围内上下波动,演变成以后介绍的矩形,成为整理形态。第二是突破 B 点的压力位置继续向上,这种情况才是双重底反转突破形态的真正出现。前一种情况只能说是一个潜在的双重底。

双重底反转突破形态的研判标准:① 有两个相同低度的低点(即两个底),并且第二个底部上升时的成交量比第一个底部上升时的成交量大。② 还应该向上突破 B 点压力,即突破颈线幅度超过该股市价的 3%,突破后至少两个交易日。

双重底反转突破形态一旦得到确认,就可以用它进行对后市的预测了。从突破点算起,股价将至少要涨到与形态高度相等的距离。

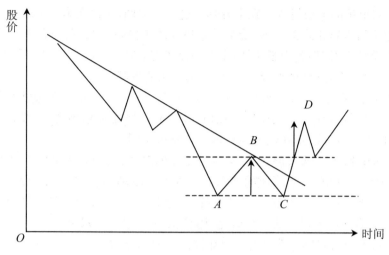

图 11.44 双重底

3. 头肩顶(Head and Shoulders Top)

头肩顶是实际股价形态中出现得最多的形态,是最著名和最可靠的反转突破形态之一。图 11.45 是这种形态的简单形式。

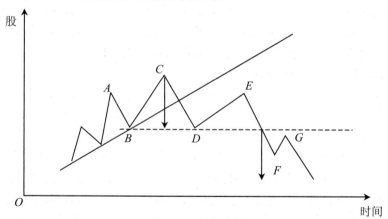

图 11.45 头肩顶

(1) 头肩顶的形成。股价经过长期上升后,成交量大增,此时获利回吐压力亦增加,股价回跌一段,成交量下降,比先前最高价附近的成交量减少许多,左肩形成(如 A 点)。股价回升,突破左肩之顶点,成交量也可能因大换手而创记录,接手与持有股票者恐慌,相继抛售,股价回跌至前一低点水准附近,有时高些,有时低些,但是绝对低于左肩的顶点,头部完成(如 C 点)。第三次上升,已不再出现过去庞大成交量,涨势也不再凶猛,到达头部股价水准前就向下跌,这是右肩(如

E 点)。最后第三次下跌时,急速穿过颈线。再回升时股价仅能达到颈线水准附近,然后成为下跌趋势,反转下跌形态完成。

(2) 有效突破的研判原则。突破颈线的幅度超过该股市价的 3%;突破后至少两日。

(3) 头肩顶的测算功能。颈线被突破,反转确认之后,我们就知道股价下一步的大方向是下跌,而不是上涨或横盘。下跌的深度,从突破点算起,股价将至少要跌到与形态高度相等的距离。从头到颈线的距离(如图 11.45 中从 C 点向下的箭头长度),这个长度就是头肩顶形态的形态高度。上述原则是股价下落的最起码的深度,是最近的目标,价格实际下落的位置要根据很多别的因素来确定。上述原则只是给出了一个范围,只对我们有一定的指导作用。预计股价今后将跌到什么位置能止住,永远是进行股票买卖的人最关心的问题,也是最不易回答的问题。

4. 头肩底(Head and Shoulders Bottom Patterns)

头肩底是实际股价形态中出现得最多的形态,也是最著名和最可靠的反转突破形态之一,图 11.46 所示是这种形态的简单形式。

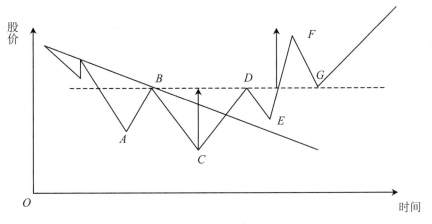

图 11.46 头肩底

(1) 头肩底的形成。股价经过长期下跌后,成交量相对减少,接着出现反弹(次级上升),成交量与最后几天相比,没有显著增加,这是左肩(如 A 点);股价第二次下跌,其价格低于左肩之最低价,而其成交量在下跌过程中未减少,甚至增多,在低价盘旋时成交量则迅速萎缩,然后一口气回升至越过左肩低价价位,成交量迅速增加,大于形成左肩之成交量,头部完成(如 C 点)。第三次下跌,成交量明显小于左肩和头,当跌至头的最低价格水准以前即反弹上升,这是右肩(如 E 点)。

(2) 有效突破的研判原则。股价配合大的成交量上升,突破颈线后上升速度没有减慢;突破颈线的幅度超过该股市价的3%;突破后至少两日。

颈线被突破,反转确认之后,股价上升的最小幅度为:从头部至颈线的垂直距离。

5. 三重顶(底)形态(Triple Tops and Bottoms Patterns)

(1) 三重顶(底)的形成。三重顶(底)形态是头肩形态的一种小小的变体,它是由三个一样高或一样低的顶和底组成。与头肩形的区别是头的价位回缩到与肩差不多相等的位置,有时甚至低于或高于肩部一点。从这个意义上讲,三重顶(底)与双重顶(底)也有相似的地方,前者比后者多"折腾"了一次。图11.47所示是三重顶(底)的简单图形。三重顶(底)的颈线差不多是水平的,三个顶(底)也是差不多相等高度的。

图 11.47 三重顶和三重底

应用和识别三重顶(底)主要是用识别头肩形的方法,直接应用头肩形的结论和应注意的事项。头肩形适用的东西三重顶(底)都适用,这是因为三重顶(底)从本质上说就是头肩形。

(2) 三重顶(底)的特征。三重顶(底)的峰顶与峰顶,或谷底与谷底的间隔距离与时间不必相等;三个顶点或三个谷底的股价不需相同,高低最大差距可达到3%,不应苛求;三重顶的第三个顶,成交量非常小时,即显示出下跌征兆,而三重底在第三个底部完成而股价上升时,成交量大量增加,即表示股价将会突破颈线而上升。

(3) 未来股价预测。三重顶或三重底之最小跌幅或涨幅,也是从顶部之最高价或底部之最低价至颈线的垂直距离。

6. 圆弧形态(Rounding Top and Bottom Patterns)

将股价在一段时间的顶部高点用折线连起来,每一个局部的高点都考虑到,我们有时可能得到一条类似圆弧的弧线,盖在股价之上;将每个局部的低点连在一起也能得到一条弧线,托在股价之下。

圆弧线又称碟形、圆形、碗形等,如图11.48所示。

圆弧形在实际中出现的机会较少,但是一旦出现则是绝好的机会,它的反转深度和高度是不可测的,这一点同前面几种形态有所区别。

(1) 圆弧的形成过程。圆弧的形成过程与头肩形中的复合头肩形有相似的地方,只是圆弧形的各种顶或底没有明显的主次区分。这种局面的形成在很大程度上是一些机构大户炒作股市的产物,这些人手里有足够的股票,如果一下抛出太多,股价下落太快,手里的货可能不能全出手,只能一点一点地来回拉锯,往上接近圆弧缘时,才会用少量的资金一举往上提拉到一个很高的高度。因为这时股票大部分在机构大户手中,别人无法打压股价。

图 11.48 圆弧顶和圆弧底

(2) 圆弧的识别。在识别圆弧形时,成交量也是很重要的。无论是圆弧顶还是圆弧底,在它们的形成过程中,成交量的过程都是两头多,中间少。越靠近顶或底成交量越少,到达顶或底时成交量达到最少(圆弧底在达到底部时,成交量可能突然大一下,之后恢复正常)。在突破后的一段,都有相当大的成交量。

圆弧形形成所花的时间越长,今后反转的力度就越强,越值得人们去相信这个圆弧形。一般来说,应该与一个头肩形形成的时间相当。

(三) 持续整理形态

1. 三角形态

三角形态是属于持续整理形态的一类形态。三角形主要分为三种——对称三角形、上升三角形和下降三角形。第一种有时也称正三角形,后两种合称直角三角形。

1) 对称三角形(Symmetrical Triangles Patterns)

(1) 对称三角形的形成。对称三角形情况大多是发生在一个大趋势进行的途中,它表示原有的趋势暂时处于休整阶段,之后还要随着原趋势的方向继续行动。由此可见,见到对称三角形后,股价今后走向最大的可能是沿原有的趋势方向运动。

图 11.49 是对称三角形的一个简化的图形,这里的原有趋势是上升,所以三角形态完成以后是突破向上。从图中 11.49 可以看出,对称三角形有两条聚拢的直线,上面的向下倾斜,起压力作用;下面的向上倾斜,起支撑作用。两直线的交点称为顶点。另外,对称三角形要求至少应有四个转折点,图中的 1,2,3,4,5,6 都是转折点。四个转折点的要求是必然的,因为每条直线的确定需要两个点,上下两条直线就至少要求有四个转折点。正如趋势线的确认要求第三点验证一样,

对称三角形一般应有六个转折点,这样,上下两条直线的支撑压力作用才能得到验证。

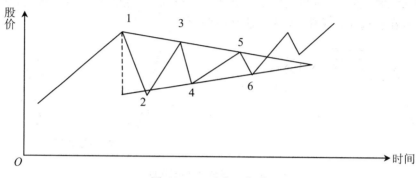

图 11.49 对称三角形

(2) 对称三角形的特征。当股价进入密集区波动,股票价格变动上下幅度愈来愈窄,渐渐失去弹性。从成交量看,愈向右边成交愈清淡,表示短线进出困难,无利可图,直到突破三角形区域,成交量才可能放大。

(3) 对称三角形的突破。股价一般沿原方向突破;突破的位置一般应在三角形的横向宽度的 1/2 到 3/4 的某个地点,三角形的横向宽度指的是图 11.49 中顶点到虚线的距离;成交量会放大。

(4) 有效突破的确认。突破颈线的幅度超过该股市价的 3%;突破后至少两日。

(5) 对称三角形的测算功能。这里介绍两种测算价位的方法,以原有的趋势上升为例。

方法一:如图 11.50 所示,从 C 点向上带箭头直线的高度,是未来股价至少要

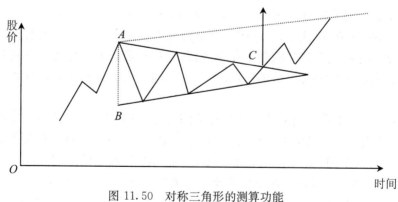

图 11.50 对称三角形的测算功能

达到的高度。箭头直线长度与 AB 连线长度相等。AB 连线的长度称为对称三角形形态的高度。从突破点算起,股价至少要运动到与形态高度相等的距离。

方法二: 如图 11.50 所示,过 A 点作平行于下边直线的平行线,图中的斜虚线,是股价今后至少要达到的位置。

从几何学上可以证明,用这两种方法得到的两个价位绝大多数情况下是不相等的。前者给出的是个固定的数字,后者给出的是个不断变动的数字,达到虚线的时间越迟,价位就越高。这条虚线实际上是一条轨道线。方法一简单,易于操作和使用,方法二更多的是从轨道线方面来考虑。

2) **上升三角形**(Ascending Triangles Patterns)

上升三角形是对称三角形的变形体。对称三角形有上下两条直线,将上面的直线逐渐由向下倾斜变成水平方向就得到上升三角形。除了上面的直线是水平的以外,上升三角形同对称三角形在形状上没有什么区别,如图 11.51 所示。

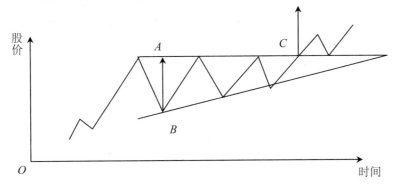

图 11.51 上升三角形

我们知道,上边的直线起压力作用,下面的直线起支撑作用。在对称三角形中,压力和支撑都是逐步加强的。一方是越压越低,另一方是越撑越高,看不出谁强谁弱。在上升三角形中就不同了,压力是水平的,始终都是一样,没有变化,而支撑都是越撑越高。由此可见,上升三角形比起对称三角形来,有更强烈的上升意识,多方比空方更为积极,通常以三角形的向上突破作为这个持续过程终止的标志。

如果股价原有的趋势是向上,那么很显然,遇到上升三角形后,几乎可以肯定今后是向上突破。一方面要保持原有的趋势,另一方面形态本身就有向上的愿望,这两方面的因素使股价很难逆大方向而动。

如果原有的趋势是下降,那么出现上升三角形后,前后股价的趋势判断起来有些难度。一方要继续下降,保持原有的趋势,另一方要上涨,两方必然发生争执。如果在下降趋势处于末期时(下降趋势持续了相当一段时间),出现上升三角形还是以看涨为主,这样,上升三角形就成了反转形态的底部。

上升三角形被突破后,也有测算的功能,测算的方法与对称三角形类似。

3) 下降三角形(Descending Triangles Patterns)

下降三角形同上升三角形正好反向,是看跌的形态。它的基本内容与上升三角形可以说完全相似,只是方向相反。从图 11.52 中可以很明白地看出下降三角形所包含的内容。

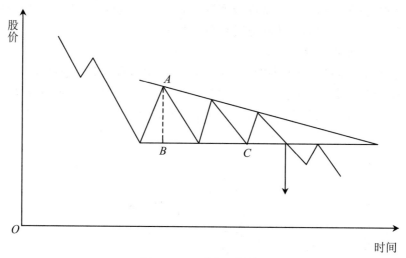

图 11.52 下降三角形

2. 矩形

(1) 矩形的形成过程。矩形又叫箱形,也是一种典型的整理形态,图 11.53 是矩形的简单图示。股票价格在两条横着的水平直线之间上下波动,作横向延伸的运动。矩形在形成之初多空双方全力投入,各不相让。空方在价格涨上去后,在某个位置就抛压,多方在股价下跌后到某个价位就买入,时间一长就形成两条

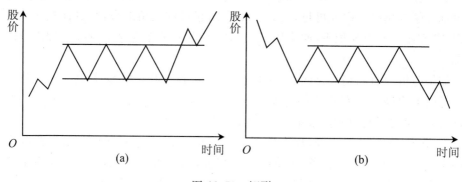

图 11.53 矩形

明显的上下界线。随着时间的推移,双方的战斗热情会逐步减弱,市场趋于平淡。

(2) 股价突破方向。如果原来的趋势是上升,那么经过一段矩形整理后,会继续原来的趋势,多方会占优势并采取主动,使股价向上突破矩形的上界。如果原来是下降趋势,则空方会采取行动,突破矩形的下界。

(3) 矩形的测算功能。矩形被突破后,也具有测算意义,形态高度就是矩形的高度。面对突破后股价的反扑,矩形的上下界线同样有阻止反扑的作用。

(4) 矩形的应用。与别的大部分形态不同,矩形为我们提供了一些短线操作的机会。如果在矩形形成的早期能够预计到股价将进行矩形调整,那么就可以在矩形的下界线附近买入,在短形的上界线附近抛出,来回做几次短线的进出。如果矩形的上下界线相距较远,那么这样短线的收益也是相当可观的。

第三节 技术分析指标

一、移动平均线与乖离率

(一) MA——移动平均线

MA(Moving Average)就是用连续若干天的收盘价的算术平均计算出来的,天数就是移动平均线的参数。例如,参数为 10 的移动平均线就是连续 10 日的收盘价的算术平均数,记为 MA(10)。同理,还有 5 日线、30 日线等概念。

1. 移动平均线的特点

移动平均线的最基本的作用是消除偶然因素的影响,另外还稍微有一点平均成本价格的含义。它具有以下几个特点。

(1) 追踪趋势。移动平均线能够表示价格的趋势方向,并追随这个趋势,不轻易放弃。如果从价格的图表中能够找出上升或下降趋势线,那么,移动平均线的曲线将保持与趋势线方向一致,能消除中途价格在这个过程中出现的起伏。原始数据的价格图表不具备这个保持追踪趋势的特性。

(2) 滞后性。在价格原有趋势发生反转时,由于追踪趋势的特性,移动平均线的行动往往过于迟缓,调头速度落后于大趋势。这是移动平均线的一个极大的弱点,等移动平均线发出趋势反转信号时,价格调头的深度已经很大了。

(3) 稳定性。由移动平均线的计算就可知道,要比较大地改变它的数值,无论是向上还是向下,都比较困难,必须是当天的价格有很大的变动。因为 MA 的变动不是一天的变动,而是几天的变动,一天的大变动被几天一分摊,变动就会变小而显示不出来。这种稳定性有优点,也有缺点,在应用时应多加注意,掌握好分寸。

(4) 助涨助跌性。当价格突破了移动平均线时,无论是向上突破还是向下突破,价格有继续向突破方面再走一程的愿望,这就是移动平均线的助涨助跌性。

(5) 支撑线和压力线的特性。由于移动平均线的上述4个特性,使得它在价格走势中起支撑线和压力线的作用。移动平均线的被突破,实际上是支撑线和压力线的被突破。

移动平均线的参数的作用就是加强移动平均线上述几方面的特性。参数选择得越大,上述的特性就越大。比如,突破5日线和突破10日线的助涨助跌的力度完全不同,10日线比5日线的力度大,改过来较难一些。

使用移动平均线通常是对不同的参数同时使用,而不是仅用一个。按投资者的偏好不同,参数的选择上有些差别,但都包括长期、中期和短期三类。长、中、短是相对的,投资者可以自己确定。例如,要绘制某种股票的10日移动平均线,就是将这种股票从第1日至第10日的价格相加后,除以10,得出其算术平均股价;然后,又以其第2日至第11日的股价相加,再除以10,得出第2个10天期间的平均股价。以此类推,可求出以后数个10日的平均股价,将所求出的平均股价置于一坐标中,连接成线,便绘成了移动平均线。

移动平均线的平均数选择的期间种类较多,有的以6天、26天和300天作为期间计算平均数,有的则以10天、100天和200天作为期间计算平均数,多数投资分析者通常选用6天以上,1年以下的时间作为平均数的计算期间,因为期间太短,变化幅度太大,难以判断出股价趋势,期间太长的移动平均数不仅计算起来相当繁琐,而且其移动平均数也缺少变化,因而参考价值也大大降低。

2. 移动平均线所表示的意义

上升行情初期,短期移动平均线从下向上突破中长期移动平均线,形成的交叉叫黄金交叉,预示股价将上升。当短期移动平均线向下跌破中长期移动平均线形成的交叉叫作死亡交叉,预示股价将下跌。在上升行情进入稳定期,5日、10日、30日移动平均线从上而下依次顺序排列,向右上方移动,称为多头排列,预示股价将大幅上涨。在下跌行情中,5日、10日、30日移动平均线自下而上依次顺序排列,向右下方移动,称为空头排列,预示股价将大幅下跌。在上升行情中股价位于移动平均线之上,走多头排列的均线可视为多方的防线;当股价回档至移动平均线附近,各条移动平均线依次产生支撑力量,买盘入场推动股价再度上升,这就是移动平均线的助涨作用。在下跌行情中,股价在移动平均线的下方,呈空头排列的移动平均线可以视为空方的防线,当股价反弹到移动平均线附近时,便会遇到阻力,卖盘涌出,促使股价进一步下跌,这就是移动平均线的助跌作用。移动平均线由上升转为下降出现最高点,和由下降转为上升出现最低点时,是移动平均线的转折点,预示股价走势将发生反转。

移动平均线的作用在于,通过移动平均线的描绘,可得到一段时间的平均股价的移动趋势,以避免和减少偶然性因素对股价变动趋势的影响,帮助投资者把握股市走向,进而有效地进行股票投资。

3. 葛兰威尔法则

美国著名股票分析家葛兰威尔(J. E. Cranville)根据 200 天移动平均线与每日股价平均值的关系提出了买卖股票的 8 条法则(参见图 11.54)。

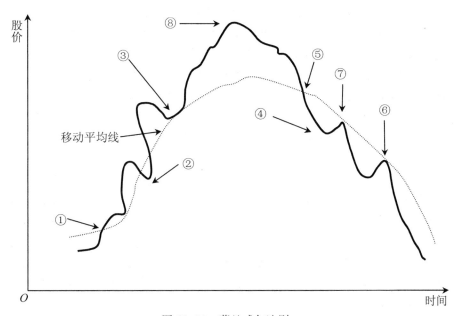

图 11.54　葛兰威尔法则

这 8 条法则中指出购进时机的有 4 条,它们是:

(1) 当移动平均线持续下降后,处于平衡上升状态,而股价(每日线)从移动平均线下方突破并向上延升时(如图 11.54 中①),宜买进。这是因为,移动平均止跌转平,表示股价将转为上升趋势,而此时股价再突破平均线而向上延升,则表示当天股价已经突破卖方压力,买方已处于相对优势地位。

(2) 移动平均线呈上升状态,而股价跌至平均线时(如图 11.54 中②),宜买进。这是因为移动平均线移动较为缓慢,当移动平均线持续上升时,若股价急速跌进平均线之下,在多数情况下,这种下跌只是一种假象,几天后,股价又会回升至移动平均线之上,故也是一种买进时机。

(3) 股价在移动平均线之上,且向移动平均线靠近,在尚未跌破平均线又再度上升时(如图 11.54 中③),宜买进。因为在这种情况下,往往是表示投资者获利回吐,但由于承接力较强,股价在短期内经过重整后,又会强劲上升,因而是买进时机。

(4) 当移动平均线下降,但股价在移动平均线下大幅下降时(如图 11.54 中④),宜买进。因为在这种情况下,往往是股价下降过快,极有可能反弹至移动平均线附近。

葛兰威尔的另外四条法则,则是对股票卖出时机的界定,这些卖出时机是:

(5) 移动平均线上升后转为平移或下降状态,而股价则跌破移动平均线之下时(如图 11.54 中⑤),此时表明股价将继续下跌,宜卖出。

(6) 移动平均线持续下降,而股价在突破平均线开始上升后又回落到平均线以下时(如图 11.54 中⑥),此时表明股价大势趋跌,宜卖出。

(7) 股价线在移动平均线的下方,并朝着移动平均线的方向上升,但在未到达移动平均线而再次降落时(如图 11.54 中⑦),此时表明股价疲软,宜卖出。

(8) 移动平均线呈上升态势,而股价在其上方突然暴涨至远离平均线时(如图 11.54 中⑧),这时往往表明股价离高峰已相差不远,股价极可能出现回跌,宜卖出。

以上 8 条法则是根据单一的移动平均线来判断股价变动的走向和决定买卖时机。移动平均线分为短期线(一般为 5 天、10 天、30 天)、中期线(一般为 75 天、90 天和 100 天等)和长期线(一般为 150 天、200 天和 300 天等)。短期线容易受股价变动影响,反应比较灵敏,买进或卖出的信号显示较为频繁;中、长期线反应较为迟钝,但却能说明股价运动的基本趋势。因此,投资者在分析股市行情时,将每日行情曲线与各种移动平均线结合起来进行分析对比,在把握买卖时点上将能收到较好的效果。

(二) BIAS——乖离率

1. 指标含义

移动平均线的原理已经告诉我们,股价距平均线太远时,会重新向平均线靠拢,这是所谓的分久必合原理。但到底需要多久才会向其靠拢? 有没有一个数字来供人们研判呢? 这就要运用乖离率这个技术指标了。

乖离率英文名 BIAS,简称 Y 值。它是以当日移动平均数为基准,实际价格与移动平均数之间的差距,被称为乖离程度,用乖离程度除以移动平均数得到的百分比便是乖离率。也就是说,乖离率是表示当日实际价格(或指数)与平均价格之间的差距,从而也就可以用数字来表示股价线与移动平均线的距离了。与移动平均线一一对应,乖离率也有长中短期之分。一般我们选用十日乖离率,理由是十日移动平均线使用较多。

2. BIAS 的计算公式

$$n\text{ 日乖离率} = \frac{\text{当日收盘价} - n\text{ 日移动平均价}}{n\text{ 日移动平均价}} \times 100\% \qquad (11.1)$$

式中,分子为股价(收盘价)与移动平均价的绝对距离,可正可负,除以分母后,就是相对距离。

3. BIAS 的应用

(1)乖离率可分为正乖离率与负乖离率,若价格在平均线之上,则为正乖离。价格在平均线之下,则为负乖离。当价格与平均线相交时,则乖离率为零。正的乖离率愈大,表示短期获利愈大,则获利回吐的可能性愈高。负的乖离率愈大,则空头回补的可能性也愈高。

(2)价格与十日平均线乖离率达+8%为超买现象,是卖出时机。当其达-8%以下时为超卖现象,为买入时机。

(3)价格与三十日平均线乖离率达+16%为超买现象,是卖出时机。当其达-16%为超卖现象,为买入时机。

(4)在大势上升时,会出现多次高价,可于先前高价的正乖离点出货。同理,在大势下跌时,会使负乖离率加大,可于前次低价的负乖离率时进场买进。

(5)大势狂跌,使得负乖离率加大,达到先前低点,可买进。若遇到趋近于0的负乖离率,突然反弹,可以进行抛空。

(6)盘局中的正负乖离率不易研判进出,应与其他技术指标一起研判。

(7)价格扶摇直上,其正乖离率接近过去的最高记录时,就应卖出。反之,价格出现暴跌,其负乖离率接近过去的最低记录时,就可买进。

(8)每当行情与平均线之间的乖离率达到最大百分比时,就会向零值靠近,甚至会低于零,这是正常现象。

(9)多头市场的暴涨与空头市场的暴跌,会使乖离达到意想不到的百分比,但出现次数极少,时间也短,可视为一特例。

(10)在大势上升市场如遇负乖离率,则可以在回跌时低价买进,因为进场危险性小。在大势下跌的走势中如遇正乖离率,可以在回升时高价出售。

二、趋向指标

(一) MACD——平滑异同移动平均线

1. 指标含义

MACD(Moving Average Convergence and Divergence)分析方法是由杰拉尔得·阿佩尔(Gerald Appel)于1979年首先提出的。MACD根据每日的收市价,计算出两条不同速度的加权移动平均线,通过测量两条平均线的差离值来判断买卖时机,是一种极为常用的技术分析方法。

2. MACD 的计算公式

MACD 在应用上应先行计算出快速(一般选 12 日)指数平滑移动平均数值(EMA)与慢速(一般选 26 日)指数平滑移动平均数值。以这两个数值作为测量两者(快速与慢速线)间"差离值"的依据。所谓"差离值"(DIF),即 12 日 EMA 数值减去 26 日 EMA 数值。因此,在持续的涨势中,12 日 EMA 在 26 日 EMA 之上,其间的正差离值(+DIF)会愈来愈大。反之,在跌势中,差离值可能变负(-DIF),也愈来愈大。

在 MACD 的指数平滑移动平均线计算公式中,都分别加重最近一日的份量权值,以现在流行的参数 12 和 26 为例,其公式如下:

12 日 EMA 的计算

$$EMA12 = 前一日\ EMA12 \times 11/13 + 今日收盘价 \times 2/13$$

26 日 EMA 的计算

$$EMA26 = 前一日\ EMA26 \times 25/27 + 今日收盘价 \times 2/27$$

差离值(DIF)的计算

$$DIF = EMA12 - EMA26$$

然后再根据差离值计算其 9 日的 DEA,即"差离平均值"。

$$MACD = 前一日\ DEA \times 8/10 + 今日\ DIF \times 2/10$$
$$BAR = 2 \times (DIF - DEA)$$

3. MACD 的应用

MACD 在买卖交易的判断上,有如下几个判断准则:

(1) DIF 与 DEA 在 0 轴线之上,市场趋向为多头市场;两者在 0 轴之下则为空头市场。DIF 与 DEA 在 0 轴线之上时,一切新的入市策略都以买为主,DIF 若向上突破 DEA,可以大胆买进,向下突破时,则只适宜暂时获利了结,进行观望。DIF 与 DEA 在 0 轴线以下时,一切新的入市策略都以卖为主,DIF 若向下跌破 DEA,可以大胆卖出。如果向上突破时,空头只宜暂时补空。

(2) 价格处于上升的多头走势,当 DIF 慢慢远离 DEA,造成两线之间乖离加大,多头应分批获利了结,可行短空。

(3) 价格线呈盘局走势时,会出现多次 DIF 与 DEA 交错,可不必理会,但须观察扇形的乖离程度,一旦加大,可视为盘局的突破。

(4) "背离信号"的判断。不管是"差离值"的交叉,或"差离值柱线"都可以发现背离信号的使用,所谓"背离",即在 K 线图上,价位出现一头比一头高的头部,在 MACD 的图形却出现一头比一头低的头部,这种背离信号的产生,意味着较正

第十一章　证券投资技术分析

确的跌势信号。或者,在 K 线图上,价位出现一底比一底低,在 MACD 的图形却出现一底比一底高,这种背离信号的产生,意味着较正确的上升信号。

(二) DMI——趋向指标(动向指数)

1. 指标含义

DMI(Directional Movement Index)是美国技术分析专家韦尔斯·沃尔德(J. Welles Wilder) 所创。DMI 分析价格上升或下跌的"真实动向",根据其累计力量寻求买卖双方的均衡点以判断价格的可能动向,属于一种趋势判断指标。

2. 计算方法

计算趋向指标时,首先确认基本的"趋向变动值"(DM)是上涨还是下跌,分别以+DM 与-DM 来表示上升与下降的趋向变动值。

1) 趋向变动值

(1) 无趋向:无趋向有两种情况,一种为内移日,另一种为两力均衡日。今日最高价低于或等于昨日最高价,今日最低价高于或等于昨日最低价,即为内移日。若今日最高价高于昨日最高价,其差额绝对值刚好等于今日最低价与昨日最低价的差额绝对值,因此形成两力均衡走势,即为两力均衡日。

(2) 上升趋向:今日最高价高于昨日最高价,今日最低价高于或等于昨日最低价,则出现上升趋向值。

$$+DM=今日最高价-昨日最高价$$

(3) 下降趋向:今日最低价低于昨日最低价,今日最高价低于或等于昨日最高价,则出现下降趋向值。

$$-DM=昨日最低价-今日最低价$$

注:负方向变动值并不为负数,负号仅代表下跌方向。

2) 真实波幅

第二步是找出"真实波幅"(True Range)。下面三个差中,数值最大者即为当日的真实波幅。

(1) 当日最高价与当日最低价的差。

(2) 当日最高价与昨日收盘价的差的绝对值。

(3) 当日最低价与昨日收盘价的差的绝对值。

3) 方向线

计算出上升、下降趋向变动值(+DM 和-DM)与真实波幅(TR) 后,第三步便要找出方向线(Directional Indicator)。

方向线(DI) 为探测价格上涨或下跌的指标,有上升方向线(+DI) 及下跌方向线(−DI)将 n 天内的 +DM、−DM 及 TR 平均,分别记为 +DM(n)、−DM(n)、TR(n),则 n 天的上升或下跌方向线的计算方法如下:

$$+DI(n) = [+DM(n)] \div TR(n) \times 100$$
$$-DI(n) = [-DM(n)] \div TR(n) \times 100$$

式中,n 为待设定参数,缺省值为 14 日。

上升与下跌方向线的数值永远介于 0 与 100 之间。n 天上升方向线表示最近 n 天以来实际上涨力量的百分比,而 n 天下跌方向线则表示最近 n 天以来实际下跌力量百分比。假设价格持续下跌,那么下降趋向变动值不断出现,将使下跌方向线的数值不断升高;相对的上涨方向线则呈下降的导向。当价格持续上涨,则上述情况的相反导向将出现于图形上。在盘档(牛皮盘整)时,上升与下跌方向线差异将很微小。

4) 趋向平均值

趋向指标除了上升、下跌方向线外,另一条指标线为"趋向平均值"(ADX,Average Directional Movement Index)。在计算趋向平均线以前,须先计算出"趋向值"(Directional Movement Index)。

(1) 趋向值(DX)的计算:

$$DX = DI(DIF) \div DI(SUM) \times 100$$

DI(DIF) = 上升方向线与下跌方向线的差的绝对值

DI(SUM) = 上升方向线与下跌方向线的和

(2) 由于趋向值的变动性大,因此对它作 n 天指数平滑移动平均,即得到所要的趋向平均值(ADX)。n 的缺省值为 6。

3. 应用法则

在运用方面,由于其本身属于一个趋势判断系统,因此受到市场行情趋势是否明显的限制。假若市场行情价格的波动非常明显的维持一个趋向,根据这个指标得到的买进信号或卖出信号是比较准确的。但若是行情处于牛皮盘档时,这个指标的效果就不理想了。

趋向指标系统中,主要分析上升方向线 +DI,下跌方向线 −DI,趋向平均值 ADX 这三条线之间的关系。

1) 上升方向线 +DI 与下跌方向线 −DI 的功用

(1) 当 +DI 从下向上递增突破 −DI 时,显示市场内部有新多头进场,愿意以更高的价格买进(由于有创新高的价格,使 +DI 上升,−DI 下降),因此为买进信号。

(2) 相反的,−DI 从下向上突破 +DI,显示市场内部有新空头进场,愿意以更低的价格卖出,因此为卖出信号。

2) 趋向平均值 ADX 的功用

（1）判断行情趋势。在行情趋势非常明显地朝单一方向前进时,无论其为上涨或下跌,ADX 值都会逐渐增加。换言之,当 ADX 值持续高于前日时,我们可断定此时市场行情将持续上涨,或持续下跌。

（2）判断行情是否牛皮盘档。当市场行情反复涨跌时,ADX 会出现递减。原因为价格虽然有新高出现,同时亦会有新低出现,因而致使上升方向线与下跌方向线愈拉愈近,ADX 值也逐渐减少。当 ADX 数值降低到 20 以下,且呈现横方向进行时,我们可以断定此时市场气氛为牛皮盘档。

（3）判断行情是否到顶或到底。当 ADX 数值从上升的倾向转为下降之时,表明行情即将反转。即在涨势中,ADX 在高点由升转跌,表示涨势将告结束;反之,在跌势中,ADX 也在高点由升转跌,表示跌势将告结束。

（三）EXPMA——指数平均数

1. 指标含义

EXPMA(Exponential Moving Average)原属于平均线型指标,但因其以交叉为主要的信号,将其归入趋向型指标。因为移动平均线计算时,必须采用前 n 天的价格综合平均,平均线的走向受制于前 n 天的价格高低,而不是以现在的价格高低决定平均线的走向,因此,其交叉信号经常落后行情数日时间。例如股价已经反转下跌,但是移动平均线因为平滑的关系,采用前 n 天的价格为计算因子的结果,造成平均线仍然持续上升,无法迅速反映股价的下跌,等待平均线有反应的时候,股价早已下跌一段幅度。

为了解决移动平均线落后的问题,分析学家另外寻求 EXPMA 等类型均线指标,用以取代移动平均线,EXPMA 正是在这种环境下被广泛采用。另一方面,EXPMA 可以随股价的快速移动,立即调整方向,有效地解决讯号落后的问题。

2. 计算方法

1) 计算第一条 EXPMA
$$EXPMA1 = (C - XP) \times 0.15 + XP$$
2) 计算第二条 EXPMA
$$EXPMA2 = (C - XP) \times 0.04 + XP$$

其中,C=当天的收盘价;XP=前一天的 EXPMA。

第一次计算时,因为还没有 EXPMA 值,所以 XP 用前一天的收盘价代替。0.15 及 0.04 的来源是由 $2/(n+l)$ 得来,而一般 n 的参数值设定在 12 及 50。

3. 使用法则

(1) 当第一条 0.15 的 EXPMA 由下往上穿越第二条 0.04 的 EXPMA 时,将对股价造成推升力道。

(2) 当第一条 0.15 的 EXPMA 由上往下穿越第二条 0.04 的 EXPMA 时,将对股价造成推降的力道。

(3) 股价由下往上碰触 EXPMA 时,很容易遭遇大阻力回档。

(4) 股价由上往下碰触 EXPMA 时很容易遭遇大支撑反弹。

(四) TRIX——三重指数平滑移动平均

1. 指标含义

TRIX(Triple Exponentially Smoothed Moving Average)中文名称为三重指数平滑移动平均,长线操作时采用本指标的信号可以过滤掉一些短期波动的干扰,避免交易次数过于频繁,造成部分无利润的买卖及手续费的损失。本指标是一项超长周期的指标,长时间按照本指标信号交易,获利百分比大于损失百分比,利润相当可观。

2. 计算方法

(1) 将每天的收盘价计算成 12 天的 EXPMA(指数平均数),则每天都可以产生一个指数平均值,称为 AX 值。

(2) 从第 13 天开始,将 AX 值计算成 12 天的 EXPMA,则从第 13 天以后每天都可以产生一个双重指数平均值,称为 BX 值。

(3) 从第 25 天开始,将 BX 值计算成 12 天的 EXPMA,则从第 25 天以后每天都可以产生一个三重指数平均值,称为 TRIX。

(4) 从第 33 天开始将 TRIX 值计算成 9 天的移动平均值,则从第 33 天以后每天都可以产生一个 TRIX 的移动平均值,称为 TMA。

(5) 此时图表上从第 33 天以后,每天都会记录一个 TRIX 数值和一个 TMA 数值,分别连接每天的数据,TRIX 以白线而 TMA 以黄线画出。

指数平均数的计算方法请参考 EXPMA 的算法。注意,计算步骤 1,2,3 是以指数平均的方式计算的,步骤(4)是以移动平均的方式计算的,两者之间不可混淆。

3. 使用法则

(1) 打算进行长期控盘或投资时,趋向类指标中以 TRIX 最适合。

(2) TRIX 由下向上交叉 TMA 时买进。

(3) TRIX 由上向下交叉 TMA 时卖出。

(4) TRIX 用法请参考 MACD 用法说明。

三、量价指标

（一）OBV——能量潮

1. 指标含义

OBV 的英文全称是 On Balance Volume，中文名称直译是平衡交易量。有些人把每一天的成交量看作大海的潮汐，形象地称 OBV 为能量潮。OBV 是由葛兰威尔（J. E. Cranville）于 20 世纪 60 年代提出并广泛流行的。我们可以利用 OBV 验证当前股价走势的可靠性，并可以由 OBV 得到趋势可能反转的信号，这对于准确预测未来是很有用的。比起单独使用成交量来，OBV 比成交量看得更清楚。

2. OBV 的计算公式

OBV 的计算公式很简单，首先我们假设已经知道了上一个交易日的 OBV，就可以根据今天的成交量以及今天的收盘价与上一个交易日的收盘价的比较计算出今天的 OBV。用数学公式表示如下：

$$今日\ OBV = 昨日\ OBV + sgn \times 今日的成交量$$

其中，sgn 是符号函数，数值由下式决定：

$$sgn = \begin{cases} +1, & 今日收盘价 \geqslant 昨日收盘价 \\ -1, & 今日收盘价 < 昨日收盘价 \end{cases}$$

成交量指的是成交股票的手数，不是成交金额。

3. OBV 的构造原理

OBV 构造的基本原理是根据潮涨潮落的原理。让我们把证券市场比喻成一个潮水的涨落过程，如果多方力量大，则向上的潮水就大，中途回落的潮水就小。衡量潮水大小的标准是成交量。成交量大，则潮水的力量就大；成交量小，潮水的力量就小。每一天的成交量可以理解成潮水，但这股潮水是向上还是向下，是保持原来的大方向，还是中途的回落，这个问题就由当天收盘价与昨天收盘价的大小比较而决定。

（1）如果今日收盘价＞昨日收盘价，则这一潮属于多方的潮水。

（2）如果今收日盘价＜昨日收盘价，则这一潮属于空方的潮水。

潮涨潮落反映多空双方力量对比的变化和最终大潮将向何处去，这就是 OBV 的基本原理，也是 OBV 又叫能量潮的原因。

4. OBV 的应用法则和注意事项

（1）OBV 不能单独使用，必须与股价曲线结合使用才能发挥作用。

（2）计算 OBV 有一个选择最初值的问题，最初值可由使用的人自行确定一个数值。

（3）OBV 曲线的上升和下降对投资者进一步确认当前股价的趋势有着很重要的作用：① 股价上升（下降），而 OBV 也相应地上升（下降），则更可以确认当前的上升（下降）趋势。② 股价上升（下降），但 OBV 并未相应地上升（下降），则对目前的上升（下降）趋势的认定程度就要大打折扣。这就是背离现象，OBV 已经提前显示趋势的后劲不足，有反转的可能。

（4）对别的技术指标适用的形态理论和切线理论的内容也同样适用于 OBV 曲线，W 底和 M 头等著名的形态理论结果也适用于 OBV。

（5）在股价进入盘整区后，OBV 曲线会率先显露出脱离盘整的信号，向上或向下突破，且成功率较大。

（二）EMV——简易波动指标

1. 指标含义

EMV(Ease of Movement Value) 指标，由 Richard W. Arms Jr 根据等量图 (Equivolume Charting) 原理制作而成。如果较少的成交量便能推动股价上涨，则 EMV 数值会升高，相反，股价下跌时也仅伴随较少的成交量，则 EMV 数值将降低。

另一方面，倘若价格不涨不跌，或者价格的上涨和下跌，都伴随着较大的成交量时，则 EMV 的数值会趋近于零。EMV 运用这种成交量和人气的荣枯，构成一个完整的股价系统循环，本指标引导投资者藉以掌握股价流畅的节奏感，一贯遵守 EMV 的买进卖出信号，避免在人气汇集且成交热络的时机买进股票，从而做到在成交量已逐渐展现无力感，而狂热的群众尚未察觉能量即将用尽时，卖出股票并退出市场。

2. 计算方法

$A = （今天最高价 + 今天最低价）/2$

$B = （前一天最高价 + 前一天最低价）/2$

$C = 今天最高价 - 今天最低价$

$EM = (A - B) \times C / 今天成交额$

$EMV = 累计 n 天的 EM 值$

这个公式原理运用得相当巧妙，股价在下跌的过程当中，由于买气不断的萎靡退缩，致使成交量逐渐地减少，EMV 数值也因而尾随下降，直到股价下跌至某一个合理支撑区，低价的买单将促使成交量再度活跃，EMV 数值于是作相对反映向上攀升，当 EMV 数值由负值向上趋近于零时，表示部分信心坚定的资金，成功地扭转了股价的跌势，行情反转上扬，形成另一次的买进信号。

行情的买进信号发生在 EMV 数值，由负值转为正值的一刹那，然而股价随后的上涨,成交量并不会很大,一般仅呈缓慢的递增,这种适量稳定的成交量,促使EMV数值向上攀升,由于头部通常是成交量最集中的区域,因此,市场人气聚集越来越多,直到出现大交易量时,EMV数值会提前反应而下降,并且逐渐趋近于零,一旦EMV由正值变成负值时,行情已可确定正式反转,形成新的卖出信号。

3. 应用原则

(1) EMV由下往上穿越0轴时,视为中期买进信号。

(2) EMV由上往下穿越0轴时,视为中期卖出信号。

(三) WVAD——威廉变异离散量

1. 指标含义

WVAD(William's Variable Accumulation Distribution)指标,由Larry Williams所创,是一种将成交量加权的量价指标。其主要的理论精髓在于重视一天中开盘到收盘之间的价位,而将此区域之上的价位视为压力,区域之下的价位视为支撑,求取此区域占当天总波动的百分比,以便测量当天的成交量中,有多少属于此区域成为实际有意义的交易量。

如果区域之上的压力较大,将促使WVAD变成负值,代表卖方的实力强大,此时应该卖出持股。如果区域之下的支撑较大,将促使WVAD变成正值,代表买方的实力雄厚,此时应该买进股票。

WVAD正负之间,强弱一线之隔,非常符合我们推广的东方哲学技术理论,由于模拟测试所选用的周期相当长,测试结果也以长周期成绩较佳,因此,适合长期投资者使用。如同EMV使用法则一样,应该在一定的投资期限内,不断地根据WVAD信号交易买卖,以求得统计盈亏概率的成果。

2. 计算方法

A＝当天收盘价－当天开盘价

B＝当天最高价－当天最低价

V＝当天成交金额

WVAD＝对(A÷B×V)求和(周期为24天)

注:参数周期可更改为6天或12天。

3. 使用法则

(1) 当WVAD由负值变成正值的一刹那,视为长期的买入点。

(2) 当WVAD由正值变成负值的一刹那,视为长期的获利点。

注:依照WVAD信号买入股票时,可以不必等待WVAD卖出信号,而在买入股票之后交给SAR管理。

四、强弱指标

(一) RSI——相对强弱指标

1. 指标含义

RSI(relative strength index)是美国技术分析专家韦尔斯·沃尔德(Wells Wider)于1978年提出的一种分析方法。RSI通过计算某一时间内买卖力量的对比值来反映市场的状态,以一特定的时期内股价的变动情况推测价格未来的变动方向,并根据股价涨跌幅度显示市场的强弱。相对强弱指数的理论认为,在一个正常的市场里,只有买卖双方力量取得平衡,价格才能稳定。RSI被国内外技术分析人士广泛使用,是一种主要的技术分析指标。

2. RSI的计算公式

先介绍RSI的参数,然后再讲RSI的计算。

参数是天数,即考虑的时间长度一般有5日、9日、14日等。这里的5日与MA中的5日线是截然不同的。下面以14日为例具体介绍RSI(14)的计算方法,其余参数的计算方法与此相同。

先找到包括当天在内的连续15天的收盘价,用每一天的收盘价减去上一天的收盘价,我们会得到14个数字。这14个数字中有正(比上一天高)有负(比上一天低)。

$$A = 14 \text{个数字中正数之和}$$
$$B = 14 \text{个数字中负数之和} \times (-1)$$

此时,A和B都是正数。这样,我们就可以算出RSI(14):

$$\text{RSI}(14) = \frac{A}{A+B} \times 100 \tag{11.2}$$

从数学上看,A表示14天中股价向上波动的大小;B表示向下波动的大小;A+B表示股价总的波动大小。RSI实际上是表示向上波动的幅度占总的波动的百分比,如果占的比例大就是强市,否则就是弱市。很显然,RSI的计算只涉及到收盘价,并且可以选择不同的参数。RSI的取值介于0～100之间。

3. RSI的应用法则

1) 不同参数的两条或多条RSI曲线的联合使用

同MA一样,天数越多的RSI考虑的时间范围越大,结论越可靠,但速度慢,这是无法避免的。

参数小的RSI我们称为短期RSI,参数大的我们称之为长期RSI。这样,两条不同参数的RSI曲线的联合使用法则可以完全照搬MA中的两条MA线的使用法则。即:

(1) 短期 RSI＞长期 RSI，则属多头市场。
(2) 短期 RSI＜长期 RSI，则属空头市场。

当然，这两条只是参考，不能完全照此操作。

2）根据 RSI 取值的大小判断行情

将100分成四个区域，根据 RSI 的取值落入的区域进行操作。划分区域的方法如表11.1所示。

表 11.1

RSI 值	市场特征	投资操作
80～100	极强	卖出
50～80	强	买入
20～50	弱	卖出
0～20	极弱	买入

表11.1中，"极强"与"强"的分界线和"极弱"与"弱"的分界线是不明确的，换言之，这两个区域之间不能画一条截然分明的分界线，这条分界线实际上是一个区域。我们在其他的技术分析书籍中看到的30、70或者15、85，这些数字实际上是对这条分界线的大致描述。应该说明的是，这条分界线位置的确定与以下两个因素有关：

第一，与 RSI 的参数有关。不同的参数，其区域的划分就不同。一般而言，参数越大，分界线离中心线50就越近，离100和0就越远。

第二，与选择的股票有关。不同的股票，由于其活跃程度不同，RSI 所能达到的高度也不同。一般而言，越活跃的股票，分界线离50就应该越远；越不活跃的股票，分界线离50就越近。

随着 RSI 的取值超过50，表明市场进入强市，可以考虑买入，但是强过了头我们就该抛出了。物极必反，量变引起质变都是对这个问题很好的说明。

3）从 RSI 的曲线形状判断行情

当 RSI 在较高或较低的位置形成头肩形和多重顶（底），是采取行动的信号。这些形态一定要出现在较高位置和较低位置，离50越远越好，越远结论越可信，出错的可能性就越小。形态理论中有关这类形状的操作原则，这里都适用。

与形态理论紧密相联系的趋势线在这里也有用武之地。RSI 在一波一波的上升和下降中，也会给我们提供画趋势线的机会。这些起着支撑线和压力线作用的切线一旦被突破，就是我们采取行动的信号。

4）从 RSI 与股价的背离方面判断行情

RSI 处于高位，并形成一峰比一峰低的两个峰，而此时股价却对应的是一峰比一峰高,这叫顶背离。股价这一涨是最后的衰竭动作(如果出现跳空就是竭尽缺口),这是比较强烈的卖出信号。与这种情况相反的是底背离。RSI 的低位形成两个依次上升的谷底,而股价还在下降,这是最后一跌或者说是接近最后一跌,是可以考虑建仓的信号。相对而言,用 RSI 与股价的背离来判断行情的转向成功率较高。

(二) WMS——威廉指标

1. 指标含义

威廉指数(WMS%R 或 W%R)是 Larry William 于 1973 年提出的一项分析市场短期买卖气势的指标,表示的是市场处于超买还是超卖状态。其原理与 KD 线一样,都是通过分析一段时间内最高价、最低价与收盘价之间的关系来反映市场的强弱及超买超卖现象,属于分析市场短期买卖走势的技术指标。

2. WMS 的计算公式

$$\text{WMS}(n) = \frac{H_n - C_t}{H_n - L_n} \times 100 \tag{11.3}$$

式中,C_t 为当天的收盘价,H_n 和 L_n 分别为最近 n 日内(包括当天)的最高价和最低价。

3. WMS 的参数选择和应用法则

在 WMS 出现的初期,人们认为市场出现一次周期循环大约是 4 周,那么取周期的前半部分或后半部分,就一定能包含这次循环的最高值或最低值。这样,WMS 选的参数只要是 2 周,则这 2 周之内的 H_n 或 L_n 至少有一个成为顶价或底价。这对我们应用 WMS 进行研判行情很有帮助。

基于上述理由,WMS 的选择参数应该至少是循环周期的一半。中国证券市场的循环周期目前还没有明确的共识,我们在应用 WMS 时,应该多选择几个参数试试。

WMS 的操作法则也是从两方面考虑:WMS 取值的绝对数值和 WMS 曲线的形状。

1) 从 WMS 的绝对取值方面考虑

WMS 的取值介于 0~100 之间,100 是底部,0 是顶部,以 50 为中轴将其分为上下两个区域,在上半区,WMS 小于 50,表示行情处于强势;在下半区,WMS 大于 50,表示行情处于弱势。

(1) 当 WMS 高于 80,即处于超卖状态,行情即将见底,应当考虑买进。

(2) 当 WMS 低于 20,即处于超买状态,行情即将见顶,应当考虑卖出。

这里 80 和 20 只是一个经验数字,不是绝对的,有些个别的股票可能要求比 80 大,也可能比 80 小,不同的情况产生不同的买进线和抛出线,要根据具体情况,在操作中不断摸索。

同时,WMS 在使用过程中应该注意与其他技术指标相配合。在盘整过程中 WMS 的准确性较高,而在上升或下降趋势当中,却不能只以 WMS 提供超买超卖信号为依据来判断行情即将反转。

2) 从 WMS 的曲线形状考虑

这里只介绍背离原则,以及撞顶和撞底次数的原则。

(1) 在 WMS 进入低数值区位后,一般要回头,如果这时股价还继续上升,这就产生顶背离,是卖出的信号。

(2) 在 WMS 进入高数值区位后,一般要反弹,如果这时股价还继续下降,这就产生底背离,是买进的信号。

(3) WMS 连续几次撞顶(底),局部形成双重或多重顶(底),则是卖出(买进)的信号。

五、超买超卖指标

(一) KDJ——随机指数

1. 指标含义

KDJ 指标的中文名称是随机指数(Stochastics),是由乔治·兰(George Lane)首创的,它综合了动量观念、相对强弱指标与移动平均线的优点,通过一定时间周期内出现的最高价、最低价及收盘价计算出 K 值、D 值和 J 值,从而测算出 0~100 之间的超买超卖指标。KDJ 考虑了每一个交易日股票价格的变动情况,更能体现股市的真正波动,它在中短期技术测试中短线操作方面较为有效。

2. 计算公式

产生 KD 以前,先产生未成熟随机值 RSV(Row Stochastic Value)。其计算公式为:

$$n \text{日 RSV} = \frac{C_t - L_n}{H_n - L_n} \times 100 \tag{11.4}$$

式中,C_t,H_n,L_n 的意义同 WMS 指标。对 RSV 进行指数平滑,就得到如下 K 值:

$$\text{今日 K 值} = \frac{2}{3} \times \text{昨日 K 值} + \frac{1}{3} \times \text{今日 RSV} \tag{11.5}$$

式中,1/3 是平滑因子,是可以人为选择的,不过目前已约定熟成,固定为 1/3 了。对 K 值进行指数平滑,就得到如下 D 值:

$$\text{今日 D 值} = \frac{2}{3} \times \text{昨日 D 值} + \frac{1}{3} \times \text{今日 K 值} \tag{11.6}$$

式中,1/3 为平滑因子,可以改成别的数字,同样已成约定,固定为 1/3。

KD 是在 WMS 的基础上发展起来的,所以 KD 就有 WMS 的一些特性。在反映证券市场价格变化时,WMS 最快,K 其次,D 最慢。在使用 KD 指标时,我们往往称 K 指标为快指标,D 指标为慢指标。K 指标反应敏捷,但容易出错;D 指标反应稍慢,但稳重可靠。

在介绍 KD 时,往往还附带一个 J 指标,计算公式为:
$$J = 3D - 2K = D + 2(D - K) \tag{11.7}$$
可见,J 是 D 加上一个修正值。J 的实质是反映 D 和 D 与 K 的差值。

3. 应用法则

KDJ 指标是三条曲线,在应用时主要从五个方面进行考虑:KD 取值的绝对数字;KD 曲线的形态;KD 指标的交叉;KD 指标的背离;J 指标的取值大小。

(1) 从 KD 的取值方面考虑。KD 的取值范围都是 0~100,将其划分为几个区域:超买区、超卖区、徘徊区。按一般的划分法,80 以上为超买区,20 以下为超卖区,其余为徘徊区。

根据这种划分,KD 超过 80 就应该考虑卖出,低于 20 就应该考虑买入。这种操作是很简单的,同时又是很容易出错的,完全按这种方法进行操作很容易招致损失。大多数对 KD 指标了解不深入的人,以为 KD 指标的操作就限于此,故而对 KD 指标的作用产生误解。应该说明的是,上述对 0~100 的划分只是一个应用 KD 指标的初步过程,仅仅是信号。

(2) 从 KD 指标曲线的形态方面考虑。当 KD 指标在较高或较低的位置形成了头肩形和多重顶(底)时,是采取行动的信号。注意,这些形态一定要在较高位置或较低位置出现,位置越高或越低,结论越可靠,越正确。操作时可按形态理论方面的原则进行。

对于 KD 的曲线我们也可以画趋势线,以明确 KD 的趋势。在 KD 的曲线图中仍然可以引进支撑线和压力线的概念。某一条支撑线或压力线的被突破,也是采取行动的信号。

(3) 从 KD 指标的交叉方面考虑。K 与 D 的关系就如同股价与 MA 的关系一样,也有死亡交叉和黄金交叉的问题,不过这里交叉的应用是很复杂的,还附带很多其他条件。

下面以 K 从下向上与 D 交叉为例进行介绍。

K 上穿 D 是金叉,为买入信号,这是正确的。但是出现了金叉是否应该买入,还要看别的条件:第一个条件是金叉的位置应该比较低,是在超卖区的位置,越低越好。第二个条件是与 D 相交的次数。有时在低位,K、D 要来回交叉好几次。交叉的次数以 2 次为最少,越多越好。第三个条件是交叉点相对于 KD 线低点的位置,这就是常说的"右侧相交"原则。K 是在 D 已经抬头向上时才同 D 相交,比 D 还在下降时与之相交要可靠得多。换句话说,右侧相交比左侧相交好。满足了上述条件,买入就放心一些。少满足一条,买入的风险就多一些。但是,如果要求每个条件都满足,尽管比较安全,但也会错过很多机会。

对于 K 从上向下穿破 D 的死叉,也有类似的结果,读者不妨自己试试,这里就不重复了。

(4) 从 KD 指标的背离方面考虑。简单地说,背离就是走势的不一致。在 KD 处在高位或低位,如果出现与股价走向的背离,则是采取行动的信号。当 KD 处在高位,并形成两个依次向下的峰,而此时股价还在一个劲地上涨,这叫顶背离,是卖出的信号;与之相反,KD 处在低位,并形成一底比一底高,而股价还继续下跌,这构成底背离,是买入信号。

(5) J 指标取值超过 100 和低于 0,都属于价格的非正常区域,大于 100 为超买,小于 0 为超卖。

(二) CCI——顺势指标

1. 指标含义

CCI(Commodity Channel Index)又称通道指数,是由 Donald Lambert 所创,专门测量股价是否已超出常态分布范围,属于超买超卖类指标中较特殊的一种,波动于正无限大和负无限小之间,但是,又不需要以 0 为中轴线,这一点也和波动于正无限大和负无限小的指标不同。然而每一种的超买超卖指标都有"天线"和"地线",除了以 50 为中轴的指标,天线和地线分别为 80 和 20 以外,其他超买超卖指标的天线和地线位置,都必须视不同的市场、不同的个股特性而有所不同,独独 CCI 指标的天线和地线分别为 +100 和 -100,这一点不仅是原作者相当独到的见解,在意义上也和其他超买超卖指标的天线地线有很大的区别。

2. 计算方法

以参数 10 通道指数为例:

$$CCI=(当日收盘价-10 日均价)/10 日平均波动值$$

其中,10 日平均波动值=10 日内(收盘价-10 日均价)绝对值总和/10

CCI 的周期可设置为 10 日或 30 日,设置平均线参数后,可计算 CCI 的平均线。

3. 应用原则

(1) CCI 从 +100~-100 的常态区,由下往上突破 +100 天线时,为抢进时机。

(2) CCI 从 +100 天线之上,由上往下跌破天线时,卖出逃逸时机。

(3) CCI 从 +100~-100 的常态区,由上往下跌破 -100 地线时,卖出时机。

(4) CCI 从 −100 下方,由下往上突破 −100 地线时,回补买进股票的时机。

(三) ROC——变动速率(变化速度)

1. 指标含义

ROC(Rate of Change)指标反映在一定周期下价格变化的速度,是测量价位动量(Momentum)的一种方法。变动速率在零上下变动,若 ROC 在零之上且继续上升,表示上涨动量继续增加。若 ROC 值虽然在零之上,但目前正处于下降情形表示上涨动量已经降低,卖点出现。若 ROC 值在零以下,且 ROC 继续下降,表示"下跌动量"仍在增加,反之若 ROC 已反转上升,表示"下跌动量"已减弱,买点出现。

2. 计算方法

当日收市价与 n 日前的收市价的差除以 n 日前的收市价,再乘以 100。用公式表示为:

$$\text{ROC}(n) = \frac{\text{当日收盘价} - n \text{日前收盘价}}{n \text{日前收盘价}} \times 100 \tag{11.8}$$

参数设置:n 的缺省值为 12。ROC 指标的周期一般取 10 天;设置 ROC 指标的平均天数,还可以计算出 ROC 指标的平均线,有助于判明 ROC 指标的趋势。

3. 应用法则

(1) ROC 以 0 为中线,当 ROC 由上而下跌破 0 时为卖出时机;当 ROC 由下而上穿破 0 时为买进信号。

(2) 当股价创新高点,而 ROC 未配合上升,意味着上涨动力减弱,此背离现象,应慎防股价反转而下。

(3) 当股价创新低点,而 ROC 未配合下降,意味着下跌动力减弱,此背离现象,应逢低承接。

(4) 若股价与 ROC 在低水平同步上升,显示短期趋向正常或短期会有股价反弹现象。

(5) 若股价与 ROC 在高水平同步下降,显示短期趋向正常或短期会有股价回落现象。

六、大盘指标

(一) ADL——腾落指数

1. 指标含义

ADL(Advance-Decline Line)的主要功能在于反映行情涨升力道的强弱。在各种技术分析的领域里,ADL 是属于趋势分析的一种,它是利用简单的加减法来计算每天个别股价涨跌累积情形。它必须与大势相互对照(即与加权指数相互对照比较),将其特征加以分析借以研判目前股价变动情形与未来变动趋向。

2. 计算公式

ADL = 每日股票上涨家数 − 每日股票下跌家数 + 前一日 ADL　　(11.9)

3. ADL 的应用

(1) 加权股价指数持续下降,并创新低点,腾落指数下降,也创新低点,短期内大势继续下跌可能性大;加权股价指数持续上升,并创新高点,腾落指数上升,也创新高值,短期内大势继续上扬可能性大。

(2) 通常腾落指数下降三天,反映大势涨少跌多的情况持续,而股价指数却连续上涨三天,这种不正常现象常难以持久,并且最后向下回跌一段的可能性大。(此种背离现象是卖出信号,表示大势随时回档)。通常腾落指数上升三天,反映大势涨多跌少的事实,而股价指数却相反地连续下跌三天,这种不正常现象也难以持久,并且最后向上回涨一段的可能性大(此种背离现象是买进信号,表示大势随时会反弹或扬升)。

(3) ADL 走势与指数走势多数有类似效果,一般可以用趋势线研判方式,预测支撑价位。

(4) 高档形成 M 头与低档形成 W 底,是卖出与买进的信号。

(5) ADL 因以家数为计算基准,不受权值大小影响,故在指数持平或小幅上扬而 ADL 下跌时,预示大势将发生反转,空头市场转为多头市场时也如此。

(6) 股市处于多头市场时,ADL 呈现上升趋势,其间如果突然出现急速下跌现象,接着又立即扭转向上,创下新高点,则表示行情可能再创新高。股市处于空头市场时,ADL 呈现下降趋势,其间如果突然出现上升现象,接着又回头,下跌突破原先所创低点,则表示另一段新的下跌趋势产生。

(二) ADR——涨跌比率

1. 指标含义

ADR(Advance/Decline Ratio) 由于与 ADL 有一定的联系,ADR 又称为回归式腾落指数,基于国内股价上下幅度大且频繁的特性,加上涨跌比率的震荡特点,国内技术专家多采用十个交易日个别股涨跌情形加以统计,代入涨跌比率的公式,求出每日的涨跌比率,就是十日涨跌比率。

涨跌比率构成的理论基础是"钟摆原理",由于股市的供需就像钟摆的两个极端位置,当减少供给量时,会产生物极必反的现象,则往需求方向摆动的拉力愈强,也愈急速,反之亦然。

2. 计算公式

ADR 的基本思想是观察股票上涨家数与下降家数的比率,以看出股市目前所处的大环境。

$$ADR(n) = n\text{日内股票上涨家数的合计}/n\text{日股票下跌家数的合计}$$
(11.10)

选择几天的股票上涨和下降家数的总和,而不是一天的上升和下降家数,目的是避免某一天的特殊表现而误导我们的判断。参数究竟选几,没有一定之规,完全由人为操纵。不过参数选择得是否合适是很重要的,选得过大或过小都会影响 ADR 作用。ADR 的图形是以 1 为中心来回波动,波动幅度的大小与分子和分母的参数选择有关。参数选择得越小,ADR 上下波动的幅度就越大,曲线的起伏就越剧烈。参数选得越大,ADR 波动的幅度就越小,曲线上下越平稳,这一点同大多数技术指标是一致的。目前,比较流行的是选择参数为 10,即以 10 日作为的选择日数。ADR 还可以选择别的参数,如 5,25 等。

3. ADR 的应用

(1) 十日涨跌比率的常态分布通常在 0.5~1.5 之间,而 0.5 以下或 1.5 以上则为非常态现象。在大多头市场和大空头市场里,常态分布的上限与下限将扩增至 1.9 以上与 0.4 以下。涨跌比率超过 1.5 时,表示股价长期上涨,已脱离常态,超买现象产生,股价容易回跌,是卖出信号。反之,低于 0.5 时,股价容易反弹,是买进信号。

(2) 除了股价进入大多头市场或展开第二段上升行情的初期,涨跌比率有机会出现 2.0 以上绝对超买数字外,其余的次级上升行情在超过 1.5 时就是卖点。

(3) 多头市场的涨跌比率值,大多数时间都维持在 0.6~1.3 之间(若是上升速度不快,只是盘升走势时),超过 1.3 时应准备卖出,而低于 0.6 时,又可逢低买进。多头市场低于 0.5 的现象极少,是极佳的买点。

(4) 对大势而言,涨跌比率具有先行的警示作用,尤其是在短期反弹或回档方面,更能比图形领先出现征兆。十日涨跌比率的功能在于显示股市买盘力量的强弱,进而推测短期行情可能出现反转。

(5) 若图形与涨跌比率呈背离现象,则大势即将反转。

(6) 涨跌比率如果不断下降,低于 0.75,通常显示短线买进机会已经来临,在多头市场中几乎无例外。在空头市场初期,如果降至 0.75 以下,通常暗示中级反弹即将出现。而在空头市场末期,十日涨跌比率降至 0.5 以下时,则为买进时机。

(7) 涨跌比率下降至 0.65 之后,再回升至 1.40,但无法突破 1.40,则显示上涨的气势不足。涨跌比率向上冲过 1.40 时,暗示市场行情的上涨至少具有两波的力量。

（三）OBOS——超买超卖指标

1. 指标含义

OBOS(Overbought/Oversold Index)是运用在一段期间内股市涨跌家数的累积差关系，来测量大盘买卖气势的强弱及未来走向，以作为研判股市呈现超买或超卖区的参考指标。

2. OBOS 计算公式

一般使用 10 日 OBOS，其计算公式如下：

OBOS 值 = 10 日内股票上涨累计只数 − 10 日内股票下跌累计只数

(11.11)

3. OBOS 的应用法则

OBOS 的研判方法主要便是将指数线与 OBOS 线相联系再判断。与均量线的判别方法一样，如果二线同升，便是好现象；二线同降，便是坏行情；指数线上升，OBOS 下降，表明许多小盘股已走下坡路。原因是指数由众多股票组成的，指数上升，表明占权重较大的大盘股还在上升，而 OBOS 并非加权算法，它只算个数。OBOS 的下降，说明整个市场许多股票都在下跌，但这些跌股却是指数中占权重不大的小盘股；尽管如此，小盘股的下跌预示着股市将转为弱势，所以，是个卖出信号。同理，指数若在下降，OBOS 却在上升，表明中小盘股已有起色，所以股市即将反转。

（1）10 日 OBOS 值通常在 −600～700 之间呈常态分布。

（2）当 10 日 OBOS 值超过 700，股市呈现超买现象，是卖出时机。

（3）当 10 日 OBOS 值低于 −600 时，股市呈现超卖现象，是买入时机。

（4）当加权指数持续上升，而 OBOS 线却往下走，此种背离现象显示出大多数的小型股已开始走下坡，因此，市场可能会转向弱势，尤其在低价圈形成的 M 头，是卖出时机。

（5）假如 OBOS 线持续向上，代表上升的股票远超过下跌的股票，而加权指数线却往下滑落，这种背离现象显示市场可能即将反转上升，尤其在低价圈形成的 W 底，为买进时机。

（6）OBOS 指标所计算出来的分析资料，代表某一时期内投资者的决定。大多数投资者决定买进后，大多数的股票才会上涨，此种情况显示 OBOS 一直向上，此时可大胆买进。

【延伸阅读】

常用盘面术语

卖一、卖二、卖三、卖四、卖五表示已委托但尚未成交的委托价最低的五笔卖出价格及其数量,其中卖一为最低申卖价格。买一、买二、买三、买四、买五表示已委托但尚未成交的委托价最高的五笔买进委托价格及其数量,其中买一为最高申买价格。委买手数:某股当前委托买入五档(买一、买二、买三、买四、买五)手数之和。委卖手数:某股当前委托卖出五档(卖一、卖二、卖三、卖四、卖五)手数之和。委比:委买委卖手数之差与之和的比值。委比旁边的数值为委买手数与委卖手数的差值。当委比为正值时,表示买方的力量比卖方强,股价上涨的几率大;当委比为负值的时候,表示卖方的力量比买方强,股价下跌的几率大。

外盘:成交价是卖出价时成交的手数总和称为外盘。内盘:成交价是买入价时成交的手数总和称为内盘。当外盘累计数量比内盘数量大很多,而此时股价上涨时,表示很多人在抢盘买入股票。当内盘累计数量比外盘累计数量大很多时,而此时股价又下跌,表示很多人在抛售。

换手率:(当前成交累计/流通股数)×100%。

市盈率(PE):当前市价/最近一期年每股收益。

重 要 概 念

技术分析　市场行为　阳线　阴线　光脚阳线　十字型　三个白武士　下跌三步曲　穿头破脚　锤头　黄昏之星　早晨之星　射击之星　轨道线　黄金

分割线 双重底 移动平均线 黄金交叉 死亡交叉 多头排列 空头排列
BIAS MACD RSI OBOS

思 考 题

1. 简述支撑线和压力线的作用。
2. 试述双重顶的形成过程。
3. 试述 W 底形成后的可能趋势。
4. 试述对称三角形的测算功能。
5. 试述头肩顶的测算功能。
6. 简述葛兰威尔(J. E. Cranviille) 法则。
7. 简述 MACD 的应用法则。
8. 简述 WMS 的应用法则。
9. 试述 RSI 指标的应用法则。
10. KDJ 指标如何计算？在股市中如何应用？
11. 从实时股票行情中,选择一家你感兴趣的上市公司的股票,运用本章所学技术指标研判该公司股票的未来价格走势。

第十二章 证券投资的收益和风险

收益和风险是证券投资的核心问题,人们投资于证券,是为了获得投资收益,证券投资包含着风险。投资收益是未来的,而且一般情况下是事先难以确定的,未来收益的不确定性就是证券投资的风险。收益和风险是并存的,一般总是收益越高,风险越大;或是收益越低,风险越小。投资者一般遵循以下原则进行投资:在两种风险相同的证券中选择其中收益较高的证券,或是在两种收益相同的证券中选择其中风险较小的证券。因此,计算不同证券的收益率和风险度就成了必不可少的工作。

第一节 证券投资的收益

投资者的投资目的是获得投资收益。对投资者来说,在保证本金安全的前提条件下,不仅希望得到稳定的利息收入和股息收入,还希望得到资本利得收入。证券投资收益的来源、影响因素、收益率计算等问题是分析证券投资收益的主要内容。

一、债券投资的收益

(一)债券投资收益的来源及影响因素

1. 债券投资收益的来源

投资债券的目的是在到期收回本金的同时得到固定的利息。债券的收益包含两方面内容:一是债券的年利息收入,这是债券发行时就决定的,一般情况下,债券利息收入不会改变,投资者在购买债券前就可得知;二是资本损益,是指债券买入价与卖出价或偿还额之间的差额,当债券卖出价大于买入价时,为资本收益,当卖出价小于买入价时,为资本损失。由于债券买卖价格受市场利率和供求关系等因素影响,资本损益很难在投资前准确预测。

衡量债券收益水平的尺度为债券收益率。债券收益率是在一定时期内所得收益与投入本金的比率。为了便于比较,债券收益一般以年率为计算单位。

第十二章 证券投资的收益和风险

2. 影响债券收益率的因素

影响债券收益率的因素主要有债券利率、价格和期限三个因素,这三个因素中只要有一个因素发生了变化,债券收益率也会随之发生变化。

(1)债券利率,指债券票面利率。债券票面利率是发行时的重要条件之一,既取决于债券发行人本身的资信状况,又受当时的市场利率等多种因素影响。票面利率一经确定,在债券到期日前一般不会改变。在其他条件相同的情况下债券票面利率越高,收益率也越高。

(2)债券价格。债券的价格有发行价格与交易价格之分。由于种种原因,债券往往以高于或低于其面额的价格发行。债券发行价格若高于面额,则收益率将低于票面利率;反之,收益率则高于票面利率。债券交易价格是在二级市场买卖债券的价格,投资者从发行市场买入债券后可能不等期满就在二级市场卖出,也可能中途从二级市场买入债券持至期满甚至在期满前又将其出售。投资者买卖债券的差价收益或亏损就是资本损益,其直接影响收益率的高低。

(3)债券的还本期限。债券期限长短除影响票面利率外,还从以下两个方面影响收益率:一是当债券价格与票面金额不一致时,还本期限越长,债券价格与面额的差额对收益率的影响越小;二是当债券以复利方式计息时,债券期限越长,其收益率就越高,因为复利计息实质上是考虑了债券利息收入再投资所得的收益。

(二)债券收益率及其计算

债券收益率有票面收益率、直接收益率、持有期收益率、到期收益率和赎回收益率等多种,这些收益率分别反映投资者在不同买卖价格和持有年限下的不同收益水平。

1. 附息债券收益率的计算

(1)票面收益率。票面收益率又称名义收益率或息票率,是印制在债券票面上的固定利率,即年利息收入与债券面额之比率。投资者如果将按面额发行的债券持至期满,则所获得的投资收益率与票面收益率是一致的。其计算公式为:

$$Y_n = \frac{C}{V} \times 100\% \tag{12.1}$$

式中,Y_n 表示票面收益率或名义收益率,C 表示债券年利息,V 表示债券面额。

票面收益率的计算只适用于投资者按票面金额买入债券直至期满并按票面面额收回本金这种情况。它没有考虑到买入价格与票面额有可能不一致的情况,也没有考虑到债券有中途卖出的可能。

(2)直接收益率。直接收益率又称本期收益率、当前收益率,指债券的年利息收入与实际价格之比率。债券的买入价格可以是发行价格,也可以是流通市场的交易价格,它可能等于债券面额,也可能高于或低于债券面额。其计算公式为：

$$Y_d = \frac{C}{P_0} \times 100\% \tag{12.2}$$

式中，Y_d 为表示直接收益率，P_0 表示债券市场价格，C 表示债券年利息。

【例 12.1】 某债券面额为 1 000 元，5 年期，票面利率为 10%，现以 950 元的发行价向全社会公开发行，则投资者在认购债券后到持至期满时可获得的直接收益率为：

$$Y_d = \frac{1\,000 \times 10\%}{950} \times 100\% = 10.53\%$$

直接收益率反映了投资者的投资成本带来的收益。在例 12.1 中，投资者购买债券的价格低于债券面额，所以收益率高于票面利率。直接收益率对那些每年从债券投资中获得一定利息现金收入的投资者来说很有意义。

直接收益率也有不足之处，它和票面收益率一样，不能全面地反映投资者的实际收益，因为它忽略了资本损益，既没有计算投资者买入价格与持有债券到期满按面额偿还本金之间的差额，也没有反映买入价格与到期前出售或赎回价格之间的差额。

(3) 持有期收益率。它是指买入债券后持有一段时间，又在债券到期前将其出售而得到的收益率。它包括持有债券期间的利息收入和资本损益，即买入价和卖出价之间的差额。计算公式如下：

$$Y_h = \frac{C + (P_1 - P_0)/n}{P_0} \times 100\% \tag{12.3}$$

式中，Y_h 表示持有期收益率，C 表示债券年利息，P_1 表示债券卖出价，P_0 表示债券买入价，n 表示持有年限。

【例 12.2】 例 12.1 中的债券若投资者认购后持至第 3 年末以 995 元市价出售，则：

$$Y_h = \frac{1\,000 \times 10\% + (995 - 950)/3}{950} \times 100\% = 12.11\%$$

(4) 到期收益率。到期收益率又称最终收益率，一般的债券到期都按面值偿还本金。所以，随着到期日的临近，债券的市场价格会越来越接近面值。到期收益率同样包括了利息收入和资本损益。计算公式如下：

$$Y_m = \frac{C + (V - P_0)/n}{P_0} \times 100\% \tag{12.4}$$

式中，Y_m 表示到期收益率，C 表示债券年利息，V 表示债券面额，P_0 表示债券买入价，n 表示到期年限。

运用此公式则例 12.1 中的债券到期收益率为：

$$Y_m = \frac{1\,000 \times 10\% + (1\,000 - 950)/5}{950} \times 100\% = 11.58\%$$

(5) 复利到期收益率。以上计算的收益率都是单利收益率,没有考虑利息收入的时间价值。实际上,投资者可以将投资期间获得的利息再投资,以获取债券利息再投资收益。复利收益率不仅考虑了债券的利息收入和资本损益,还考虑了债券利息的再投资收入。其计算公式为:

$$Y_{CO} = \left\{ \sqrt[n]{\frac{V + C\left[\frac{(1+r)^n - 1}{r}\right]}{P_0}} - 1 \right\} \times 100\% \quad (12.5)$$

式中,Y_{CO}表示复利收益率,V表示债券面额(若中途卖出则以卖出价计算),C表示债券年利息,P_0表示债券买入价,n表示持有年限,r表示市场利率(再投资收益率)。

【例 12.3】 某附息债券,面额为 1 000 元,每年付一次利息,年利息率为 12%,期限为 10 年。某投资者在二级市场上以 960 元的价格买入,4 年后该债券到期,投资者在这 4 年中利用所得利息进行再投资的收益率为 10%。投资者持有该债券的复利到期收益率为:

$$Y_{CO} = \left\{ \sqrt[4]{\frac{1\,000 + 120 \times \left[\frac{(1+10\%)^4 - 1}{10\%}\right]}{960}} - 1 \right\} \times 100\% = 12.85\%$$

2. 一次还本付息债券收益率的计算

我国发行的一次还本付息债券于到期日归还债券本金和债券自发行日至到期日的所有利息,投资者没有利用所得利息再投资的机会,所以没有复利到期收益率。它的持有期收益率和到期收益率的计算方法和附息债券也略有不同。

1) 持有期收益率
计算公式为:

$$Y_h = \frac{(P_1 - P_0)/n}{P_0} \times 100\% \quad (12.6)$$

2) 到期收益率
计算公式为:

$$Y_m = \frac{[V \times (1+m) - P_0] \div n}{P_0} \times 100\% \quad (12.7)$$

式中,Y_m表示到期收益率,V表示债券面额,P_0表示债券买入价,n表示到期年限,r债券票面利率。

【例 12.4】 某债券面值 1 000 元,期限 3 年,票面利率 12%。若该债券以 970 元的价格发行,投资者认购后持有至期满,则到期收益率为(按实用式):

$$Y_m = \frac{[1\,000 \times (1 + 12\% \times 3) - 970]/3}{970} \times 100\% = 13.40\%$$

3. 贴现债券收益率

贴现债券是指以低于面值发行,发行价与票面金额之差额相当于预先支付的利息,债券期满时按面值偿付的债券。贴现债券一般用于短期债券的发行,例如,美国政府国库券。因为它有种种优点,现在也开始用于中期债券,但很少用于长期债券。

债券以贴现方式发行的优点是:发行人可省去今后定期支付利息费用和手续,省事又方便,投资者感到收益比较直观、可靠。债券提前扣除利息,既可避免利息收入遭受通货膨胀风险,又可将该笔利息用于其他投资,得到利息再投资收益。

(1) 到期收益率。贴现债券的收益是贴现额,贴现额是债券面额与发行价格之间的差额。贴现债券发行时只公布面额和贴现率,并不公布发行价格,所以,要计算贴现债券到期收益率必须先计算其发行价格。由于贴现率通常以年率表示,为计算方便起见,习惯上贴现年率以 360 天计,在计算发行价格时还要将年贴现率换算成债券实际期限的贴现率。贴现债券发行价格计算公式为:

$$P_0 = V \cdot (1 - dn) \tag{12.8}$$

式中,P_0 表示发行价格,V 表示债券面值,d 表示年贴现率(以 360 天计),n 表示债券期限。

计算出发行价格后,方可计算其到期收益率。贴现债券的期限一般不足一年,而债券收益率又都以年率表示,所以要将按不足一年的收益计算出的收益率换算成年收益率。重要的是,为了便于与其他债券比较,年收益率要按 365 天计算,而分母一般不再计算平均投入资本。贴现债券到期收益率的计算公式为:

$$Y_m = \frac{V - P_0}{P_0} \times \frac{365}{n} \times 100\% \tag{12.9}$$

式中,Y_m 表示到期收益率,V 表示债券面额,P_0 表示发行价格,n 表示债券期限。

【**例 12.5**】 某贴现债券面值 1 000 元,期限 180 天,以 10.5% 的贴现率公开发行。则其发行价格与到期收益率分别为:

$$P_0 = 1\,000 \times \left(1 - 10.5\% \times \frac{180}{360}\right) = 947.50 \,(元)$$

$$Y_m = \frac{1\,000 - 947.50}{947.50} \times \frac{365}{180} 100\% = 11.24\%$$

到期收益率高于贴现率是因为贴现额预先扣除,使投资者实际成本小于债券面额,并将按 360 天计算的贴现率换算成按 365 天计。

(2) 持有期收益率。贴现债券也可以不等到期满而中途出售,证券行情表每天公布各种未到期贴现债券二级市场的折扣率。投资者必须先计算债券卖出价,再计算持有期收益率。债券卖出价计算公式与贴现债券发行价格计算公式相似,只不过此时 d 为二级市场折扣率,n 为债券剩余天数。

持有期收益率计算公式为:

$$Y_\mathrm{h} = \frac{P - P_0}{P_0} \times \frac{365}{n} \times 100\% \qquad (12.10)$$

式中,Y_h 表示持有期收益率,P_1 表示债券卖出价,P_0 表示债券买入价,n 表示债券持有期限。

若例 12.5 中的贴现债券在发行 60 天后以 9% 的折扣率在市场出售,则该债券的卖出价和持有期收益率为:

$$P_1 = 1\,000 \times \left(1 - 9\% \times \frac{120}{360}\right) = 970 \,(元)$$

$$Y_\mathrm{h} = \frac{970 - 947.50}{947.50} \times \frac{365}{60} \times 100\% = 14.45\%$$

该例说明,贴现债券因有贴现因素,其实际收益率比票面贴现率高。投资者购入贴现债券后不一定要持至期满,如果持有期收益率高于到期收益率,则中途出售债券更为有利。

(3) 复利到期收益率。它是指期限在一年以上的贴现债券以复利计算的到期收益率。其计算公式为:

$$Y_\mathrm{CO} = \left(\sqrt[n]{\frac{V}{P_0}} - 1\right) \times 100\% \qquad (12.11)$$

【例 12.6】 某贴现债券面值为 1 000 元,期限为 2 年,某投资者于发行之日以 760 元的价格买入,则其复利到期收益率为:

$$Y_\mathrm{CO} = \left(\sqrt[2]{\frac{1\,000}{760}} - 1\right) \times 100\% = 14.71\%$$

二、股票投资的收益

(一) 股票投资收益的来源

股票的收益是指投资者从购入股票开始到出售股票为止整个持有期间的收入,这种收益由股息和资本利得两方面组成。股息是股份公司对股东投资的回报,从公司税后利润中支付。资本利得或称资本损益是投资者买入和卖出股票的差价收入或差价损失。股票收益主要取决于股份公司的经营业绩和股票市场的价格变化,但与投资者的投资决策也有一定关系。

（二）股票收益率及其计算

衡量股票投资收益水平的指标主要有股利收益率、持有期收益率和拆股后持有期收益率等。

1. 股利收益率

又称获利率，指股份公司以现金形式派发的股息与股票市场价格的比率。该收益率可用于计算已得的股利收益率也可用于预测未来可能的股利收益率。如果投资者以某一市场价格购入股票，在持有股票期间得到公司派发的现金股息，则股利收益率可用本期每股股息与股票买入价计算，这种已得的股利收益率对长期持有股票的股东特别有意义。如果投资者打算投资某种股票，可用该股票预计本期的现金股息与当前股票市场价格计算出预计的股利收益率，这一指标对投资者制定投资决策有一定帮助。

$$股利收益率 = (D/P_0) \times 100\% \tag{12.12}$$

式中，D 表示年现金股息，P_0 表示股票买入价。

【例 12.7】 某投资者以 100 元一股的价格买入 x 公司股票，持有一年，分得现金股息 10 元。则：

$$股利收益率 = (10/100) \times 100\% = 10\%$$

2. 持有期收益率

持有期收益率指投资者持有股票期间的股息收入与买卖差价占股票买入价格的比率。股票没有到期日，投资者持有股票的时间短则几天，长则数年，持有期收益率就是反映投资者在一定的持有期内的全部股息收入和资本利得占投资本金的比率。持有期收益率是投资者最关心的指标，但如果要将它与债券收益率、银行利率等其他金融资产的收益率进行比较，则需注意时间的可比性，即要将持有期收益率化为年率。

$$持有期收益率 = \frac{D + (P_1 - P_0)}{P_0} \times 100\% \tag{12.13}$$

式中，D 表示年现金股息，P_0 表示股票买入价，P_1 表示股票卖出价。

【例 12.8】 假设例 12.7 中的投资者在分得现金股息两个月后，将股票以 120 元的市价出售，则：

$$持有期收益率 = [10 + (120 - 100)]/100 \times 100\% = 30\%$$

3. 持有期回收率

持有期回收率指投资者持有股票期间的现金股息收入与股票卖出价之和占买入价的比率，该指标主要反映投资回收情况。如果投资者买入股票后由于股价下跌或操作不当，均有可能出现股票卖出价低于买入价，甚至持有期收益率为负值的情况。此时，持有期回收率可作为持有期收益率的补充指标，计算投资本金的回收比率。

$$Y_n = \frac{(D+P_1)}{P_0} \times 100\% \qquad (12.14)$$

式中，D 表示年现金股息，P_0 表示股票买入价，P_1 表示股票卖出价。

持有期回收率＝1＋持有期收益率

【例 12.9】 假设例 12.7 中的投资者最终以 80 元一股的价格将股票出售，则出现投资亏损。

持有期收益率 ＝ ｛[10＋(80－100)]/100｝×100％ ＝－10％

持有期回收率 ＝ [(10＋80)/100]×100％ ＝ 90％

这说明投资者发生亏损后，尚能收回本金的 90％。

4. 调整后的持有期收益率

投资者在买入股票后，有时会发生该股份公司进行拆股、送股、配股的情况，它们会影响股票的市场价格和投资者的持股数量。因此，有必要在拆股后作相应调整，以计算调整后的持有期收益率。

调整后持有期收益率＝(调整后资本利得或损失＋调整后现金股息)

$$\div 调整后购买价格 \times 100\% \qquad (12.15)$$

【例 12.10】 例 12.7 中投资者买入股票并分得现金红利后，x 公司以 1 比 2 的比例拆股。拆股决定公布后，x 公司股票市价涨至 110 元，一股拆股后的市价为 55 元一股。若投资者此时以市价出售，则需对持有期收益率进行调整。

调整后持有期收益率＝｛[(55－50)＋5]/50｝×100％＝20％

三、资产组合收益率的计算

如果投资者不是买一种股票或债券，而是持有多种金融资产，即形成一个资产组合。资产组合的收益率就是组成资产组合的所有金融资产收益率的加权平均数。权数是各种金融资产的价值占资产组合总价值的比例。这一计算方法常用于计算资产组合的预期收益率，也可用于计算实际收益。计算公式如下：

$$E(r_p) = \sum_{i=1}^{n} x_i R_i \qquad (12.16)$$

式中，$E(r_p)$ 表示资产组合预期收益率，n 表示资产组合中证券种类数，x_i 表示各种资产价值占资产组合的比率，R_i 表示资产组合中各种金融资产的预期收益率。

【例 12.11】 某投资者持有 A，B，C，D 四种股票，组成一个资产组合，这 4 种股票价值占资产组合总价值的比率分别为 10％，20％，30％，40％，它们的预期收益率分别是 8％，12％，15％，13％。该组合的预期收益率为：

$E(r_p) = 0.1 \times 8\% + 0.2 \times 12\% + 0.3 \times 15\% + 0.4 \times 13\% = 12.9\%$

如果用实际收益率代替预期收益率，计算结果为资产组合的实际收益率。

不难发现,如果投资者将组合中各种股票所占比率作一调整,那么组合的收益率将起变化,如上例中,投资者若将 A,B,C,D 四种股票价值占资产组合总价值的比率调整为 40%,30%,20%,10%,则资产组合的收益率为 11.1%。可见,要提高资产组合的收益率,可用两种办法:一是改变组合中金融资产的品种;二是调整组合中各金融资产所占的比率。当然,随着资产组合收益率的变化,其风险也会起相应变化。

第二节 证券投资的风险

一般而言,风险是指对投资者预期收益的背离,或者说是证券收益的不确定性。在证券投资活动中,投资者投入一定数量的本金,目的是能得到预期的若干收益。从时间上看,投入本金是当前的行为,其数额是确定的,而取得收益是在未来,其数额是无法确定的。在持有证券这段时间内,有很多因素可能使预期收益减少甚至使本金遭受损失,而且相隔时间越长,预期收益变动的可能性越大,因此,证券投资的风险是普遍存在的。

证券投资的风险指证券的预期收益变动的可能性及变动幅度。与证券投资相关的所有风险统称为总风险,总风险可分为系统风险和非系统风险两大类。

一、系统风险

系统风险是指由于某种全局性的因素引起的所有证券投资收益不确定的可能性。这种因素以同样的方式对所有证券的收益产生影响。在现实生活中,所有企业都受全局性因素的影响。这些因素包括社会、政治、经济等各个方面。由于这些因素来自企业外部,是企业无法控制和回避的,因此又叫不可回避风险。这些共同的因素会对所有企业产生不同程度的影响,不能通过多样化投资而分散,因此又称为不可分散风险。系统风险包括市场风险、利率风险和购买力风险等几种。

(一) 市场风险

我们这里所说的市场风险是指由于证券市场行情变动引起证券投资收益不确定的可能性。这种行情变动可通过对股票价格指数或股价平均数来分析。

证券行情变动受多种因素影响,但决定性的因素是经济周期的变动。经济周期是指社会经济阶段性的循环和波动,分为萧条—复苏—繁荣—衰退等阶段。经济周期的变化决定了企业的景气和效益,从而从根本上决定了证券行市,特别是股票行市的变动趋势。证券行情随经济周期的循环而起伏化,其长期变动趋势可分为看涨市场(或称多头市场)和看跌市场(或称空头市场)两大类型。看涨市场从萧条阶段开始,股票价格指数从低谷开始渐渐回升,经过复苏阶段进入繁荣阶段,股价指数持续稳步上升,到达某一个高点后出现盘旋并开始下降,标志看涨市场结束;看跌市场是从经济繁荣阶段的后期开始,经过衰退直至萧条时期,在这一阶段,股价指数从高点开始一直呈下跌趋势并在达到某个低点时结束。看涨市场和看跌市场是指股票行情变化的大趋势。实际上,在看涨市场中,股价并非直线上升,而是大涨小跌,不断出现盘整和回档行情;在看跌市场中,股价也并非直线下降,而是小涨大跌,不断出现盘整和反弹行情。但在这两大变动趋势中,一个重要的特征是,在整个看涨行市中,几乎所有股票价格都会上涨,在整个看跌行情中,几乎所有股票价格都不可避免地下跌,只是涨跌的程度不同而已。

显然,市场风险是无法回避的,但是投资者还是可以设法减轻市场风险的影响。方法之一是判断大的行情变动并顺势而为,通过分析判断是看涨市场就入市投资,当看跌市场来临时就远离股市,即市场人士所说牛市持股、熊市持币的策略;方法之二是选好股票,一般情况下,大企业、业绩优良的企业适应能力强,对宏观经济环境变化的承受力强,它的股东和债权人面临的市场风险较小。小企业、业绩差的企业在经济环境变化时适应性差,容易亏损甚至破产,它的股东和债权人面临的市场风险较大。总之,尽管经济形势变动对各种证券都有影响,但影响的程度不尽相同,认清大势,选好股票是降低市场风险的较好办法。

(二) 利率风险

我们这里所说的利率风险是指市场利率变动引起证券投资收益不确定的可能性。市场利率的变化会引起证券价格变动,进而影响了证券收益的确定性。利率与证券价格呈反向变化,即利率提高,证券价格水平下降;利率下降,证券价格水平上涨。利率从两方面影响证券价格:一是改变资金流向。当市场利率提高时,会吸引一部分资金流向银行储蓄、商业票据等金融资产,从而减少对证券的需求,使证券价格下降。当市场利率下降时,一部分资金流回证券市场,增加了对证券的需求,刺激了证券价格上涨;二是影响公司成本。利率提高,公司融资成本提高,在其他条件不变的情况下盈利下降,派发股息减少,引起股票价格下降。利率下降,融资成本下降,盈利和股息相应增加,股票价格上涨。

利率政策是中央银行的货币政策工具,中央银行根据金融宏观调控的需要调节利率水平。当中央银行调整利率时,各种金融资产的利率和价格都会灵敏地作出反映,所以利率风险也是无法回避的。利率风险对不同证券的影响是各不相同的。

(1) 利率风险是固定收益证券的主要风险,特别是债券的主要风险。债券面临的利率风险由价格变动风险和息票利率风险两方面组成,当市场利率提高时,已经发行又尚未到期的债券利率相对偏低,此时投资者若继续持有债券,在利息上要受损失,若将债券出售,又必须在价格上作出让步,在出售价格上要受损失。可见,此时投资者无法回避利率变动对债券价格和收益的影响,而且这种影响与债券本身的质量无关。

(2)利率风险是政府债券的主要风险。债券发行主体不同可分为政府债券、企业债券等。对企业债来说,除了利率风险以外,重要的还有信用风险和财务风险。政府债券没有信用问题和偿债的财务困难,它面临的主要风险是利率风险和购买力风险。

(3)利率风险对长期债券的影响大于短期债券。在利率水平变动幅度相同的情况下,长期债券价格下降幅度大于短期债券,因此长期债券的利率风险大于短期债券。债券的价格是将未来的利息收益和本金按市场利率折算成现值,债券的期限越长,未来收入的折扣率就越大,所以债券的价格变动风险随着期限的增加而增加。

普通股票和优先股票也会遭受利率风险,股票价格对利率变动是极其敏感的,其中优先股因其股息率固定受利率风险影响较大。对普通股来说,其股息和价格主要由公司经营状况和财务状况决定,而利率变动仅是影响公司经营和财务状况的部分因素,所以利率风险对普通股的影响不像债券那样没有回旋的余地。

减轻利率风险影响的办法是,投资者在预见利率将要提高时,减少对固定利率债券特别是长期债券的持有。

(三)购买力风险

购买力风险又称通货膨胀风险,是由于通货膨胀、货币贬值引起证券投资收益不确定的可能性。在通货膨胀情况下,物价普遍上涨,社会经济运行秩序混乱,企业生产经营的外部条件恶化,证券市场也难免深受其害,所以购买力风险是难以回避的。在通货膨胀条件下,随着商品价格的上涨证券价格也会上涨,投资者的货币收入有所增加,会使他们忽视通货膨胀风险的存在并产生一种货币幻觉。其实,由于货币贬值,货币购买力水平下降,投资者的实际收益率可能并没有提高,甚至有所下降。投资者要通过计算实际收益率来分析购买力风险。

$$实际收益率 = 名义收益率 - 通货膨胀率$$

这里的名义收益率是指债券的利息率或股票的股息率。例如,某投资者买了一张年利率为10%的债券,其名义收益率为10%。若一年中通货膨胀率为5%,投资者的实际收益率为5%;当年通货膨胀率为10%时,投资者的实际收益率为0;当年通货膨胀率超过10%时,投资者不仅没有得到收益,甚至有所亏损。可见,只有当名义收益率大于通货膨胀率时,投资者才有实际收益。

(1) 购买力风险对不同证券的影响不尽相同。最容易受其损害的是固定收益证券,如优先股、债券等。因为它们的名义收益率是固定的,因此当通货膨胀率陡然升高时,真实收益率就会明显下降,所以固定利息率和股息率的证券购买力风险较大。同样是债券,长期债券的购买力风险又要比短期债券大。对此,投资者在预期将发生通货膨胀时,可减少或避免持有固定收益的证券,特别是固定收益的长期债券。如果仍选择投资债券和优先股,投资者可挑选浮动利率债券和可参与优先股。我国政府曾对3年期以上的债券实行保值贴补办法就是意在弥补因通货膨胀给投资者带来购买力下降的损失。

对普通股股票来说,购买力风险相对较小。当发生通货膨胀时,由于公司产品价格上涨,股份公司的名义收益会增加,特别是当公司产品价格上涨幅度大于生产费用的涨幅时,公司净盈利增加,此时股息会增加,股票价格也会随之提高,普通股股东会得到较高收益,可部分减轻通货膨胀带来的损失。

(2) 在通货膨胀不同阶段,购买力风险对不同股票的影响程度不同。购买力风险对不同股票的影响程度不同是因为公司的盈利水平要受多种因素影响,产品价格仅仅是其中的一个因素。在通货膨胀情况下,由于不同公司产品价格上涨幅度不同,上涨时间先后不同,对生产成本上升的消化能力不同,受国家有关政策控制程度不同等等,所以会出现在相同通货膨胀水平下,有的公司股息有大幅增加,有的只有少量增加;有的股票价格上涨幅度大,有的只小幅上涨;有的股票购买力风险大,有的则较小。一般来说,率先涨价产品、上游产品、热销或供不应求产品的公司股票购买力风险较小,国家进行价格控制的公用事业、下游产品等股票含有的购买力风险较大。在通货膨胀之初,企业消化生产费用上涨的能力较强,又能利用人们的货币幻觉提高产品价格,股票的购买力风险相对小些。当出现严重通货膨胀时,各种商品价格轮番上涨,社会经济秩序紊乱,企业承受能力下降,此时即使股息增加,股价上涨也很难赶上物价上涨,普通股也很难抵偿购买力下降的风险了。

二、非系统风险

非系统风险是指由于某些局部的或个别的因素引起的某个行业或个别公司的证券投资收益不确定的可能性。它通常是由某一特殊的因素引起,与整个证券市场的价格不存在系统的、全面的联系,而只对个别或少数证券的收益产生影响。例如,某公司产品因市场需求减少而导致盈利下降,某公司因经营不善而发生严重亏损,某行业因产品更新换代而逐渐衰退等等,这种因行业或企业自身因素改变而带来的证券价格变化与其他证券的价格、收益没有内在的必然联系,不会因此而影响其他证券的收益。这种风险可以通过分散投资来抵消,例如,投资者持有多样化的不同证券,当某些证券价格下跌,收益减少时,另一些证券可能价格正好上升,收益增加,这样就使风险相互抵消,平均收益率不致下降。非系统风险是可以抵消回避的,因此又称为可分散风险或可回避风险。非系统分风险包括信用风险和经营风险。

(一) 信用风险

信用风险又称违约风险,是指证券发行人在证券到期时无法还本付息而使投资者遭受损失的风险。证券发行人如果不能支付利息或偿还本金,哪怕是仅仅不能如期偿付债务都会影响投资者的利益,使投资者失去再投资和获利的机会,使投资者受损。信用风险是在发行人的财务状况不佳时出现的违约和破产的可能,它主要受证券发行人的经营能力、盈利水平、事业稳定程度及规模大小等因素影响。

债券、普通股、优先股都可能有信用风险,但它们的程度有所不同。信用风险是债券的主要风险,因为债券是需要按时还本付息的要约证券。政府债券的信用风险最小,一般认为中央政府债券几乎没有信用风险,除非出现政权不稳的情况,其他债券的信用风险从低到高依次排列为地方政府债券、金融债券、公司债券。大金融机构和国际性大公司的信用风险低于某些政府债券。投资公司债券首先要考虑的就是信用风险,产品的市场需求变化、成本变动、融资条件变化等等都可能引起信用风险,特别是公司资不抵债面临破产时,债券的利息和本金都可能被勾销。股票没有还本要求,普通股股息也不固定,但仍有信用风险,不仅优先股股息有缓付或少付,甚至不付的可能,而且若公司不能按期偿付债务,就立即会影响股票的市场价格,更不用说当公司濒临破产时,该公司股票价格会接近于零,无信用可言。

在债券和优先股发行时,要进行信用评级,投资者回避信用风险的最好办法是参考证券评级的结果。信用级别高的证券信用风险小,信用级别越低,违约的可能性越大。

(二) 经营风险

经营风险是指由于公司经营状况变化而引起盈利水平改变,从而产生投资者预期收益下降的可能。经营风险可能是由公司经营决策失误、管理混乱致使产品质量下降、成本上升等内部因素引起,也可能由公司以外的客观因素引起,例如,政府产业政策的调整、竞争对手的实力变化使公司处于相对劣势地位等,但经营风险主要来自公司内部的决策失误或管理不善。

三、收益和风险的关系

收益和风险是证券投资的核心问题,投资者的投资目的是得到收益,但与此同时又不可避免地面临着风险,证券投资的理论和投资分析都围绕着如何处理这两者的关系而展开。一般地说,风险较大的证券,收益率相对较高;反之,收益率较低的投资对象,风险相对也较小,但是,绝不能认为,风险越大,收益率就一定越高,因为我们以上分析的风险是客观存在的风险,它不包括投资者主观上的风险。如果投资者对证券投资缺乏正确的认识,盲目入市,轻信传言,操作不当等,只能得到高风险、低收益的结果。

证券投资的收益与风险同在,收益是风险的补偿,风险是收益的代价。它们之间成正比例的互换关系,这种关系表现为:

$$预期收益率 = 无风险利率 + 风险补偿$$

这里,预期收益率是投资者承受各种风险应得的补偿,无风险收益率是指把资金投资于某一没有任何风险的投资对象而能得到的利息率,这是投资的时间补偿,是资金的时间价值。我们把这种收益率作为一种基本收益率,再考虑各种可能出现的风险,使投资者得到应有的风险补偿。现实生活中不可能存在没有任何风险的理想证券,但可以找到某种收益变动小的证券来代替。美国短期国库券由政府发行,联邦政府有征税权和货币发行权,债券的还本付息有可靠保障,因此没有信用风险和财务风险。短期国库券期限很短,以 3 个月(91 天)和 6 个月(182 天)为代表,几乎没有利率风险,只要在其发行期间没有严重通货膨胀,可以视为不附任何风险的证券。短期国库券的利率很低,它的利息可以看作是投资者牺牲目前消费,让渡货币使用权的补偿。在美国一般把联邦政府发行的短期国库券当作无风险证券,把短期国库券利率当作无风险利率。

在短期国库券无风险利率的基础上,我们可以发现:

(1) 同一种类型的债券,长期债券利率比短期债券高,这是对利率风险的补偿。例如,同是政府债券,它们都没有信用风险和财务风险,但长期债券的利率要高于短期债券,这是因为短期债券几乎没有利率风险,而长期债券却可能遭受市场利率变动的影响,两者之间利率的差额就是对利率风险的补偿。

(2) 不同债券的利率水平不同,这是对信用风险的补偿。通常中央政府债券的利率最低,地方政府债券利率稍高,其他依次是金融债券、企业债券。在企业债券中,信用级别高的债券利率较低,信用级别低的债券利率较高,这是因为他们的信用风险不同。

(3) 在通货膨胀严重的情况下,会发行浮动利率债券。我国政府对 3 年以上国库券进行利率的保值贴补,就是对购买力风险的补偿。

(4) 股票的收益率一般高于债券,这是因为股票面临的经营风险和市场风险比债券大得多,必须给投资者相应的补偿。面值相同的股票却有迥然不同的市场价格,这是因为不同股票的经营风险相去甚远,市场风险也有差别,投资者以出价和要价来评价不同股票的风险,调节不同股票的实际收益,使风险大的股票市场价格低,风险小的股票市场价格高。

当然,风险与收益的关系并非如此简单。证券投资除以上几种主要的风险之外,还有其他次要风险,引起风险的因素以及风险的大小程度也在不断变化之中。影响证券投资收益的因素很多,所以这种以收益率替代风险的方法只能粗略近似地反映两者之间的关系,更进一步地说,只有加上证券的价格变化才能更好地反映两者的动态替代关系。

第三节 证券风险的衡量

证券投资的收益和风险之间存在相互替代的关系,投资者在掌握了证券投资收益率的计算方法和认识了证券投资风险的来源和影响以后,还应将某种证券或证券组合的风险加以量化。只有这样,投资者才能将不同证券的收益和风险加以比较,并根据自己的投资偏好,作出正确的投资决策。本节主要分析单一证券风险的衡量。

投资者在评价某一项证券时,首先要考虑的是它能提供的未来收益水平,他们往往根据该项证券过去提供的收益水平和其他方面的信息对未来收入流量进行预测。对一种证券的未来收益作出的准确公正的预测叫作预期收益。

证券的风险是预期收益变动的可能性和变动幅度。我们可以通过计算证券未来收益的变动可能和幅度来衡量其风险的大小,或者说,风险的衡量是将证券未来收益的不确定性加以量化。

一、未来收益的概率分布

既然证券的未来收益是可能变动的,它的风险即是该项证券预期收益变动的可能性及幅度,我们就可以利用预期收益变动的概率分布来研究风险的量。

影响证券收益变动的因素很多,我们可以把次要因素均舍弃掉,假定证券的收益水平仅仅取决于经济环境的变化。如果把经济环境看成是离散型的随机变量,证券实际收益就是这随机变量的函数,可表示为:

$$r = f(S)$$

式中,S 代表经济环境,r 为证券的实际收益率。

我们可以把某一证券的某一收益水平当作是一个随机事件,但在多次重复

第十二章 证券投资的收益和风险

的相同经济条件下这一收益水平也会相对稳定地重复出现,这就是证券的特定收益水平在特定经济条件下发生的概率。现在我们假定经济环境依景气状况分为 5 种状态,分别为Ⅰ,Ⅱ,Ⅲ,Ⅳ,Ⅴ,它们在经济循环中出现的概率依次为 0.1,0.2,0.4,0.2 和 0.1。再假定 A 公司普通股票的股息派发随经济环境变动而增减,根据它的历年数据分析,可得出 A 公司股票派息概率分布,见表 12.1。

表 12.1　A 公司股票派息概率分布

经济环境	Ⅰ	Ⅱ	Ⅲ	Ⅳ	Ⅴ
股息额(元)	1.00	1.50	2.00	2.50	3.00
发生概率	0.1	0.2	0.4	0.2	0.1

根据表 12.1 所列各种可能的派息水平和它们的概率,可以预测 A 公司股票未来派息水平的概率分布,即有 10% 的可能是每股股息 1 元,有 20% 的可能是 1.50 元,有 40% 的可能是 2.00 元,有 20% 的可能是 2.50 元,有 10% 的可能是 3 元。

二、预期收益

我们已经知道了某一证券未来收益的变动范围和各种可能的收益水平,但是要评估证券的未来收益还需要找到能代表各种不同收益水平的平均值指标,这个平均值指标称为预期收益。这一指标可用概率中的期望值来表示,因为期望值是以有关概率为权数的所有可能结果的加权平均数。预期收益就是证券各种可能收益与相应概率的加权平均值。其计算公式为:

$$E(r) = \sum_{i=1}^{n} P_i r_i \tag{12.17}$$

式中,$E(r)$ 表示预期收益,P_i 表示各预期值发生的概率,r_i 表示各种可能的收益,i 表示各种可能收益水平的序号,n 表示观察数,即可能收益水平的个数,满足:

$$\sum_{i=1}^{n} P_i = 1$$

假设 A、B、C 三种股票可供投资者选择,它们的收益都随经济环境的改变而变动。经济环境的类型及发生概率如前所述,这三种股票各有 5 种不同的收益并按前述概率分布,我们根据以上条件将这三种股票的收益整理后列于表 12.2。

注:本例可参见张志平.金融市场实务与理论研究[M].北京:中国金融出版社,1991:464.

按以上资料计算 A,B,C 三种股票的预期收益:

$$E(r_A) = \sum_{i=1}^{5} P_i r_{Ai} = 0.1 \times 4 + 0.2 \times 6 + 0.4 \times 8 + 0.2 \times 10 + 0.1 \times 12 = 8 (元)$$

$$E(r_B) = \sum_{i=5}^{5} P_i r_{Bi} = 0.1 \times 6.5 + 0.2 \times 7 + 0.4 \times 8 + 0.2 \times 9 + 0.1 \times 9.5 = 8 (元)$$

$$E(r_C) = \sum_{i=1}^{5} P_i r_{Ci} = 0.1 \times 13 + 0.2 \times 11 + 0.4 \times 9 + 0.2 \times 7 + 0.1 \times 5 = 9 (元)$$

表 12.2　A、B、C 三种股票收益概率分布

经济环境	不同表经济环境的发生概率	证券在不同表经济环境的收益		
		A 股票(元)	B 股票(元)	C 股票(元)
I	0.1	4	6.50	13
II	0.2	6	7.00	11
III	0.4	8	8.00	9
IV	0.2	10	9.00	7
V	0.1	12	9.50	5

通过计算,我们得出这三种股票的预期收益。如果以预期收益作为评价标准,从这三种股票中选择一种作为投资对象,而它们的市场价格又同为每股 50 元时,显然,我们会毫不迟疑地选择 C 股票,因为它的预期收益高于 A 和 B 股票。但是仅以预期收益作为唯一选择标准是不够的,因为预期收益只计算出了证券未来收入的平均水平,并没有揭示它们所含的风险量的大小。如 A 股票与 B 股的预期收益水平相等,都是 8 元,但它们的变动范围却不相同。A 股票预期收益的变动范围在 4～12 元,B 股票则在 6.5～9.5 元。当经济环境于第 I 种状态时,A 股票的收益为 4 元,比预期收益少 4 元;B 股票的收益为 6 元,比预期收益少 1.5 元。显然,A 股票的收益更易变动,A 股票的风险大于 B 股票。

三、风险量的计算——方差和标准差

证券的未来收益是一个离散型的随机变量,预期收益是所有可能未来收益的取值中心,是投资者评价某项证券未来收益水平的主要指标。但是未来实际收益并不一定等于预期收益,很可能是大于或小于预期收益,因为预期收益是一系列收益组成数列的平均数。平均数虽是由组成数列的各个变量计算出来的,但每个变量并不都等于平均数,它们和平均数之间可能存在一定的离差。

我们知道证券的风险是未来收益的变动可能和变动幅度,其变动幅度可以表示为未来可能收益水平围绕预期收益变化的区间大小,因此,风险的量化可以用

第十二章 证券投资的收益和风险

未来收益水平对预期收益的离散程度来表示。在概率论中随机变量取值区间的大小,即概率分布的离散程度是用随机变量的方差或标准差表示的。方差或标准差越小,说明其离散程度越小;反之,则离散程度越大。因此我们可以借助证券未来收益的方差和标准差指标计算出它的风险大小。

衡量某种证券风险水平的一般尺度是各种可能收益水平或收益率的概率分布的方差或标准差。方差和标准差的计算公式是:

$$V = \sum P_i (r_i - E(r))^2 \tag{12.18}$$

$$\sigma = \sqrt{V} \tag{12.19}$$

式中,V 代表方差,σ 代表标准差。

按前述资料分别计算 A 股票、B 股票、C 股票的未来收益方差和标准差:

$$V_A = \sum_{i=1}^{5} P_i (r_{Ai} - E(r_A))^2 = 4.8$$

$$V_B = \sum_{i=1}^{5} P_i (r_{Bi} - E(r_B))^2 = 0.85$$

$$V_C = \sum_{i=1}^{5} P_i (r_{Ci} - E(r_C))^2 = 4.8$$

$$\sigma_A = \sqrt{4.8} = 2.191$$

$$\sigma_B = \sqrt{0.85} = 0.922$$

$$\sigma_C = \sqrt{4.8} = 2.191$$

将以上计算结果整理成表格,列于表 12.3。

表 12.3　A、B、C 三种股票的收益分析

证　券	预期收益(元)	方　差	标　准　差
A 股票	8	4.8	2.191
B 股票	8	0.85	0.922
C 股票	9	4.8	2.191

从以上计算我们可知:

A 股票的未来收益在 $8 \pm 2.191 = 5.81 \sim 10.19$ 元之间波动;
B 股票的未来收益在 $8 \pm 0.922 = 7.08 \sim 8.92$ 元之间波动;
C 股票的未来收益在 $9 \pm 2.191 = 6.81 \sim 11.19$ 元之间波动。

但并非这 3 种股票的未来实际收益仅在以上区域内波动,实际收益落在预期收益加减一个标准差的区域的概率是 68%;实际收益落在预期收益加减两个标准差的区域的概率是 95%;实际收益落在加减三个标准差的区域的概率则

为99%。

从表12.3中我们可知,在3种股票中,C股票的预期收益最高,B股票的风险最小。如果在这三种股票中再作一次选择,我们可作如下比较:将A股票与B股票相比,我们将选择B,因为它们的预期收益相等,但B股票风险要小得多;将A股票与C股票相比,我们将选择C,因为它们的风险相等,但C股票收益高;将B股票与C股票相比,我们会感到困难,因为B股票的风险小于C股票,但收益也低于C。在B与C之间的选择将取决于投资者个人的偏好。

四、变异系数

当两种投资的预期收益不一样时,即使其标准差一致,也不能说明它们的风险相同;而当两种投资的预期收益不一样时,若是其标准差也不一样,则更不能说明它们的风险相同。例如,A、B两种投资方案的预期收益率分别是10%与5%,而它们的标准差同为1%,则显然B种投资的风险较大。

变异系数CV是投资预期收益(率)的标准差与预期收益(率)之比。它用来比较投资的相对风险。其公式为:

$$\text{CV} = \frac{\sigma}{E(r)} \tag{12.20}$$

变异系数越大,相对风险就越大。例如,A、B两种投资方案的预期收益率分别是10%与5%,而它们的标准差分别是5%与10%,则$CV_a=0.5$,而$CV_b=2$,B的相对风险较大。

【延伸阅读】

世界上发生的几次大股灾

1. 1929年美国大股灾

1929年10月24日,星期四。灾难的发生是毫无征兆的,开盘时,并没有出现什么值得注意的迹象,而且有一段时间股指还非常坚挺,但交易量非常大。突然,股价开始下跌。到了上午11点,股市陷入了疯狂,人们竞相抛盘。到了11:30,股市已经狂跌不止。自杀风开始蔓延,一个小时内,就有11个知名的投机者自杀身亡。当天,换手的股票达到1 289 460股,而且其中的许多股票售价之低,足以导致其持有人的希望和美梦破灭。

从1929年9月到1933年1月间,道琼斯30种工业股票的价格从平均每股364.9美元跌落到62.7美元,20种公用事业的股票的平均价格从141.9美元跌到28美元,20种铁路的股票平均价格则从180美元跌到了28.1美元。美国钢铁公司的股价由每股262美元跌至21美元。通用汽车公司从92美元跌至7美元。几千家银行倒闭、数以万计的企业关门,1929—1933年短短的4年间出现了四次银行恐慌。

第十二章 证券投资的收益和风险

大股灾之后,随即发生了的大萧条持续了10个年头。从1929年9月到1932年大萧条的谷底,道琼斯工业指数从381点跌至36点,缩水90%。这次股灾彻底打击了投资者的信心,一直到1954年,美国股市才恢复到1929年的水平。

2. 1987年美国股灾

1987年10月19日,黑色星期一,开盘仅仅3小时,道琼斯工业股票平均指数就下跌了508.32点,跌幅达22.62%。随即,恐慌波及了美国以外的其他地区。当天,伦敦、东京、香港、巴黎、法兰克福、多伦多、悉尼、惠灵顿等地的股市也纷纷告跌。随后的一周内,恐慌加剧,10月20日,东京证券交易所股票跌幅达14.9%,创下东京证券下跌最高纪录。10月26日香港恒生指数狂泻1 126点,跌幅达33.5%,创香港股市跌幅历史最高纪录,将自1986年11月以来的全部收益统统吞没。亚洲股市崩溃的信息又回传欧美,导致欧美的股市再次下泻。

据统计,在从10月19日到26日8天内,因股市狂跌损失的财富高达2万亿美元之多,是第二次世界大战中直接及间接损失总和3 380亿美元的5.92倍。

股市的震荡刚刚有所缓解,社会经济生活又陷入了恐慌的波动之中。银行破产、工厂关闭、企业大量裁员,1929年发生的悲剧再度重演,随之而来的是美国经济的一段长时间的停滞。

3. 1989年日本股灾

1989年12月,日经平均股指高达38 915点,进入20世纪90年代,日本股市价格旋即暴跌。到1990年10月份股指已跌破20 000点。1991年上半年略有回升,但下半年跌势更猛。1992年4月1日东京证券市场的日经平均指数跌破了17 000点,日本股市陷入恐慌。8月18日降至14 309点,基本上回到了1985年的水平。

到此为止,股指比最高峰期下降了63%,上市股票时价总额由1989年底的630万亿日元降至299万亿日元,3年减少了331万亿日元,日本股市的泡沫彻底破灭。

泡沫破灭后,日本经济形势急转直下,立即呈现设备投资停滞、企业库存增加、工业生产下降、经济增长缓慢的局面,整个国家的财富缩水了近50%。

4. 1990年我国台湾省股灾

1987年到1990年,我国台湾省股指从1 000点一路飙升到12 682点,整整上涨了12倍。当时台湾省经济已实现连续40年平均9%的高增长,台币兑换美元更是从1比40升到1比25元,加上券商的执照开放等,都是热钱涌入的重要原因,当时房市和股市一起火暴。由于新台币的升值预期,海外"热钱"大量涌入岛内,在居民财富增长作用下,一时间台湾省内土地和房地产价格在短时间内翻了两番,当时,岛内可以说完全是资金泛滥,巨大的资金流贪婪地寻找各种投资机会。1989年最后一个季度,台股平均市盈率达到100倍,而同期全球其他市场市盈率都在20倍以下。

1990年2月,指数从最高点12 682点一路崩盘,一直跌到2 485点才止住,8个月的时间跌掉一万点。从12 000点的下跌过程中,许多人屡次抄底,屡次套牢。

5. 2008年中国股灾

从2007年10月的6124点,到2008年的最低点1664点,中国股市经历了前所未有的速降过程,在不到一年的时间内,下跌幅度超过72%,市值缩水最多时达到22万亿。此次熊市无论从跌幅、影响的投资者范围,以及对实体经济的影响均可谓十八年不遇。尽管此次下跌幅度72%仅次于1994年的79%,但1994年的下跌用了14个月,此次下跌只用了12个月,这种速降即使是炒股多年的投资者提起来也心惊。

这回参加的散户之多、之广超过了历史上的任何一个年代。截至2008年11月28日,中国证券登记结算公司的数据表明,中国目前A股账户有1.2亿个,如果把22万亿蒸发的纸上财富中,流通盘的8万亿平摊至每个人上,每人亏损13万。

重 要 概 念

票面收益率　直接收益率　持有期收益率　到期收益率　系统风险　非系统风险　信用风险　经营风险　市场风险　利率风险　购买力风险　预期收益　变异系数

思 考 题

1. 债券的收益包括哪些内容？影响债券收益率的主要因素是什么？
2. 债券收益率有几种？它们分别在什么情况下使用？
3. 股票收益率如何计算？这些收益率各有什么不同的意义？
4. 什么是证券投资的风险？证券投资的风险有哪些类型？如何回避这些风险？
5. 试简要分析收益与风险的关系。
6. 单一证券的风险如何衡量？

第十三章 投资组合选择

第一节 证券组合的收益与风险

投资者在进行投资时,一般不会把所有资金都集中投资于一种证券上,而是把资金按照不同的比例分成许多份,把每一份资金投向不同的证券,于是便形成一个证券组合。证券组合在收益和风险上与单个资产相比有许多不同的特点,这些特点对于投资决策是非常有用的。下面我们将分别讨论证券组合的收益和风险。

一、证券组合的期望收益率

证券组合的期望收益率,即将证券组合中各种证券的期望收益率加权平均而得到,其权数就等于每一个证券在组合中所占的比重,其公式如下:

$$E(r_p) = \sum_{i=1}^{N} x_i E(r_i) \tag{13.1}$$

式中,$E(r_p)$ 为证券组合的期望收益率;$E(r_i)$ 为第 i 种证券的期望收益率;x_i 为权数,即各项证券投资金额在组合总投资金额中所占的比重;N 为组合中所包含的证券总数。我们用 r 表示实际收益率,R 表示期望收益率或预期收益率。

设有两种证券 A 和 B,证券 A 的预期收益率为 $E(r_A)$,证券 B 的预期收益率为 $E(r_B)$,则分别以 x_A 和 x_B 的比例投资于两种证券构成的投资组合的预期收益率为:

$$E(r_p) = x_A E(r_A) + x_B E(r_B) \tag{13.2}$$

投资组合的预期收益率是各证券预期收益率的一种线性组合,因为 $x_A + x_B = 1$,将 $x_B = 1 - x_A$ 代入式(13.2)得:

$$E(r_p) = x_A E(r_A) + (1 - x_A) E(r_B)$$

图 13.1 表明投资组合预期收益率是权数 x_i 的线性函数。x_i 可以为负,比如,$x_A < 0$,则表明投资者卖空证券 A,并将所得的资金连同自有资金买入证券 B,$x_B = 1 - x_A > 1$。当然,在允许卖空的情况下,x_A 也可以大于 1,表明投资者卖空证券 B。下面的讨论如无特殊说明,都假定不允许卖空的情况。

图 13.1 中实线表明不允许卖空的情况,其延长线表明允许卖空的情况。仅从图 13.1 我们还不能得到最佳的投资组合,因为我们尚未将风险考虑在内。因此,接下来我们要考察 x_A 的变化对投资组合标准差的影响。

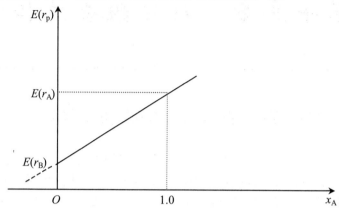

图 13.1　投资组合预期收益率与持有证券 A 比例的线性关系

由于每种证券在一定时期后的实际收益率与期望收益率可能不一致,因此证券组合的实际收益率与期望收益率也会不同,从而要对证券组合的风险加以考虑。

二、证券组合的风险

A 和 B 两种证券的任一投资组合风险可用该投资组合的标准差来表示:

$$\sigma(r_p) = \sqrt{x_A^2 \sigma^2(r_A) + x_B^2 \sigma^2(r_B) + 2x_A x_B \text{cov}(r_A, r_B)} \tag{13.3}$$

(13.3)式等号的右边由三项构成,它表示投资组合风险的大小取决于:① 持有的每一种证券的比例;② 持有的证券收益率的方差;③ 持有的证券收益率的相关程度(证券收益率间的相关程度用协方差 $\text{cov}(r_A, r_B)$ 表示,后面将详细讨论)。在给定证券收益率的方差及其相关程度后,选择不同的投资比例,就可以得到不同的投资组合,从而得到不同的预期收益率和标准差,因而 (x_A, x_B) 的无限种取值,相当于创造了无限多种证券供投资者选择,投资者可根据自己对收益和风险的偏好,选择自己最满意的组合。N 种证券的投资组合的标准差可表述为:

$$\sigma(r_p) = \sqrt{\sum_{i=1}^{N} \sum_{j=1}^{N} x_i x_j \text{cov}(r_i, r_j)}$$

$$= \sqrt{\sum_{i=1}^{N} x_i^2 \sigma^2(r_i) + 2 \sum_{1 \leqslant i,j \leqslant N} x_i x_j \text{cov}(r_i, r_j)} \tag{13.4}$$

在将单个证券构成证券组合时,证券间的关联性对组合的效应起着关键性作用。因此,在深入探讨投资组合效应前,有必要对度量证券间关联性的指标及其计算作一介绍。

（一）协方差

设证券 i 的实际收益率为 r_i，证券 j 的实际收益率为 r_j，$E(r_i)$ 与 $E(r_j)$ 为各自的预期收益率，则两证券间的协方差（covariance）可表示为（整个观察期为 T，r_{it} 与 r_{jt} 为观察期 t 时的收益率）：

$$\sigma_{ij} = \text{cov}(r_i, r_j) = \frac{1}{T}\sum_{t=1}^{T}[r_{it} - E(r_i)][r_{jt} - E(r_j)] \tag{13.5}$$

从概念上讲，协方差是两个随机变量相互关系的一种统计测度，也就是说，它是测度两个随机变量如证券 i 和 j 的收益率之间的"互动性"。协方差为正值表明两只证券的实际收益率倾向于向同一方向变动，一只证券的高于预期收益率的情形很可能伴随着另一只证券的高于预期收益率的情形；协方差为负值表明两只证券的实际收益率相背变动的倾向，一只证券的高于预期收益率的情形很可能伴随着另一只证券的低于预期收益率的情形；协方差为零则表明两只证券的实际收益率之间没有任何互动关系，一只证券的实际收益率状况不能说明另一只证券的实际收益率会有何种倾向。

从协方差的计算公式中可以看出，协方差反映两只证券协同变化的数量，其绝对数依赖于每只证券实际收益率与自身预期收益率的偏离程度，不同的证券对的协方差是不可比的，因而协方差的绝对数不能反映证券间的什么关系，只有协方差的符号可以反映两只证券协同变化的方向。为了克服协方差在不同证券对间的不可比性，于是有了另一统计指标——相关系数。

（二）相关系数

相关系数（Correlation Coefficient）即为标准化后的协方差，也就是将协方差用收益率的标准差来标准化。相关系数可以在不同的证券对之间进行比较，它的大小和符号反映了两只证券收益率间的关联程度，其取值介于 -1 和 1 之间。相关系数的计算公式为：

$$\rho_{ij} = \frac{\text{cov}(r_i, r_j)}{\sigma(r_i)\sigma(r_j)} \tag{13.6}$$

(1) 当 $\rho = 1$ 时，两只证券收益率完全正相关，如图 13.2(a) 所示。
(2) 当 $\rho = -1$ 时，两只证券收益率完全负相关，如图 13.2(d) 所示。
(3) 当 $\rho = 0$ 时，两只证券收益率不相关，如图 13.2(c) 所示。
(4) 当 $0 < \rho < 1$ 或 $-1 < \rho < 0$ 时，两只证券收益率不完全相关，如图 13.2(b) 所示。

例如，A 公司股票的月收益率标准差 $\sigma(r_A) = 19.4\%$，B 公司股票的月收益率

标准差 $\sigma(r_B)=23.1\%$，两公司股票月收益率的协方差 $\text{cov}(r_A,r_B)=3.4\%$，则两公司股票收益率的相关系数：

$$\rho_{AB}=\frac{0.034}{0.194\times 0.231}=0.76$$

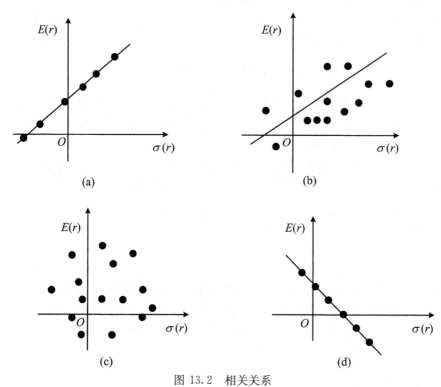

图 13.2　相关关系

前已指出，研究两只证券间的收益率相关性问题的原因在于投资组合的多样化效应与证券间的关联程度有关，图 13.3 显示的是两正相关证券投资组合的收

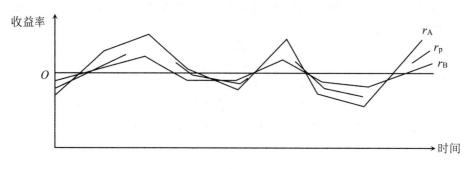

图 13.3　长期收益正相关的证券及其组合收益率

益率情况,图 13.4 显示的是两负相关证券投资组合的收益率情况。

根据以上分析,ρ_{ij} 越小,特别是负相关的证券组合多样化效应越大;ρ_{ij} 越大,特别是正相关的证券组合多样化效应越小。例如,当铁路股票受损失时,航空股票就获益,两者的收益率呈负相关,它们的投资组合将会显著降低风险,多样化效应较为明显;反之,若将轮胎公司和汽车公司的股票结合在一起,由于两者的收益率呈正相关,它们的投资组合就不会降低风险,没有什么多样化效应。

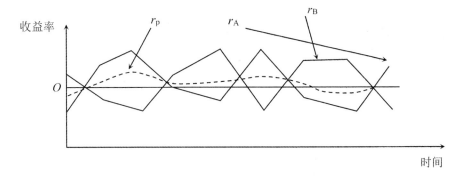

图 13.4　长期收益负相关的证券及其组合收益率

(三) 不同关联程度下两种证券组合的风险

两种证券组合的预期收益率与风险不同,在给定两种证券的收益率和风险后,前者只与投资比例有关,而后者的计算要复杂得多,不仅与投资比例有关,还与两种证券的相关程度有关。下面在不同相关程度下讨论两种证券组合的风险情况。

1. 完全正相关下两种证券组合的风险

在完全正相关下,$\rho_{AB}=1$,公式(13.4)变为:

$$\begin{aligned}\sigma(r_p) &= \sqrt{x_A^2\sigma^2(r_A)+x_B^2\sigma^2(r_B)+2x_Ax_B\mathrm{cov}(r_A,r_B)} \\ &= \sqrt{x_A^2\sigma^2(r_A)+x_B^2\sigma^2(r_B)+2x_Ax_B\sigma(r_A)\sigma(r_B)} \\ &= x_A\sigma_A+x_B\sigma_B \end{aligned} \tag{13.7}$$

2. 完全负相关下两种证券组合的风险

在完全负相关下,$\rho_{AB}=1$,公式(13.4)变为:

$$\begin{aligned}\sigma(r_p) &= \sqrt{x_A^2\sigma^2(r_A)+x_B^2\sigma^2(r_B)-2x_Ax_B\mathrm{cov}(r_A,r_B)} \\ &= \sqrt{x_A^2\sigma^2(r_A)+x_B^2\sigma^2(r_B)-2x_Ax_B\sigma(r_A)\sigma(r_B)} \\ &= |x_A\sigma_A-x_B\sigma_B| \end{aligned} \tag{13.8}$$

这种情况下,只要对值 x_A 做合适的选择,就可使投资组合的风险降为 0,呈现完全的多样化效应,构造这样的投资组合将是十分有价值的。此时,$x_A\sigma_A = x_B\sigma_B$,即投资比例与各自的风险成反比。

3. 不相关下两种证券组合的风险

在不相关下,$\rho_{AB}=0$,公式(13.4)变为:

$$\sigma(r_p) = \sqrt{x_A^2\sigma^2(r_A) + x_B^2\sigma^2(r_B)} \tag{13.9}$$

这种情况下,多样化投资风险的最小值,又称最小标准差投资组合将在 x_A 取值中的某一点产生。

4. 不完全相关下两种证券组合的风险

在不完全相关下,公式(13.4)可以表示为:

$$\begin{aligned}
\sigma(r_p) &= \sqrt{x_A^2\sigma^2(r_A) + x_B^2\sigma^2(r_B) + 2x_Ax_B\text{cov}(r_A, r_B)} \\
&= \sqrt{x_A^2\sigma^2(r_A) + x_B^2\sigma^2(r_B) + 2x_Ax_B\rho_{AB}\sigma(r_A)\sigma(r_B)} \\
&\leqslant \sqrt{x_A^2\sigma^2(r_A) + x_B^2\sigma^2(r_B) + 2x_Ax_B\sigma(r_A)\sigma(r_B)} \quad (\rho_{AB} \leqslant 1) \\
&= \sqrt{[x_A\sigma_A + x_B\sigma_B]^2} \\
&= x_A\sigma_A + x_B\sigma_B
\end{aligned} \tag{13.10}$$

综合以上四种情况,可以看出,组合的标准差总是小于(或等于)标准差的组合,说明投资组合确实能起到降低风险的作用,这就是投资风险分散化的原理。在不允许卖空的情况下($0 \leqslant x_A, x_B \leqslant 1$),相关系数越小,证券组合可获得越小的风险,特别是完全负相关的情况下,可得到无风险的投资组合,在不相关的情况下,虽然得不到一个无风险组合,但可得到一些组合,其风险小于 A、B 中任何一个单个证券的风险。可见,在不允许卖空的情况下,组合所能降低风险的程度是由证券间的关联程度所决定的。

(四)投资组合的图解

假设由均值—标准差图表示两项资产,这两项资产可以按照某种权重组合形成一种新的投资组合资产。这项资产的收益率与标准差可以通过初始资产收益率的均值、方差与协方差来计算得出。但是,由于均值—标准差图中未显示协方差,因此,由图中的两个初始资产的位置不能确定出由它们所组成的新的资产的确切位置。新的资产在图中的位置有很多可能性,它取决于两项初始资产的协方差。

我们下面分析这些可能性,以图 13.5 所示的两项资产 A,B 开始探讨,随后通过引入变量 x_B 来确定所有可能的投资组合,其中 x_B 定义为权重:$x_A + x_B = 1$。因此,随着 x_B 由 0 变动到 1,投资组合则由仅包括资产 A 变动到仅包括资产 B。如果允许卖空,则 x_B 可能取负值,即组合中某项资产的权重为负。随着 x_B 的变动,新的投资组合形成了一条包括资产 A 与 B 的曲线,这条曲线的确切形状由 σ_{AB} 决定。图 13.5 中曲线的实体部分与两项资产的正的组合相对应;虚线部分与其中一项资产的卖空相对应。

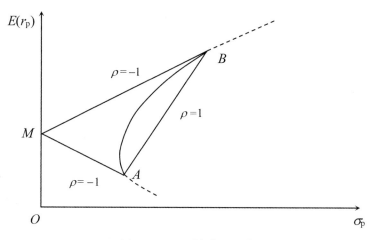

图 13.5 两项资产的组合

由两项资产 A 与 B 的非负组合形成的投资组合在 (E) 图中(见图 13.5)的曲线位于由两项原始资产及纵轴上的点 M(其高度为 $\dfrac{\sigma_A E(r_A)+\sigma_B E(r_B)}{\sigma_A+\sigma_B}$)为顶点的三角形区域内。$M$ 点的确定:在 M 点,投资组合的风险为 0,两种证券的收益率完全负相关,$x_A \sigma_A = x_B \sigma_B$,$x_A + x_B = 1$。这样就有,$x_B \sigma_B = (1-x_B)\sigma_A$,$x_B = \dfrac{\sigma_A}{\sigma_A+\sigma_B}$,代入 $E(r_p)=(1-x_B)E(r_A)+x_B E(r_B)$,得 $E(r_p)=\dfrac{\sigma_A E(r_A)+\sigma_B E(r_B)}{\sigma_A+\sigma_B}$。这意味着组合收益率的均值在两个初始资产的均值之间,它与资产在投资组合中所占的比重直接呈线性关系。例如,当两资产在组合中各占 50% 时,新的均值将在两初始资产均值的中间。

说明:由 x_B 所确定的投资组合的收益率的均值为 $E(r_p)=(1-x_B)E(r_A)+x_B E(r_B)$,现在我们计算组合的标准差。

由前述方差的一般公式得到:

$$\sigma(x_B)=\sigma(r_p)=\sqrt{(1-x_B)^2 \sigma^2(r_A)+x_B^2 \sigma^2(r_B)+2(1-x_B)x_B \mathrm{cov}(r_A,r_B)} \tag{13.11}$$

使用相关系数的定义 $\rho=\dfrac{\mathrm{cov}(r_A,r_B)}{\sigma_A \sigma_B}$,这一等式可以写为:

$$\sigma(x_B)=\sigma(r_p)=\sqrt{(1-x_B)^2 \sigma_A^2+x_B^2 \sigma_B^2+2(1-x_B)x_B \rho \sigma_A \sigma_B} \tag{13.12}$$

这一等式比较复杂,但能够确定它的边界。ρ 的变动范围为 $-1 \leqslant \rho \leqslant 1$。
当 $\rho = -1$ 时,得到左部边界:

$$\begin{aligned}
\sigma(x_B) = \sigma(r_p) &= \sqrt{(1-x_B)^2 \sigma_A^2 + x_B^2 \sigma_B^2 + 2(1-x_B)x_B \rho \sigma_A \sigma_B} \\
&= \sqrt{(1-x_B)^2 \sigma_A^2 + x_B^2 \sigma_B^2 - 2(1-x_B)x_B \sigma_A \sigma_B} \\
&= \sqrt{[(1-x_B)\sigma_A - x_B \sigma_B]^2} \\
&= |(1-x_B)\sigma_A - x_B \sigma_B|
\end{aligned} \quad (13.13)$$

当 $\rho = 1$ 时,得到右部边界:

$$\begin{aligned}
\sigma(x_B) = \sigma(r_p) &= \sqrt{(1-x_B)^2 \sigma_A^2 + x_B^2 \sigma_B^2 + 2(1-x_B)x_B \rho \sigma_A \sigma_B} \\
&= \sqrt{(1-x_B)^2 \sigma_A^2 + x_B^2 \sigma_B^2 + 2(1-x_B)x_B \sigma_A \sigma_B} \\
&= \sqrt{[(1-x_B)\sigma_A + x_B \sigma_B]^2} \\
&= (1-x_B)\sigma_A + x_B \sigma_B
\end{aligned} \quad (13.14)$$

注意到右部边界与均值表达式一样是 x_B 的线性函数。假如 $\rho = 1$,使用线性表达式,我们可以推出当 $0 \leqslant x_B \leqslant 1$ 时,组合均值与方差成比例地移动。这意味着随着 x_B 由 0 变动到 1,投资组合将在两点间描绘出一条直线。这在图 13.5 中表现为 A、B 两点间的直线。

左部边界表达式若不考虑绝对值符号时也同样是线性的。由(13.13)式知,当 x_B 较小时,绝对值符号内的表达式为正,因此,我们可以将带有绝对值的表达式改写为 $(1-x_B)\sigma_A - x_B \sigma_B$,这一表达式当 $x_B \leqslant \dfrac{\sigma_A}{\sigma_A + \sigma_B}$ 时,始终为非负。当 $x_B > \dfrac{\sigma_A}{\sigma_A + \sigma_B}$ 时,表达式变为负值,因此,绝对值变为 $x_B \sigma_B - (1-x_B)\sigma_A$,这种转折发生在点 M。这两个线性表达式与均值的线性表达式一起,形成了一条转折的左部边界。我们得出结论:由投资组合的各点所形成的曲线必定位于三角形区域内。

(五)证券组合的总风险与风险分散

1. 证券组合的总风险

证券组合的总风险可以用标准差来衡量,为了方便,我们用方差来进行讨论。证券组合的方差用公式表示是:

$$\sigma_p^2 = \sum_{i=1}^{N} \sum_{j=1}^{N} x_i x_j \mathrm{cov}(r_i, r_j) \quad (13.15)$$

经过简单的数学变形可以得到:

$$\sigma_p^2 = \sum_{i=1}^{N} x_i^2 \sigma_i^2 + \sum_{i=1}^{N} \sum_{\substack{j=1 \\ i \neq j}}^{N} x_i x_j \sigma_{ij} = \sum_{i=1}^{N} x_i^2 \sigma_i^2 + \sum_{i=1}^{N} \sum_{\substack{j=1 \\ i \neq j}}^{N} x_i x_j \rho_{ij} \sigma_i \sigma_j \quad (13.16)$$

从式(13.16)中可以看出,证券组合的总风险是由两部分组成的,式(13.16)右边第一项仅与各单个证券的风险及投资比例有关,我们称之为可避免风险;右边第二项不仅与单个证券的风险及投资比例有关,还取决于各证券之间的相关系数,我们称之为不可避免风险。任何证券组合的总风险都是由可避免风险和不可避免风险构成的,如图13.6所示。

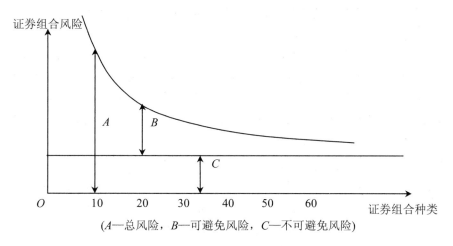

(A—总风险,B—可避免风险,C—不可避免风险)

图 13.6 证券组合的总风险

从图13.6可以看出,当组合中所包含的证券种类越多时,组合的总风险就越小,因为各种证券的可避免风险部分可以相互抵消,使整个组合的风险下降。当证券组合中按证券的市场价值比例包括市场所有的证券时(这种证券组合称为市场组合),组合的可避免风险已被分散趋向于零,此时的证券组合风险仅指不可避免风险。

2. 可避免风险

可避免风险也称为非系统风险,它是指某些因素对个别证券来讲,由于其本身原因造成经济损失的可能性。这种风险的大小只与发行证券的公司有关,例如,公司员工罢工、开发新产品失败、竞争对手的突然出现等。在同时对多种证券进行有效组合时,可将这种风险避免,或者减少其风险程度,而不同证券之间可避免风险的分散程度,要视不同证券之间的相关程度而定。以两种证券为例,如果它们之间收益率的变化是完全负相关的,一种证券的收益率上升时,另一种证券的收益率下降,则它们的可避免风险相互抵消,证券组合的风险降低;如果两种证券之间收益率的变化是完全正相关的,由于其收益率同涨同落,则不可能分散可避免风险,甚至这种组合比个别证券投资的风险还大;如果两种证券之间收益率的相关程度介于上述两种极端情况之间,那么它们形成的组合可以抵消部分的可避免风险,但是不能全部抵消。从理论上讲,如果证券组合中证券的种类达到足够多的程度,则能分散掉绝大部分可避免风险,甚至可以使这种风险趋于零。同时,证券组合中各种证券的相关程度越小,证券组合对可避免风险的抵消能力就越强。

3. 不可避免风险

不可避免风险也称之为系统风险,它不是由于证券发行企业本身的原因引起的,而是由于某些特定因素对证券投资这个行业带来的风险,也就是说,凡是从事证券投资活动,都不可避免地要面临这类行业性风险。证券投资者一般没有办法通过组合投资这一方式分散这种风险,例如,整个世界或者国家的经济形势的兴衰、政治形势的变化、国家财政状况的好坏、国家税收和金融制度的变革、资本市场供求关系的张弛和突发性经济灾害等。因为不可避免风险无法通过证券组合被分散掉,因此它是投资者高度重视的风险。

4. 证券组合风险分散化原理

在证券组合的总风险分析中我们指出,随着组合中证券种类的增加,证券组合的风险将逐步降低,下面将通过简单的数学推导来证明这一结论。

为了简化推导,我们作出如下的假设:证券组合中有 N 种证券;每种证券的方差 σ_i^2 均相等,设为 σ^2;每种证券的投资比例 x_i 均相等,为 $1/N$;$\bar{\sigma}_{ij}$ 表示组合中证券之间协方差的均值。将证券组合的方差公式展开得:

$$\sigma_p^2 = x_1^2\sigma_1^2 + x_2^2\sigma_2^2 + \cdots + x_N^2\sigma_N^2 + 2x_1x_2\sigma_{12} + 2x_1x_3\sigma_{13} + \cdots + 2x_Nx_{N-1}\sigma_{N,N-1}$$

(13.17)

式中,方差项的数目为 N 项,协方差项的数目为 $N(N-1)$ 项。

将有关假设条件代入上述展开式中得:

$$\sigma_p^2 = \frac{1}{N^2}N\sigma^2 + \frac{1}{N^2}N(N-1)\bar{\sigma}_{ij} = \frac{1}{N}\sigma^2 + (1-\frac{1}{N})\bar{\sigma}_{ij}$$

(13.18)

在证券组合中,当证券的种类 N 增大并趋向于无穷大时,$1/N$ 趋向于零,所以 $\frac{1}{N}\sigma^2$ 趋向于零,$(1-\frac{1}{N})\bar{\sigma}_{ij}$ 趋向于 $\bar{\sigma}_{ij}$,证券组合的风险收敛于一个有限数即组合中证券之间协方差的均值 $\bar{\sigma}_{ij}$。

上述简单的推导说明,随着组合中证券种类的增加,单个证券的方差对组合的方差的影响越来越小,当证券种类很多时,可以忽略不计,而证券之间协方差对组合的方差的影响越来越大。这与我们在总风险的定性分析中得出的结论是一致的:单个证券的方差衡量的是非系统风险,它可以通过合理的组合被分散掉,使总风险的水平降低;证券之间的协方差衡量的是系统风险,它无法通过证券组合加以分散化。

第二节 证券投资组合与无差异曲线

上面我们分析了证券组合的收益和风险以及它们的衡量方法,并且指出了证券组合具有分散投资风险的作用。那么什么样的证券组合才是最有效的组合呢?换句话说,投资者面临众多可以选择的证券时,如何进行组合,改变不同证券的投资比例,才能实现既定期望收益率下风险最小或者既定风险下期望收益最大的目标?马柯维茨采用"期望收益率—方差投资组合模型"来解决证券的确定和选择问题。本节主要讨论不存在无风险资产,并且不允许卖空的情况下证券组合的选择问题。

一、证券投资组合理论的假设

马柯维茨等人建立和发展的证券投资组合理论是建立在一系列假设条件基础之上的,这些假设条件主要有:

(1) 市场是完全的。即市场不存在交易费用与税收,不存在进入或者退出市场的限制,所有的市场参与者都是价格的接受者,市场信息是有效的,资产是完全可以分割的等。

(2) 投资者是风险回避的,他希望投资收益率越高越好,但是投资收益率的边际效用递减。

(3) 证券的投资收益率呈正态分布。

(4) 投资者的决策是单周期的。

二、有效边界理论

(一) 可行集(The Feasible Set)

投资者面临 N 种证券,随着投资者在每种证券上的投资比例的变动,可以得到无限多的证券组合形式,每种组合形式都有相应的期望收益率和风险(用标准差表示)。可行集(域)就是 N 种证券可能形成的所有组合的集合,也称为投资机会集。在以标准差为横轴,期望收益率为纵轴组成的期望收益率—标准差平面上,可行集一般呈伞状,所有可能的证券组合位于可行集的边界上或者内部,如图 13.7 所示。

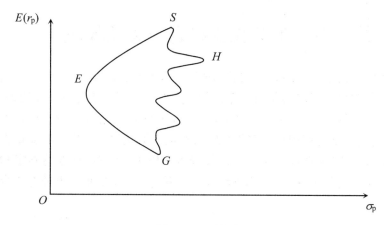

图 13.7 可行集

（二）有效边界的确定

可行集中包含无数种证券组合形式，但是投资者并不需要对所有的组合进行分析和评价，只需要考虑可行集的一个子集——有效组合就可以了。有效组合是指同时满足以下两个条件的证券组合：

第一，对于每一风险水平，提供最大的期望收益率；

第二，对于每一期望收益率水平，提供最小的风险。

下面将讨论如何在可行集中确定有效组合。首先确定满足第一个条件的组合。如图 13.7 所示，在所有的证券组合中，E 点的风险是最小的，因为过 E 点作横轴的垂线，可行集中没有哪一点在这条线的左边；H 点是风险量大的，因为过 H 点作横轴的垂线，可行集中没有哪一点在这条线的右边。所以 E 点到 H 点界定了各种证券组合所能提供的风险水平的范围。在这个范围内，任意作一条横轴的垂线，就会发现在给定的风险水平下，期望收益率最大的组合总是位于从 E 点到 H 点的曲线段上。因此满足第一个条件的组合位于可行集中从 E 点到 H 点的左上方边界上。

同样道理，我们可以确定满足第二个条件的组合。在所有的证券组合中，G 点的期望收益率是最小的，因为过 G 点作纵轴的垂线，可行集中没有哪一点在这条线的下方；S 点的期望收益率是最大的，因为过 S 点作纵轴的垂线，可行集中没有哪一点在这条线的上方。所以 G 点到 S 点界定了各种证券组合所能提供的期望收益率的范围。在这个范围内，任意作一条纵轴的垂线，也会发现在给定的期望收益率水平下，风险最小的组合总是位于从 G 点到 S 点的曲线段上。因此满足第二个条件的组合位于可行集中从 G 点到 S 点的左边界上。

由于有效组合必须同时满足上述两个条件，所以只有 EH 曲线段和 GS 曲线段的交集,即 ES 曲线段才能同时满足两个条件,即可行集中从 E 点到 S 点的证券组合才构成有效组合。投资者可以从有效组合中选择出他的最优证券组合,而不必考虑其他不在有效组合中的证券组合。

由所有有效组合组成的曲线段 ES,称为有效边界(The Efficient Frontior),又叫马柯维茨边界。

三、优势法则和无差异曲线

证券市场充满了风险,证券投资是一种风险性的投资。一般而言,风险是指对投资者预期效益的背离,或者说是证券投资收益的不确定性。在证券投资活动中,投资者投入一定数量的本金,目的是希望得到预期的收益。从时间上看,投入本金是当前的行为,其数额是确定的,而取得收益是在未来,其数额是无法确定的。在持有证券这段时间内,有很多因素可能使预期收益减少甚至使本金遭受损失,而且相隔时间越长,预期收益的不确定性越大,因此,证券投资的风险是普遍存在的。

在众多的可供投资者选择的证券品种中,虽说风险是普遍存在的,但每一种证券的风险大小并不相同,例如,国库券或银行短期可转让存单几乎没有什么风险,收益是确定的,而普通股票或普通股票的择购期权存在着很大的风险,收益完全是不确定的,有各种可能结果。为了有效地进行风险管理,投资者应考虑两方面的问题:第一,投资者个人对风险和收益的看法,即个人偏好。第二,在投资者可接受的风险水平下,可供选择的投资品种。

因此,作为一名风险厌恶投资者(Risk-Averse Investor)可能会投资于国库券或银行短期可转让存单,作为一名风险偏好者(Risk-Taker)可能会投资于普通股票或认股权证。

(一) 优势法则

人们在投资决策时希望预期收益率越高越好,而风险越小越好。这种态度反映在证券的选择上可用优势法则来描述,即在风险一定的条件下,选择预期收益率较高的资产;在预期收益率一定的情况下,选择风险较小的资产。假定有两种证券资产 i 与 j,它们的预期收益率分别用 $E(r_i)$ 和 $E(r_j)$ 表示,风险分别用 i 与 j 资产的标准差 $\sigma(r_i)$ 与 $\sigma(r_j)$ 来表示,投资者在两种资产间的投资选择过程为:

(1) 当 $E(r_i)=E(r_j)$ 且 $\sigma(r_i) \geqslant \sigma(r_j)$,则投资者的选择是风险较小者即 j 资产。

(2) 当 $E(r_i) \geqslant E(r_j)$ 且 $\sigma(r_i)=\sigma(r_j)$,则投资者的选择是预期收益率较高的 i 资产。

(3) 当 $E(r_i) \geqslant E(r_j)$ 且 $\sigma(r_i) \leqslant \sigma(r_j)$，则投资者的选择是预期收益率较高而风险较小的 i 资产。

(4) 当 $E(r_i) \geqslant E(r_j)$ 且 $\sigma(r_i) \geqslant \sigma(r_j)$，这种情况难以直观作出选择，事实上，不同的投资者可能得到完全不同的回答，取决于不同投资者个人的偏好。

在上述投资选择过程中，前两种情况即为所谓的优势法则（Dominance Rules）。

（二）无差异曲线

按照优势法则，有些证券之间是不能区分好坏的，如前面的第四种情况，证券 i 虽然比证券 j 承担着较大的风险，但它同时也带来了较高的预期收益率，这种预期收益率的增量可认为是对增加的风险的补偿，如图 13.8 所示。

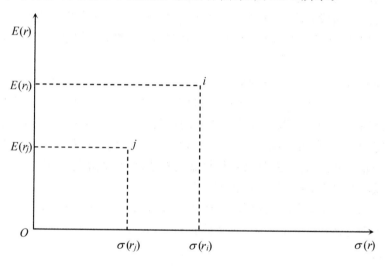

图 13.8 优势法则不能区分的资产

由于不同投资者对预期收益率和风险的偏好态度不同，当风险从 $\sigma(r_j)$ 增到 $\sigma(r_i)$ 时，预期收益率将补偿 $E(r_i)-E(r_j)$，是否满足他们个人的风险补偿要求将因人而异，从而按照他们各自不同的偏好态度将对图 13.8 中的两种证券作出完全不同的比较结果。

投资者甲认为增加的预期收益率恰好能补偿增加的风险，所以 i 与 j 两种证券的满意程度相同，选择哪一种都无所谓，即证券 i 与 j 无差异。

投资者乙认为增加的预期收益率不足以补偿增加的风险，所以 i 不如 j 更令他满意，即 j 比 i 好。

投资者丙认为增加的预期收益率超过对增加风险的补偿，所以 i 比 j 更令人满意，即 i 比 j 好。

在同样风险状态下,要求得到预期收益率补偿越高,说明该投资者对风险越厌恶。上述三位投资者中,乙对风险厌恶程度最高,因而他最保守,甲次之,丙对风险厌恶程度最低,因而更具冒险精神。

从上述三位投资者作出选择的依据来看,他们都是根据自己对风险的态度即厌恶风险的程度来衡量预期收益率是否能够补偿增加的风险,从而作出比较选择的。

一个特定的投资者,任意给定一个证券,根据他对风险的态度,按照预期收益率对风险补偿的要求,可以得到一系列满意程度相同的证券或组合。如图 13.9 中,某投资者认为经过 j 的那一条曲线上的所有证券或组合对他的满意程度相同,因此我们称这条曲线为该投资者的一条无差异曲线(Indifference Curve)。有了这条无差异曲线,任何证券或组合均可与证券 j 进行比较。例如,按该投资者的偏好,证券 i 与 j 无差异;k 比 j 好,因为 k 比 i 好,而 i 与 j 无差异,实际上 k 比该无差异曲线上任何证券都好;相反,l 则比 j 坏,因为它落在该无差异曲线的下方。

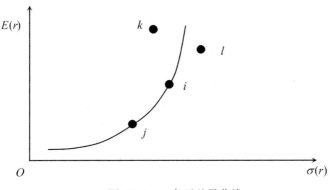

图 13.9　一条无差异曲线

同样,也有一系列证券或组合与 k 无差异,从而形成过 k 的一条无差异曲线,类似地,过 l 也有一条无差异曲线。事实上,任何一个证券或组合都将落在某一条无差异曲线上,如图 13.10。落在同一条无差异曲线上的证券或组合有相同的满意程度,而落在不同的无差异曲线上有不同的满意程度,因而一个组合不会同时落在两条不同的无差异曲线上,也就是说不同的无差异曲线不会相交,而无差异曲线的位置越高,它带来的满意程度越高。对一个特定的投资者,他的所有无差异曲线形成一个曲线族,我们称之为该投资者的无差异曲线族,图 13.10 中只画出几条作为代表,实际上,无差异曲线的条数应该是无限的而且将密布整个平面。

图 13.10 表明无差异曲线是一族互不相交的向上倾斜的曲线,且在一般情况

下曲线越陡,表明风险越大,投资者要求的边际收益补偿越大。无差异曲线的这一特性即具有正斜率而且下凸是由优势法则决定的,也就是说所有的投资者都是偏好收益而厌恶风险的。不过,不同的投资者厌恶风险的程度不同,有些投资者有较高的风险厌恶,而另一些投资者可能只有轻微的风险厌恶。这表明不同的投资者有不同的无差异曲线族。

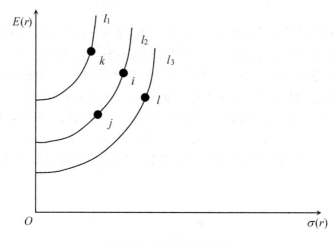

图 13.10　无差异曲线族

图 13.11 的(a)(b)(c)相应展示了高风险厌恶者、中等风险厌恶者、轻微风险厌恶者的无差异曲线族。从这些图形可以看出,一个越是厌恶风险的投资者有着越陡的无差异曲线族,它们反映了不同类型投资者对风险的态度。

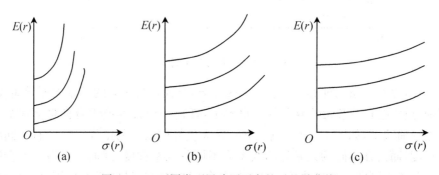

图 13.11　不同类型风险厌恶者的无差异曲线

有两种极端情形,一类投资者只关心风险,风险越小越好,对预期收益毫不在意,这类投资者的无差异曲线是一簇直线,如图 13.12(a) 所示;另一类投资者对风险毫不在意,只关心预期收益,收益越高越好,这类投资者的无差异曲线是一簇水平线,如图 13.12(b) 所示。

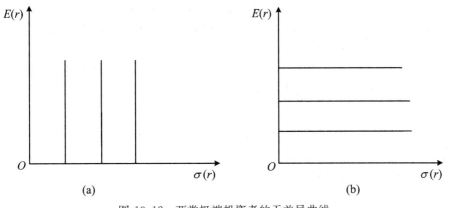

图 13.12 两类极端投资者的无差异曲线

第三节 有效组合与最优多样化

上一节我们熟悉了 N 种证券所有可能的投资组合在 (E,σ) 坐标系中的可行域,然而可行域中的很多组合按照优势法则,是被所有投资者排除在选择之外的,因为总可以在可行域中找到一个更好的投资组合供投资者选择,这就是有效组合。

一、有效组合

如图 13.13 所示,纵轴为投资组合预期收益率 $E(r_p)$,横轴为投资组合标准差 σ_p,曲线围成部分表示所有可能投资组合的可行集(域),每一投资组合的风险—收益组合可被 (E,σ) 空间的任意点所决定。

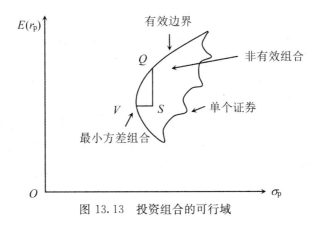

图 13.13 投资组合的可行域

我们可以发现图中有些风险和收益组合,比其他组合更令人满意,尤其是在可行域曲线左上方的点代表最满意风险组合的集合,这就是所谓的有效边界。

位于有效边界上的组合即有效组合优于所有的内部各点。例如,S 点代表一可行组合,S 与 V 比,收益率相同而风险较大;S 与 Q 比,风险相同而收益率较小。因此当 V,Q 与 S 点同时存在时,没有人愿意选 S 点。

有效边界上的所有点构成一有效集(Efficient Set),有效集是由那些风险一定收益最高,或收益一定风险最小的投资组合构成。寻找有效集的过程,其实可归结为以下两方面的优化过程:

1. 约束风险,求最大收益问题

目标函数:
$$\max E(r_p) = \sum_{i=1}^{N} x_i E(r_i)$$

约束条件:
$$\begin{cases} \sigma(r_p) = \sqrt{\sum_{i=1}^{N}\sum_{j=1}^{N} x_i x_j \text{cov}(r_i, r_j)} = 常数 \\ \sum_{i=1}^{N} x_i = 1 \end{cases}$$

当给定不同的风险水平(常数),即可求得对应的最大收益。重复以上步骤,即可找到有效集。

2. 约束收益,求最小风险问题

目标函数:
$$\min \sigma(r_p) = \sqrt{\sum_{i=1}^{N}\sum_{j=1}^{N} x_i x_j \text{cov}(r_i, r_j)}$$

约束条件:
$$\begin{cases} E(r_p) = \sum_{i=1}^{N} x_i E(r_i) = 常数 \\ \sum_{i=1}^{N} x_i = 1 \end{cases}$$

给定不同的收益常数,即可求出相应的最小标准差,重复以上过程即可找到最小标准差集合,最小标准差集合对应的左边缘的上半部分就是有效集。

需要注意的是上述两个条件极值问题是一个对偶问题,有些初学者企图同时对投资组合求收益最大,风险最小,这是一个不可能获得答案的问题。从以上讨论,我们还可得到有效集的性质:有效集的位置和形状与构成投资组合的证券预期收益、标准差和两两间的协方差有关,收益愈大、标准差和协方差愈小,有效集愈靠近左边,且位置愈高。

二、最优多样化

确定证券组合的有效集以后,投资者就可从这个有效集中选出更适合自己的证券组合,这种选择依赖于他个人的偏好。投资者个人的偏好通过他自己的无差异曲线来反映,无差异曲线位置越靠上,表明其满意程度越高,因而投资者需在可行域上(实际上只要在有效边界上)找到一个投资组合相对于其他可行组合(有效组合)处于最高位置的无差异曲线上,该组合便是他最满意的可行组合,这个组合显然就是无差异曲线族与有效边界的切点所代表的组合。

如图 13.14 所示,某投资者按照他的无差异曲线族 l_i,将选择有效边界上 B 点所代表的证券组合作为他的最优组合(Optimal Portfolio),因为 B 点在所有可行组合中获得最大的满意程度,其他有效边界上的点都将落在 l_3 下方的无差异曲线上。

不同的投资者偏好不同,因此并非每个人都会选择 B 点所代表的组合,但他们都会在有效边界上选择投资组合。图 13.15(a) 和 (b) 反映的

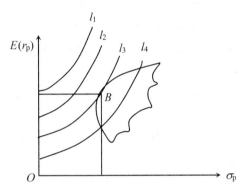

图 13.14 利用无差异曲线选择最优组合

是另外两个假设投资者的无差异曲线,图 13.15(a) 中的投资者有较高的风险厌恶程度,选定的投资组合靠近最小标准差组合;图 13.15(b) 中的投资者有较低的风险厌恶程度,所选择的投资组合有较高风险和收益。

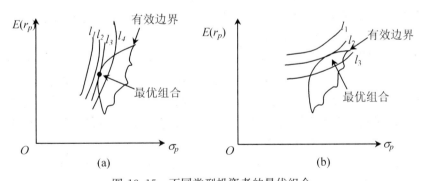

图 13.15 不同类型投资者的最优组合

第四节 无风险借入和贷出

前面几节所讨论的有效集上的证券组合都是由风险证券构成的,本节将无风险证券纳入投资组合管理之中。首先,将允许投资者不仅能投资于风险证券,而且可以投资于无风险证券,这意味着,在 N 种可以购买的证券中,有 $N-1$ 种风险

证券和一种无风险证券。其次,投资者将被允许借入资金,但须支付与贷出相同的利率,这相当于投资者卖空一定比例的无风险证券。下面在介绍了无风险证券定义后,重点考察当无风险证券纳入投资组合管理后将给对投资选择造成何种变化。

一、无风险证券

由于假定投资决策仅涉及单一持有期,所以将无风险证券定义为在持有期间具有确定收益率的证券。这意味着,如果投资者在期初购买了一种无风险证券,则他将准确地知道在持有期期末这种证券的准确价值。由于无风险证券的最终价值没有任何不确定性,因而其标准差应为零。进一步讲,无风险证券的收益率与任何风险证券的收益率之间的协方差也是零,因为 $\mathrm{cov}(r_i, r_j) = \rho_{ij} \sigma(r_i) \sigma(r_j)$,若 $\sigma(r_i) = 0$,则 $\mathrm{cov}(r_i, r_j) = 0$。

根据上述无风险证券的定义,无风险证券必定是某种具有固定收益,且没有任何违约可能的证券。由于所有的公司证券都存在违约的可能性,无风险证券不可能由公司来发行,只能够由政府来发行。当然由政府财政部发行的证券也并非都是无风险证券。

假设某一投资者有一笔持有期为 3 个月的资金,他购买了 10 年到期的国债券,这种证券是有风险的,因为投资者不知道在投资期末这笔证券到底值多少钱。由于在投资者持有期内利率极有可能以不可预料的方式变化,证券的市场价格也将同样以不可预料的方式变化,这样利率风险的存在就使得国债券的价格不确定,所以它不能被视为无风险证券。实际上,任何一种到期日超过投资者持有期的证券都不能作为无风险证券看待。

同样,在投资者的持有期结束之前到期的国债券,比如一个 30 天到期的国库券,持有期却为 3 个月。这时,投资者在持有期期初不知道 30 天以后的利率,而这个利率正是投资者将其 30 天到期国库券的收益在剩余持有期内进行再投资的基础。所有到期日少于投资者投资期的国库券都存在这种"再投资利率风险",这意味着这类证券同样也不能被视为无风险证券。

这样,就只留下一种类型的国库券可以作为无风险证券,即到期日与投资者投资期长度相匹配的国库券。例如,持有期为 3 个月的投资者将发现 3 个月到期的国库券具有确定的收益率,因为该国库券的 3 个月到期收益早在投资者作出投资决策时就已确切地知道。

二、无风险证券与风险证券的组合

根据上述无风险证券的定义,无风险证券收益率的标准差为零,其预期收益率 R_f 为一常数,对应坐标系 (E, σ) 中纵轴上某一点。考虑一个由风险证券 A 和

无风险证券构成的投资组合,这一组合的预期收益率将是:

$$E(r_p) = x_A E(r_A) + (1 - x_A) R_f \tag{13.19}$$

这一组合标准差很简单,因为有:

$$\sigma(R_f) = 0, \text{cov}(R_f, r_A) = 0$$

得:

$$\sigma(r_p) = \sqrt{x_A^2 \sigma^2(r_A) + (1 - x_A)^2 \times 0 + 2x_A(1 - x_A) \times 0} = x_A \sigma(r_A) \tag{13.20}$$

容易看到,投资组合标准差等于风险证券的持有比例乘以风险证券标准差。

由公式(13.19)和(13.20)可知,$E(r_p)$ 与 $\sigma(r_p)$ 之间的关系是以 x_A 为参数的直线方程形式,消去 x_A,得到:

$$E(r_p) = R_f + \frac{E(r_A) - R_f}{\sigma(r_A)} \cdot \sigma(r_p) \tag{13.21}$$

方程(13.21)表示 (E, σ) 坐标系中从点 $(R_f, 0)$ 向 A 无限延伸的一条射线,如图13.16所示。图中 $R_f A$ 表示以无风险利率贷出部分资金与投资于风险证券的组合,H 点即为该投资组合。若允许无风险借入,点 A 右上方的点可行,表示卖空无风险证券以筹集资金投资于风险证券 A,借入越多,向右上方走得越远,投资者的风险和预期收益率也都随之增大。

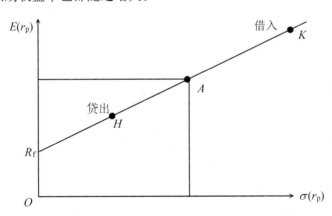

图 13.16 无风险证券与风险证券构成的投资组合

如果把无风险贷出看作对无风险证券的投资,则无风险借入就好比购买股票的保证金交易,当无风险借入利率低于风险证券预期收益率时,无风险借入具有提高投资组合预期收益率和风险的作用,见图13.16中的 K 点。

三、有效边界、最优风险组合与分离定理

引入无风险证券后,新的可行投资组合将包含无风险证券与所有可行的风险

证券组合的再组合，而我们可以将风险证券组合也视为一种风险证券，于是，按前面所述，无风险证券与所有可行的风险证券组合的再组合就是从无风险证券发出的经过该风险证券组合的一系列射线。如图 13.17 所示，我们可以将 F 点与原来风险证券可行域中的每一点相连。

在新的可行域中，通过 T 的射线 FT 就代表着新的有效边界，这里 T 点是从 F 点出发的射线与原来有效边界相切的切点。切点 T 具有特别重要的地位，首先 T 是一个风险证券组合，既未借入也未贷出无风险证券，这个风险组合在没有无风险证券时就已是一个有效组合，现在仍然是有效组合；其次，将无风险证券纳入证券组合以后，所有有效组合将由无风险证券与风险证券组合 T 的组合来产生，无论投资者对风险持何种态度，他拥有风险证券的最好组合都是 T。这时风险态度将体现在不同投资者会在 FT 这条射线上获得不同位置，这些位置均由无风险证券与风险证券组合 T 之间组合产生。如果投资者相对保守一些，不愿承担太大的风险，可以同时买入适量的无风险证券和风险证券组合 T，从而获得 F 与 T 之间的某个位置，比如，图 13.17 中选择 A 点的投资者。如果投资者更愿意冒险一些，希望承担更大一些的风险，那么投资者可以借入无风险证券并将收入连同自有资金投资于风险证券组合 T，从而获得 FT 的右上方延长线上一个适当的位置，如 B 点。无论投资者的风险收益态度如何，他总会持有相同的风险证券组合 T。

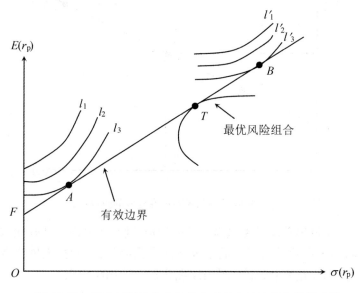

图 13.17　引入无风险借入和贷出后的有效边界与投资选择

可见，风险证券组合 T 极大地简化了对投资组合的选择，投资者只需根据自己的偏好态度决定借入或贷出多少即可,剩余的资金只有一种适当的风险组合 T 是唯一最佳的选择,因而我们将风险证券组合 T 称为最优风险组合。最优风险组合的存在将我们愿意承担多大风险的所谓金融决策与具体确定持有多种风险证券比例的投资决策分离开来,因此,这一特性通常被称为"分离定理"(Separation Theorem)。分离定理在投资实践中具有十分重要的意义。实践中,个人投资者进行投资选择可分为两步:首先决定最优的风险证券组合,它取决于所有风险证券的预期收益率、标准差、协方差以及无风险证券的利率;然后决定将其投资财富分配于最优风险组合与无风险证券之间的比例,它依赖于个人投资者的风险态度。

【延伸阅读】

现代投资组合理论的发展脉络

投资组合理论(portfolio theory)又称为证券投资组合理论或投资分散理论,包括马柯维茨的投资组合模型、夏普的资本资产定价模型(CAPM)和罗斯的套利定价理论(APT)这三大组成部分。

哈利·马柯维茨(Harry. M. Markowitz)于 1952 年发表的经典之作《资产选择——有效的分散化》一文,将以往个别资产分析推进一个新阶段,他以资产组合为基础,配合投资者对风险的态度,从而进行资产选择的分析,由此产生了现代有价证券投资理论。马柯维茨对现代证券组合理论的主要贡献是创立了证券分散理论。他认为,投资者的效用是关于证券投资组合的期望回报率和方差的函数。一般而言,高的回报率往往伴随着高的风险,任何一个投资者或者在一定风险承受范围内追求尽可能高的回报率,或者在保证一定回报率下追求风险最小。理性的投资者通过选择有效的投资组合,以实现其期望效用最大化。他通过建立一套数学模型,系统地阐明如何通过有效分散化,来选择最优证券组合的理论和方法。

威廉·夏普(William Sharpe)的资本市场理论是在马柯维茨的投资组合理论的基础上发展起来的。马柯维茨的理论有一定局限性:偏重于质的分析而缺乏量的分析。例如,在证券投资组合问题上,公司最关心的是证券的收益—风险关系,但公司所预期的最高收益和所能承担的最大风险却无从确定。此外,公司也无从知道证券该分散到何种程度才能达到高收益、低风险的最佳组合。为解决这些问题,夏普在马柯维茨理论的基础上对证券市场价格机制进行了积极深入的研究,于 1964 年建立了资本资产定价模型(CAPM),较好地描述了证券市场上人们行为的准则,这些准则将导致证券均衡价格、证券收益—风险处于一种清晰的状态。

威廉·夏普(William Sharpe)对经济学的主要贡献是在有价证券理论方面对不确定条件下金融决策的规范分析,以及资本市场理论方面关于以不确定性为特征的金融市场的实证性均衡理论。在模型中,夏普把马柯维茨的选择理论中的资产风险进一步分为资产的"系统"(市场)风险和"非系统"风险两部分。前者是由总体股价变动引起的某种资产的价格变化,后者则是由影响股价的某些特殊要素引起的资产价格变动。夏普提出一个重要理论是,投资的多样化只能消除非系统风险,而不能消除系统风险。亦即投资于任何一种证券,都必须承担系统风险。

1976年,斯蒂芬·罗斯(Stephen A. Ross)在《经济理论杂志》上发表了经典论文"资本资产定价的套利理论",提出了一种新的资产定价模型,此即套利定价理论(Arbitrage Pricing Theory,简称APT)。套利定价理论用套利概念定义均衡,不需要市场组合的存在性,而且所需的假设比资本资产定价模型(CAPM模型)更少、更合理。与资本资产定价模型一样,套利定价理论假设:① 投资者有相同的投资理念;② 投资者是回避风险的,并且要效用最大化;③ 市场是完全的。与资本资产定价模型不同的是,套利定价理论没有以下假设:① 单一投资期;② 不存在税收;③ 投资者能以无风险利率自由借贷;④ 投资者以收益率的均值和方差为基础选择投资组合。套利定价理论导出了与资本资产定价模型相似的一种市场关系。套利定价理论以收益率形成过程的多因子模型为基础,认为证券收益率与一组因子线性相关,这组因子代表证券收益率的一些基本因素。事实上,当收益率通过单一因子(市场组合)形成时,将会发现套利定价理论形成了一种与资本资产定价模型相同的关系。因此,套利定价理论可以被认为是一种广义的资本资产定价模型,为投资者提供了一种替代性的方法,来理解市场中的风险与收益率间的均衡关系。

套利定价理论与现代资产组合理论、资本资产定价模型、期权定价模型等一起构成了现代金融学的理论基础。

重 要 概 念

证券组合的期望收益　证券组合的风险　相关系数　可行集(域)　有效边界　分离定理

思 考 题

1. 两种证券的收益率完全负相关下应采取的投资策略?
2. 试述证券组合风险分散化原理。
3. 如何寻找有效集?
4. 如何利用无差异曲线选择最优投资组合?
5. 试述不同类型风险偏好者的无差异曲线有何不同?
6. 将无风险证券纳入投资组合后对投资选择产生哪些影响?

第十四章 资本资产定价模型和套利定价理论

第一节 市场组合与市场均衡

一、资本资产定价模型的假设

由前面的分析可知,组合投资可以分散风险。那么对于投资组合来说,投资组合的期望报酬率与组合的风险之间有什么样的关系呢？这就是本章要介绍的资本资产定价模型(Capital Asset Pricing Model,CAPM)要研究的问题。该模型是由1990年度诺贝尔经济学奖获得者威廉·夏普于20世纪60年代提出的。

资本资产定价模型有许多的前提假设条件,包括对市场完善性和环境的无摩擦性等。这些假设条件主要有：

(1) 任何投资者在进行证券分析时,都只考虑证券的收益与风险。

(2) 任何投资者都具有相同的信息,并采用相似的方法进行证券分析,因而对证券的未来前景均保持一致的看法。

(3) 交易成本忽略不计。

(4) 任何投资者都能以无风险利率(即短期国库券利率)借入或贷出资金。

(5) 税收对证券投资者不产生明显的影响。

资本资产定价模型只有在这些假设条件成立的前提下才成立。虽然在现实投资实务中这些假设条件大部分都是无法成立的,投资交易一般都要缴纳税金,要支付交易费用,并且证券市场的信息也是不完全的。但资本资产定价模型给出了分析风险资产定价的一种间接明了的框架,对于如何对投资组合的风险报酬率进行评估提供了一个很好的工具。

二、市场组合

在讨论资本资产定价模型之前,先介绍两个重要的概念。市场组合(Market Portfolio)是其中一个十分重要的概念。如前所述,投资组合是指投资者将资金在不同的资产上投资时的分配方式,通常用向量表示,其中每一个分量代表投资在相应的资产上的资金占整个投资额的百分比。若市场上有 N 个资产,则投资组合表示为:$x^T=(x_1,x_2,\cdots,x_N)$。

事实上,在每一时点,可以通过市场行情计算每种证券总的市场价值和所有证券的市场价值,并由此按下述公式来计算整个市场决定的一个资金分配比例:

$$x_i = \frac{第\ i\ 个证券的价值}{所有证券的市场价值之和} \tag{14.1}$$

由这一比例决定的所有证券的组合即是市场投资组合,通常记为 x_m^T(x_m^T 为 N 维向量)。在标准差—预期收益平面中,市场组合对应的点记为 M 点。概括地说,市场投资组合是指这样的一个投资组合,它包含了市场上流通的所有证券,其中每一个证券的投资比例等于它们的相对市场价值,而每个证券的相对市场价值等于该证券的总的市场价值除以所有证券的市场价值的总和。

理论上讲,市场上流通的证券包括普通股票、长期债券和货币市场工具。这里的"所有证券"是指在进行投资组合选择时可供选择的所有投资机会。比如,将普通股票、长期债券和货币市场工具作为投资对象,则"所有证券"便是指市场上流通的所有普通股票、长期债券和货币市场工具。

三、市场均衡

所谓市场均衡这里是指证券市场上的均衡。对于市场上每种证券的某一个价格水平下,投资者对这些证券都有一定的需求和供给,当总供给等于总需求时,市场出清(Market Clear),称之为市场均衡。

当市场达到均衡状态时,切点投资组合必定包含所有的在市场上交易的资产,且每一种资产所占的份额均为非零的实数。因为由分离定理可知所有投资者对风险资产的投资的相对比例是相同的,他们都选择 T 作为证券投资组合中的风险证券的投资组合方式。如果某一风险证券的投资组合份额为零,则表明所有投资者对该证券都没有需求,这说明该证券定价过高,从而供大于求,市场不均衡。要达到均衡状态必须重新对价格进行调整,降低该证券的价格,从而使收益率上升。T 中不包含的证券可以看作在 T 中份额为零的情形。类似地,投资组合份额为负数表明整个市场对该证券只有供给而没有需求,同样市场不均衡。由此可见,当证券市场达到均衡状态时,有如下特性:

(1) 切点投资组合包含所有证券,且持有份额为正数。
(2) 均衡价格使得每种证券的需求与供给相等。
(3) 均衡条件下,无风险利率使资本市场上的资金借贷(实际是无风险资产的买卖)相等。

上述(2)、(3)两特性由均衡的定义不难理解,我们已经分析了均衡时切点投资组合中的每一个分量不等于零。实际上它也不为负数,因为如果是负数,如前述所有投资者都要将该资产卖出,显然不能达到均衡。当持有份额为正数时,表明所有投资者愿意以某一比例来购买并持有该证券。切点投资组合反映的是需求,供给则由股份公司根据其筹资的需求来决定。这里将供给看成是对投资者外生给定的。值得说明的是,当市场达到均衡状态时,如果每种证券的价格不再变化,那么投资者将不再改变其投资组合,因此在投资者之间也就没有交易发生。

当证券市场处于均衡状态时,由于所有投资者对风险资产持有的相对比例不变,因此,切点投资组合就是市场组合。所以在上述一系列假设条件下,市场组合是有效投资组合。一般地,如果上述假设不成立,则市场组合不是有效投资组合。

第二节 资本市场线

一、资本市场线的含义

资本市场线(Capital Market Line,简称CML)描述的是均衡的资本市场上任一投资组合的预期收益率与其风险之间的关系。由上一节的分析可知,当市场处于均衡状态时,市场组合也就等于上一章所讨论的切点投资组合,它代表了所有投资者对风险资产的投资方式。所有投资者在进行最优投资选择时都是将其资金在无风险资产和市场组合 M 之间进行分配,R_f 与 M 的连线也就是有效集,这条直线形有效集称为资本市场线,如图14.1所示。

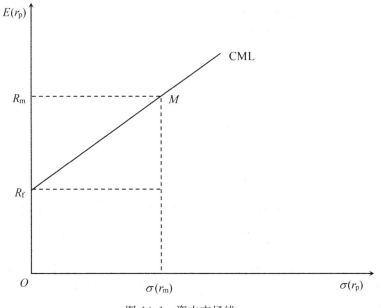

图 14.1 资本市场线

这一直线描述了当市场处于均衡状态时,有效证券投资组合的预期收益率和风险之间的关系。它表明证券投资组合的收益与风险呈线性关系,风险越高,所带来的预期收益越高;风险越低,则带来的预期收益越低。

二、资本市场线方程的推导

资本市场线方程为:

$$E(r_p) = R_f + \frac{\sigma_p}{\sigma_m}(R_m - R_f) \tag{14.2}$$

如果投资者将所有的资产在无风险证券(如:国库券)和市场上所有风险资产的有效组合 M 之间进行分配,那么他就获得了一个新的资产组合。新的资产组合的预期收益率为:

$$E(r_p) = R_f x_f + R_m(1 - x_f) = R_f(1 - x_m) + R_m x_m \tag{14.3}$$

方差为:

$$\sigma_p^2 = \sigma_f^2 x_f^2 + \sigma_m^2 (1 - x_f)^2 + 2\text{cov}(R_f, r_m) x_f (1 - x_f) \tag{14.4}$$

式中,各符号所表示的意义如下:

R_f 表示无风险资产利率;

R_m 表示风险资产市场组合 M 的期望收益率;

x_f 表示投资于无风险资产的比例;

x_m 表示投资于风险资产市场有效组合 M 的比例;

$x_f + x_m = 1$, $x_m = 1 - x_f$;

σ 表示标准差,衡量资产风险;

$\text{cov}(R_f, r_m)$ 表示无风险资产收益率与风险资产组合 M 收益率的协方差,它等于 0。且 $\sigma_f = 0$,因此有:

$$\sigma_p^2 = \sigma_f^2 x_f^2 + \sigma_m^2 (1 - x_f)^2$$

$$\sigma_p^2 = \sigma_m^2 (1 - x_f)^2 = \sigma_m^2 x_m^2$$

$$\sigma_p = \sigma_m x_m, x_m = \frac{\sigma_p}{\sigma_m}$$

代入(14.3)得:

$$E(r_p) = R_f + (R_m - R_f) x_m = R_f + \frac{\sigma_p}{\sigma_m}(R_m - R_f) \tag{14.5}$$

这里,$E(r_p)$ 和 $\sigma(r_p)$ 分别表示有效证券投资组合的预期收益率和标准差。通常,我们称直线(14.2)的斜率 $\frac{R_m - R_f}{\sigma_m}$ 为风险的价格(Price of Risk)。它度量的是增加单位风险需增加的预期收益率,也称为承担单位风险所要求的回报率。R_f 为无风险借贷利率,它度量的是资金的时间价值,而 $E(r_p) - R_f$ 则表示投资组合的超额收益。

资本市场线实际上给出了风险资产或投资组合风险与收益之间的关系,提供了衡量有效投资组合的方法。由上面的分析可知,引入无风险资产后,有效投资组合是分布在资本市场线上的点,这一直线代表了有效边界。这一结论还表明:有效投资组合的风险与收益之间是一种线性关系。公式(14.2)给出了这种线性关系。

第三节 证券市场线

资本市场线说明了有效投资组合风险和回报率之间的关系,但并没有说明对于非有效投资组合以及单个证券的相应情况。实际中,因为单个证券被看成是非有效的,因此单个风险证券总是在资本市场线以下。那么接下来一个很重要的问题是"如何确定单个证券的收益率和标准差之间的均衡关系",对这一问题的研究就直接导出了资本资产定价模型中的证券市场线(Security Market Line)。

一、资本资产定价模型的基本表达式

在市场均衡的状态下,某项风险资产的预期报酬率与预期所承担的风险之间的关系,可以用下列公式表示:

$$R_i = E(r_i) = R_f + \beta_i(R_m - R_f) \tag{14.6}$$

式中,$E(r_i)$表示第i种股票或第i种投资组合的必要报酬率;

R_f表示无风险报酬率;

β_i表示第i种股票或第i种投资组合的β系数;

R_m表示市场组合的平均报酬率。

这一公式便是资本资产定价模型的基本表达式。根据该模型可以推导出投资组合风险报酬率的计算公式为:

$$E(r_p) = \beta_p(R_m - R_f) \tag{14.7}$$

资本资产定价模型的图示形式称为证券市场线(SML),如图14.2所示。它

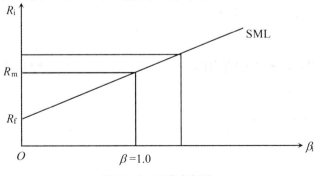

图14.2 证券市场线

主要用来说明投资组合报酬率与系统风险程度 β 系数之间的关系。

二、β 系数

证券市场线很清晰地反映了风险资产的预期报酬率与其所承担的系统风险 β 系数之间呈线性关系,充分体现了高风险高收益的原则。

在以上公式中的 β 系数是一个衡量某资产或资产组合的报酬率随着市场组合的报酬率变化而有规则地变化的程度,因此,β 系数也被称为系统风险的指数。其计算公式为:

$$\beta = \frac{某种股票的风险报酬率}{市场组合的风险报酬率} \tag{14.8}$$

用 β_i 表示第 i 种股票或资产的预期收益率相对于市场平均预期收益率变动的适应程度,它等于风险资产 i 与市场投资组合 M 之间的协方差除以市场投资组合的方差,写成:

$$\beta_i = \frac{\text{cov}(r_m, r_i)}{\sigma_m^2} \tag{14.9}$$

上述公式是一个高度简化的公式,实际计算过程非常复杂。在实际工作中一般不由投资者自己计算,而由一些机构定期计算并公布。β 系数可以为正值也可以为负值。当 $\beta=1$ 时,表示该股票的报酬率与市场平均报酬率呈相同比例的变化,其风险情况与市场组合的风险情况一致;如果 $\beta>1$,说明其风险大于整个市场组合的风险,如果 $\beta<1$,说明其风险程度小于整个市场组合的风险。

以上说的是单个股票的 β 系数,对于投资组合来说,其系统风险程度也可以用 β 系数来衡量。投资组合的 β 系数是单个证券 β 系数的加权平均,权数为各种证券在投资组合中所占的比重。计算公式为:

$$\beta_p = \sum_{i=1}^{n} x_i \beta_i \tag{14.10}$$

其中,β_p 表示投资组合的 β 系数;

x_i 表示第 i 种证券在投资组合中所占的比重;

β_i 表示第 i 种证券的 β 系数。

三、资本资产定价模型 $R_i = R_f + \beta_i (R_m - R_f)$ 的证明

假设投资于证券 i 的比例为 α,投资于市场组合 M 的比例为 $1-\alpha$,资产 i 和市场组合 M 的新组合的期望收益为:

$$R_p = \alpha R_i + (1-\alpha) R_m \tag{14.11}$$

新组合的标准差为:

$$\sigma_p = \sqrt{\alpha^2 \sigma_i^2 + (1-\alpha)^2 \sigma_m^2 + 2\alpha(1-\alpha)\text{cov}(r_m, r_i)} \tag{14.12}$$

由于
$$\frac{dR_p}{d\sigma_p} = \frac{dR_p/d\alpha}{d\sigma_p/d\alpha}$$

为方便起见,将 $\text{cov}(r_m, r_i)$ 简记为 $\text{cov}(m, i)$。所以:

$$\frac{dR_p}{d\sigma_p} = \frac{R_i - R_m}{\frac{1}{2}[\alpha^2\sigma_i^2 + (1-\alpha)^2\sigma_m^2 + 2\alpha(1-\alpha)\text{cov}(m,i)]^{-\frac{1}{2}}}$$
$$\cdot \frac{1}{2\alpha\sigma_i^2 + 2\alpha\sigma_m^2 - 2\sigma_m^2 + 2\text{cov}(m,i) - 4\alpha\text{cov}(m,i)}$$

由于新组合是有效的组合,且资产 i 已经在市场组合 M 中,因此 $\alpha=0$,所以:

$$\frac{dR_p}{d\sigma_p} = \frac{R_i - R_m}{\frac{1}{2}[\sigma_m^2]^{-\frac{1}{2}}} \cdot \frac{1}{2\text{cov}(m,i) - 2\sigma_m^2}$$
$$= \frac{\sigma_m(R_i - R_m)}{\text{cov}(m,i) - \sigma_m^2}$$

它与资本市场线的斜率相同时,才能使市场均衡,如图 14.3 中的 E 点。所以有:

$$\frac{\sigma_m(R_i - R_m)}{\text{cov}(m,i) - \sigma_m^2} = \frac{R_m - R_f}{\sigma_m}$$

$$R_m - R_f = \frac{R_i - R_m}{\text{cov}(m,i) - \sigma_m^2} \cdot \sigma_m^2$$

$$R_i = R_f + \frac{\text{cov}(m,i)}{\sigma_m^2} \cdot (R_m - R_f)$$

令

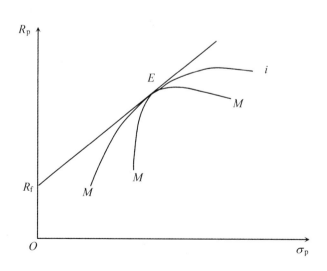

图 14.3 在 E 点市场处于均衡状态

$$\beta_i = \frac{\text{cov}(m,i)}{\sigma_m^2}$$

则

$$R_i = R_f + \beta_i(R_m - R_f) \tag{14.13}$$

式(14.13)表明,证券 i 的超额收益 $R_i - R_f$ 与其 β 系数成正比例。将它们在坐标系中描绘出来得到图 14.2 中的直线 SML。这条直线由无风险资产的收益率和全市场组合的预期收益率共同决定。由前面的分析可知:当市场处于均衡状态时,所有证券和投资组合,无论是有效的还是无效的,全都落在资本市场线上。

因为所有资产都将落在资本市场线上,这条直线也就为我们提供了一种确定某一证券预期收益率的方法。一般地,每个 β 值都代表一个风险等级,由 SML 可知:落在某一风险等级内的所有证券都可望获得与这个风险等级相称的收益率。这意味着,如果知道了某种证券的 β 值,就能运用资本资产定价公式来解得预期收益率,换言之,运用资本资产定价模型可以求出证券的预期收益率。

通常,用资本资产定价模型图来对证券进行分类。β 值大于 1.00 的证券称为进攻型的证券,它们位于直线的右上部分;β 值小于 1.00 的证券称为防守型的证券,它们位于直线的右下部分。从图 14.2 中可以看出,进攻型的证券可望获得高于平均水平的收益率,而防守型的证券的预期收益率则低于平均值。

第四节 套利定价理论

1976 年,罗斯从无风险套利机会的市场均衡的角度出发提出了与资本资产定价模型结论基本相同的套利定价理论(Arbitrage Pricing Theory),使资本资产定价理论得到进一步发展。套利定价理论(APT)假定市场套利行为的存在使得证券的预期收益率与所承担的风险相当。相对资本资产定价模型来说,套利定价理论更一般化,在一定条件下我们甚至可以把资本资产定价模型看成是套利定价理论的特殊形式。

套利就是在不增加投资、不增加风险的情况下,利用证券不同的价格,通过改变投资组合来赚取利润的行为。通过在一个市场上以较低的价格买进并同时在另一市场上以较高的价格卖出,套利者就能在没有风险的情况下获利。

一、单因素模型

套利定价理论的出发点是假设证券的回报率与未知数量的未知因素相联系。设想只有一个因素,工业产值的预期增长率。证券报酬率有如下的单因素模型:

$$r_i = a_i + b_i F_1 + e_i \tag{14.14}$$

其中,r_i 表示证券 i 的实际收益率;

a_i 为常数；

F_1 为因素值；

b_i 为证券 i 对因素的敏感性；

e_i 为随机项，表示期望值为零的非系统性因素。

设一个投资者拥有三种证券，他所持有的每种证券当前市值平均为 40 元，投资者可投资金为 120 元。这三种证券的预期回报率和敏感性列于表 14.1。

表 14.1

i	$E_i(\%)$	b_{i1}
证券 1	15	0.9
证券 2	21	3.0
证券 3	12	1.8

下面的讨论就用该例子的数据进行说明。

1. 套利组合

套利组合满足的条件是：

(1) 不增加资金。它是一个不需要投资者任何额外资金的组合。如果 x_i 表示投资者对证券 i 的持有量的变化(套利组合中的证券 i 的权数)，那么 $x_1+x_2+x_3=0$。

(2) 风险为 0。一个套利组合对任何因素都没有敏感性，因为组合对某一因素敏感性恰好是组合中各证券对该因素的敏感性的加权平均。即：

$$b_{11}x_1 + b_{21}x_2 + b_{31}x_3 = 0$$

结合前面的例子，有：

$$0.9x_1 + 3.0x_2 + 1.8x_3 = 0$$

给定 $x_1=0.1$，得：

$$\begin{cases} 0.1 + x_2 + x_3 = 0 \\ 0.09 + 3.0x_2 + 1.8x_3 = 0 \end{cases}$$

$$x_2 = 0.075, \quad x_3 = -0.175$$

这样得到一个潜在的套利组合。

(3) 预期收益率大于 0。如果其预期收益率为正，便是一个套利组合。用上一步的数据，得：

$$15\%x_1 + 21\%x_2 + 12\%x_3 = 15\% \times 0.1 + 21\% \times 0.075 + 12\% \times (-0.175)$$
$$= 0.975\% > 0$$

由此便确定了一个套利组合。

2. 投资者的选择

当存在套利机会时，投资者将调整投资组合，改变各种证券的投资比例，买入一种证券,同时卖出另一种证券,形成新的组合,新组合由旧组合与套利组合构成,列于表 14.2。

表 14.2

权数	旧组合	+套利组合	=新组合
x_1	0.333	0.1	0.43
x_2	0.333	0.075	0.408
x_3	0.333	−0.175	0.158
性质			
$E(R_p)$	16%	0.975%	16.975%
b_p	1.900	0.000	1.900
σ_p	11%	很小	约 11%

这里除因素风险外,还有非因素风险。新组合的敏感性:
$$b_p = (0.43 \times 0.9) + (0.41 \times 3) + (0.16 \times 1.8) = 1.9$$
套利组合的方差很小,因为它的风险的唯一来源是非因素风险。

二、套利对定价的影响

买入证券 1 和证券 2 并卖出证券 3 的后果将是什么呢?由于每个投资者都将这样做,证券的市场价格便将受到影响,相应地,它们的预期回报率也将作出调整。具体说来,由于不断增加的买方压力,证券 1 和证券 2 的价格将上升,进而导致预期回报率下降。相反,不断增加的卖方压力导致证券 3 的价格下跌和预期回报率的上升。这种买卖行为将持续到所有套利机会明显减少或消失为止。而此时,预期回报率和敏感性将满足如下的线性关系:
$$E(r_i) = \lambda_0 + \lambda_1 b_{i1} \tag{14.15}$$
其中,λ_0、λ_1 为常数。当回报率是由一个因素产生时,这个方程就是套利定价理论的资产定价方程。

一个可能的均衡为 $\lambda_0 = 8\%$,$\lambda_1 = 4\%$。从而定价方程为:
$$E(r_i) = 8\% + 4\% b_{i1}$$
这将形成证券 1、证券 2 和证券 3 的如下的均衡预期回报率水平:
$$E(r_1) = 8\% + (4\% \times 0.9) = 11.6\%$$
$$E(r_2) = 8\% + (4\% \times 3.0) = 20\%$$
$$E(r_3) = 8\% + (4\% \times 1.8) = 15.2\%$$
从结果来看,由于买方压力的增加,证券 1 和证券 2 的预期回报率水平分别从 15% 和 21% 降到 11.6% 和 20%。相反,卖方压力的增加导致证券 3 的预期回报率从 12% 上升到 15.2%。

1. 图形说明

图 14.4 显示了方程给出的资产定价方程的图形。根据套利定价理论,对于一个因素敏感性和预期回报率都没有落在那条直线上的证券,其定价就是不合理的,这将给予投资者一个构造套利组合的机会,证券 B 就是一个例子。如果投资者以相同的金额分别买进证券 B 和卖出证券 S,那么他就构造了一个套利组合,这是如何得到的呢?

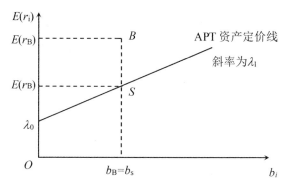

图 14.4　APT 资产定价线

首先,投资者通过卖出一定数量的证券 S 来支付买入证券 B 的资金,从而投资者不需要任何新投资。由于证券 B 和 S 具有相同的敏感性,因此,对证券 S 的卖出和对证券 B 的买入将构成一个对因素无敏感性的组合。最后套利组合将具有一个正的预期回报率,这是因为证券 B 的预期回报率将比证券 S 高。作为购买证券 B 的结果,证券 B 的价格将上升,进而其预期回报率将下降直到它位于 APT 资产定价线上为止。

2. APT 定价方程的解释

在套利定价方程中出现的常数 λ_0 和 λ_1 该如何解释呢?假设存在一个无风险资产,这样的资产具有一个为常数的预期回报率,因而其对因素无敏感性。从方程可看出,对任何如 $b_i=0$ 的资产均有 $E(R_i) = \lambda_0 = R_f$。代入式(14.15)得:

$$E(r_i) = R_f + \lambda_1 b_{i1} \tag{14.16}$$

我们来考察一个纯因素组合,用 P_1 表示,该组合对因素具有单位敏感性,意味着 $b_1=1$,这样的组合具有如下的预期回报率:

$$E(r_{p1}) = R_1 = R_f + \lambda_1$$

注意,这个方程可改写为:

$$R_1 - R_f = \lambda_1$$

于是 λ_1 是单位敏感性的组合的预期超额回报率(即高出无风险利率的那部分

预期回报率)。它也被称作因素风险溢价或因素预期回报率溢酬。用 R_1 表示对因素有单位敏感性的组合的预期回报率。套利定价方程 $E(r_i)=\lambda_0+\lambda_1 b_{i1}$ 可以改写为:

$$E(r_i) = R_f + (R_1 - R_f)b_{i1} \qquad (14.17)$$

在所考察的例子中,如果 $R_f=8\%$,$\lambda_1=R_1-R_f=4\%$,从而 $R_1=12\%$。这意味着对第一个因素具有单位敏感性的组合的预期回报率为 12%。

三、双因素模型

在双因素情形中,假设 F_1 和 F_2 分别为预期工业产值增长率和预期通货膨胀率,每个证券具有两个敏感性 b_{i1} 和 b_{i2}。于是证券的回报率由如下因素模型产生:

$$r_i = a_i + b_{i1}F_1 + b_{i2}F_2 + e_i \qquad (14.18)$$

考虑这样一种情况,4 种证券具有如下的预期回报率和敏感性,此外,设想有一位投资者最初在每种证券上投资 50 元(见表 14.3)。

表 14.3

i	$E(R_i)(\%)$	b_{i1}	b_{i2}
证券 1	15	0.9	2.0
证券 2	21	3.0	1.5
证券 3	12	1.8	0.7
证券 4	8	2.0	3.2

1. 套利组合

首先一个套利组合必定具有满足下列方程的权数(x_i):

$$x_1 + x_2 + x_3 + x_4 = 0$$
$$0.9x_1 + 3.0x_2 + 1.8x_3 + 2.0x_4 = 0$$
$$2.0x_1 + 1.5x_2 + 0.7x_3 + 3.2x_4 = 0$$

这意味着套利组合必定不包含投资者任何额外资金负担,并且对每一个因素的敏感性为 0。注意这里有 3 个方程,4 个未知数。由于未知数个数大于方程个数,故存在无穷多组解,通过设 $x_1=0.1$(一个随意选取的数)并解出其余的权数,我们可以找到一组解:$x_2=0.088$,$x_3=-0.108$,$x_4=-0.08$。这样得到的权数可能代表一个潜在的套利组合,接下来要做的是检查这个组合是否具有正的预期回报率。通过计算可得,该组合的预期回报率为 $1.41\% \times (15\% \times 0.1 + 21\% \times 0.088 - 12\% \times 0.108 - 8\% \times 0.08)$。因而,一个套利组合被确认出来。

这个套利组合包括对证券 1 和证券 2 的购买,资金来源于对证券 3 和证券 4 的出售,结果买和卖的压力使得证券 1 和证券 2 的价格上升,证券 3 和证券 4 下降,进而,这意味着证券 1 和证券 2 的预期回报率将下降,而证券 3 和证券 4 将上升。投资者将继续创造套利组合直到均衡。这也就是说,当任意一个满足方程组的组合其预期回报率均为 0 时,均衡状态便达到了。这种情况发生在预期回报率与敏感性之间存在下列线性关系时:

$$E(r_i) = \lambda_0 + \lambda_1 b_{i1} + \lambda_2 b_{i2} \tag{14.19}$$

在这个例子中,一个可能的均衡解为 $\lambda_0 = 8\%, \lambda_1 = 4\%, \lambda_2 = -2\%$,于是定价方程为:$E(R_i) = 8\% + 4\% b_{i1} - 2\% b_{i2}$,结果,4 种证券具有如下均衡水平上的预期回报率:

$$E(r_1) = 8\% + (4\% \times 0.9) - (2\% \times 2) = 7.6\%$$
$$E(r_2) = 8\% + (4\% \times 3) - (2\% \times 1.5) = 17.0\%$$
$$E(r_3) = 8\% + (4\% \times 1.8) - (2\% \times 0.7) = 13.8\%$$
$$E(r_4) = 8\% + (4\% \times 2) - (2\% \times 3.2) = 9.6\%$$

证券 1 和证券 2 的预期回报率已分别从 15% 和 21% 下降,而证券 3 和证券 4 的预期回报率已分别从 12% 和 8% 上升。由投资于套利组合所产生的买压和卖压,引起这些变化是在预料之中的。

如果两种证券对第二个因素的敏感性相同,那么对第一个因素有较高敏感性的证券将具有较高的预期回报率,这是因为 $\lambda_1 > 0$。相反,由于 $\lambda_2 < 0$,如果两种证券对第二个因素的敏感性相同,那么对第二个因素具有较高敏感性的证券将具有较低的预期回报率。

2. 对定价的影响

将单因素套利定价理论的定价方程扩展到双因素的情形并不复杂。跟前面一样,λ_0 等于无风险利率,这是因为无风险资产对任意因素都无敏感性,也就是说 b_{i1} 和 b_{i2} 的值均为 0,从而得到 $\lambda_0 = R_f$。于是套利定价方程一般地可写成:

$$E(r_i) = R_f + \lambda_1 b_{i1} + \lambda_2 b_{i2} \tag{14.20}$$

考虑一个充分分散化的组合,这个组合对第一个因素具有单位敏感性,对第二个因素的敏感性为 0,与前面一样,这样一个组合称为一个纯因素组合,因为:第一,对一个因素有单位敏感性;第二,对其他任何因素都无敏感性;且第三,非因素风险为 0。具体说来,它满足 $b_{i1} = 1, b_{i2} = 0$。该组合的预期回报率用 R_1 表示,将等于 $R_f + \lambda_1$,即 $\lambda_1 = R_1 - R_f$。套利定价方程可改写为:

$$E(r_i) = R_f + (R_1 - R_f)b_{i1} + \lambda_2 b_{i2} \tag{14.21}$$

最后,考虑一个对第一个因素具有 0 敏感性,对第二个因素具有单位敏感性的组合,即 $b_{i1} = 0, b_{i2} = 1$。可从套利定价方程得知该组合的预期回报率,用 R_2 表示,将等于 $R_f + \lambda_2$。相应地,$\lambda_2 = R_2 - R_f$,因此可将套利定价方程改写为:

$$E(r_i) = R_f + (R_1 - R_f)b_{i1} + (R_2 - R_f)b_{i2} \tag{14.22}$$

四、多因素模型

现在,当回报率由多因素生成,套利定价理论的定价方程将是怎样的形式?结果定价方程只需再一次以相对简单的方式进行扩展即可。

在 k 个因素 $(F_1, F_2, \cdots, F_k)$ 的情形,每一个证券在如下的 k—因素模型中都将具有 k 个敏感性 $(b_{i1}, b_{i2}, \cdots, b_{ik})$:

$$r_i = a_i + b_{i1}F_1 + b_{i2}F_2 + \cdots + b_{ik}F_k + e_i \tag{14.23}$$

类似于前面的说明,证券将由下列方程定价:

$$E(r_i) = \lambda_0 + \lambda_1 b_{i1} + \lambda_2 b_{i2} + \cdots + \lambda_k b_{ik} \tag{14.24}$$

与以前一样,λ_0 等于无风险利率,这是因为无风险资产对任何因素均无敏感性。每一个 R_j 的值代表一个证券组合的预期回报率,该组合只对因素 j 有单位敏感性而对其他因素无敏感性。结果方程进一步扩展为下列形式:

$$E(r_i) = R_f + (R_1 - R_f)b_{i1} + (R_2 - R_f)b_{i2} + \cdots + (R_k - R_f)b_{ik} \tag{14.25}$$

因此,证券的预期回报率等于无风险利率加上证券对 k 个因素敏感性的风险溢价。

五、APT 与 CAPM 的综合考察

(一)单因素模型

考虑一下,如果回报率由一个单因素模型生成,因素为市场组合,那么这种情况下,R_1 将与市场组合的预期回报率对应。b_i 将代表证券 i 相对于市场组合测定的贝塔 β,因此 CAPM 成立,$E(r_i) = R_f + (R_m - R_f)\beta_{im}$。如果回报率由单因素模型生成,而因素不是市场组合,那么证券 i 的预期回报率将既与 β 又与敏感性相联系。

1. β 系数与因素敏感性

预期回报率怎样才能与 β 和敏感性均存在线性关系呢?实际上,这是因为 β 和敏感性存在以下关系:

$$E(r_i) = R_f + (R_m - R_f)\beta_{im}$$

$$E(r_i) = R_f + (R_1 - R_f)b_i$$

$$R_1 - R_f = (R_m - R_f)\beta_{1m}, \quad \beta_{1m} = \frac{\text{cov}(F_1, R_m)}{\sigma_m^2}$$

$$R_i - R_f = (R_1 - R_f)b_i$$

$$\beta_{im} = \frac{\text{cov}(F_1, R_m)}{\sigma_m^2} \cdot b_i$$

其中,$\text{cov}(F_1, R_m)$ 表示因素和市场组合之间的协方差,σ_m^2 表示市场组合的方差。

因为$\text{cov}(F_1,R_m)$是一个常量,不会因为证券不同而改变。所以当APT与CAPM方程都成立时,方程$\beta_{im}=\dfrac{\text{cov}(F_1,R_m)}{\sigma_m^2}\cdot b_i$等于是说$\beta_{im}$等于一个常数乘以$b_i$。如果因素是工业产值,那么方程说明每一个证券的$\beta$等于一个常数乘以证券对工业产值的敏感性。若工业产值和市场组合的收益率正相关的话,由于$\text{cov}(F_1,R_m)$为正,那么该常数也将为正。相反,如果负相关,由于$\text{cov}(F_1,R_m)$为负,那么该常数也为负。

2. 因素风险溢酬

若用方程$\beta_{im}=\dfrac{\text{cov}(F_1,R_m)}{\sigma_m^2}\cdot b_i$的右边代替方程$E(r_i)=R_f+(R_m-R_f)\beta_{im}$右边的$\beta_{im}$,则有:

$$E(r_i) = R_f + \left[(R_m-R_f)\frac{\text{cov}(F_1,R_m)}{\sigma_m^2}\right]b_i \qquad (14.26)$$

如果套利定价理论(单因素)和资本资产定价理论的假设都成立,那么有下列关系:

$$\lambda_1 = \left[(R_m-R_f)\frac{\text{cov}(F_1,R_m)}{\sigma_m^2}\right] \qquad (14.27)$$

套利定价理论本身并没有对因素风险溢酬的大小λ_1说些什么。然而如果资本资产定价模型也成立,则它能为我们提供某些指导,这些指导由方程(14.27)所提供,我们前面已经证明它在同时拥有APT和CAPM的假设下成立。

设想因素与市场组合同向变化,即它与市场组合正相关,所以$\text{cov}(F_1,R_m)$为正,由于σ_m^2和(R_m-R_f)都为正,故得λ_1为正。b_i的值越大,证券的预期回报率就越高。推广到一般情况,如果因素与市场组合正相关,则证券的预期回报率将是证券对该因素敏感性的增函数。

(二) 多因素模型

即使回报率由多因素模型如双因素模型生成,资本资产定价模型也有可能成立。方程$E(r_i)=R_f+(R_m-R_f)\beta_{im}$和$E(r_i)=R_f+(R_1-R_f)b_i$需要扩展以说明证券$i$的预期回报率与它的$\beta$系数和两个敏感性相联系:

$$E(r_i) = R_f + (R_m-R_f)\beta_{im}$$
$$E(r_i) = R_f + (R_1-R_f)b_{i1} + (R_2-R_f)b_{i2}$$

这时,方程$\beta_{im}=\dfrac{\text{cov}(F_1,R_m)}{\sigma_m^2}\cdot b_i$也能扩展以表明贝塔系数和敏感性的线性关系:

$$\beta_{im} = \frac{\text{cov}(F_1,R_m)}{\sigma_m^2}b_{i1} + \frac{\text{cov}(F_2,R_m)}{\sigma_m^2}b_{i2} \qquad (14.28)$$

其中,$\text{cov}(F_1,R_m)$与$\text{cov}(F_2,R_m)$分别代表第一、二个因素与市场组合回报率之间的协方差。由于 $\frac{\text{cov}(F_1,R_m)}{\sigma_m^2}$ 和 $\frac{\text{cov}(F_2,R_m)}{\sigma_m^2}$ 均为常数，于是由方程 $\beta_{im}=\frac{\text{cov}(F_1,R_m)}{\sigma_m^2}b_{i1}+\frac{\text{cov}(F_2,R_m)}{\sigma_m^2}b_{i2}$ 表明，当 $E(r_i)=R_f+(R_m-R_f)\beta_{im}$ 和 $E(r_i)=R_f+(R_1-R_f)b_{i1}+(R_2-R_f)b_{i2}$ 都成立时，β_{im} 将是 b_{i1} 和 b_{i2} 的函数，即证券的 β 系数是它的两个敏感性的线性组合。对于前面的例子来说，证券的 β 系数的大小依赖于证券对预期工业产值和通货膨胀的敏感性的大小。

注意到如果将方程 $\beta_{im}=\frac{\text{cov}(F_1,R_m)}{\sigma_m^2}b_{i1}+\frac{\text{cov}(F_2,R_m)}{\sigma_m^2}b_{i2}$ 的右边代入方程：
$$E(r_i)=R_f+(R_m-R_f)\beta_{im}$$
的右边，则有：
$$E(r_i)=R_f+(R_m-R_f)\left[\frac{\text{cov}(F_1,R_m)}{\sigma_m^2}b_{i1}+\frac{\text{cov}(F_2,R_m)}{\sigma_m^2}b_{i2}\right]$$
或改写为：
$$E(r_i)=R_f+\left[(R_m-R_f)\frac{\text{cov}(F_1,R_m)}{\sigma_m^2}\right]b_{i1}+\left[(R_m-R_f)\frac{\text{cov}(F_2,R_m)}{\sigma_m^2}\right]b_{i2}$$

将上述方程与 $E(r_i)=R_f+\lambda_1 b_{i1}+\lambda_2 b_{i2}$ 比较，可得到在 APT 和 CAPM 的假设都成立的情况下，将有以下关系：

$$\lambda_1=(R_m-R_f)\frac{\text{cov}(F_1,R_m)}{\sigma_m^2}b_{i1} \tag{14.29}$$

$$\lambda_2=(R_m-R_f)\frac{\text{cov}(F_2,R_m)}{\sigma_m^2}b_{i2} \tag{14.30}$$

因此，λ_1 与 λ_2 的大小一方面依赖于市场溢酬 (R_m-R_f)，它为一个正数，另一方面也依赖于因素与市场组合的协方差，它可正可负。从而，如果因素与市场组合正相关，则 λ_1 和 λ_2 将为正。然而如果某个因素与市场组合的回报率为负，则相应的 λ 值将为负（就像例子中的 λ_2 那样）。

【例 14.1】 假设 APT 模型中有 2 个风险因素，A,B,C 三种股票对这两个因素的敏感程度见表 14.4。

表 14.4

股票	b_{i1}	b_{i2}
A	1.8	0.5
B	−1.0	1.5
C	2	−1.0

假定因素 1 的预期风险溢价为 4%，因素 2 的风险溢价为 6%。根据 APT,回答以下问题：

（1）比较这三种股票的风险溢价。

$$\lambda_1 = R_1 - R_f = 4\%$$
$$\lambda_2 = R_2 - R_f = 6\%$$
$$R_A - R_f = 1.8 \times 4\% + 0.5 \times 6\% = 10.2\%$$
$$R_B - R_f = -1.0 \times 4\% + 1.5 \times 6\% = 5\%$$
$$R_C - R_f = 2 \times 4\% - 1.0 \times 6\% = 2\%$$

（2）假设你投资 2 000 元购买股票 A，1 500 元股票 B，2 500 元股票 C。计算这一投资组合对两个风险因素的敏感度以及预期风险溢价。

$$x_1 = 2\,000 \div (2\,000 + 1\,500 + 2\,500) = 33.3\%$$
$$x_2 = 1\,500 \div (2\,000 + 1\,500 + 2\,500) = 25\%$$
$$x_3 = 2\,500 \div (2\,000 + 1\,500 + 2\,500) = 41.7\%$$
$$b_1 = 1.8 \times 33.3\% - 1.0 \times 25\% + 2 \times 41.7\% = 1.183\,4$$
$$b_2 = 0.5 \times 33.3\% + 1.5 \times 25\% - 1.0 \times 41.7\% = 0.124\,5$$
$$E(r_p) - R_f = \lambda_1 b_1 + \lambda_2 b_2 = 4\% \times 1.183\,4 + 6\% \times 0.1245 = 5.480\,6\%$$

（3）假定你只有 1 000 元的投资资金，有上述三种股票可供选择，构建两个只对因素 1 敏感的投资组合并比较不同组合的风险溢价。

$$0.5x_1 + 1.5x_2 - 1.0x_3 = 0$$
$$x_1 + x_2 + x_3 = 1$$

取 $x_1 = 40\%$，即用 400 元购买股票 A。则有：

$$x_2 = 16\%, x_3 = 44\%$$
$$b_1 = 1.8 \times 40\% - 1.0 \times 16\% + 2 \times 44\% = 144\%$$
$$E(r_p) - R_f = \lambda_1 b_1 = 4\% \times 144\% = 5.76\%$$

取 $x_1 = 20\%$，即用 200 元购买股票 A。则有：

$$x_2 = 28\%, x_3 = 52\%$$
$$b_1 = 1.8 \times 20\% - 1.0 \times 28\% + 2 \times 52\% = 112\%$$
$$E(r_p) - R_f = \lambda_1 b_1 = 4\% \times 112\% = 4.48\%$$

【延伸阅读】

Black-Scholes 期权定价模型

期权是购买方支付一定的期权费后所获得的在将来允许的时间买或卖一定数量的基础资产（underlying assets）的选择权。期权价格是期权合约中唯一随市场供求变化而改变的变量，它的高低直接影响到买卖双方的盈亏状况，是期权交易的核心问题。早在

1900年法国金融专家劳雷斯·巴舍利耶就发表了第一篇关于期权定价的文章。此后,各种经验公式或计量定价模型纷纷面世,但因种种局限难以得到普遍认同。20世纪70年代以来,伴随着期权市场的迅速发展,期权定价理论的研究取得了突破性进展。

在国际衍生金融市场的形成发展过程中,期权的合理定价是困扰投资者的一大难题。随着计算机、先进通信技术的应用,复杂期权定价公式的运用成为可能。在过去的三十多年中,投资者通过运用布莱克——斯克尔斯期权定价模型,将这一抽象的数学公式转变成了大量的财富。

芝加哥大学教授 Fischer Black 和 Myron Scholes 在 1973 年在美国《政治经济学期刊》(Journal of Political Economy)上发表了一篇题为"期权定价和公司负债"(The pricing of Options and Corporate Liabilities)的论文;同年,哈佛大学教授 Merton 在"贝尔经济管理科学学报"上发表了另一篇论文"期权的理性定价理论"(Theory of Rational Option Pricing),两篇论文几乎同时在不同刊物上发表,所以,布莱克—斯克尔斯定价模型亦可称为布莱克—斯克尔斯—默顿定价模型。这两篇论文奠定了期权定价的理论性基础,为金融学开创了一个崭新的领域。Scholes 和 Merton 由于在期权定价方面的开拓性贡献,被授予 1997 年度诺贝尔经济学奖(Black 教授 1995 年逝世未能享此殊誉,但其英名将永载史册)。现在,期权理论与应用研究已经成为金融学领域最为活跃的分支之一。

Black-Scholes 期权定价模型将股票期权价格的主要因素分为五个:标的资产市场价格 s_t、执行价格 X、无风险利率 r、标的资产价格波动率 σ 和距离到期时间 $T-t$。

期权的价值等于内在价值和时间价值之和。其中,期权的内在价值(intrinsic value)是指期权盈价的金额,即期权的做多方从执行期权合同中得到的现金收入额。买权的内在价值 $c_t = \max(0, s_t - X)$ 表明,由于期权损益结构的不对称性,其内在价值不会为负,至少等于0。

对于一个欧式买权,且现在时刻 t 离到期日 T 尚有一段时间 $T-t$,则不能简单地用现行市场价格 s_t 减去执行价格 X 作为其内在价值,因为它们是发生在两个不同时刻的价值量,考虑到货币的时间价值,简单的算术加减是没有意义的,而应当将未来 T 时刻的价值量 X 按无风险利率 r 贴现到当前时刻。因此,欧式买权内在价值的计算公式应当调整为 $c_t = \max(0, s_t - Xe^{-r(T-t)})$。

期权定价的主要研究工具是随机过程的分支——随机微分方程和鞅。随机微积分起源于马尔可夫过程结构的研究。日本数学家伊藤清在探讨马尔可夫过程的内部结构时,认为布朗运动(又称维纳过程)是最基本的扩散过程,能够用它来构造出一般的扩散运动。Black-Scholes 考察一类特殊的扩散过程:$ds_t = \mu s_t dt + \sigma s_t dB(t)$,这里 s_t 表示股票价格,股票预期收益率 μ 及波动率 $\sigma(\sigma \neq 0)$ 均为常数,t 代表时间,$B(t)$ 为标准布朗运动。在无交易成本、不分股利的假设下,则可得到 B-模型如下:

(1) 在定价日 $t(t<T)$,欧式看涨期权的价值 c_t 为
$$c_t = s_t N(d_1) - Xe^{-r(T-t)} N(d_2)$$

式中:
$$d_1 = [\ln(s_t/X) + (r+\sigma^2/2)(T-t)]/[\sigma(T-t)^{1/2}]$$
$$d_2 = d_1 - \sigma(T-t)^{1/2}$$

而 $N(x)$ 是标准正态变量的累积分布函数,即
$$N(x) = p\{X<x\}$$
其中,X 服从 $N(0,1)$。

(2) 由看涨期权－看跌期权平价公式:$p_t = c_t - s_t + Xe^{-r(T-t)}$,且注意到 $N(x)$ 的性质
$$(x) + N(-x) = 1$$
欧式看跌期权在定价日 t 的价值 p_t 为
$$p_t = -s_t N(-d_1) + Xe^{-r(T-t)} N(-d_2)$$

Black 在 1989 年曾在一篇文章中介绍了得到 Black-Scholes 模型的全部经过。他指出,期权定价的核心在于设计一个套期组合策略,使得期权市场投资风险为零,这是对期权定价建模思路的高度概括。

重要概念

市场组合　市场均衡　资本市场线　证券市场线　β 系数　套利

思考题

1. 推导资本市场线方程:$E(r_p) = R_f + \dfrac{\sigma_p}{\sigma_m}(R_m - R_f)$。
2. 推导资本资产定价模型:$R_i = R_f + \beta_i(R_m - R_f)$。
3. 套利组合需满足怎样的条件?
4. 试说明 β 系数和敏感性具有怎样的关系?
5. 试比较资本市场线与证券市场线,并说明它们斜率的经济含义。

参考文献

[1] 弗兰克·法博齐,弗朗格·莫迪利亚尼.资本市场:机构与工具[M].唐旭,等译.北京:经济科学出版社,1998.
[2] 弗兰克·法博齐.投资管理学[M].周刚,译.北京:经济科学出版社,1999.
[3] 哈姆·利维,斯尔瑞·波斯特.投资学[M].张伟,周全泉,何文晋,等译.北京:经济管理出版社,2011.
[4] 兹维·博迪,亚历克斯·凯恩,艾伦·J.马科斯.投资学精要[M].4版.刘雨露,译.北京:中国人民大学出版社,2001.
[5] 小詹姆斯·L.法雷尔,沃尔特·雷哈特.投资组合管理:理论及运用[M].齐寅峰,等译.北京:机械工业出版社,2001.
[6] 弗兰克·瑞利,凯斯·布.投资分析与投资组合管理[M].5版.李秉祥,译.沈阳:辽宁教育出版社,1999.
[7] 洛伦兹·格利茨.金融工程学[M].唐旭,等译.北京:经济科学出版社,1998.
[8] 埃里克·布里斯.期权、期货和特种衍生证券:理论、应用和实践[M].史树中,等译.北京:机械工业出版社,2002.
[9] 曹凤岐.中国资本市场发展战略[M].北京:北京大学出版社,2003.
[10] 金德环.证券市场基本问题研究[M].上海:上海财经大学出版社,1998.
[11] 李扬,王国刚.资本市场导论[M].北京:经济管理出版社,1998.
[12] 施光耀,陈京华.中国证券大全[M].北京:中国经济出版社,1999.
[13] 于纪渭.股份经济学概论[M].3版.上海:复旦大学出版社,1996.
[14] 葛红玲.证券投资学[M].北京:机械工业出版社,1999.
[15] 叶永刚.衍生金融工具概论[M].武汉:武汉大学出版社,2000.
[16] 何帅领,张政新.中国创业板市场理论与实务[M].北京:机械工业出版社,2002.
[17] 陈学彬,邹平座.金融监管学[M].北京:高等教育出版社,2003.
[18] 徐洪才.投资基金与金融发展[M].北京:中国金融出版社,1997.
[19] 于建国.投资基金的运作与发展[M].上海:上海人民出版社,1998.
[20] 王彦国.投资基金论[M].北京:北京大学出版社,2002.
[21] 戴国强,等.投资基金[M].上海:上海译文出版社,2003.
[22] 胡昌生,熊和平,蔡基栋.证券投资学[M].武汉:武汉大学出版社,2002.
[23] 朱宝宪.投资学[M].北京:清华大学出版社,2002.
[24] 霍文文.证券投资学[M].3版.北京:高等教育出版社,2008.

[25]　吴晓求.证券投资学[M].4版.北京:中国人民大学出版社,2014.
[26]　邢天才,王玉霞.证券投资学[M].大连:东北财经大学出版社,2003.
[27]　张亦春,郑振龙.证券投资理论与技巧[M].2版.厦门:厦门大学出版社,2000.
[28]　杨朝军.证券投资分析[M].上海:上海人民出版社,2002.
[29]　中国证券业协会.证券市场基础知识、证券发行与承销、证券交易、证券投资基金、证券投资分析[M].上海:上海财经大学出版社,2002.
[30]　彭龙,应惟伟.证券投资学[M].北京:经济科学出版社,2003.
[31]　刘黎,俞伟峰.证券投资学[M].北京:清华大学出版社,2003.
[32]　陈高翔.证券投资学[M].北京:中国经济出版社,2004.
[33]　杨大楷.证券投资学[M].上海:上海财经大学出版社,2000.
[34]　丛树海.证券投资分析[M].上海:上海财经大学出版社,2001.
[35]　中国资本市场研究中心.证券投资分析[M].北京:经济科学出版社,2003.
[36]　张志平.金融市场实务与理论研究[M].北京:中国金融出版社,1991.
[37]　李英,刘明飞.证券投资学[M].北京:中国人民大学出版社,2014.
[38]　贝政新,陈瑛.证券投资通论[M].上海:复旦大学出版社,1998.
[39]　金道政.金融投资学[M].合肥:中国科学技术大学出版社,2002.
[40]　梁峰.证券投资学[M].大连:东北财经大学出版社,1998.
[41]　刘颖,李吉栋.证券投资学[M].4版.北京:人民邮电出版社,2024.